中国网络营销年鉴

案例卷（2011—2012）

本书编委会　编著

辽宁科学技术出版社
·沈　阳·

图书在版编目(CIP)数据

中国网络营销年鉴：案例卷（2011—2012）/《中国网络营销年鉴：案例卷（2011—2012）》编委会编著. —沈阳：辽宁科学技术出版社，2013.1
ISBN 978-7-5381-7761-9

Ⅰ. ①中… Ⅱ. ①中… Ⅲ. ①网络营销—案例—中国—2011—2012—年鉴 Ⅳ. ①F724.6-54

中国版本图书馆 CIP 数据核字（2012）第 267319 号

出版发行：辽宁科学技术出版社
（地址：沈阳市和平区十一纬路 29 号　邮编：110003）
印 刷 者：沈阳天正印刷厂
经 销 者：各地新华书店
幅面尺寸：186mm × 250mm
印　　张：23.75
字　　数：600 千字
出版时间：2013 年 1 月第 1 版
印刷时间：2013 年 1 月第 1 次印刷
责任编辑：王　实
封面设计：黑米粒书装
版式设计：于　浪
责任校对：徐　跃　刘　庶

书　　号：ISBN 978-7-5381-7761-9
定　　价：49.80 元

联系电话：024-23284370
邮购热线：024-23284502
E-mail:ganluhai@163.com
http://www.lnkj.com.cn

编委会

指导单位： 中国电子商务协会

主编单位： 中国电子商务协会职业经理认证管理办公室
中国电子商务职业经理人认证课程研发中心
北京航空航天大学软件学院
北京师范大学政府管理研究院
中国电子商务协会 PCEM 网络整合营销研究中心

支持单位： 奥美、艾瑞、搜狐、中国新媒体联盟、广告门

主　　编： 中国电子职业经理人认证课程研发中心主任　刘东明

专家编委： 奥美世纪执行副总裁　王宏鹏
北京航空航天大学软件学院院长、教授　孙伟
清华大学经济管理学院市场营销系教授　姜旭平
（北京航空航天大学互联网营销与管理专业主任）
北京师范大学政府管理研究院副院长　刘杨
北京大学新闻传播学院教授　刘国基（中国台湾）
威汉传媒营销集团数字化营销执行董事　陈亮途（中国香港）
北京航空航天大学互联网营销与管理专业副主任　岳喜伟
中国电子商务协会职业经理认证管理办公室运营主管　朱国洋
《广告主》杂志主编　刘再兴
《现代广告》杂志前主编　陈东
金镝光影互动 CEO　曹宇
百度鲁西南地区营销服务中心副总经理　盛永辉
中国联合网盟总裁　仲昭川
中国新媒体联盟秘书长　王斌
艾瑞咨询研究副总监　侯涛
《21 世纪广告》杂志杂志主编　简红明
日本拓殖大学经营经理研究所研究员　李远
DM 网络整合营销机构高级顾问　鲁高平
搜狐 IT 事业部总经理　童佟
北京兴长信达市场总监　吴健
江西渝州科技学院电子商务学院院长　刘德华
华东网络营销基地副总经理　张东志
2012 全球十佳网商　李京林

目 录

第一章 食品类

第二章 服装类

第三章 数码家电类

第四章 日化时尚类

第五章 汽车交通类

第八章 网站网游类

第九章 医疗保健类

第十章 其他

第一章 食品类

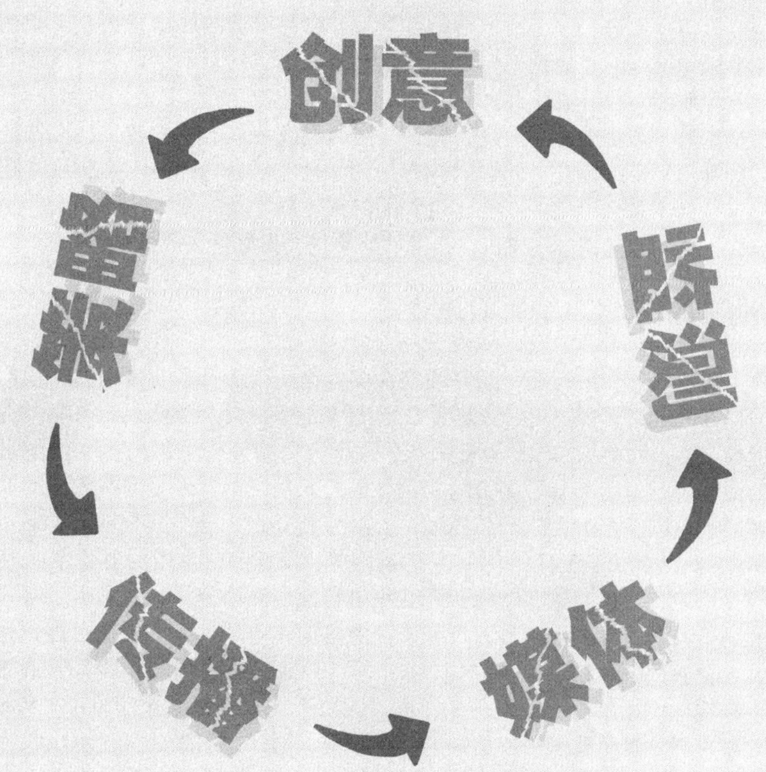

食品网络营销五大金刚，走出微利时代

据国家统计局数据，2011 年全国规模以上食品工业企业有 3.1 万家，第一季度实现现价销售产值 1.6 万亿元，比 2010 年同期增长 30.4%；按可比价格计算，食品工业增加值比 2010 年同期增长 14.2%。据中国食品工业协会统计，截止到 2010 年 11 月底，全国达到和超过百亿元产值的食品工业企业有 27 家，其中中粮集团、华润集团等企业规模超过千亿元。随着全球经济一体化进程，世界重量级企业进军中国，优势品牌豁出血本迅速扩张，低成本竞争加剧，资源重组风行，食品行业进入微利时代，优胜劣汰进程加速。

食品行业消费人群广泛，以往，没有大规模的广告，很难建立鲜明的品牌形象。因此，传统的营销一般选择覆盖面最广的电视媒体作为开路先锋，打造品牌知名度，再辅之以密集的地面活动，用促销来刺激购买。网络的出现使食品企业告别了“一招鲜，吃遍天”的时代，也为处于微利时代的食品行业带来新的生机。食品网络营销天龙八部，我们为食品企业梳理了网络营销五个注意事项，旨在帮助食品企业行走江湖。

取势——早起的鸟儿有虫吃

中粮“我买网”上线了，“白家食品网”运营了，淘宝的“特色食品销售”红红火火，食品行业的网络销售如火如荼，食品营销的网络先机已现，抢占先机无疑是布局未来的重要一步。

尽管食品企业比较早地进入网络，但是整体来看，食品企业的网络营销还处于初级阶段。究其原因，很多企业意识到网络的重要性，但是很少企业采取真正的行动，机遇在犹豫的那一瞬间溜掉了；也有部分企业看到别人做得红红火火，决意要做，但是感觉无从下手，机遇在等待中消磨掉了；还有许多企业激情澎湃，但是 3 分钟热度，做了一段时间发现没有明显效果，机遇在撤军的那一刻被放弃掉了……种种情形不一而足，问题的核心是食品企业对自身的需求不明确，把网络当做了可有可无的饭后甜点，而不是丈母娘的刚需，得到的结果也就不足为怪了！因此，要想通过网络有所建树，食品企业首先要做的就是占领先机，布局网络市场，做好持久战的准备。

知彼——了解消费者，给他们想要的

食品企业作为历史最悠久的行业，品牌品类众多，这使得消费者非常困惑，他们需要更多的信息，网络是他们最好的红娘。Vegemite 是澳洲人的“国民食品”，在澳大利亚和新西兰很流行。该品牌的所有者是世界第二大的食品和饮料制造公司——卡夫食品公司。卡夫公司意识到随着 Web2.0 的兴起，互联网的消费者行为已经有了显著的变化，他们既是浏览者也是网站内容的制造者。为了更好地了解消费者的需求以进行潜在的产品升级，卡夫与 IBM 携手挖掘其全球的 Vegemite 品牌消费者的真实想法。IBM 利用 COBRA 工具，在 10.5 亿条博客、论坛和讨论版的内容中抓取了 47.9 万条关于 Vegemite 的讨论信息，通过对这些非结构化数据进行深层原因分析，揭示出了互联网上海量信息的内涵。分析的结果大大出乎卡夫意料，大家谈论的热点并不是 Vegemite 是否过咸，也不是产品的包装，而是各种各样不同的吃法，以及在国外怎么买到 Vegemite。同时，语义分析显示，网络上发言的消费者毫不掩饰地表达了对 Vegemite 的喜爱，大家围绕这种食品热情讨论，Vegemite 俨然已经不仅仅是一种食品，更是澳大利亚民族情结的一种象征。同时，语义分析显示出大家关心的三个趋势：健康、素食主义和食品安全。在关于健康的讨论中，一种学名为叶酸的维生素 B 复合体被频繁提到，叶酸为人体代谢所需，对孕妇尤其重要。这个信息对于卡夫调整 Vegemite 的营销策略有很大的启示，为卡夫进一步打开孕妇消费市场提供了依据。消费者对于 Vegemite 的喜爱，以及围绕 Vegemite 的最爱吃法的大讨论，促使卡夫市场团队根据市场的变化调整策略。如今，Vegemite 的网站上有许多介绍食用 Vegemite 的不同方法，并邀请顾客进行调查，了解他们食用 Vegemite 的方式。参与调查的顾客还能被邀请参与线上的产品活动。另外，论坛设有的“儿童角”供孩子们参与讨论，旨在培育下一代的 Vegemite 消费者。

知己——食品企业营销型网站建设

食品企业的官方网站具有企业宣传、企业招商与客户维护、企业内部使用、营销渠道、顾客沟通与维护、营销根据地等作用。目前来看，食品企业的网站建设多停留在最原始的技术阶段，就是“买个域名、放些产品、留个联系方式、发个招商广告”。大部分食品企业的官方网站存在重视度不够、定位不清晰、规划欠缺、美观性不足、沟通互动不足、网上网下整合不力、更新缓慢等问题。在《网络整合营销兵器谱》一书中提到过营销型网站建设七星梅花桩，希望能给食品企业的网站建设提供思路。A.seo：对搜索引擎的友好表现，简单讲就是企业官方网站是受百度、Google 欢迎并且乐于接纳的；B.content：完好的内容支持，互联网上内容是王道，原创的、精彩的内容不仅更受搜索引擎的欢迎，而且更易于成为信息源；C.vision：优秀的视觉设计，常言见面 3 分钟决定人的印象，网站视觉设计同样影响到用户能在这里待多久；D.usability：良好的易用性，苹果创始人乔布斯曾经说一句备受大众关注的名言：“Stay hungry, stay foolish.”即饥饿营销，保持傻瓜化，说的就是苹果产品良好的易用性，任何用户都可以方便快速上手，熟练使用；E.community：便捷的沟通功能，大部分网站的在线沟通不但设计复杂而且形同虚设；F.monitor：全面网站监测、分析，这是企业官方网站获取用户行为数据，进行有效分析的重要策略；G.promotion：推广破解网站孤堡效应，曾经在网上有个调侃“追小偷和追女朋友的区别”的小段子，大意是追上小偷可以追回损失，追上女朋友你的损失才刚刚开始。官方网站就是企业的女朋友，追到手只是第一步，后边还要花更多的精力与费用作推广，以维护女友芳心，提升女友幸福感！

布局——千手观音，网络整合营销

传统企业进行网络营销经常犯的一个错误是无论消费者上网时在做什么，商家展示的都是同一种广告，没有考虑消费者在特定时间段的感受，即使消费者正在玩网络游戏，要知道玩游戏时跳出广告跟看电视剧插播广告是一样让人心烦的。随着媒体的碎片化，时间的碎片化，传统的小李飞刀靠一把飞刀独步江湖的时代已经一去不返。营销的概念由整合营销变成 DIMC，D 是数字，原来我们提整合营销 IMC，是从整体营销的传播角度来讲，现在细分到网络时代、移动互联网时代，我们要向千手观音学习，做数字的整合营销，每一个营销都针对不同的营销习惯。王老吉借助赈灾发起“封杀王老吉”事件营销，360 度的兵器谱包括全方位的网络营销方式，从网

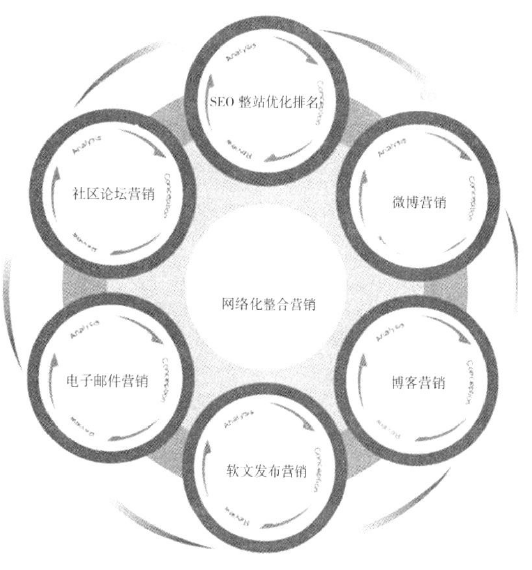

网络整合营销模型参考

站、搜索引擎、硬广告、视频、漫画、博客、新闻软文、社区、IM、无线、微博、SNS、游戏到活动营销、事件营销、病毒营销等不同方式的优势组合。乐事微电影、益达互动剧、百威酒后不开车公益营销、蒙牛新养道富媒体 +APP、尊尼获加全媒体、七喜七夕爱情告白活动等各取所长，为消费者带来情感和需求的双重满足，营造了体验经济时代的营销经典。

渠道融合，营销创新

食品企业备受商场超市、大卖场“折磨”，渠道成本高昂，已经影响到企业赢利。要走出这个竞争怪圈，唯有融合、创新，即渠道融合，营销创新。一号店上墙是互联网企业融合传统渠道，通过在地铁墙面上绘制产品，并提供条形码，供用户手机扫描购物，在没有建实体店的情况下，通过这个创新近乎创造了线下商店；沃尔玛收购一号店是传统企业的渠道创新，借助一号店原有的资源和平台使其能够较快速 E 化，从而实现多渠道经营零售业的销售目标，扩大其覆盖面，提升销售额。

随着传统营销迈进网络营销时代，营销环境和消费者接受信息的方式都发生了明显的变化，这就对营销方式提出了更多的挑战。然而，有些品牌在从电视走向互联网时，并没有改变他们的广告方式。人们上网和看电视的思维方式已经发生了变化，看电视时，人们知道自己没有控制力，但上网时会感觉自己拥有控制力，他们会跳过广告，除非他们对某种产品特别感兴趣。因此，在互联网上的营销方式必须从传统的打猎方式过渡到钓鱼方式，创新营销技术和营销内容（比如现在比较创新的营销技术物联网和增强现实（augmented reality）。利用 AR 技术，用户给一个产品拍一张照片，就会获得关于这个产品的信息，比如给饮水机拍一张照片，就能看出这些水从哪里来，饮水机怎样净化这些水），让我们的目标消费者知道我们，了解我们，愿者上钩，并且乐此不疲。

1. M&M'S 邀你呼朋唤友看大片

看一看地铁上随处可见的“微信族”，每次吃饭必先拍照上传的“微博控”，通过街旁等签到软件将“某某到此一游”发扬光大的“签到族”，公交车上逛淘宝的手机购物族……我们会发现，移动互联网已经如此深入地融入了我们的生活。

用户变身手机人，你准备好了吗？

曾经在20世纪中期因为“只融你口，不融你手”的电视广告爆红的MM牛奶巧克力豆，似乎一直走在时尚糖果的前沿。1981年，驾驶第一代太空梭的美国太空人在他们的食物补给品里，放入M&M'S巧克力。1995年，诞生已有半个世纪之久的M&M'S，请美国民众为M&M'S巧克力票选心目中最理想的新颜色，M&M'S烘焙用迷你巧克力正式问世，将色彩缤纷的巧克力正式带入烘焙领域里。2000年所有包装上的名称，都由M&M'S纯巧克力（M&M'S Plain Chololate Cadies）改成M&M'S牛奶巧克力（Milk Chocolate Candies），因为M&M'S已经出色到不足用一个“纯”（Plain）字来解释……如今，M&M'S已发展成为全球第一的糖果品牌，全球年销量超过140亿美元。

经过了近70年历史的长流，M&M'S的巧克力被赋予了生命、性格乃至鲜明的个性。M&M'S巧克力在中国推广以来，一直持续与目标受众沟通其品牌背后所赋予的精神——“玩乐”与“分享”。因此，“快乐、分享、美味”是M&M'S巧克力品牌精神与品牌个性中的核心主题。随着智能手机的主体用户越来越多地贴上“80后”、“90后”的标签，如何以更加生动与互动的形式，向充满活力与数字新生活主张的品牌消费者——即年龄在16～30岁的大、中学生和职场的年轻人，精准地传达M&M'S的品牌内涵，是此次M&M'S移动整合营销活动的关键。

M&M'S 家族

面对着成长起来的80后、90后手机人，是不是把电视广告等传统广告搬到手机上就可以了？是不是可以直接用互联网的营销方法？这不仅取决于品牌和营销人对新技术的理解，更取决于他们对消费群体的深刻洞察，包括他们的兴趣、他们的心理、他们的习惯等。因为，移动互联网营销所承载的不仅仅是手段层面的创新，还包括营销理念层面的革命性变化。这个革命性的变化就是——信任推荐，要成功地走进手机人的心，就要走进他们的圈子，和他们在一起。

信任推荐，接通移动互联网用户的营销圣杯

“每隔一百年，媒体就会发生一次变革。上一个百年被定义为大众媒体的百年。而在下一个百年里，信息将不仅仅是被推销给人们，而是在人们所处的无数个联结中被分享……没有什么能够比来自一个值得信任的朋友的推荐更能影响人们的消费行为了……‘信任推荐’就是广告界的圣杯。”《Facebook效应》里的这句话告诉我们，单向传输的纯真年代已经一去不返，基于“情感”、“信

任”的双向甚至多向互动才是当下营销模式的核心主题。

基于手机人的信任关系纽带和喜欢与朋友即时分享、喜欢游戏互动、喜欢随时手机上网等行为特点，M&M’S 联合百分通联围绕着年轻群体钟爱的电影策划推出了“M&M’S 邀你呼朋唤友看大片”活动，“一票换四票，邀自己的朋友一起看电影”在年轻人中间迅速得到积极响应。这其中作了一个很好的角色转换，由企业邀请变成了好友之间的邀请，本来年轻人也喜欢邀三喝五地一起去影院，这次还有免票奖励，积极性自然就高涨了！对于品牌来说，就是要为用户之间的好友信任传播搭好方便可信的平台，让他们自由快乐地分享。M&M’S 似乎早就做好了准备，活动中不仅建立了“M&M’S 邀你呼朋唤友看大片”主题活动的官方 Wsp 站，用户只要登录注册，就有机会在互动游戏中抢得“一票换四票”的超值观影优惠。同时，还充分利用手机特性发起了“短信参与抢票猜猜猜”以及“彩信参与抢票大头贴”两大手机互动游戏，让用户的参与更有趣味性。

活动海报

移动营销 6A 法则让 M&M’S 的移动营销飞起来

移动营销价值链上最为重要的六大关键词是精准（All Interaction）、互动（All Interaction）、贴身（Any Time/Where）、关注（All Fun）、整合（All Cross）、可衡量（All Effect），简称为 6A 法则。这六大法则互为一体，成为驱动消费者、广告主、代理商三大主体价值共赢的核心机制。

活动官方网站

M&M’S 将移动营销 6A 法则出色地应用到了“M&M’S 邀你呼朋唤友看大片”的整合营销活动中。首先，精准与互动。通过手机号码和 GPS 精准定位，关联受众的消费属性，精准定位消费群体，一键式沟通：一键式找到商家地点；一键式反馈用户意见；一键式微博传播分享心得；一键式下载享受更加优惠政策；一键式购买定位子等。M&M’S 通过移动数据挖掘与用户属性智能识别系统，甄选出广东地区、具备大专以上学历以及刚步入职场的年轻人在内的潜在目标人群，然后通过“一票换四票”、“短信参与抢票猜猜猜”以及“彩信参与抢票大头贴”等互动设计激发受众的参与热情。为了“一票换四票，一起看电影”，大批年轻人呼朋唤友在不同时间、不同地点通过手机短信参与每日竞猜互动活动来抢票，短信互动营销的前期拉动效果明显，为M&M'S巧克力广州的四个活动现场带来了人气与高潮。"彩信参与抢票大头贴"更加妙趣横生，年轻人纷纷发动遍布城市各个角落的朋友快速到M&M'S分布在广州的四处活动地点，与不同的M&M'S玩偶用手机合影，然后以手机彩信分享和传送回来，集齐四张照片成一套传给活动方后，就可以参与与M&M'S零距离共度美好电影时光的机会。从线上到线下再到线上，将消费者的行为打包，一键式完成消费群体的互动行为。

活动现场1

其次，贴身与关注。充分利用了手机的私密特性，可以随时随地找到消费者，同时在消费者接受广告信息最大化的时间内，发送适当的内容，注意避免骚扰，减少消费者的排斥，缓和广告的强迫性，树立广告主亲民爱民的形象。凭借M&M'S一向的好口碑以及消费者行为特征、信息获取习惯以及生活理念的尊重，M&M'S从广告投放、移动互动参与、线下互动参与、消费购买、分享等各个环节都尽力为消费者想得更多，注重与消费者的情感与信任沟通，自己走入用户的生活圈，与他们打得火热。

活动现场2

最后，整合与可衡量。手机媒体打破了传统媒体的门槛，与电视、电台、户外和杂志、互联网媒体等，都能整合起来，而且可以利用手机的效果监测传播效果，第一时间通过手机获得消费群体对传统媒体的测量。M&M'S本次活动将短信和彩信互动、Wap推广等移动营销手段与线下主题活动完美融合，借助手机、移动终端这一最适合年轻人群特色的新渠道娱乐化地传达品牌信息，在用户的参与互动中，潜移默化地将品牌"分享、快乐、美味"的精神内涵植入消费者的心中。最大范围地告知用户活动信息并吸引更多用户参与到"M&M'S邀你呼朋唤友看大片"的线下活动中来，拉动年轻人参与活动的热情，与潜在用户精准地建立起最具互动性的沟通网络，让互动营销与M&M'S巧克力的其他广告方式形成无缝互补，将品牌整合营销推向新高度。结果显示，整个活动期参与报名人数超过万人，共激发近10万条短信，报名比率高达6%，大大高于行业平均0.3%～1%的回复率。通过对Wap站点的优化设计，访问Wap站点的用户流失率也相应低于广告业的常规评判水平。此外，移动广告的成本核算下来也比任何一种传统广告方式更加超值。

伴随着3G甚至4G的普及，未来将没有移动互联网，因为所有的网都将是移动的。移动营销的组合形式将更加多元化，除了基于短信、彩信的会员营销和互动营销，还有结合区域特色的手机报广告投放，借助高价值手机Wap站推广，围绕二维码、蓝牙、3G建站和移动CRM等定制解决方案，融合最新趋势的手机客户端定制与APP广告投放，以及更多。同时在内容上，企业和品牌将更加关注"人"，从消费者关注转移到关注消费者，构建众乐乐的美好未来。

活动手机报

艾瑞咨询的调查报告显示，由于受通信网络环境改变、智能手机发展和普及、手机广告投放能力提升等因素推动，2012 年将成为中国手机广告市场的爆发年，市场规模将达到 55.2 亿元，增长率达到 83.4%。“M&M’S 邀你呼朋唤友看大片”为移动整合营销开了个好头！

专家点评：

M&M’S 案例的价值不仅仅在于其应用了当下最有效的移动广告技术，更深层面的意义是在品牌营销策划上对移动时代消费者需求的洞察以及对“互动营销”重视度的提升。营销的成功建立在对目标受众文化素质、年龄层次、手机使用习惯、时空行为规律等诸多细节的精准把握，同时需围绕上述细节进行适配性的沟通方式策划。互动是亮点，功底在消费者把握，成功在整合营销。让营销更加人性化本身就是精准营销的巨大飞跃。美中不足的是，因为活动时间稍短，线上的信息覆盖不多，这对于非手机党来说是个小小的遗憾。

2. 尊尼获加“语路”计划开启情感营销

在情感消费时代，品牌的感性层面正越来越受到消费者的关注，成为他们评价商品的依据。商品提供给人们的不仅仅是满足生理需求的物质利益，还有满足心理需求的精神利益。随着互联网的迅猛发展，企业打造网络传播品牌时不仅仅局限于门户硬广投放，创新性且富有情感的新媒体营销正在演绎。2011年，具有200多年历史的苏格兰威士忌品牌尊尼获加就启动了“语路”计划，凭借12部梦想视频和互动博客传递其“梦想阶梯”、“一直向前”的品牌内涵。

梦想阶梯，启动“语路”计划

2011年1月，畅销全球的苏格兰威士忌品牌——尊尼获加基于其品牌精神“永远向前”发起“语路”计划激励一代人进行思考，鼓舞个人进步。新年伊始，尊尼获加在北京举行了“语路”计划纪录片的盛大首映礼，尊尼获加携手该计划监制贾樟柯和6名新锐导演共同揭幕12部纪录片，贾樟柯导演亲自执导了其中的两部影片——潘石屹篇及曹非篇。出席首映礼的还有这12部纪录短片的摄影指导余力为及作曲林强，他们都是亚洲著名的电影工作者。首映礼当晚，12位短片的主角——潘石屹、黄豆豆、张军、罗永浩、徐冰、周云蓬、张颖、赵中、王克勤、王一扬、肖鹏、曹非悉数到场，见证了纪录片的诞生。这12位主角用他们自己激励人心的话语，带着无法言喻的力量震撼人们的心灵，鼓舞着有梦想的人们坚持不懈勇敢前进。

计划首映礼

“语路”计划自2010年11月正式启动，历时3个多月的筹划准备和拍摄剪辑，12部“语路”纪录片终于诞生，至此12位人物也揭开了神秘的面纱。这12位人物，来自各个不同的行业，有的人已然是成功人士，有的人还每天艰苦地努力着，但是他们每一个都跟走在大街上的普通人一样，可能没有显赫的家世，没有深厚的背景，不过现在的他们都一样因为梦想而让生命变得不同，尊尼获加希望通过纪录片鼓舞更多的人参与到分享梦想和激励的队伍中来。

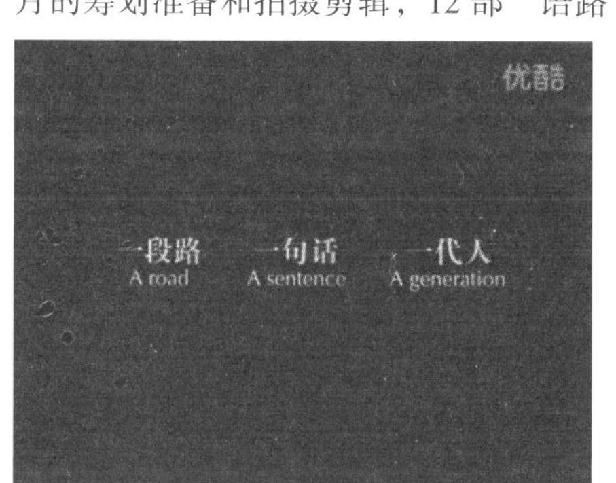

优酷网上的纪录片视频

在摄像机前，12位代表人物毫无保留地侃侃而谈自己追梦时的奋斗、坚持梦想的艰辛，虽然是3分多钟的短片，但是所有人物都在其中倾注了自己的万分热情。看来平凡的他们却光芒万丈，激励的言语充满智慧，令我们顿悟，带给我们希望和力量，让我们不再迟疑，不再恐惧，从此改变我们的人生。

这12部“语路”纪录片在“语路”计划官方博客以及土豆网官方网页上完整呈献，贾樟柯执导的潘石屹的纪录片更是作为电视广告片在全国电视平台以及移动传媒上播放，引来了众多年轻人的关注和热议。

情感营销，淡化产品凸显品牌

文化是物质文明和精神文明的总和与积淀。由于消费观念的变化和消费水平的提高，人们购买商品不单纯是为了满足生活的基本需求，而且还需要获得精神上的享受。这表现为消费者对产品的需要不仅停留在功能多、结实耐用上，更需求消费的档次和品位，要求产品能给人以美感和遐想。对于尊尼获加品牌而言，色彩浓烈的个性标签就是“梦想”二字，红、黑、绿、金、蓝共同构成了尊尼获加五彩斑斓的梦想阶梯。多种颜色象征着活力而内敛、无限重生、积极向上和乐观进取的品牌内涵。

除此之外，尊尼获加还赋予一种“不断前进，永不放弃”的精神意义。而“语路”计划旨在鼓励一代人思考并分享自己的激情和梦想，共同点燃每个人的奋斗之路并向前进发。两者之间具有异曲同工之处，给整个品牌赋予生命力和情感寄托，使得语路计划与尊尼获加的品牌精神有了更高的契合度。

另外，尊尼获加品牌的拥有者——帝亚吉欧集团把中国市场分为四个消费群体：第一个是帝亚吉欧在战略上最重视的消费群体“关系人”——追求身份、地位的35~45岁人士；第二个消费群体是35~45岁“坚强、独立的女性”；第三个群体是“社会地位上升的人群”，即追求前卫的25~35岁男女；最后一个群体是“选择的一代”，他们20岁出头，渴望探险，体验新事物。即尊尼获加将自己的消费对象锁定在25岁以上的这样四类人群中。纵观12部纪录短片，“语路”计划的参与人群和影响人群尽在其中，他们都是激情梦想的实现者，都是“永远向前”的践行者。

现代心理学研究认为，情感因素是人们接受信息渠道的“阀门”，在缺乏必要的“丰富激情”的情况下，理智处于一种休眠状态，不能进行正常的工作，甚至产生严重的心理障碍，对周围世界表现为视而不见、听而不闻。只有情感能叩开人们的心扉，引起消费者的注意。作为一个拥有近200年历史的国际大品牌，尊尼获加是世界上最著名、最强大的威士忌品牌之一，通过此次情感营销，将其品牌精神和文化内涵表达得立体而形象，深入人心，并且使得尊尼获加不仅仅是一个威士忌酒的品牌，更是一代人的精神向导。

“语路”博客，立足社会全媒体

“语路”计划不仅仅是视频，在2011年1月正式启动以来，尊尼获加还特别开设“语路”计划官方博客，通过“梦想博文”、“梦想谈论”、“语录纪录片”和“发表语录”四大模块，让网民多维度地参与。自“语路”博客正式上线以来，“语路”计划成为网络爆红的话题，其中由韩寒发起的关于这一代中国人有没有梦想的投票，更是一石激起千层浪，网友们在这个平台上发表各自的个性观点，分享自己的故事和话语，与著名博客名人、网络红人互动。

① 梦想博文，邀请包括贾樟柯、韩寒等在内的具有代表性的意见领袖，以文章的形式讲诉自己的梦想，表达对梦想的敬畏之心。

② 梦想谈论，以140字的形式鼓励谈论对梦想的理解，并分享梦想和传递梦想。

“语路”计划官方博客

③ 发表“语路”，通过评选的形式鼓励网民用一两句话概括出具有激励作用的梦想语录，以这样的语句给予不断向前的这一代人一种坚持的力量。

除了官方博客以外，尊尼获加还在新浪博客和微博，以及豆瓣社区，鼓励普通网友、草根名博参与互动讨论，并邀请韩寒发出“现在一代人是否有梦想以及是否在坚持梦想”等话题发表自己的看法，迸发出无数思想火花，让这一代中国人对“梦想”二字颇有感悟，“语路”为社会又打了一剂强心针，让年轻人不仅有梦想，还被告知如何追求梦想。

除了在线上社区引起网友热议，激发他们自主参与以外，在“语路”短片公映之后，尊尼获加还持续在各大传统媒体上投放广告，并且以 30 秒的预告短片在全国各大主流电视媒体上传播，引起目标受众在网络上自主检索。此外，在各大网站上进行广告投放，直接打出“尊尼获加语路计划，马上参与获得 iPad”的 Flash 广告，实现了全媒体营销传播。

为期半年的尊尼获加“语路”计划结束后，官方博客和视频有超过百万的浏览量，各大门户网站纷纷转载并评论。很多名人包括洪晃、沈宏非和闾丘露薇等都以积极的姿态自主地参与到“语路”计划中，并发表了各自独特的见解，这些文章往往发布一天就得到几十万浏览量和上千网友的回复。土豆网上的 12 部短片，平均播放达 37 万次，其中由贾樟柯执导的潘石屹短片播放达到了 86 万余次。并且著名电视节目《鲁豫有约》和《杨澜访谈》都在第一时间对语路计划进行了采访报道。

专家点评：

相比其他酒品牌，尊尼获加的“语路”计划成功之处在于淡化了产品，凸显了品牌内涵，能够将品牌精神、消费者和营销形式系统整合在一起。从中国社会时代大背景下准确地把握目标群体的消费心态，巧妙地将尊尼获加充满激情的品牌精神融入“语路”计划的拍摄中去，通过全媒体营销策略将传播受众和短片的主题融为一体，提高品牌地位。

另外，尊尼获加的“语路”计划在形式上有比较大的创新，通过梦想表达高调传递提升消费者对尊尼获加品牌的认知态度，通过真实的案例将“Keep on walking”（永远向前）的口号落地，挖掘并打动消费者内在的情感诉求，并且通过展示坚持梦想，在不同的人生角色中完成志向的代表人物的话语，鼓励一代中国人思考并分享自己的激情和梦想，纷纷点燃每个人的奋斗之火并向前进发。

在我们看来，“语路”计划不纯是一个广告创意，而是以普通的视角和真实的记录形式，把普通人身上不平凡的故事说出来，去影响每个人，影响社会，将品牌赋予了至高无上的使命感，这样的创意在酒行业营销领域可谓是走在了情感营销的前列。

3. 海底捞借微博营销引爆病毒传播

在 Web 2.0 带来巨大革新的年代，营销思维也随之巨大改变。新营销环境下，创新、互动和关系成为营销新关键词。微博作为 Web 2.0 最具代表性的产品，以简短、快速、回声、背对脸等特点受到广大网民追捧。伴随着移动互联网的迅猛发展，网民已经将微博当成了身边不可或缺的文娱媒体平台。对于企业而言，微博背后的营销价值在 2011 年尤为突出，无论是精心策划的微博活动还是标新立异的微博文体，每一次病毒式传播都能引来无数网民的关注。2011 年 7 月，四川火锅品牌海底捞就借助微博大势传播海底捞优质服务，以海底捞为关键词的"海底捞体"火爆网络，极大地提升了这家连锁火锅店的知名度和营业额。

故事分享催生"海底捞体"

作为互联网的新生事物，微博的 140 字的限制将平民和莎士比亚拉到了同一水平线上，这一特点导致大量原创内容爆发性地被生产出来。所有人在微博上都有发言权，并可以将生活故事分享给关系圈的好友，从而带来病毒式传播，引发蝴蝶效应。

2011 年 7 月的某一天，新浪微博上一条"海底捞居然搬了张婴儿床给儿子睡觉，大家注意了，是床！我彻底崩溃了!"的微博引起了众多网友的关注和转发，这是一条关于海底捞"婴儿床"的故事，其大意是一位网友在海底捞吃饭时，服务员特别搬来了一张婴儿床给网友的儿子睡觉，正是这样一个看上去不太像在饭馆中发生的事情，让人们开始见识到了海底捞在服务上的"强悍"。

随后新浪微博上又出现了一条更令人欣喜若狂的文字："前一阵子去吃海底捞，然后跟朋友讨论刚刚丢了 iPad 很是气愤，结账的时候服务员要了我的地址，说看我心情这么不好给我邮寄一个小礼物，然后我就把地址给了她，今天竟然送来了 iPad……这是要干啥子?"这名网友的这条微博在短短数天内，被转发的数量超过了 2.35 万条。

之后的几天海底捞一系列令人目瞪口呆的行动又接连被网友"爆料"了出来。从"劝架信"，到"对不起饼"，再到"打包西瓜"……海底捞的种种服务几乎已经超出了平日里受惯餐厅服务员白眼的网友们的想象力。不知何时开始，大家开始为海底捞在服务方面的"无法阻挡"四个字前面加上了一个很贴切的定语："整个人类"。

一时间"海底捞体"风行，这种文体以"某天我在某海底捞吃火锅，席间我无意说了一句……（愿望、抱怨等），在我结账时……（服务员使其愿望成真）"为格式，最后以"整个人类已经无法阻止海底捞"作为总结。接下来的发展有些超出海底捞的想象，当"整个人类已经无法阻止海底捞"的时候，海底捞也已经无法阻止网友们的热情。当越来越多不可思议的故事接踵而至时，大家在乎的已经不再是它的真实性，而是这段"海底捞体"杜撰得是否精彩了。除此之

@栗栗栗栗子Eko：刚刚和@林黛玮 在海底捞吵架~ 一旁的服务员突然给我们递来了花束和贺卡 打开一看！就在刚才纯手写啊！那么长！我超感动啊！海底捞老板太欣慰了吧哪找来这么多好员工！佩服啊！生意能不好么！？ 原文转发(16358)　原文评论(2559)

@小8妹妹：海底捞倒错了汤，居然送了个玉米饼，我晕，对不起饼　原文转发(8391)　原文评论(845)

@Samuel不要鸭梨要卖萌：关于海底捞，昨天刚听说发生在天津的一个版本是，吃完饭客人想把剩下的切片西瓜带走，服务员说，对不起，打开的西瓜不能打包，于是作罢，临走时，服务员提来一整个西瓜："对不起，打开的西瓜不能打包，给您一个没打开的。"。。。人类已经不能阻止海底捞了。　原文转发(12009) | 原文评论(1496)

微博"海底捞体"

外，更有网友别出心裁地通过自制的漫画恶搞海底捞的优质服务。

病毒传播聚合微博平台

海底捞，正在制造“人类已无法阻挡”的大众餐饮品牌神话。这个来自四川的火锅品牌知名度叱咤微博平台与搜索引擎，话题搜索近 84 万条，词条逾 400 万条。许多网友虽然没有接触过海底捞，但基于网络上各种神乎其神的关于海底捞的宣传，都对海底捞充满期待。

网友恶搞海底捞漫画

值得关注的是，此次海底捞病毒体的传播聚合阵地是近 2 年风生水起的微博平台，微博以“简短、便捷、快速”为特色，随着移动互联网和智能手机的普及，以新浪微博为代表的微博产品日益成熟化和生活化，近 3 亿的微博用户借助于多种终端实现即时分享，越来越多的企业通过 140 字拉近企业品牌与目标用户之间的距离。

微博的特性决定了海底捞病毒传播的可能性，从聚合到裂变在微博上仅需几秒钟的时间。海底捞以故事分享为原料，以猎取好奇心为方法，制造了“海底捞体”，根据微博蜘蛛网式传播的规律，对个性化的服务作了深度的传播，通过事件提升了品牌知名度和美誉度，海底捞式的服务也成了整个餐饮行业的服务标准。

过度关注棒杀海底捞

正如古语有言“人怕出名，猪怕壮”，在互联网上走红的海底捞一时间成为了网民和媒体关注的焦点，而被“神话”的服务成为了大多数选择海底捞的理由。甚至有媒体记者以打工的名义潜伏海底捞，体验真实的海底捞服务。人们的过度关注引发了海底捞的危机公关，2011 年 8 月 22 日的一篇《记者卧底打工海底捞，骨头汤和饮料是兑的》引发的“冲兑门”事件让海底捞瞬间从天堂落回了地狱，更是有网民在微博上将“人类已经不能阻止海底捞了”改成了“人类不能阻止的海底捞被微博击败了”，而这种落差仅仅用了 55 天。

一石激起千层浪，海底捞“冲兑门”事件在微博中再次引发热议。截至 2011 年 8 月 24 日 11 时，新浪有关海底捞的微博已有 134.8 万条。并且很多网友将此与近来高发的食品安全问题联系起来，表达了对海底捞的失望之情。虽然一些铁杆粉丝仍然力挺海底捞，认为在微博的放大器效应下，消费者对海底捞的期望值被吊高了，企业难免都会有这样那样的问题，不必过度打压，但海底捞则面临着巨大的诚信危机。

社会化媒体时代，“酒香不怕巷子深”口口相传的传统营销，已演进为网络口碑传播新形态。

对于企业而言，如何在海量信息中脱颖而出，“传播”无疑是品牌避免信息湮没的关键。但是，传播一旦逾越“真实”这把度量，过分夸大甚至造假吹嘘，热捧过后，企业面临的或许就是品牌落没。在这场过度营销的战役中，企业必须看清海底捞所存在的危险并且将其避免。

微博能载舟也能覆舟，如果企业过度神话，使得实际产品服务质量与高速的品牌声誉快车道严重脱轨，过度借助微博传播效力刻意制造虚假的品牌泡沫，那么即使人类或许无法阻止海底捞，但是过度营销制造的虚幻泡沫也会阻止海底捞的前进步伐。

数字新媒体需适度营销

这股突如其来的热潮，对于海底捞来说，可谓双刃剑。成也萧何败也萧何，虽然海底捞利用微博引来了千万人的关注，但被“神话”的服务成为了海底捞危机的源头。一般而言，品牌是一种承诺，消费的过程实际上是实现承诺，当顾客上门，商家没能提供惊喜，就是过度承诺。因此在新的市场环境下，特别是数字新媒体层出不穷的今天，我们需要适度营销，既要遵守原则，又要掌握灵活性，就像有弹性的橡皮筋，可长可短，可松可紧。在营销的时候需要建立一个“适度预警系统”，划分一个标准和底线来保证营销活动的正常进行。

企业营销需要做到适度而不过度。把握好度，是每个企业营销活动顾全大局的客观要求，是对市场经济行为负责的表现，也是企业服从于道德规范的体现。能否把握好度，轻则影响宣传效果，重则关系到市场的长远发展。所以对于企业来说，把营销做成“小聪明”式的过度砍伐，以降低“快乐”的标准来迎合某些需求是“大错特错”的行为，最终是“搬起了石头却砸了自己的脚”。

数字新媒体日益发展的环境下，企业需要在看清自身增长迅速的同时，注意到媒体特性下的传播力量，切莫被增长迅速的数据冲昏了头脑，商业的本质是要考虑消费者的感受，只有扎实的内容和适度的营销才是制胜之道。

专家点评：

新媒体时代下，微博营销的价值越来越被企业所重视，开通官方微博、策划微博活动、制造传播话题成为企业微博营销的主要内容，但事实上微博营销的核心在于与用户之间的诚信对话，建立强关系，利用二八原则带动价值的自我传递。

综观海底捞整个微博营销事件，虽然仅有54天的巅峰，但对于同行业企业来说，以故事制造传播病毒体，利用微博的特性作深度传播，还是值得借鉴的。有效地发挥微博的威力，企业在品牌传播上收获的将不仅是知名度，更是美誉度和忠诚度。

但是，任何营销都需要有度，过度夸张的传播或许会带来一时的风生水起，但所有“神话”都必然有走下神坛的时候，网络营销虽然魅力不凡，但是企业也不能指望其瞬间“创造神话”。对于企业而言，服务可以做到极致，但过度的营销传播不可取，回归核心竞争力才是长久之计。

4. 百事亲情微电影打响贺岁营销战

“独在异乡为异客，每逢佳节倍思亲”，王维的一句忆乡诗勾起了异乡人每逢佳节对亲人的思念之情。而对于最具中国传统意义的春节，回家过节是节文化的主要特色之一。2011 年年末，在距离春节不到一个月的时间，一部长达 10 分钟的微电影《把乐带回家》在网络上疯传开来，游子几经周折回家过年的情节感动亿万人。一时间“回家”成为了在外奋斗的年轻人最大的心愿。这是百事（中国）为贺岁打出的亲情营销，通过集结多位明星共同演绎其长达 10 分钟的 2012 贺岁亲情微电影《把乐带回家》，并携手优酷共同推出“回家季”，通过设立“回家基金”帮助实现回家梦，以此打响贺岁营销站，拉动百事系列产品的品牌影响力。

顺势而为，百事搭载春节风

历史上，诸葛亮巧用天气，借东风和草船借箭的经典故事，至今流传于世。面对市场风云变幻，驾驭市场的营销将领，若逆流而上，则阻力重重；若能顺势而为，则能获“四两拨千斤”之功效。所以不难看出，顺势借风，方能成就大业。

民政部关于“春节回家过年”的调查报告显示，面对新春佳节，近 70%人表示“为春节回家而烦恼”，其中回家交通因素达到了 83%，家庭或情感因素达到了 35%，春节消费达到了 71%，生活方式达到了 75%。对于种种不回家的理由，父母在表达理解的同时，其实内心是多么期待孩子能回家和他们团聚。基于这种社会现象，百事（中国）提出“把乐带回家”，联合旗下三大品牌，共同发出号召并邀请了三大品牌的六位明星，打造了一部温馨的新春贺岁片，迎合春节回家的热点话题，通过一部感人肺腑的回家故事片唤醒亲情的回归，利用亲情的穿透力，使品牌在消费者心目中占据绝对的位置，这是百事情感营销成功的基础。

催人泪下，把乐带回家

面对亲情的召唤，时长 9 分 48 秒的《把乐带回家》百事（中国）视频短片感动了千万人，画面感人，催人泪下。这部短片讲述了在外奔波的杂志主编周迅、摄影师张韶涵、歌星罗志祥，因为工作不打算回家过年，但在古天乐的帮助下，最后决定回家陪父亲张国立过年的温馨故事。值得关注的是，参与演出的演员均是百事可乐、乐事和纯果乐的代言人。

在片中，张国立饰演了一位铁路工人，周迅、张韶涵和罗志祥饰演张国立的孩子，而古天乐则饰演了一位过客，由于他的出现，带来了张国立与三位子女的新春团聚。古天乐作为剧情发展的推动者，以多变的身份玩起了穿越——在与众星拍摄对手戏时，古天乐不停地变换身份，成功穿越于不同角色之间。在面对片中“女强人”周迅时，古天乐瞬间成为西装笔挺的高级白领，以新鲜果粒的故事感动女强人周迅回家过年；在与罗志祥拍摄对手戏时，古天乐是一身工装造型的舞台

《把乐带回家》微电影画面 1

调音师，为罗志祥递上百事可乐，勾起他与“老爸”张国立一同抢喝百事可乐的温馨往事；当遇到可爱活泼的张韶涵，古天乐立刻变身售货员，在为她递上乐事薯片的同时指引她回家的路。

短片上映后，引起了强烈的轰动，催人泪下的画面勾起了大家的回乡之情，将人们埋藏心底的思念激发了出来，一时间“回家”成为了大家见面时寒暄的话语。

《把乐带回家》除了内容新颖以外，在视频传播上也有创新之举。在短片上映初期，除了在各大视频网站上作推荐以外，包括公交车站台和地铁墙体在内的大众媒体，百事（中国）也作了广告投放。通过预告片的形式，激发人们网络检索并引导人们到网络视频网站上观看完整版，扩大网络影响力。

主打亲情，“乐”文化深入人心

营销传播讲究顺势和语境，在国人春节情结浓郁、情感极其充沛的语境下，春节亲情营销很自然地浮出水面。

随着近几年的不断试水、实践和进化，亲情营销已成为不少企业的主流打法，从金六福到奔腾汽车，每一次亲情传播都是一次进化与提升。当各大品牌都在春节亲情营销上大放光彩时，百事（中国）与往年一样，依旧保持了打明星牌的传统，并且选用了时下流行的微电影形式，集结多位明星共同演绎其长达9分多钟的2012贺岁亲情微电影《把乐带回家》，打响贺岁营销战。但值得关注的是，百事这次通过群星合作，并整合多个品牌，将春节亲情营销提升到另一个高度。

百事（中国）有效承载了品牌中的“乐”文化，并集合了旗下三大子品牌：百事可乐、乐事薯片、纯果乐，作了一次各大子品牌集体宣传。并将《把乐带回家》的品牌主张中的“乐”赋予三层含义：情节中张国立带回古天乐回家；三个孩子回家，使父亲快乐以及三个产品中都有“乐”字。这些子品牌随着剧情的深入而一一展现，深入消费者心里。

同时，这部短片的拍摄和宣传也正契合了百事高层提出的“PO1”概念，即Power of one。统一的力量，将旗下的几个品牌整合在一起的宣传攻势，更是发挥了整体效果，一个商业广告被人们看成了一部亲情纪录片。

《把乐带回家》微电影画面2

回家基金，攻破最后防线

百事为了能攻破人们最后的情感防线，除了感人肺腑的短片，同时携手优酷共同推出“回家季”专题，在网络平台征集网友们的回家心愿，上传心愿视频和心愿贺卡，为激励网友们的热情参与，百事还设立了“回家基金”去帮助实现100个最感人的回家愿望，希望鼓励和启发更多人春节回家。

百事作为一个年轻的品牌，设立“回家基金”传播给人们的是品牌的使命感和社会责任感。大多数年轻人认为平时有很多机会可以回家看父母，所以选择过年不回家；其实，春节是个全家团圆的时刻，父母在表达理解的同时，内心是多么期待孩子能回家团聚；百事的“回家基金”不仅能呼吁更多的人过年回家，更能以“把乐带回家”的一语双关的寓意，使品牌更加个性化和情感化。

营销创意，微电影彰显威力

百事（中国）这部《把乐带回家》短片的亮点除了内容和阵容上的强势，采用的全新创意，以串联的拍摄手法强化创新的整合营销概念也是成功的关键。百事（中国）将旗下百事可乐、乐事薯片两个品牌资源整合，通过广告电影中人物、场景、故事的串联，以及传统结合现代的杰出创意，让两大品牌合二为一、携手并肩，有效地扩大了广告冲击力，产生 1+1>2 的宣传效果。

如果创新整合是特质，那么采用时下最流行的微电影则是形式。微电影是专门运用在各种新媒体平台上播放的、适合在移动状态和短时休闲状态下观看的、具有完整策划和系统制作体系支持的、具有完整故事情节的视频短片。随着移动互联网和智能手机的普及，让人们随时随地观看视频短片成为了可能，并且基于可分享的传播优势，微电影的形式为这部片子的传播提供了可裂变的条件。

事实证明，以微电影作为表现形式能够彰显出意想不到的威力。据统计，短片在优酷网播出几天后就引来了几百网民的观看，截至 2012 年 2 月，这部时长 9 分多钟的微电影已经播放达 3 800 万次，近 3 000 条评论。

专家点评：

荀子在《劝学》中以“君子生非异也，善假于物也”描述了善于借助他人之力和外部条件的重要性。而借船出海、借梯上楼、借鸡下蛋、借壳上市是近年来许多品牌成功经验的形象比喻，在市场经济下，借势大打情感营销也成了众多企业品牌提升的重要手法。

但是在情感营销上，企业还需要在内容的差异化上作突破，我们常见各个视频都有一个共同的故事背景，即儿女与父辈常年别离、春节难得团聚。尽管在团聚的场合和过程中均作了调整，但是其整体上还是局限于催泪。但《把乐带回家》借用微电影的形式，通过产品、人物和内容创意整合，将故事发展表现得更加自然，相比其他品牌，百事还是有了很大的突破。

百事（中国）的《把乐带回家》以势造势筑成情感连环，将回家过年带给家人的“乐”和百事品牌诉求的“乐”联系起来，打通关键点，使营销事态像滚雪球一样，发生连锁反应，实现了以小力成大举的累积扩张，最终形成一语双关的品牌传播效应。

5. 益达借力新媒体演绎"酸甜苦辣"

新的商业环境源于全新的社会形态，人们通过快餐式媒体理解世事，通过消费抚慰心灵，通过无所不在的娱乐释放压力，通过虚拟的网络建立与世界的真实联系。但是，互联网让人们快节奏的都市生活更加"碎片化"，注意力更加分散。随着年轻人关注公众话题的方式转变了，信息传播也变成了微传播，通过简短的语句，快速地告知目标受众核心内容，这是微盛行的特点。除了目前常见的微漫画、微博客、微小说、微视频等，微电影也逐渐进入网民的视线。

微电影（Micro film），即微型电影，又称微影。微电影是专门运用在各种新媒体平台上播放的、适合在移动状态和短时休闲状态下观看的、具有完整策划和系统制作体系支持的、具有完整故事情节的电影短片，这种电影一般时长从几百秒到十几分钟不等，其内容融合了幽默搞怪、时尚潮流、公益教育、商业定制等主题，可以单独成篇，也可系列成剧。由于微电影具有门槛低和参与互动性强等特点，已经逐渐被运用到企业营销中。大家熟知的益达无糖口香糖在2011年就上演了一场《酸甜苦辣》新媒体营销剧。

"酸甜苦辣"，像电影一样的广告

传统的电视广告大多数都是以凸显产品或者企业的品牌信息为主，并几乎都以产品特色述说和曝光为目的，以单向的传播方式猎取消费者的视觉，但90%的广告费用都随着自来水冲进了下水道。相比传统电视广告，微电影的优势在于企业可以花很少的投资拍摄出以产品或品牌为内容核心的故事短片，并通过修饰，让消费者像看电影一样看广告。无论是在传播效果还是品牌效应上，更能深入人心。

微电影《酸甜苦辣》剧照

2011年6月27日，箭牌旗下的益达口香糖在北京的永定门举行2011年新一季广告片《酸甜苦辣》的首映礼。新片中，两位主角再续前缘，经历了"酸"、"甜"、"苦"、"辣"四个故事，二人的感情沿着蜿蜒的旅途细腻地升华。这四个故事以爱情生活为主线，将益达口香糖对牙齿的功能巧妙地融入爱情故事中，在内容表现形式上更容易让观众接受。

在这四个故事中，"酸"讲的是面馆风情万种的老板娘对男主角热情招呼，引发了女主角的浓浓醋意，男主角只好托老板娘送来表达关爱的益达口香糖化解尴尬。"甜"中男女主角在旅途中相互依靠，一串糖葫芦和第一次甜蜜的拥抱。"苦"发生在浪漫的海边，男主角勇救不慎落水的女主角，而最后女主角却因为说不出口的期待而尝到了苦涩的味道。"辣"是讲男女主角两人旅程中遇到的刺激经历，展现了女主角性格中火辣的一面，并且每一个短片的结尾都会提到益达不同口味的口香糖，在产品种类和特色上作了很好的传递。

值得关注的是，看完整部短片，给人们的感觉不像是广告篇，更像是一部充满酸甜苦辣的爱情微电影，每一个故事都顺延主角桂纶镁和彭于晏感情发展的自然演绎，他们面对爱情路上的酸甜苦辣，时刻都有益达陪伴左右。除此之外，短片给予观众更大的启示是，很多时候，只需在日常生活中提醒并关注自己的点滴生活习惯，在改变中你就可以轻易拥有健康美丽的牙齿。另外，全新益达"洁白"无糖口香糖，含有独特洁齿配方，每次咀嚼后能有效减少堆积在牙齿上的污垢，帮助牙齿保持亮丽洁白，轻松简便护齿洁齿，拥有清新动人的笑容，时刻焕发健康魅力。

对于品牌文化而言，益达此部微点电影传播着“不管酸甜苦辣，总有益达”的广告语，目的在于将益达融入每一个人的生活中，通过“生活中的各种味道都值得我们细细品味，不管酸甜苦辣，总有益达来关爱你和你的牙齿”的语句，一时间拉近情感之间的距离。并将益达“关爱身边每个人”品牌文化深度地融入了短片中，全方位而立体化地展现了益达的健康形象。

互动聚合，微博传递“酸甜苦辣”

随着 Web 2.0 时代的到来，微博以特有的优势深受网民的钟爱，微博的使用也因其便捷、快速和强关系而日益生活化。微博价值不仅在于用户的使用率，更在于企业能与顾客直接对话，形成强关系的蜘蛛效应。如果说益达的《酸甜苦辣》微电影给观众带来的是一种情感上的共鸣，那么接下来的微博传播则是为了将益达的品牌文化和产品价值渗透到每一个顾客的内心。

为了能将“酸甜苦辣”的话题带来病毒式传播效果，益达专门建立了活动官方网站，以甜蜜之旅作为利益驱使用户参与互动，通过 140 字写下自己平时说不出的酸甜苦辣，并同步到新浪微博平台，益达通过内容评选，抽取有价值的话题。而更值得关注的是，益达广告片主角彭于晏、桂纶镁变身成为“明星快递员”，线上见证粉丝的酸甜苦辣，线下传递益达健康生活的品牌理念。

益达“酸甜苦辣”活动官方网站

微博作为企业与用户之间的情感桥梁，承载着企业品牌和产品价值的传递使命，具有创意的微博活动和话题使企业形象传播更具有穿透力。益达在微博上鼓励大家发出自己的酸甜苦辣经历，引起用户间的讨论以产生情感共鸣，拉近品牌与用户间的距离，增强用户对益达的品牌好感度，从而帮助益达更有效地将参与活动的微博用户转为品牌的消费者。

创新营销，全媒体整合彰显优势

益达演绎的“酸甜苦辣”，受到了消费者和业内专家的一致好评，品牌传播是裂变还是聚合，除了内容创新以外，营销策略的选择与整合也是至关重要的。益达采用时下最流行的微电影和微博客作为主要的传播策略，整合包括微博、视频、SNS 等新媒体以及传统电视在内的传播渠道，实现了 1+1>2 的营销效应。策略整合主要体现在以下四点：

① 创意广告，全面传播。《酸甜苦辣》微电影，除了在优酷、土豆、搜狐等互联网视频网站上传播以外，还在传统的地铁、公交移动电视以及车载平面广告作预热传播，并通过播放十几秒预告片激发起消费者的兴趣，主动通过搜索引擎检索观看，并通过分享按钮分享给社交圈里的网友。

② 借助平台，普及信息。通过微博日常的信息发布宣传益达“酸甜苦辣”这项产品以及相关活动，包括每周抽取 51 名用户获得奖品，以此激发用户参与。

③ 明星效应，吸引关注。益达此次不仅为两位代言人拍摄系列广告并通过电视、视频等渠道进行投放，同时配合“酸甜苦辣”主题活动开展“明星快递员”活动，请代言人见证粉丝的“酸甜苦辣”，并坚持每天在官方微博上进行跟踪宣传。

④情感营销，引起共鸣。让用户通过微博平台发表自己的“酸甜苦辣”经历，引起用户间的讨论以产生情感共鸣，拉近品牌与用户间的距离，增强用户对益达的品牌好感度，从而帮助益达更有

效地将参与活动的微博用户转为品牌的消费者。

⑤ 品牌维护，持续有效。通过持续的官方微博维护提高益达品牌的美誉度，吸引更多用户加入，从而增加益达消费者的忠实度以及两位代言人粉丝对益达的关注度。

相比传统媒体，新媒体的整合式网络营销，在深入研究互联网资源，熟悉网络营销方法的基础上从企业的实际情况出发，根据不同网络营销产品的优缺利弊，整合多种社会化媒体营销方法，为企业提供新媒体营销解决方案。益达的新媒体整合营销让消费者亲自参与互动与创造的营销过程，在大脑皮层回沟中刻下更深的品牌印记。

新媒体营销凭借着独特的思维已经成为营销未来十年的革命者，企业触网营销也是大势所趋，为品牌编织新媒体营销的关系网已经上升到影响企业未来发展的战略上，而益达 2011 年的“酸甜苦辣”新媒体创意营销无论是在同行业还是企业行业都带来了指导性意义。

专家点评：

当大多数企业还在义无反顾地将大量的资本砸在电视广告上时，以微电影为代表的视频营销悄然走红，成为众多已经进入互联网企业营销的新切入口。以拍电影的形式来制作广告，这是传统单向传播式广告无法超越的。

紧跟时代发展，是每一个企业的必修课，无论是产品设计还是营销创新，都需要以需求作为战略导向，以目标受众的购物心理为指引，通过整合内外资源优势，才能实现品牌与产品的双重传播。益达的《酸甜苦辣》爱情微电影在营销形式上有了新的突破，对包括微电影、微博在内的社会化媒体营销作了深度试水。

6. 麦当劳“舔着圆筒看世界”

“在传统的中餐和晚餐时段，麦当劳的业务已经日渐趋于饱和，业务增长的更大空间转移到了正餐之外的广阔市场。虽然麦当劳开发了大量的零食甜点，而且开通了24小时营业，但‘非传统用餐时段’的利润依然不到总体利润的五分之一。”（出处：麦当劳数据）

对于白领消费者而言，麦当劳只是一个填饱肚子的快餐店，而不是一个欢乐放松、享受小吃的场所。麦当劳的挑战是如何让麦当劳的零食甜点深入白领人群的内心，进而带动麦当劳在非传统用餐时段的利润。

定位目标人群，谁是我的菜？

在过去商品短缺的时代，吃饱已属不易，更别谈零食，现在生活水准提高了，零食也不再归小孩子专有，它已经被各个年龄段及层次的人喜爱。吃零食能令人愉悦，舒缓紧张气氛，对于工作忙碌的白领来说，零食最大的目的不是解除饥饿，而是作为缓解工作压力、获得愉快心情的另外一种途径。麦当劳如果有效地把零食甜点深入白领人群，将获得传统用餐以外的更大的利润空间。

城市白领的世界有太多压力——房子住不起、车子买不起、孩子养不起；加班越来越晚，假期却越来越短；奖金越来越少，物价却越来越高；再加上不断曝光的负面新闻……白领们一天里难得有开心和快乐的时候。

基于对消费者的这一个洞察，麦当劳希望能帮白领们腾出一点快乐的空间，而麦当劳就是他们暂时逃离无数压力获得片刻轻松快乐的好去处！但如何用一种简单的方式让他们得到快乐，并将这种快乐和麦当劳零食建立起联系呢？

麦当劳希望那些面临生活压力的人群把内心的童心释放出来，做回快乐的自己，而这一切则和麦当劳“快乐”的品牌属性是分不开的。麦当劳虽然已经有55年的品牌历史，但它的品牌精神是永远年轻，我们称呼麦当劳叔叔是“首席快乐官”。而麦当劳的市场调查显示，麦当劳的M标志通常会让人感觉开心，麦当劳也希望把这种快乐的品牌性格传递给更多人。

因此，通过品牌活动，激发消费者尤其是中国的一些年轻人（比如上班族、学生等这样压力比较大的人）对于快乐的追求，在物质的社会中寻找简单的快乐，从而打造一个非常好的出发点和话题点，渗透麦当劳快乐年轻的品牌理念，成为本次传播的重要目标。最大的目的是为了让麦当劳品牌和中国年轻人产生情感联系：

① 以创新的沟通方式接触到目标人群，与他们进行情感层面的深度沟通，改变他们对麦当劳的陈旧印象。

② 鼓励他们释放灵感，与其他消费者分享他们在巨大生活压力之下的童真与情感。

③ 鼓励消费者到店，换取甜筒，并在社会化媒体上分享他们的快乐体验。

小动作挖掘出大创意，舔着圆筒重温孩童时光

现代人的生活压力越来越大，快乐越来越少，每天翻开报纸，都是令人沮丧的坏新闻。从这个洞察出发，必须找出一个有效的创意解决方案，吸引这群人来麦当劳轻松一刻，享受快乐的美味时光。麦当劳决定创造一种享受简单快乐生活的全新方式，提高目标消费者对麦当劳品牌的忠诚度，进而达成提高来店率的目标。于是产生创意核心“舔着圆筒看世界”。

麦当劳从舔冰激凌这个孩子气的小动作，挖掘每个人心中久违了的童心，让白领们都用孩子的眼光去生活、去看待世界，以得到意外的欢乐。本案例通过线上和线下的活动及相关的互动，在广大白领心中建立“麦当劳零食”与“快乐”之间的联系。

“舔着圆筒看世界”活动策略

麦当劳运用不同的线上及手机媒体炒热“舔着圆筒看世界”活动，让用户可简单地参与及把用户从网络带到店面。新浪是主要的互动平台，范围涵盖活动网站、媒体广告、新闻评论框工具以及最核心的微博，最后加上换取迷你圆筒的手机兑换券作为支持。

首先，活动从白领每天关心的新闻时事开始，对那些真实的新闻，以幽默的童心观点激发大家的灵感。

其次，活动开辟了“圆筒周报”栏目，将时事与娱乐兼具的消息传递给消费者。这就有了新浪微博上那些与圆筒有关的、看上去滑稽而荒诞的“新闻事件”。同时在每一条新闻下端加入童心评论框，鼓励用户随时参与并分享。

第三，活动网站还利用移轴摄影（泛指利用移轴镜头创作的作品，所拍摄的照片效果就像是缩微模型一样，非常特别。移轴摄影是将真实世界拍成像假的一样，使照片能够充分表现“人造都市”的感觉）拍摄不同城市的场景，让城市看起来很抽象，像是孩童的模型和玩具。这就启发了消费者从一个孩子的角度看世界，发现一个充满童趣的快乐世界。

第四，只要加入#舔着圆筒看世界#的话题，每当在微博发表童心观点，麦当劳都会立刻奖励用户一个免费圆筒。麦当劳品牌与新浪微博受众之间有着很深的契合点，同时微博作为一种可以随时随地参与的网络媒体，或者说平台，是可以实现简便参与的很重要的一个渠道。因此麦当劳联手新浪微博推出“舔着圆筒看世界”微博营销活动，通过官方账号、设置#舔着圆筒看世界#话题互动，只要发送童心微博说说“孩子般看世界”的相关语句并@舔着圆筒看世界，在分享快乐的同时即可赢得免费的麦当劳迷你圆筒。

通过这四个阶段传播活动的操作，让大家在微博上尽情分享童心，再当一回小孩，成功地推动了麦当劳为快乐腾一点空间的品牌概念，创造了极强的主动传播效果，品牌信息得以全面性的表达。

小小圆筒引发蝴蝶效应！

本次传播在消费者市场和企业市场获得了巨大的成功。在短短不到4周的时间里，“舔着圆筒看世界”微博账号就拥有了5万多粉丝。消费者发布有效微博超过15万条，带动约20万人到店领取甜筒。此次活动的官方网站上，参与的人数达到15万人。截至2011年2月22日，粉丝数仍在不断上涨，已经达到8万余人（数据来源：urchin&idigger监测系统以及新浪微博数据）。

在线下，基于小小甜筒的邀请也带给麦当劳非同一般的营销效应。通过这次活动，麦当劳不仅能吸引那些渴望找回童心的网友们关注，还能用小孩子带动“大孩子”去麦当劳餐厅。也提升了消费者对麦当劳品牌的关注度和记忆度。很多微博网友的发言里面都提到了麦当劳这一活动给自己带来的全新感受，并主动回忆了许多美好的童年记忆。

此外，通过社会化媒体带来了公关上的更多免费宣传，在百度上的搜索达393 000条，在Google上的搜索达218 000条。在新浪微博上一度跻身热门话题榜前三位，引起社会广泛的关注和讨论，社会声音在短期内被最大化。此次营销不论是在广度、深度，还是效率上都有上乘表现，堪称线上、线下打通，媒体平台与社交网络整合的优秀案例。

专家点评：

麦当劳是全球知名的品牌，也是一个已经驻扎在大部分人心中的社会化品牌。麦当劳在社会化媒体上开展创意活动，是有它的天然优势的。不过，要通过内容营销来推广“快乐”，让小孩子带动“大孩子”，发现一个童趣的世界，这个活动算是很成功的。首先，它整合了手机程序、新浪微博、活动专页等去面对不同的人群，扩大了接触面；另外，用了吸引力强的奖励，鼓励大众的参与。最重要的是，通过社会化传播平台，活动的传播速度和力度都成倍地加强了。口碑传播本身就是“快乐”的用户体验，麦当劳能抓住这一点，利用社会化媒体的优势，是这个活动成功的关键。

7. 麦当劳 100%纯爷们以你为荣

《非诚勿扰》引领的伪娘盛行的时代，纯爷们变得弥足珍贵！“纯爷们”这个词是充满自豪与霸气的，用一个男人来体现应该是“姜文”，用一个女人来体现应该是“春哥”，用一个动作来体现那就是“双手叉腰傲视群芳”。

“纯爷们”是男人的象征，代表力量和气魄

巨无霸以及其他一系列的牛肉类汉堡产品一直是麦当劳的核心产品，可是当麦当劳来到了更偏好和习惯鸡肉类产品的中国，情况就变得有些尴尬。在中国，牛肉类汉堡产品的销售很难跟世界其他地方的麦当劳一样的好，而改变核心产品肯定不是一个选择，因为“人们更喜欢看到麦当劳做自己”（Gary Rosen，前中国区首席市场执行官）。

在这艰难的背景之下，麦当劳的挑战是：扭转中国消费者不喜欢牛肉的观念，从而打造一群全新的麦当劳牛肉汉堡粉丝。因此，本次营销活动的主要沟通目的是要在消费者和麦当劳牛肉汉堡之间建立更强的感情联系，从而增加牛肉类汉堡与去年同月份比较的销量。

通过对目标消费者的深度访谈，麦当劳了解到其实年轻的肉食爱好者都是挺喜欢吃牛肉的。与那些现今流行的都市美型男相反的是，这群喜欢吃牛肉的人就是以坚强、低调、成为无名英雄为荣——我们称他们为“纯爷们”。而巨无霸，作为一款牛肉汉堡，代表着力量和气魄，在气质上是和他们一样的。纯爷们喜欢吃肉，喜欢巨无霸那种分量。“纯爷们”讲话只因为他们觉得需要，而不是他们喜欢讲话。

活动限量版 T 恤

找到了“纯爷们”和巨无霸的契合点，下一步就是如何让喜欢吃牛肉汉堡的“纯爷们”站出来！为了号召所有爱吃牛肉的消费者走出来展现他们的男子气概，麦当劳用“纯爷们”直率的态度将在网络世界流行的一些英文缩写词进行改写，再设计成限量版 T 恤，让“纯爷们”穿上站出来去表达自己。

“纯爷们”站出来，去麦当劳过男人日！

活动现场

如果你简单，这个世界就对你简单。想让“纯爷们”站出来去自由展现就要给他们简单的活动机制，能够很简单地参与，利用社交网络建立话题，联合更多的纯爷们兄弟。

2011 年 4 月 27 日至 5 月 4 日，麦当劳在官方新浪微博上发布了“100%纯爷们以你为荣”的活动，连续 8 天每天送 888 件麦当劳“纯爷们”T 恤。通过回复及转发微博参与，“纯爷们”可以用“@”提醒他们的兄弟站出来，一起赢取其中一款由麦当劳巨无霸推出的限量版“纯爷们”T 恤。

活动期间的每个星期三被命名为“男人日”，每个麦当劳“男人日”的下午5点至晚上8点，男性消费者只要来到麦当劳消费，第二个同款牛肉汉堡即享半价，让“纯爷们”品尝“纯牛肉”汉堡更过瘾！而且，“纯爷们”不仅可以享受到半价优惠，还可以有机会一次性赢取全系列8件不同设计的纯爷们T恤。

“男人日”的创立为麦当劳“纯爷们”增加了一道新的风景线。麦当劳致力于为消费者带来安全美味的至捷美食，更希望为他们营造并提供新鲜的就餐体验。细心的麦当劳发现现在有很多针对女性和儿童的节日和庆祝方式，而男人也需要一个场合和兄弟们、朋友们交流。深知男性消费者的需求，麦当劳不仅一如既往地继续关注儿童及女性消费者，也会更加关注男性消费者。麦当劳选择一周中最难熬的周三设立“男人日”，就是希望辛苦的“纯爷们”可以在这天释放压力、补充能量，感受麦当劳“为快乐腾一点空间”的品牌理念，为他们提供一个专享的就餐体验。

为了给男人们最实在的关心，麦当劳拿出招牌产品“巨无霸”和全新的“培根芝士双层牛堡”犒劳“纯爷们”。“培根芝士双层牛堡”与“巨无霸”一样，均是选用100%纯牛肉的双层牛肉饼，并全新搭配培根芝士，分量足、味道劲、够给力。“男人日”来到麦当劳，无论单枪匹马还是成群结队，都可以释放平日的压力，尽显纯牛肉与“纯爷们”碰撞出的豪情和霸气。

麦当劳“纯爷们”引发全国各地纯爷们大比拼！

麦当劳特意制作了北上广三地爷们版电视广告，在各大电视台轮番播出。这一系列巨无霸广告，为我们定义了100%纯爷们的概念，强壮、淡定、专注、果断、勇于竞争等，各地纯爷们的优点各有不同，但是这些优点多多少少都跟女人有关，还透着点儿猥琐，越看越不像是在夸人，话题点很是够味。

活动广告 1

活动广告 2

于是互联网上掀起了全国各地“纯爷们”征集令，甚至各地“纯爷们”纷纷站出来欲比试一把。“纯爷们挑战赛”、“史上最牛的麦当劳‘纯爷们’演出”、“麦当劳‘纯爷们’100招”、“麦当劳‘纯爷们’攻略”等火遍互联网，“男人日”在全国各地启动，一时间，“纯爷们”日成了男人们的“三八节”！

更萌的是，麦当劳霸气推出“纯爷们”攻略文字版、讨论版、图文版、视频版等N个版本。系列稿要多少张才算大手笔？麦当劳的答案是：100张！麦当劳联手TBWA史无前例地推出了100张海报——“纯爷们儿的100招”！大力推广巨无霸汉堡“100%纯爷们，100%纯牛肉”这一概念。每一张海报都有一段口气调侃的文案，就像一位生活导师，从生活的各个角度幽默风趣地就“怎样成为100%的纯爷们”提出各种指导性意见。与之形成对比的是，美术指导呈现出典型的美式插画硬朗、克制和都市化的风格，形成别致的趣味。

你或许又想知道100张海报如何出街？麦当劳的做法是：包地铁，在北京、上海、广州、深圳四个城市各推出了“纯爷们地铁专列”。100张海报被高密度地张贴在车门、车窗，甚至拉手环上，霸气十足。再加上风趣揶揄的文案，成功吸引了不少消费者的眼球，特精选几张，以飨读者。

活动海报

纯爷们，有爱大胆说出来！

纯爷们是一种风范，纯爷们是一种魄力！它还具有一种魔力，那就是让女人为之倾心，让男人为之走进麦当劳。

2012年2月1日—14日情人节之际，“纯爷们”借助持续不减的热度强势回归：麦当劳“纯爷们”微博示爱100%真爱大声@你。寒风吹不走我们心中最温暖的情，无论是亲情、爱情，还是友情，都是我们生命中一盏温暖的灯，一杯暖心的咖啡……在这个充满爱的季节里，“纯爷们”就应该大声表达出来，让你心中最爱的TA，听到你的最真挚的心声。加入“麦当劳计划之微博示爱”，做一回“纯爷们”。麦当劳将为你的“100%爱情（亲情、友情）”提供“100%”的非常勇气——“100%纯牛肉”汉堡。赶紧用你的真情，你的语言，你的行动来@你的爱吧！100%的真情告白，100%勇气奖励！在这个充满爱的日子里去麦当劳餐厅与TA分享“100%纯牛肉”汉堡，无论友情、亲情、爱情，只要你想说就要喊出来！

麦当劳微博示爱规则：第一，“纯爷们”就是要直白说出你的爱，发包含#麦当劳纯爷们计划之微博示爱#的真情告白微博，同时大胆@你最爱的“TA”。“纯爷们”勇敢表达你心中的爱！第二，关注@新浪生活上海站。转发评论活动微博，同时至少@三个好友。活动奖品：一、从所有真情告白微博中抽取100位赠送巨无霸汉堡一个（汉堡兑换仅限上海门店）；二、抽取20对名额参与麦当劳线下情人节派对。麦当劳的微博真情告白不仅为这个冬天增添更多的温馨浪漫，更丰富了“纯爷们”的情感世界：纯爷们，真性情！受到广大消费者的喜爱。

活动广告3

纯爷们，收获累累硕果！

据悉，麦当劳纯爷们营销活动不仅成功打造了一群麦当劳牛肉汉堡的忠实粉丝——纯爷们！在建立消费者跟麦当劳牛肉汉堡之间的情感联系方面更是硕果累累：第一，137 948 个纯爷们站出来表态；第二，8 000 件“纯爷们”T恤的申请，超额 1 624 件；第三，两周内，麦当劳的微博粉丝量增加了 3.5 倍。在增加牛肉类汉堡的销量方面，效果也是远远超出预期——在 6 周的活动期间，牛肉类汉堡的销量比去年同期增长了一倍多，牛肉类汉堡的超值午餐销量也创了历史新高。

专家点评：

杨先顺教授表示该案例的核心策略是：通过对消费者的观察，将特定消费者的“纯爷们”特性与“纯牛肉”联系起来，以此为卖点，号召他们走出来，通过他们进行口碑传播，成功带动了麦当劳汉堡在市场上的销售。这充分反映了创作团队对市场的眼光和智慧。

案例首先表现出了杰出的消费者洞察力。设计团队找到了喜欢吃牛肉的消费者，挖掘出他们独特的消费心理，用个性化的 T 恤替他们说出引以为自豪的话，并设计活动赢取 T 恤，从而吸引到了消费者的目光，再以“男人日半价优惠”为配合，一唱一和，既营造了话题，又适时提供了产品体验，顺利建立起了“纯爷们——纯牛肉——麦当劳”这一联系。

在传播手法上，注重人际传播是该案例在执行过程中的灵魂所在。该案例借助富有针对性的公关活动，充分利用社交网络，有效设置议题，使活动本身富有号召力和话题性，从而成功引起特定受众的体验欲望和主动传播。如此以网络媒体为先导，借助大量的人际传播效应，使传播活动有立体感和层次感，有效促进了消费者参与度和对商品的良好认知，取得了突出的市场效果。

8. 蒙牛：节约一张纸，多给世界“邮”点绿

2011 年伴随着全球级别最高、规模最大的百年生态盛会在西安世界园艺博览会盛大启幕，蒙牛“生态行动，助力中国”2011 年全国大型生态公益活动全面开启。

公益牛：蒙牛公益营销路

从 1999 年成立之初的“发展乳品行业，振兴内蒙古经济”，到 2000 年刚成立不久的蒙牛就推出公益广告《为内蒙古喝彩·中国乳都》；从 2001 年借助“申奥”的东风为北京奥组委捐助 1 000 万元，到 2003 年抗击非典、搭乘神五飞天；从 2006 年响应总理号召发起“每天一斤奶，强壮中国人”全国大范围捐奶助学工程，到捐助 2008 年北京奥运会；从 2009 年设立“生态草原保护基金”持续开展草原公益活动，到 2011 年推出“爱心井”工程解决内蒙古缺水家庭的饮水问题……蒙牛的每个脚印都将营销活动与公益活动结合起来，既树立了品牌形象，又促进了产品销售。

公益营销并不是一个个简单的公益活动的叠加，而是通过一个个公益活动的持续，产生 1+1>2 的效果，它是一个整体系统工程，贯穿企业整个营销环节。正是基于此观点，蒙牛从诞生开始就把自己定位为西北最大的造饭碗机器，而非赚钱的机器。蒙牛拥有员工 6 000 多人，辐射百万农民，影响着上亿消费者，目光深邃的蒙牛正是鉴于公益行为之上，才得以如此的根深蒂固。因此，2009 年乳品行业三聚氰胺危机，很多乳业从此一蹶不振，蒙牛很快通过“happy 牛 year”春节营销挽回声誉。

企业行为如同人品，而企业的人品正是品牌最本质的企业使命，离开这一条，品牌将会成为虚无缥缈的海市蜃楼。拥有与人类精神文明相符合的企业宗旨，企业才能左右逢源，在公益营销平台上所向披靡，更是企业长青不衰的根本。因此，执著于公益的蒙牛抓住了一次又一次的机遇，赢得“公益牛”的美誉。公益牛既赢得了口碑，也赢得了利润。

生态牛：蒙牛“生态行动，助力中国”

蒙牛的成功得益于坚持不懈的社会公益，其中有蒙牛的企业社会责任、国家荣誉，更有其国际视角、全球生态关注。

2011 年西安世界园艺博览会（以下简称“2011 世园会”）是全球级别最高、规模最大的百年生态盛会，向来以“生态牧场、绿色草原”著称的生态牛——蒙牛自然不会错过这样的好机会。携手 2011 世园会，蒙牛发起“生态行动，助力中国”主题公益活动，向玉树灾区小学生赠送未来星儿童奶，并与来自乌克兰的志愿者向公众传播牛奶健康知识与绿色生态理念。

作为 2011 世园会全球合作伙伴，“蒙牛绿色生态园”进驻世园会，这座“园中园”通过微缩景观实景还原蒙牛绿色生态产业链，通过濒危生物展示、全球最新生态科技应用、中国乳业绿色生态产业链的实景还原等多种方式，倡导人们告别高耗回归自然的绿色生态理念。为了让游客更直接体验生态，蒙牛绿色生态园特别为游客设置了多项互动体验环节：游客可以直观接触生态品质牛奶生产的全过程，或者参加牛奶包装回收活动，换取“绿色环保物品”。蒙牛率先启用经过 FSC 森林认证和 SFI 国际食品标准认证的绿色包装，其“牛奶包装回收”掀起绿色环保热潮。互联网上“蒙牛推动有偿回收，全民生态再掀高潮”、“牛奶盒也可做凳子”等受到大众的热烈支持。

章子怡、陈楚生、李宇春、陈坤、张靓颖、韩红、韩庚、王璐丹、苏醒、刘惜君、钟汉良等明

星纷纷助阵蒙牛生态行动，引起社会关注热潮。

绿色牛：蒙牛多给世界“邮”点绿

虽然世界园艺博览会（以下简称“世园会”）是国际型的大型博览会，但是在国内知名度不高，蒙牛世园会活动只有新浪官方网站一家，传播力度远远不够。为了使蒙牛世园会传播获取更大的覆盖面和影响力，蒙牛启动了新媒体营销，希望借助新媒体的影响力扩大活动的影响力和互动性，将活动拔高到国际水平。

显然，活动创意不仅要从“生态”、“绿色”入手，还需要考虑更好的网络互动性，给用户足够和简单的参与理由，于是“节约一张纸，多给世界‘邮’点绿”活动应运而生。

① 通过门户网站网易创建 Minisite 互动活动站。使用双语界面，号召全球 193 个国家公民，共同为地球生态贡献力量（签到活动），成功将蒙牛世园会拔高到国际水平。

网易 Minisite 互动活动站页面 1

② 引进新媒体互动。在 Minisite 互动活动站开放 Facebook、Twitter、微博、校内等国际、国内 SNS 端口，这是目前中国互联网品牌活动中第一个做到同时开放国际传播端口的活动网站。在一个月的活动期间，活动页面总流量 500 375，活动页面总 UV126 158，邮件发送量 2 284 087 封，SNS、微博等各渠道参与国家达 153 个。

③ 设置互动激励措施。活动鼓励网友以邮件方式代替纸张传播，并打通 Minisite 与邮箱接口，以“邮件数量→折算节约纸张数量→保护绿地面积”形式鼓励全球网民身体力行。

④ 明星参与提升知名度。网易微博吸引到苗圃等娱乐圈名人、绿色环保等官方组织参与其中，扩大了活动影响力。

智慧牛：蒙牛做公益，说公益

从十万级到百万级、千万级、亿级，从蒙牛的公益行动中，透露出蒙牛对奶农、对消费者、对社会、对国家的关心和支持，也正是蒙牛从消费大众的利益出发，回避了“王婆卖瓜，自卖自夸”的传统思维。从“捐助奥运”到“全国赠奶”，用蒙牛的话来说，“蒙牛一直在为中国民族的强壮事业努力着”，“强壮中国人、愿每一个中国人身心健康”成为了蒙牛乳业经营的宗旨，正是这些举措才使得蒙牛一次次地成为消费者关注的焦点，一次次赢得消费者的信赖，获得蒙牛人的价值认同，让蒙牛从“一无工厂，二无品牌，三无市场”的企业发展到今天的行业冠军。

网易 Minisite 互动活动站页面 2

与很多企业默默无闻地做公益不同，蒙牛不仅多年一直践行公益事业，将公益融入到企业的每一个细胞，更是毫不含蓄地把自己的公益事业传播出去，引起社会大众的关注和认同，公益活动传播造就了蒙牛的公益营销之路。公益之心人皆有之，难能可贵的是蒙牛能贯彻始终。或许，这正是牛根生的过人之处，蒙牛的智慧之源。

专家点评：

企业做了什么很重要，但更重要的是消费者认为你做了什么，不管企业多么强大，也不管产品多么优质，作公益营销就是要“赢心”——赢得消费者的心，品牌才能胜出。蒙牛公益营销走出一条很好的蒙牛特色营销之路。“节约一张纸，多给世界‘邮’点绿”是蒙牛2011世园会“生态行动，助力中国”公益行动一部分，创意点和互动点设计得不错，将蒙牛的公益行动拔高到了国际公益行动水平，体现了蒙牛的全球化发展视野。对案例本身，如果能够设计更多的公益观点互动分享内容，帮助用户的社会化媒体传播，应该能够形成更好的网络影响力。现代的公益，是人人参与的公益。蒙牛的绿色“公益”发展模式值得更多的企业学习，果能如此，我们的国家、我们的地球将更加美好和谐。

9. 百威啤酒：酒后不开车，我愿意

以销售啤酒为主要盈利方式的啤酒公司主动推广理性饮酒、酒后不驾车，用户一定以为这家啤酒公司脑袋出问题了。而这正是百威啤酒 2011 年品牌推广的重头戏——“酒后不开车，我愿意”！

一切源自“酿造更美好世界”

中国酒文化博大精深。然而近年来，全桌尽兴、一醉方休的传统却日益困扰着人们的安全出行。有资料显示，在中国超过半数的交通事故是因为酒后驾车所致。过去的 10 年，因酒后驾车导致的交通事故致死率从 2.2%上升至 4.4%。在中国，人们安全驾驶意识淡薄，普遍存在侥幸心理。

在百威英博公司（以下简称“百威”）方面，理性饮酒始终处于一个非常重要的优先位置。百威的确对其每天酿造的优质啤酒感到非常自豪。同时，百威也希望人们能够负责任、理性地享用百威啤酒。这也源自百威“做最佳啤酒公司，酿造更美好世界”的远大梦想。

多年来，百威在加拿大、美国、比利时、巴西、阿根廷等十几个国家已成功发起和推行理性饮酒活动，积累了许多经验和心得。针对中国国情，百威及旗下国际品牌百威啤酒于 2008 年开始展开大型理性饮酒公益活动，倡导酒后不驾车。

2008 年年初，百威就理性饮酒进行了一次内部调查。结果显示员工欢迎公司提供更多有关理性饮酒的提醒和培训，也欢迎提供规范以及针对消费者的各类计划的详情。因此，2008 年，百威与上海交警总队携手，在中国开展“‘心中有度·家中无忧’酒后不驾车金点子征集”大型理性饮酒活动，并与公众分享全球最佳实践。最终，全国范围内共征集到 5 323 条建议，并甄选出十大避免酒后驾车的金点子。这十大金点子包括：代驾，搭乘出租车安全回家，免收酒后过夜停车费，在餐馆酒单上印制警示，采用特殊的家庭手机铃声，提醒驾驶者安全，酒后勿驾车等。

2009 年 11 月 19 日，在新百威集团成立一周年之际，集团亚太区总裁傅玫凯亲自率领 3 000 名员工走入市场，派发出 10 万份印有“激情酿造，理性享用”避免酒后驾车的十大金点子的宣传卡，帮助消费者避免酒后驾车，使理性饮酒的理念由口号落实为行动。

2010 年 2 月 4 日，百威集团及旗下百威啤酒携手中国道路交通安全协会、中国酿酒工业协会啤酒分会，正式启动“‘驾’给我好吗”大型理性饮酒主题活动，力推“友情代驾”。同时，百威推出了中国首个理性饮酒电视公益广告，邀请巨星陈奕迅担任中国首位“代驾英雄”，使“友情代驾”在中国成为理性饮酒的新风尚标。

“‘驾’给我好吗”活动海报

延续理性饮酒的传播思路，结合 2011 年“酒后不开车”的舆论环境，百威通过开展“酒后不开车，我愿意”用户承诺活动，培养消费者对百威品牌的偏好度，实现百威“酿造更美好世界”的梦想。

赢取爱的代驾，酒后不开车，我愿意

随着中国严厉整治酒后驾驶交通违法行为专项行动展开，各地纷纷加大酒后驾驶的查处力度。这给人们喝酒时带来了很大的顾虑和压力，这次活动的目的是结合当下“酒后不开车”的舆论环境，推广百威品牌倡导的“Responsible Drinking（理性饮酒）”，培养消费者对品牌的偏好度。

面对18~35岁的时尚有车族，百威面临的挑战是：如何在网络环境中有趣、简单地阐述“酒后不开车”这一社会性话题，有效地引发关注和互动参与？引爆点就是责任心！

百威希望有三：第一，受众群能通过一个简单的承诺，更快、更直接地加入到活动中，从而提升品牌本身的社会责任感；第二，通过受众群更为感性的主动传播，将一次个人的承诺行为，上升为一次社会集体理性的话题大讨论，从而带动品牌社会影响力的全面提升；第三，让创新应用成为活动的最大亮点，突出活动的潮流感和时尚感。

于是，百威提出宣传口号：“酒后不开车，我愿意”，一个承诺的“I DO”符号，更加感性、更加易于传播。2011年3月28日—9月30日，百威通过网络、公关活动等多个平台，号召消费者承诺“酒后不开车，我愿意”，赢取全年名车和美女代驾司机的免费服务。借助最热门的新浪微博作为活动平台，用户通过网络作出“我愿意”的承诺，加入到百威“酒后不开车”行列中，所有的承诺者均可获得微博“I DO”徽章。利用微博用户对于徽章升级机制的热情，吸引用户参与到“寻找爱的代驾，好友测试”、发布“酒后不开车”宣言、号召朋友聚会、通过线下签到履行承诺等互动游戏中，培养用户对活动的黏度和持续关注。

①活动方式：

第一步：登录百威新浪微博品牌专区参与活动，点击“我愿意”加入到百威“酒后不开车”行列中。

第二步：获赠百威酒后不开车“I DO”徽章，成为“‘I DO’盟友”。

第三步：完成阶段性任务，累计游戏积分，百威“I DO”徽章也会随着积分的增加而不断升级。

任务1：寻找爱的代驾，测试好友的代驾真情度。（详见下面任务玩法详解）

任务2：发布“酒后不开车”宣言，号召朋友聚会，用实际行动履行“酒后不开车”承诺。（详见下面任务玩法详解）

“赢取爱的代驾”活动品牌专区1

第四步：通过两个任务游戏累积积分，参加月度抽奖，积分最高者将会获得名车使用权（一年），并配备专属司机一名（一年）。

②任务玩法详解：

任务1：寻找爱的代驾，测试好友的代驾真情度（3月28日—9月30日）。

第一步：@好友姓名，每天只能与同一好友测试一次。

第二步：得出代驾测试结果。

第三步：发布测试结果给好友，邀请好友响应“我愿意酒后不开车”的活动号召。

任务2：赢取爱的代驾，约会送名车（5月27日—9月30日）。

第一步：选择聚会时间、地点。

第二步：选择@好友姓名，发起聚会（每

次能邀请 1～4 名好友)。

第三步：提交，发布聚会信息。

第四步：与好友聚会当天，手机登录新浪微领地签到，可获取更多游戏积分。

③ 按照以上步骤操作的整个传播活动，主要有以下 5 个重点：

第一，设立百威新浪微博品牌专区。

用户可以登录百威新浪品牌专区参与活动，点击“我愿意”加入到百威“酒后不开车”行列中。

“赢取爱的代驾”活动品牌专区 2

第二，创新微博升级勋章。

用户获赠百威酒后不开车“I DO”徽章，成为“‘I DO’盟友”，之后完成阶段性任务，累计游戏积分，百威“I DO”徽章也会随着积分的增加而不断升级。此外，通过两个任务游戏累积积分，参加月度抽奖，积分最高者将会获得名车使用权（一年），并配备专属司机一名(一年)。

“赢取爱的代驾”活动品牌专区 3

第三，APP 创新应用增强交互。

主办方专门为活动设计了 APP 应用“爱的代驾”，植入 Minisite 里，供用户下载。用户通过 APP 应用，在空白处输入好友的微博账号，可以测试他是否愿意送自己回家。

第四，利用微领地 LBS 最新功能，完成“爱的代驾”行动，传播真实体验。

从口号到行动，配合百威车友“爱的代驾”，真实传播线下活动踪迹，通过更为真实的微领地线下签到，让每一个承诺变成真实的行动，提升活动的可信度，更有利于受众对于品牌形象的良好传承。

百威“酒后不开车”活动，邀羽泉唱出《I DO》

百威通过 2011 年“酒后不开车，我愿意”的理性饮酒公益活动让更多爱好喝酒的朋友在享受美酒的同时，也能从自己做起，带给社会、家庭一个安全的开车概念。

除了微博的广大号召，百威更是走到线下，发放“酒后不开车，我愿意”个性车贴，邀请用户进行网络分享，并在活动中邀请用户亲自体会酒精测试表的呵气测试；体会走过一道晕眩的通道感受在酒后驾车的不安全感；聆听液晶屏上的警官语重心长的教导。百威悄然从一种啤酒文化产业精神变成一位关爱大众驾车安全的卫士。

“酒后不开车，我愿意”个性车贴

百威还专为用户创作了《I DO》酒后不开车歌曲。歌曲的感染力是巨大的，不过歌曲营销用得不太多，除了大家耳熟能详的《香飘飘》、《旅程》，或许大家脑海中能记起来的寥寥无几。作为娱乐圈的健康楷模，羽泉兄弟对公益事业一直满怀着热情，用各种行动和方式传达着暖暖的爱，无论是2009年的“希望工程快乐音乐大使”，还是“我要上学爱心天使”到“地球一小时”的形象大使，都用健康向上的形象为大家传递爱心，而这次羽泉则为百威理性饮酒创作了公益歌曲《I DO》，I DO ~ I DO酒后不要开车啊……I DO~ I DO都是为了你好啊……生命多可贵~简单的歌词让人过目不忘。Trust me my friend。

在这种大众感染力下，估计任何一个有责任心的司机都会说：我愿意。

活动现场

收获粉丝，积淀品牌资产

活动进展到7月，通过百威的创新应用，已经实现了700万的承诺人数，远远超出预期，成为微博平台热烈讨论的话题。随着活动的向前推进，这个数字还在不断攀升。社交网络帮助大量用户主动参与到了活动之中，成为百威传播计划的一部分，有超过21万人次领取了新浪微博“酒后不开车，我愿意”徽章。通过APP和LBS，百威派发了5万勋章，以及过100万条的总参与话题数。百度搜索“百威爱的代驾”相关词条289 000条，谷歌相关词条634 000条。

随着活动的推进，百威官方微博粉丝迅速增长至398 272，成为微博平台最受欢迎的企业用户，为后期的持续营销和长尾营销奠定了基础。

专家点评：

百威的创新策略体现在，首先借助社会热点，引起用户对“理性饮酒”活动的关注，制造声势：配合当下“酒后不开车”的舆论环境来吸引用户对活动的关注和参与度。第二，在传播渠道上借势最热门的社交平台引发用户参与和传播：利用当前最热门的微博作为活动平台，吸引用户参与并持续参与黏度；利用微博的快速传播机制，引发消费者通过参与后自主帮助品牌传播活动信息。第三，充分发挥趣味和利益原则，将品牌信息结合微博中热门的游戏应用机制，引发消费者参与互动：所有活动参与者均可获得微博“I DO”徽章，用户通过参与到“寻找爱的代驾，好友测试”、发布“酒后不开车”宣言、号召朋友聚会、通过线下签到履行承诺等互动游戏升级“I DO”徽章，让消费者在参与互动的同时，不仅作出了“酒后不开车”的承诺，也通过线下酒吧签到的方式来履行承诺。

10. 蒙牛新养道的"十年"时空互动

提起阿胶、红枣、枸杞……这些国内传统的食材，人们总会联想起各种各样的补品。时值秋寒交替之际，这些红色的辅材与主要食材构成人们日常养生不可或缺的补品。

作为高端功能奶品类开拓者的蒙牛新养道牛奶，再次引领功能奶发展潮流，推出了国内第一款补血养颜牛奶——珍养牛奶。珍养牛奶是新养道功能性牛奶系列中主打补血养颜的一大新品，在蒙牛优质纯牛奶的基础上，添加了阿胶、红枣、枸杞三重补血养颜精华。

新养道珍养牛奶，依托蒙牛国际乳品研发中心的强大实力，利用现代食品科学、乳品科学对设备、工艺、配方、包装等各方面进行研究，在养生食材精华的萃取和添加方面取得突破性进展。成功将传统养生观念与现代技术完美融合，让牛奶不仅保持了原有的营养，更增添了特色养生价值，使我国高端功能奶市场有了"养生"这一突破性的进展，树立了高端功能奶的新标杆。

蒙牛新养道珍养牛奶在产品上市初期，就已通过传统电视、杂志、地铁、公交电视等媒体对产品进行了大量曝光，建立了很好的品牌及产品认知，市场反响也非常好。但如何趁热打铁，进一步让目标消费群真正认识到新养道的功能、效果，建立产品差异化的特征，使目标消费群产生试用的欲望，创造效益则成为品牌认知建立后的另一要务。

基于以上目的，蒙牛新养道珍养牛奶将自己的品牌 Slogan 定为"新生活，养有道"，重点突出产品核心利益点"养"的概念。为了让"养"的概念深入人心，在目标消费群已经形成一定品牌认知的基础上激发其参与互动，培养其品牌偏好，引导其深度体会并记住蒙牛新养道珍养牛奶"养"的核心功能点，易传媒整合数字广告平台为蒙牛新养道搭建了一个全方位的营销平台，并围绕蒙牛新养道"养"的概念发起了一波主题名为"蒙牛新养道，遇见十年后的自己"的互动营销推广活动。

蒙牛新养道珍养牛奶的目标人群为 25～40 岁的年轻女性，她们中一部分人具有养生意识，乐于主动关注与分享养生经验；而另一部分人的养生意识尚浅，急需外界调动与培养。针对有意识和无意识两部分人群，首先要最大限度地激发其养生需求，强化新养道与养生的关联。由于年轻女性经常浏览时尚美容、风尚生活、社交类网站，并对互动和可玩度高的东西非常感兴趣，因此如何精准找到 25～40 岁的年轻女性，并通过互动有趣的方式将新养道珍养牛奶产品核心利益点"养"的概念传递给她们，建立新养道与养生的关联，成为本次推广最主要的目标。

本案通过巧妙的互动设计，通过网友轻松上传个人照片的方式，与十年之后的自己邂逅，激发网友从现在开始寻找"新养道"的渴望。整合具备多重人群定向功能的智能富媒体广告形式＋热门社交媒体 APP，轻松聚集大量目标受众轻松参与，找到"新养道"。

多重定向，寻找爱美女性

通过多重定向，精选爱美女性讲述珍养之道。25～40 岁的年轻女性是互联网上非常活跃的一个族群，其媒体接触行为及网络消费习惯异常分散，易传媒利用"以人为本"的广告投放技术手段，为蒙牛新养道整合了多种人群定向技术，解决了受众媒体接触行为碎片化的问题，通过在受众经常浏览的美容时尚、风尚生活以及社交类网站上集中投放广告，实现对其的精准覆盖；同时，整合行为定向及页面关键字定向技术，从易传媒 4.86 亿 cookies 中优先抓取女性服饰购买者、女性化妆品购买者、奢侈品购买者、乐活族等几类与目标受众属性及行为一致的人群，从网页中优先选取页面内容含有"养生"、"美容"、"养颜"、"补血"等与产品功能有关的关键字的页面优先投放广告，精准找到爱美女性，讲述珍养之道。

生动表现，邂逅自己

“高冲击力富媒体形式＋趣味应用 APP”高度整合，引导受众邂逅十年后的自己。三种大尺寸、富媒体广告形式吸引受众注意，第一时间锁住受众眼球。随即配合“想知道十年后的自己是否青春”的文案激发受众的好奇心，吸引受众点击广告进入社交网站玩定制的“遇见十年后的自己”趣味应用 APP。受众只需简单一键上传自己的照片可立即邂逅十年后的自己。通过生动贴合的表现形式，在进行品牌及产品高效曝光的同时与受众进行深层互动，大大加深了受众对广告的记忆度和好感度。

生命如花，爱美女人无法错过

“桃花视觉符号＋大面积扩展”让爱美女人无法错过。“粉面桃花、面若桃花、桃花玉面、人面桃花……”古往今来，桃花似乎和女人有着不解之缘，它的绚丽，它的妩媚，还有它的飘坠，无不触人心弦。早在《诗经》中就有“桃之夭夭，灼灼其华。之子于归，宜其室家”的佳句，诗中鲜艳的桃花被用来比喻貌美的新娘，从此，桃花便是佳丽的代名词：如曹植的“南国有佳人，容颜若桃李”，韦庄的“依旧桃花面，频低柳叶眉”，崔护的“去年今日此门中，人面桃花相映红”等。正因桃花与佳丽、美丽的容颜息息相关，桃花也一直被新养道珍养牛奶作为品牌的视觉符号长期延续使用着。为了吸引女性受众的注意，同时延续传递品牌视觉符号，此次广告采用了前 5 秒大面积扩展桃花再回收到画中画的形式，直击女性眼球，让爱美女人无法不逗留赏析。

生机勃勃，让时间说话

“广告位智能调用系统时间＋自动生成文案”，要知道青春是否依旧，让时间说话。女人天生爱美，却总是抱怨留不住岁月的脚步，每一位女性都希望自己永远年轻，青春常驻。然而，时光总是残忍地把人远远地抛在后头，春去又春回，却只有青春一去不返。女人的青春就像是一朵花开的时间，此刻或许灿烂，下一刻就枯黄凋零。对于爱美的女人来说，“时间”和“青春”一直是她们非常关注的敏感词，因此，本次推广通过广告位智能调用系统时间，自动生成“现在是 2012 年×月×日×时×分×秒，下一秒遇见十年后的自己”的广告文案，通过实时性文案建立与受众当前观看广告时刻的关联性，借助“时间”和“青春”等敏感字眼吸引受众点击广告，进入社交网站玩定制的“遇见十年后的自己”互动小游戏。通过智能化、自动化、实时性的互动创意，传递青春与否，珍养与否，一切让时间说话的创意概念。

栩栩如生，爱自己，养有道

“基于用户真实照片的趣味应用 APP+ 新生活，养有道”，提示受众关爱自己，珍养有道。生活的压力，工作的重担让我们心力交瘁，可曾想知道十年后自己会是什么样子？依旧青春有活力还是面色枯黄？通过在社交平台上定制趣味 APP，用户使用 APP 轻松上传自己的照片，自动生成一幅自己十年后的沧桑面容，运用恐怖营销的方式强化受众对修身保养重要性的认知，通过生动贴合的表现形式，警示受众从当下就应开始重视养生，刺激受众认识到调养身体的重要性，学会关爱自己，找到珍养之道，产品“养”的功能点不言而喻。

十年时空穿越互动，体验养有道

十几万人参与趣味 APP 互动，体验养有道。此次推广在短短一个月时间覆盖了 400 多万人，其中女性受众比例高达近 80%，非常精准高效地覆盖了年轻女性受众。广告吸引了 40 多万人点击，成功邀请了近 17 万人参加了互动小游戏，互动点击率超出行业平均值 64.7%，大大加深了受众对广告的记忆度和好感度。投放后的在线品牌调研也显示，看过广告的消费者对于“新生活，养有道”的认知远远高出预期，整个推广过程在提升产品功能认知的同时与受众进行深层互动，广告传播效果令人非常满意。

专家点评：

蒙牛新养道珍养牛奶的互动创意传播非常吸引眼球，从广告创意的想法、画面的表现、文案的构思到互动流程的设置都紧紧地围绕目标消费群的心理及产品“养”的功能特性而展开，整个互动创意传播无论在概念还是视觉上都体现了整体性和趣味性。第一眼看到广告时的反应是新奇有趣，极具视觉冲击力。广告文案字句不多，言简意赅，紧锁读者的猎奇心理，层层诱导读者去参与互动测试，整体创意设计以及社交网站互动活动页面主体格调一致，均以桃花为主视觉符号，以桃红色为主色调，将女人、青春、容颜、珍养等寓意表达得清晰明了，“养”的创意也随即呼之欲出。

第二章
服装类

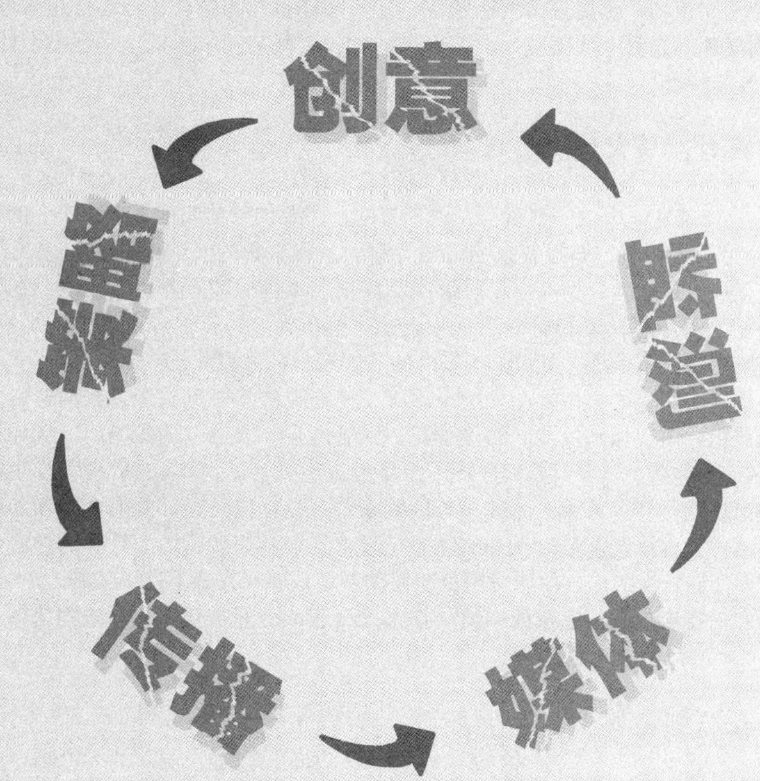

服装网络营销“衣”见钟情

今天的网络，每秒钟卖出48件衣服，每分钟卖出180双鞋……网络的发展，电子商务的崛起正促使中国日益成为全球采购中心，专业服装批发市场面临的竞争环境日趋严峻，越来越多的服装批发市场推出自己的网络交易平台，越来越多的专业市场商户在淘宝、拍拍注册电子商铺。艾瑞研究曾把中国服装电子商务的发展分为四个阶段：孕育期、起步期、发展期和成熟期。

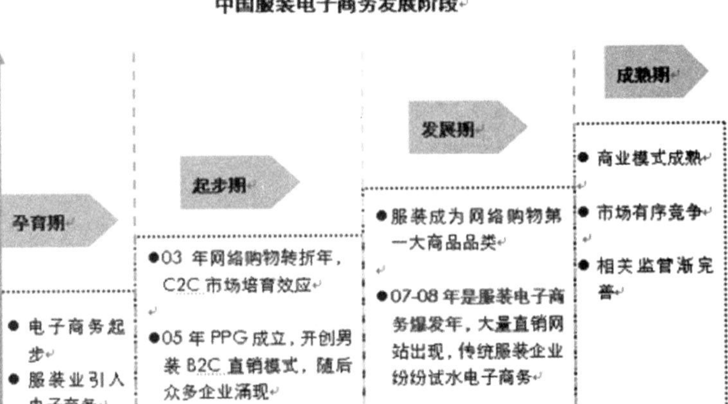

中国服装电子商务发展阶段

2011年的服装网购市场规模达到了2 049.0亿元，增幅达94.7%。综观服装网购市场，仍呈现出增速较快、主体多样且互相融合、传统企业从幕后走向台前、“淘品牌”影响力显现等趋势。伴随服装网购市场的增长，服装网络营销也呈现出个性化、多元化、创新性、深度融合等特点。

服装品牌威力，马太效应

圣经《新约·马太福音》中的一则寓言：“凡有的，还要加给他叫他多余；没有的，连他所有的也要夺过来。”这是马太效应，即强者愈强，弱者愈弱。曾有业内人士指出2011—2012年是电商淘汰年，马太效应正在发挥威力：一些原先已形成品牌知名度的服装企业仍然活跃，在互联网上知名度较低的企业开始悄悄隐退，还有更多的企业正在运筹布局。马云曾经讲过“这是一个剩者为王”的时代，究竟是烧烤麻雀还是浴火凤凰，就看谁的品牌经得住涅槃。

由于人的心理反应和行为惯性，在一定条件下，优势或劣势一旦出现，在消费者的大脑里就会不断加剧，滚动累积，出现强烈反差、两极分化、强者越强、弱者越弱的局面。比如提到运动品牌我们会想到KAPPA、耐克、李宁；提到户外用品我们会想到骆驼、TNF；提到大学生购物网站就是凡客；提到女装商城就是梦芭莎等。品牌核心价值随着人们反应与行动的惯性不断加剧本身的自增强效果，出现滚雪球式膨胀的能量。一个品牌一旦具有了触动消费者内心世界的核心价值，就能引发消费者共鸣，即使花较少的广告传播费用也能使消费者认同和喜欢上这个品牌。

品牌、商品和消费者是服装运营的本质。在未来，服装企业需要首先构建强势的品牌，通过品牌制胜。

淘品牌，互联网造梦

“淘品牌”依托淘宝平台快速孵化，在1～2年内成长为具有重要影响力的市场参与者。通常，

“淘品牌”企业或者是由以往传统代工企业转变而来的，对服装的设计、生产环节等有较深积累；或者是新诞生的服装品牌，通过在淘宝平台锻炼，深谙线上平台运营之道。经过近两年的发展，“淘品牌”企业纷纷扩充销售渠道——以淘宝平台为主阵地，将产品销往其他网站甚至线下的用户群体，部分企业甚至开始涉及国际业务，将优秀的品牌理念和有竞争力的产品输出到其他国家和地区。

艾瑞咨询认为，“淘品牌”作为服装网购市场最初的教育者、前期发展的见证者、中期飞跃的参与者，在后续的发展中，一定能继续发挥自身灵活多变的优势，为整体市场的成熟推波助澜。

社会化媒体受宠，消费者来做拉拉队

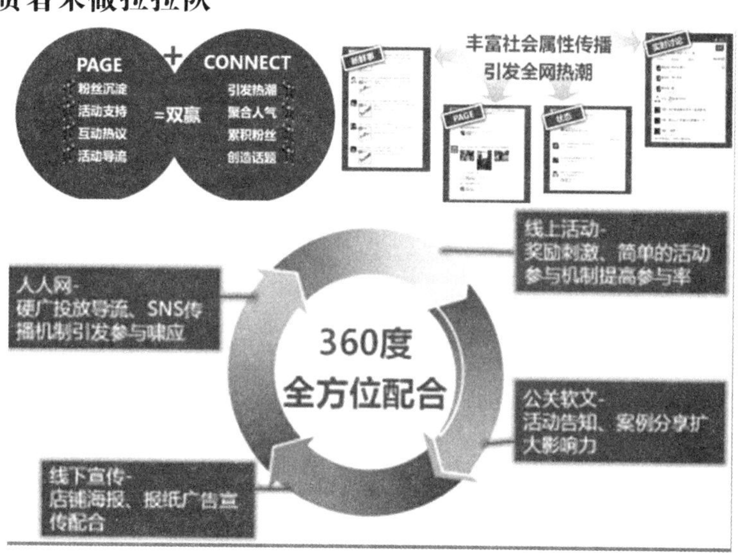

优衣库人人网排队活动亮点

今天，在网络社会的大背景下，人人都是新媒体，人人都是播音员。社会化媒体为廉价而精准的营销传播创造了非常好的平台。品牌商借助社会化平台作互动传播，可以创新一些个性化的表达模式，以较少的预算获得更好的营销佳绩。优衣库是一个定位大学生、白领的年轻、时尚的互联网服装品牌。为了提高品牌好感度与忠诚度，2010年优衣库（UNIQLO）在最火爆的SNS站点——人人网推出排队游戏，利用CONNECT技术应用锁定校内的目标客户群；以简单的参与，每天随机赠送的一部iPhone或iPad大奖的刺激，吸引用户参与并成为优衣库粉丝，展开粉丝运营。只要参与排队，大奖小奖人人有份，最终为优衣库创造了拥有135 685用户的品牌交流区。

2011年The North Face联手新浪微博盖起“史上最高”微博；淘品牌茵蔓联手淘宝网举办首届青年服装设计师大赛；运动品牌耐克（NIKE）推出全新线上互动传播平台Social DNA，发起“用运动……”品牌战役等，社会化媒体正在成为品牌走近消费者、了解消费者的重要桥梁。

双线融合，营销制胜

服装已是网上购买人数最多、金额最高的商品，网上服装购买占到了全部网购金额的四分之一。互联网让传统服装企业以前30%、40%的毛利变成了20%、15%。未来互联网上真正的话语权在谁的手上？随着众多品牌涌入互联网，未来通过网络自创品牌的难度很大，风险也比较高，而电子商务成为专业市场实体店的“黄金搭档”，建立网络品牌旗舰店是必然趋势，也具有非常大的优势，因此连通线上线下的O2O走俏，引得投资红人频送秋波。

服装企业发展电子商务、拓宽网上销售渠道要根据自己的实际情况，分阶段、有步骤地采取适合自身的渠道模式，创新适合自身的营销渠道。七匹狼从一个害怕渠道冲突的试水者，正在实现着从2009年的“品牌的电子商务化”，2010年到现在的“网络分销商的门户”，打通线上线下的“商品交易平台”，以及未来两年的“CRM品牌生态化的体系”，直至最终的传统电商“O2O联动”的电商五部曲。2011年光棍节前夕年七匹狼联手淘宝网络迎娶淘宝热门潮流品牌七格格，大摆七天流水宴，通过派发高额优惠券及千份免邮大礼的回馈方式与网友热烈互动，号召单身网友勇敢示爱，不拒裸婚，在光棍节前找到适合自己的另一半。七匹狼新浪微博在上海金茂大厦周边的大屏幕投放，福建、浙江新浪的定向投放，淘宝聚划算多点引爆，创造了SNS与网购平台，SNS线上线下整合营销的新标杆。

3G购物，赢在无线

庞大的网民支撑着互联网的繁荣发展，对以手机作为视听终端的第五媒体同样如此。数据显示无线网络将来很有可能成长为超越互联网的第一媒体，成长为用户最贴心的内裤型媒体，发挥巨大的商务功能和营销价值。无线网络营销市场在我国仍处于起步阶段，不少服装企业和服装品牌都已经意识到“手机营销”的独特之处，开始抢滩无线网络。

红豆、金利来、361° 等服装企业纷纷抢注无线网址，一些品牌服饰开始将视线转向了3G时代的“手机网络营销”，除了申请移动名片，还为消费者推出手机预定服装的个性化服务。比如，用户在手机中输入关键词，如“九牧王”到无线网址的统一接入号，就能收到关于九牧王的相关文字信息，并可以通过短信的形式了解九牧王的服装款式，预订服装。

“我的凡客T台”手机互动活动推广借助“五四”青年节发出中国青年的个性宣言；为了培养手机乐淘的品牌知名度、好感度、深化手机乐淘的品牌影响力，乐淘网携手中国最大的手机混联网有缘网发起“我想陪你走到老，乐淘爱情宣言”活动。

AR，物联网，云，整合营销

互联网对传统经济的最大贡献在于，将“一对多”、“多层渠道”、“单向”的产品和信息流动改造成“多对多”、“扁平化”、“双向”的产品和信息流动模式。随着技术的不断创新，APP、SOLOMO、云、物联网等新鲜概念不断出现，营销渠道越来越丰富多彩。未来的网络营销，整合是王道，创意策划是核心！我们要以优秀的营销理念，围绕核心创意点，有效地调配网络营销的十八般兵器，获取有效注意力；同时，以诚信、体贴的服务建立信任度，树立企业品牌。

作为一个传统的服装品牌，2011年以纯为了重新塑造品牌形象，更贴近年轻消费者，以最新的AR在线试衣技术为跳板，深度联姻互联网，重拳出击，利用各种形式各种渠道，全网络渗透，整合营销，打出了一套漂亮的组合拳。

1. 搞大草根设计师，淘品牌茵曼“百万寻 TA”原创设计大赛

茵曼是从大卖家成长为淘宝商城的淘品牌，由广州市汇美有限公司在 2008 年 4 月隆重推出，致力于打造女装电子商务中国第一品牌。在 2010 年淘宝双“11”大促销中，以单日销量 660 万元撼动整个女装行业，全年销量突破一个亿。茵曼已经拥有相当的品牌知名度，完善的供应链体系，具备应对网购爆发的基础和能力。当电子商务仍迷恋于打折、设计制作的传统营销策略时，以“棉麻艺术家”著称的茵曼已经走出了网商生长的轨道，以创新制胜。2011 年，他们进入了一个拐角点，这个拐角点就是如何实现从一个亿跨进三个亿，由网上卖货进化为品牌塑造。

不走寻常路，茵曼创新营销出奇制胜

作为网购第一品类的服装板块，随着市场向好，新进者不断，竞争也日趋激烈。尤其是传统品牌开始布局线上市场，进驻淘宝等平台，成为淘品牌的强劲对手。虽然茵曼很早就已经拥有了自己成熟的设计团队，形成了自己独特的产品和品牌风格，也能够完全适应整个市场的竞争态势，但在今天电子商务的市场里，网上售卖的女装产品同质化现象严重，整个互联网，真正意义上原创的款式，所占比例远不及一半。

对于很多淘品牌来说，原创是难以言说的“心头之痛”：第一，原创设计成本居高，市场氛围火候不足，原创产品覆盖面小。第二，非原创对原创品牌的冲击巨大，他们可以以较低的市场价格入市，这对原创淘品牌而言是个巨大冲击。第三，消费者的消费观念一直被低价所主导，转变起来需要较长过程。这样的现状虽然能够在短期培育网购用户，但不符合电子商务发展大势，最终会令消费者疲劳；长久下去还会引起连锁反应，导致行业创造力疲软，对整个网购女装品牌的发展造成深痛影响。

调查显示，中国服装设计行业，每年人才缺口有近 50 万。而少量高尖端的服装设计人才被一些知名的传统服装企业招纳，还有很多优秀的青年服装设计师，只能从事配角或者高投入低回报的体力活，没有能够充分发挥他们创新成果市场价值的平台。

茵曼创始人方建华和他太太都是服装设计专业毕业，先打工，后来慢慢发展创立自己的企业。基于这种渊源，他们对服装设计师职业有着深厚的感情，同时深知服装设计师这个职业想出人头地是何等艰难。出于职业感情以及对淘品牌女装变革的责任，茵曼决定举办“百万寻 TA”服装设计大赛，旨在悬赏百万重金，寻找服装设计新星，提升茵曼棉麻艺术家的品牌内涵。

大赛官方网站

2011 年 7 月中旬，茵曼宣布正式启动 # 百万寻 TA# 原创服装设计师大赛。此次赛事是茵曼联手淘宝网举办的首届青年打扮设想师大赛，也是首次由一个淘品牌女装牵头来作的原创设计大赛。旨在为有梦想的青年设计师搭建一个直接面向市场和顾客的舞台，让更多有梦想、有创意而又默默无名的青年服装设计师能投入到互联网电子商潮中，迎趋势而为展示自己的价值。

茵曼搭台，青年设计唱出原创大戏

原创，吻合茵曼原创女装品牌的理念；为青年设计搭台唱大戏，体现出茵曼品牌的年轻活力及新鲜血液的不断注入。

茵曼女装“百万寻 TA”新棉麻原创服装设计师大赛，通过淘宝、茵曼官方商城、新闻、论坛社区、微博等所有青年设计师可能接触到的渠道传播开来。进入本次服装大赛的前五强设计师，茵曼将为设计师开设商城店铺个人专栏，如茵曼设计师李敏——陌上花开系列，为青年设计师打造属于自己的设计师专栏，并可以签约茵曼，所有被选作品会在店铺专区销售，按销售额的 5%分成，如 1 件售价 100 元的服装售出 1 万件，可拿到 5 万元销售分成，真正让青年设计师百万年薪。

活动流程：

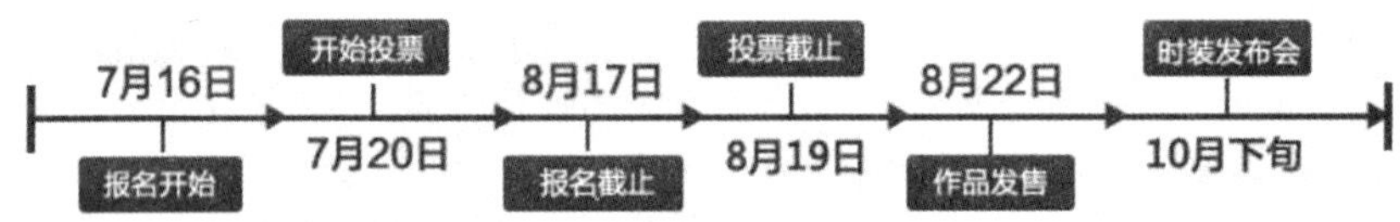

大赛流程

参赛者条件：A. 国内外专业服装设计师（包括中国港、澳、台地区）；B. 全国职业时装设计人员（包括在职或非在职）；C. 全国各大服装院校师生；D. 服装设计爱好者。

在设计方向和作品要求上紧扣茵曼棉麻艺术家特色和品牌性格。方向：创作以江南水乡为文化背景，面料限于棉、麻、真丝等天然面料，呈现写意自然的田园风情，参赛作品以秋冬装为主。关键词：江南；棉麻；秋冬。

作品要求：A. 参赛作品要求原创，紧扣设计主题，力求在实用的基础上突出服装的艺术属性，同时还应具有鲜明的时代感和个性风格；B. 面料材质为棉麻类，表现手法上力求创新简洁，整体视觉效果完美，具有引领服装潮流发展的流行价值。

奖励机制：A. 大赛 20 强服装设计师奖励：a. 由评委筛选作品参与销售，设计师获得销售额分成 5%；b. 获颁有全国十佳服装设计师及茵曼时装品牌创始人亲笔签署的荣誉证书；c. 20 强参赛选手每人获得 3 000 元现金奖励。B. 大赛五强服装设计师奖励：a. 成为茵曼签约专栏自由设计师，获得设计作品销售额分成 5%；b. 获得茵曼价值 1 000 万的设计新星打造计划支出；c. 茵曼将为五强设计师开设商城个人专栏，展销个人作品（服装）；d. 奖励苹果最新款笔记本电脑一台；e. 颁发全国十佳设计师及茵曼 CEO 签名证书；f. 五强设计师作品将参与茵曼专场秋冬时装大秀。

评比事项：A. 海选阶段作品评判分值占比：评委站 60%，网络（消费者）投票占 40%；20 进 5 阶段作品评判分值标准：评委占 30%，网络（消费者）投票占 30%，销量占 40%。B. 报名结束后，评委团对设计图进行评审，以参赛作品的创意和制作工艺为基础，从多项指标进行综合评审，由网友评分点评和评委评分相结合并公布评审结果。C. 本活动鼓励设计师通过微博、BOLOG 或者 SNS 主页等公开公平方式拉票，绝不容忍刷票等违规手法获取投票数，一经发现，一律取消参赛资格。

作品展示：活动吸引业内知名设计师纷纷前来助阵。像当红明星赵子琪的服装造型师王浩等一批知名服装设计师不但前来参与大赛，还在个人微博评论“百万寻 TA”服装设计大赛，称：“设计者与电子商务的结合正是当下主流，# 茵曼百万寻 TA# 给青年设计师搭台，对设计者而言是千载难

ENTRIES
参赛作品>> 最新作品 人气作品 1 2 3 4 下页

姓名：四夕
作品阐述：光影流连，映象于心。江南水乡的韵律和内涵，通过流畅线条的分割和造…

参赛作品
《影像》 投票 [9067]

姓名：王颖
作品阐述：江水两岸倒影美景无数，大自然的层次感真是美不胜收。

参赛作品
一江水 投票 [5552]

姓名：任柯圆
作品阐述：灵感来源于江南的框景艺术，透过框景可以看到江南美丽清澈如蓝天般…

参赛作品
框景格调 投票 [5455]

姓名：吴小艺
作品阐述：以棉麻为主要材料，添加针织绞花为辅助点缀，带点渐变印染，融入简约…

参赛作品
回眸 投票 [5373]

大赛投票 1

逢的机会，才华横溢的设计师应该用设计的语言去证明自己。”

原创的力量，青年新秀圆梦茵曼“百万寻 TA”

茵曼“百万寻 TA”一石激起千层浪，不仅青年新秀纷纷参与，时尚网友纷纷前来互动分享，更有业内知名设计师点拨、引导。茵曼活动页面显示，共收到 300 余名设计师的在线参赛作品，最高网络投票获得 9 000 余人投票支持。新浪微博搜索“茵曼百万寻 TA”有 15 714 条结果，百度检索“茵曼百万寻 TA”共 16 000 个相关结果。2011 年 10—11 月有几百个茵曼新品服装发布上市。

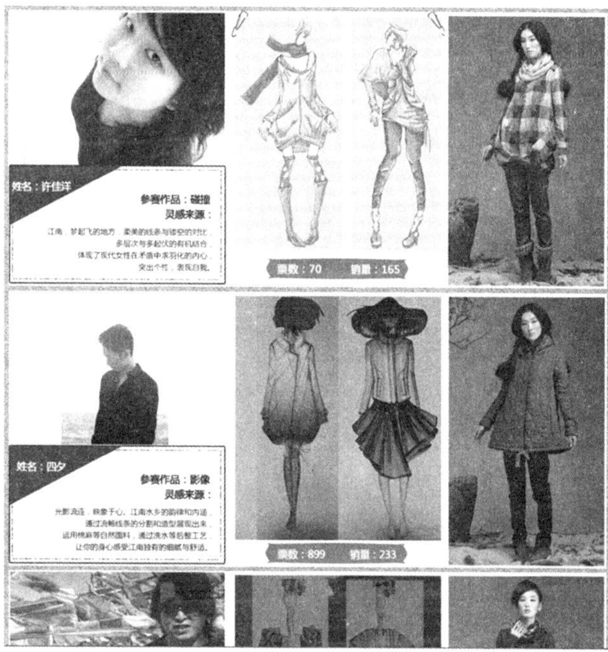

大赛投票 2

茵曼对这次大赛的意义和定位是：第一，为广大青年设计师搭建舞台，让他们有机会通过大赛的平台来创业，成就自我价值与梦想。扶持在大赛中脱颖而出的设计师，最终拥有自己的设计公司或工作室，拥有自己的设计团队，自己做老板。茵曼将会是他们最可靠的合作伙伴，而“百万寻TA”将是改变他们人生的新起点。第二，推动淘品牌向原创品牌的蜕变，引发淘个性、淘品质的网购新风向。可能因为不以为然，消费者现在其实是处于盲从的状态，因为长期有非原创产品盖市，原创与非原创的区分对消费者渐变淡弱。而作为行业者，改变这种局面，是迫在眉睫。

年轻的力量是无限的，他们会在合适的时机被充分激发。2012 年央视龙年春节晚会上，杨丽萍和她的舞伴王迪的《雀之恋》一登场，惊世骇俗。尤其是蓝色的“孔雀造型”更是美轮美奂。这个惊艳全场的孔雀装并非出自名家大家，而是云南一个叫石头的 80 后独立时装设计师设计。

茵曼 # 百万寻 TA# 设计师上市作品

茵曼大胆创新，起用年轻新秀，为淘品牌做了很好的模范。他做的不只是一个活动、一个平台，而是一场首开先河的商业实战，设计师与市场消费者直接对接，作品经过层层筛选要经过投票、用销售来检验其价值，最后五强会与茵曼签约，成为其品牌旗下的专栏自由设计师。另一方面，这也是茵曼品牌营销创新所走的一步要棋。那就是走出“无折扣，不网购”的老规矩，把更多精力放到产品品质，提升品牌价值和顾客体验上来。

专家点评：

淘品牌的落地和品牌化一直是行业近年关注的重点。# 百万寻 TA# 原创服装设计师大赛活动有几点创新：第一，淘品牌联合淘宝平台发起活动，而不是平台联合淘品牌，彰显了淘品牌的品牌影响力和品牌内涵。第二，发起草根大众的力量，这是一个不设限的设计平台，所有服装设计爱好者均可一显身手。第三，互动设计，参赛选手通过网络亲友团拉票、活动页面收藏本页、分享给好友互动设计、网友发表棉麻印象即获 20 元优惠券、微博讨论、作品投票等互动设计，激发了活动的自主转发。最终发布 2011 茵曼秋装新品发布会，直接导向销售，活动环环相扣，步调把握很到位。网络检索效果尤其是微博搜索效果非常棒，如果能够在淘宝之外的其他平台作更多的扩散，影响力会更好。

2. 全民皆玩“凡客体”，病毒营销的疯狂蔓延

2010年，凡客诚品（VANCL）选择韩寒、王珞丹为代言人做品牌广告，其广告文案采用人人都是“凡客”的创意，以“爱……不爱……是……不是……我是……”为基本叙述方式，随后在网上掀起PS热潮，兴致盎然的网友把目所能及的各路网络名人逐个PS一遍。而凡客体广告文案如此招网民“待见”，从某种程度上来说，印证了其病毒营销的成功。

事实上，2007年凡客上线伊始，最先也是在《读者》、《南方周末》、《参考消息》等平面媒体上宣传，只是由于当时互联网广告价格偏低，以及CEO陈年较为熟悉该领域，才开始在互联网上投放更多的广告。没有想到，到2008年初，互联网广告的效应突然开始显现，随之带动凡客的销售量从最初的每天不足100单迅速增长到每天6 000单。当时，凡客的订单已有超过70%来自互联网。于是，借助这一轮销售热潮，凡客加快融资步伐，成立不到一年的时间内完成三轮融资，开始崭露头角。

“凡客体”，80后青年偶像引领全国时尚

2010年7月，凡客诚品邀请了青年作家韩寒和青年偶像王珞丹出任形象代言人。韩寒、王珞丹都属于80后靠自我奋斗和努力获得成功的代表，他们的个性既符合现代年轻人的成长心态，也能和VANCL品牌进行很好的融合。之后一系列的广告铺天盖地地出现在公众的眼帘，该广告系列旨在戏谑主流文化，彰显该品牌的自我路线和个性形象。然其另类手法也招致不少网友围观，网络上出现了大批恶搞“凡客体”的帖子。

“爱网络，爱自由，爱晚起，爱夜间大排档，爱赛车，也爱29块的T-SHIRT，我不是什么旗手，不是谁的代言，我是韩寒，我只代表我自己。我和你一样，我是凡客。”当韩寒的这则广告风靡全国，导致“凡客体”成为全民时尚时，凡客诚品CEO陈年却如闯入瓷器店的公牛般豪言无忌：“我不懂服装，不懂营销，不懂互联网。”而与“二不懂”相对的是“年销售额20亿元”的佳绩。

在广告战略上，凡客主要使用媒体组合的广告战略，开展立体营销策略。同时，“凡客体”的营销在“病毒营销”的基础上有了新变化，传播的信息是“多病毒”，而非“单个病毒”，发动的群体也不是商家单个体，而是庞大的网民。依靠多媒体的配合和病毒非凡的“毒性”吸引网友的互动参与，凡客成功地登陆了几大城市，为消费者所关注，并在网络上放大了其非凡效应，使得“毒性”得以快速蔓延。

首先采用路牌平面广告进行地面宣传，加大受众的认知度。凡客成功抢滩几大城市的公交路牌广告和地铁广告。在这些白领上班的必经之地，随处都可以看到韩寒低头和王珞丹穿白裙子的平面广告，上面悠然地散布着凡客体的清晰文案。很多韩寒的粉丝还惊喜地拍下了

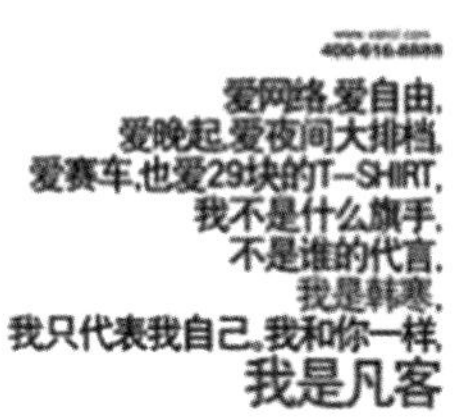

韩寒、王珞丹凡客体平面广告

凡客的路牌广告传到互联网上。

同时，利用网络媒体进行互动营销，达成深度沟通。凡客在号称文艺青年集散地的豆瓣网上，举办以“创意帝！豆瓣青年戏‘凡客’！——PS凡客，送《独唱团》”为主题的活动，号召参与者以韩寒整版广告内容构成为蓝本，按照固定的模板进行图文创意。然后由网民对自己所喜欢的某件作品进行投票，得票高的将获得韩寒的《独唱团》。凡客这样的一个“诱饵”对网友或者韩迷们来说是个不小的诱惑。同时，新浪微博也是PS作品创作和传播的重要平台，凡客的官方账号发起了转发凡客PS作品，送《独唱团》的活动，对凡客体的走红起到了推波助澜的作用。其他的互联网媒体如大旗网等也对凡客的广告活动给予了协助传播。

如此一来，地面和网络的立体攻势，借助代言人的名人效应，使得网民一发而不可收，纷纷上传自己的PS作品。由于PS名人远比PS平民草根“有料”，因此郭德纲、黄晓明等娱乐明星，凤姐、芙蓉姐姐等网络名人，甚至是影视角色灰太郎、唐僧都被PS了一遍。于是一场浩浩荡荡的全民PS狂潮最终上演成一出调侃娱乐名人的“豪门盛宴”。

据不完全统计，截至2010年8月5日已经有2 000多张“凡客体”图片在微博、开心网、QQ群以及各大论坛上疯狂转载。黄晓明、唐骏和曾子墨等千余位明星或被恶搞或被追捧。此外，也有不少是网友个人和企业出于乐趣制作自己的“凡客体”。

“挺住体”，“闹太套”教主的自白

要说“凡客体”火爆网络的原因，网友恶搞的黄晓明版本推波助澜功不可没。

早期凡客体恶搞黄晓明版本

黄晓明的话题有点多。先是网络大肆流行的“闹太套”教主，许多的网友经常拿“黄晓明的英文”来开涮；之后随着电影《叶问2》的热映，网友们又找到了更多关于黄晓明的笑点。有人评价《叶问2》是“甄子丹负责叶问，黄晓明负责二”；再有黄晓明的身高也一再被网友提及，怀疑他虚报身高，穿内增高鞋等。如此种种谈资加在一块儿，黄晓明就在网络恶搞中不幸中招了。

2011年黄晓明为中国第一快时尚品牌凡客诚品拍摄的全新一季广告在多个平台热播，而广告的内容以黄晓明通过自嘲凡客体中被恶搞的“闹太套”为主题进行自嘲，和以往黄晓明奶油小生的形象相比，黄晓明毫不忌讳“Not at all”，通过广告和字幕解说大方地对自己的缺点开起了玩笑。

一个曾经被认为是“偶像派”的演艺明星，如今的微博名人，在一段为凡客诚品代言的TVC中，他展示出真实而令人感动的一面，因而被瞬间“洗白”。带有强烈个人叙事色彩的独白在充满象征意味的拳击台上被讲出，伴随着缓缓的背景音乐和挥洒的汗水，打动或者唤醒了观看者内心柔软的部分：“七岁，立志当科学家；长大后，却成为一个演员。被赋予外貌和成功，也被赋予讥讽和嘲笑，人生即是如此，哪有胜利可言。挺住，意味着一切。”

短短8小时内，这部1分钟左右的TVC，在微博上被转播12万次。黄晓明自己再加徐小平、新浪老沉等微博红人的参与，让凡客这则试探性的广告，引起了超越客户群体的情绪共鸣。继韩寒和“凡客体”之后，过度丰盈的广告内涵再度溢出，并上升为热议话题。同时作为一种新网络文化现象，“挺住体”引发了全民柔软自白的热潮，后浪正汹涌而来。年轻人的另一文化社区豆瓣网，已有许多网友自发地结合“挺住体”原创的图片和段子，而一向以恶搞闻名的猫扑也跟风而来，优酷

凡客诚品广告 1

的"挺住体"视频数量还在增加……

黄晓明转正之后的首张平面，就正视"闹太套"的恶搞，不但在行文上延续了凡客体的文风，文案内容更是放得开。坦承"不是演技派"，大声说"Not at all"。官方微博对直面恶搞的解释是，敢自嘲，不端着，生活更轻松。

1984，平民精神，下一个主角就是你

2011 年 10 月李宇春代言凡客的平面广告登上凡客官方网站和官方微博，在短短半小时之内，凡客官方微博 @VANCL 粉丝团的这条微博就被转发了几万次，评论达几千条。不少粉丝都对凡客本次宣传中"1984"的概念十分感兴趣，也有相当一部分人表示出对李宇春成为凡客代言人的惊诧。

为什么是李宇春？首先，李宇春能够带给凡客足够的话题和关注度，完成凡客第一目标。不管有多少争议，李宇春已经当仁不让地成为 80 后娱乐界的符号性人物之一。她的走红，有着 80 后的个性张扬，敢于发出最有个性声音的一面，有着平等、开放、公平、公正、全民娱乐的最初影子；她的走红，已经超越了音乐本身。李宇春带着动荡与变革时代的凌厉青春不屈登场，进入凡客视野。她是真正意义的平民票选偶像，她是生于 1984 呼啸而过青春的奋斗缩影。一样的平民精神，一样的锐意进取，李宇春 vs 凡客，昭示着平民改变世界，而你，就是下一个主角。凡客通过李宇春这一重磅代言，宣示了自身的时尚态度——全民、独立、自由、积极、个性、勇敢，以及不甘平庸。

其次，大家关心的就是李宇春能否创造更多的商业价值，完成凡客的第二目标。这一价值并非体现在简单的几次购买力数据上，而是体现在是否能扩大消费群体，是否提升整体用户消费力上。根据凡客自己的数据，李宇春代言新闻发布后，该广告语在微博发布不到 12 小时转发突破 20 万次，李宇春代言的 T 恤在 1 小时内销售破万，销售一空。李宇春的粉丝中坚力量是 20～45 岁的女性，且年逾 30 的粉丝不仅仅是个体，更代表一个家庭的购买力。如果能扩大凡客的消费群，应该是一件值得凡客高兴的事情。但是，铁杆粉丝永远不能替代广大消费群体的主流，只有通过代言全面拉动社会消费群才是成功的商业代言。因此，李宇春代言凡客，只通过以上购买数据就简单判定商业价值还为时过早。但无论如何，凡客选择李宇春代言，至少圆满完成了凡客的第一目标，这已经是一个 1+1>2 的成功代言。

VANCL粉丝团 V　已关注

1984年，世界发生很多事！1984，大学生欢呼"小平您好！"；MJ美加巡回演唱会，观众达200多万人次；1984，新中国首次亮相奥运，零的突破；1984，苹果推出划时代的个人电脑；1984，以@李宇春 为代表的一代人出生：现在，他们成为时代的缩影，是互联网中国最诚恳的表达。李宇春，#生于1984，我们是凡客#

查看大图　向左转　向右转

凡客诚品广告 2

专家点评：

凡客诚品借助凡客体的走红为众多消费者所熟悉，这着实让人艳羡不已。如此成功的案例离不开其极富个性的广告创意和对市场敏锐的判断力，同时凡客的病毒营销也契合了网民的认知和网络文化，又抓住了网络病毒传播的要点。从韩寒到王珞丹再到黄晓明，凡客好像总能明白网民喜欢什

么，当然这其中也不乏运气的成分，但是巨大的偶像效应拉动了凡客 300%速度的增长这是一个事实。

偶像多，自然能够带来巨大的关注。但每个代言人的个性都不同，太多的代言人反而容易造成消费者对于品牌个性的迷茫，在吸引一批新的消费者的同时，也有可能损失一批忠诚客户，因为个性太多就等同于没有个性。另外，当网民在习惯和厌倦了这种营销方式之后，凡客的增长点又在哪里呢？这些都是值得我们思考的问题。

3. “COACH祝福红包”传递新春祝福

蔻驰（COACH）是美国著名皮革制品奢侈品牌，于1941年成立，当时为一所家族经营的工作坊。在美国纽约曼克顿的一间阁楼里，六位工匠以世代相传的手工技术制作了一系列皮革产品。自此，COACH独特的手工工艺和高质量的制作被那些颇为讲究品质的顾客青睐。经过多年的持续发展，“COACH”已是首屈一指的主营男女精品配饰及礼品的美国企业，可与路易·威登（LOUIS VUITTON）、古奇（GUCCI）、芬迪（FENDI）、普拉达（PRADA）等世界级奢侈时尚产品品牌等量齐观。

COACH中国：高速扩张

2009年，COACH回购中国内地的经销权，此后，其在中国的业绩一路高歌猛进，2010年完成销售额1.08亿美元，2011年增至1.85亿美元，预计2012年的销售额能达到3亿美元。增长的除了销售额，还有店铺数量，截至2011年10月，COACH在中国内地共开业57家店铺。交出漂亮成绩单后，COACH进一步加快在中国市场的拓展速度。

2011年，公司成立70周年之际，COACH针对中国市场展开了“360度的市场营销战略”。包括邀请担任COACH全球品牌大使的美国明星格温妮丝·帕特洛（Gwyneth Paltrow）到北京798参加70周年庆典；借助包括平面媒体、户外广告牌、机场广告、视频、街旁网在内的多种媒体平台展开宣传；通过店铺与客户建立互动。在过去两年半的时间里，COACH在内地收集了超过100万个客户的资料，并以此建立了数据库，定期为客户发送新品介绍和促销信息，以吸引更多客户来店消费。其中与街旁网的合作形式涵及签到、分享、攻略、徽章等形式，并在街旁网上建立了COACH品牌官方攻略站，对COACH的品牌文化、创意信息、门店信息进行详细拆解，网友在线下亲临COACH门店签到换取70周年限量好礼的同时，还可在线上领略其丰富的品牌文化。线上与线下的巧妙结合，让消费者全方位地感知COACH 70年来经久不衰的时尚魅力。

2011年12月1日，COACH在香港上市，宣布未来在中国市场将以每年新开30家店铺的速度扩张。按照这个速度，到2013年底中国市场将成为位列美国、日本之后的COACH全球第三大市场。此外，COACH计划到2014年，将COACH在中国奢侈品手袋配饰市场的份额由目前的6%提高到10%，达到5亿美元的规模。

COACH一直采用多渠道分销策略，根据实地情况选择新建零售店、旗舰店，或在百货商场、大型Shopping Mall中开“店中店”。过去，凭借这一策略，COACH把店铺开到了一线城市外的多个二、三线城市。在那些奢侈品尚未进入的市场，COACH就以高档进口化妆品的销售情况预估自身在该城市的发展空间。未来，打算继续拓展分销渠道的COACH，其店中店将出现在越来越多的二、三线城市。而所有类型的COACH店铺都将增加店面面积，以便于更全面地展示产品。

COACH在线：布局电商

COACH选择70周年之际在中国提速扩张，并非盲目。调研发现，由于目标群体的收入和参与度增加，中国购买人群以每年20%的比例递增。全球知名战略咨询公司贝恩公司2011年12月15日发布的《2011年中国奢侈品市场调研报告》称，2010年中国奢侈品市场规模达871亿元人民币，较2009年增长27%，全球排名第五。2011年整体增幅预计将达25%～30%，市场规模将首次突破

1 000 亿元人民币。

中国奢侈品市场规模可观，相对于奢侈品发展成熟的欧美市场，在新兴的亚洲市场，消费者对奢侈品品牌认知相对滞后，一线品牌和二线品牌之间的界限尚未分明。2005 年之后，中国的奢侈品市场才步入发展期，在业内更多被视为“高档商品”而非奢侈品的 COACH，完全有机会在中国的奢侈品大战中扳回一城。因此，COACH 加快了在中国扩张的步伐。

世界奢侈品协会发布的 2010—2011 年度报告显示，75%的中国奢侈品消费者年龄低于 45 岁，年龄在 18 ~ 34 岁的消费者占到了 45%。而在日本和英国，18 ~ 34 岁年龄段的消费者分别占到了 37%和 28%。国际奢侈品牌纷纷拓展线上市场，正是看到了这一显著的市场变化，选择年轻人喜爱的 LBS 新媒体作为市场突破口，在年轻消费群中进行品牌营销和推广，由此获得了普通消费者的亲近，让品牌形象显得更加年轻时尚。

COACH也不例外，2011 年 COACH就开始为将来在中国市场开设在线销售渠道作准备。2011 年 12 月 12 日，COACH 与淘宝商城合作运营的首家网店开业，放下身段积累在中国电子商务领域的经验。这是该品牌在中国市场开设的首个在线购物平台，销售一系列男女时尚配饰和礼品，涵盖手袋、配饰、外套、手表、首饰等多种产品。该网店于 2011 年 12 月 12 日至 2012 年 1 月 15 日期间运营，并由来自 COACH的客服团队进行管理。

COACH红包：新春祝福

COACH在中国设有 61 家专卖店，在微博上的人气越来越旺，粉丝规模 260 000 人。为了扩大线上线下影响力，加快在中国的扩张速度。2012 年春节前，COACH 与新浪微博合作推出“COACH祝福红包”数字营销活动，该活动旨在帮助所有 COACH 新浪微博粉丝更好更方便地在新春之际与亲朋好友分享祝福。

COACH祝福红包

活动官方网站 1

活动以 COACH官方网站为主界面，用户可以通过发送自己编写的原创新春祝福或从祝福模板中选取已有的传统祝福，分享给亲朋好友。编写的祝福信息将呈现在一个红色旋转的动画红包上。

活动官方网站 2

活动微博平台

编写完祝福，用户可随即在官方网站登录新浪微博平台选取最多3位好友或通过发送邮件的形式分享祝福。由新浪微博传送的祝福将以一个密封的红色信封呈现在个人微博页面，以此促使用户返回COACH官方网站获取更具体详细的信息。所有送出的祝福信息都储存在图库中，用户可与好友重复分享他人写下的美好祝福。同时，700元的COACH现金礼券将作为奖励赠与5位分享最多祝福的活动参与者。

为了吸引更多的用户体验浓浓温情，COACH还通过微博平台发出邀请：新年的脚步已经临近，经过一年的忙碌与收获，你最想感谢谁呢？新年之际，COACH将为大家传递满满的祝福。赶紧参加COACH#祝福红包#活动，写下您的真挚祝福，并分享，就有机会获得COACH送出的700元现金礼券哦！详情尽在……

除数字平台外，COACH还在各专卖店送红包、送祝福。这是COACH的线下红包。

活动红包

不过遗憾的是，COACH“天猫”旗舰店经历了逾两个月的试水就结束了营业。虽然COACH官方表示天猫旗舰店是为了庆祝COACH品牌开业70周年而开设，营业时间为一个月，时间到了所以结束既定运营期，还是引发了很多讨论。业内人士认为，奢侈品B2C是近年的一个热点，像唯品会、走秀网、尚品网、佳品网纷纷跻身奢侈品网购领域。不过这一刚刚兴起的热点很快就迎来了震荡期，像COACH下架、呼哈网爆出欠薪门、品聚网资金链断裂、尚品网大规模裁员、唯品会流血上市等，都给奢侈品网购泼了一盆冷水。或许，奢侈品的网购时机远未成熟！

COACH看好网络，也作了积极尝试。不过采取新的渠道虽然能够提高品牌知名度，但是也有可能伤害品牌的内涵。实际上，COACH在美国是中高档的牌子，所谓的奢侈品，只是在中国所特有的现象而已，在其他国家，特别是在欧美国家，COACH更倾向的消费群体是年轻人，并不是很贵。COACH产品在中国的价格，比在欧美国家要高近50%。只是营销和包装做得好，在中国一直在往奢侈品上靠，但是淘宝上都开卖奢侈品，大牌走下神坛，不再神秘，伤害的可能是一部分把COACH当做奢侈品的消费者的品牌忠诚度，也许他们会选择更高高在上的LV等欧洲品牌。

专家点评：

本次活动COACH选择在春节这一流量超爆的时段是本次营销成功的关键。“COACH祝福红包”活动不仅让COACH有机会为所有COACH新浪微博粉丝搭建互赠新春祝福的平台，也为COACH品牌本身创造了增加粉丝群的机会。无论通过线上活动还是线下活动，粉丝能更好更方便地在新春之际与亲朋好友分享祝福，COACH能够参与并成为粉丝们庆祝佳节和互赠祝福的一部分，这对于品牌本身而言意义重大。不过，在奢侈品消费不成熟的中国市场，拉近了与消费者的物理距离，并不等于拉近了心理距离，在不讲文化、不讲内涵价值的情况下，中国的消费者更多还处于炫耀性消费阶段。他们更愿意通过品牌价格来显露自己的财富，以品牌高低来衡量自己的身份地位，人们很难对一个品牌持有忠诚的态度，而放弃非常容易。当成熟的奢侈品消费者放弃了某一品牌时，后发展起来的消费群体也会随之而动，这个品牌就失去了市场。COACH的社会化营销还有很长的路要走。

4. 耐克 Social DNA 平台，定制专属你的广告

从1978年耐克（NIKE）公司正式创建至今，耐克公司已有了30多年的历史。在30多年中，耐克公司被誉为“世界上最成功的消费品公司”。在美国，有高达七成的青少年的梦想是有一双耐克鞋。全球各地的众多消费者都因穿戴耐克而感到无比荣耀。华尔街投资商和分析家中的许多人在20世纪80年代以前一直不看好耐克公司：“耐克没有多少发展的基础和前景。”如今却解嘲道：“上帝喜欢创造神话，所以他选择了我们意想不到的耐克。”

耐克公司对消费群体的洞察向来准确到位，比如耐克认为自己的消费群体除了受到个性和自我观念影响的年轻人、青少年，体育爱好是他们共同热衷的项目。针对消费者的这一特征，耐克相继与一些大名鼎鼎、受人喜爱的体育明星签约，如乔丹、巴克利、阿加西、坎通纳等。同时推出明星系列产品，像Jordan系列是耐克鞋子中的高端产品，无论是产品的设计、技术和实用性等都深受消费者喜爱。

耐克科比体系，成功哲学

2011年12月，王力宏和科比的一段对话在各类媒体与社交网站上频频露面，这是耐克的最新系列TVC广告——科比体系（Kobe System），用于推广第7代签名鞋zoom kobe Ⅶ，但它不局限于一双鞋；耐克更愿意将之定义为“成功的哲学”，且只有受邀的精英中的精英才能加入课程，听科比亲自讲述如何超越成功巅峰。

科比体系广告

跨界娱乐明星王力宏、著名的喜剧表演者和演员阿兹·安萨里、网球大满贯获得者塞雷娜·威廉姆斯、最热门饶舌歌手坎耶·维斯特、励志演讲家与畅销书作家托尼·罗宾斯、橄榄球名人堂运动员杰里·莱斯、企业家和慈善家理查德·布兰森、国际足球明星兰登·多诺万、天才滑板运动员保罗·罗德里格兹、橄榄球全明星运动员拉里·菲茨杰拉德、冠军足球运动员霍普·索罗都来了——这些大腕变成认真听课的学生，听科比老师的“谆谆教诲”——当一个人已经达到自身所在领域的顶峰，之后该何去何从？

TVC广告中，科比·布莱恩特超越自己篮球巨星的角色成为一名励志演讲家，他根据自己在篮球场的成功经验去启发来自于商业、娱乐、体育等各领域的精英们，让他们得以超越自己，取得更大的成功。科比的胜利哲学被归纳为“科比体系：成功者的成功（Kobe System：Success for the Successful）”，这不仅来源于其职业生涯中历经千锤百炼并为他赢得胜利的能力，同时也体现在其革命性的新签名球鞋NIKE Kobe Ⅶ System Supreme（ZK7）中。对于“Zoom Kobe Ⅶ”来讲，它的独特之处在于：“Kobe Ⅶ”提供了两

耐克科比体系官方网站1

种模块可供选择，使得运动员可以在力量模块和速度模块之间进行切换（可更换高低帮的 Kobe System，既保证速度，又能稳定、有力）以满足不同的减震功能和脚踝支撑，得以适应自己在球场上不同风格的需要。

科比着重强调了 Kobe System—— 一个全新的理念，让诸多明星为之叹服，可以让成功变得更成功，并突出体现了实现手段：融入科比体系，用速度超越，用力量压倒（attack fast andstrong）。Kobe System 是不仅拥有一种野性，用速度超越，还拥有另一种野性，用力量压倒。

耐克科比体系官方网站 2

耐克此次推陈出新，以科比命名的“科比体系”招揽了大批科比的球迷，王力宏的出现更为耐克在亚洲地区赢得了众多消费者的追捧。这个“世界上最成功的消费品公司”准确把握了这一消费群体共同的特征：热爱运动，崇敬英雄人物，追星意识强烈，希望受人重视，思维活跃，想象力丰富并充满梦想。尽管没有艳丽的色彩、华丽的音乐，但在世界各地一系列的活动、代言人大力的宣传，为耐克的胜利打下了坚实的基础。

注意力时代，耐克为消费者而变

继耐克科比 7 代体系的成功发布后，2012 年 1 月耐克推出全新线上互动传播平台 Social DNA，这同样是基于消费者的另一种洞察。DCCI 热度分析数据显示：社区已成为品牌接触的重要触点，并成为电子商务网站重要客户来源及去向触点，社会化电子商务（Social Commerce）正成为企业与消费者的驱动力，社会化电子商务萌芽生态正在形成。在女性用户经常使用购物网站中，娱乐时尚类网站与社区类分别占 23.9%和 16.7%。社会化（Social）已成为消费者行为最重要 DNA！

耐克在与用户拉近距离方面一直不遗余力。实际上，2011 年初在拥有真实社交关系的人人网建立 NSW（耐克旗下 NIKE Sports Wear 系列在年轻群体中备受追捧）公共主页，将 NSW 品牌置于用户的社会化沟通行为中，以调动粉丝热情，让 NSW 的亲和形象在好友间传播。

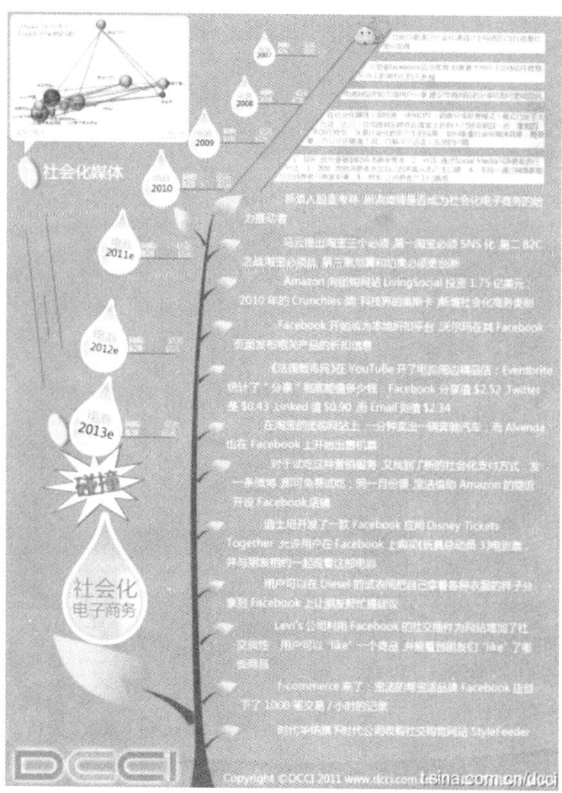

DCCI 有关社会化电子商务的分析

根据 CNRS 2011 年 6 月的消费者洞察数据显示，在 15～23 岁的年轻群体中，有 30%

的人从不关注网络广告。“我们的消费者已逐渐倾向于一种新的沟通方式。他们每天都能接触到大量的网络广告，而这些广告终将演变为过剩的信息。”耐克意识到当下对客户来说最重要的不仅是创造受人瞩目的广告，更是需要迎合消费者的个性化需求，带给消费者更多个人关注。

利用耐克 Social DNA 投放的科比体系广告

为此，耐克的沟通策略是根据消费者个人的网络社交行为，向其传递为每个人量身定制的广告讯息，这也就是 Social DNA。Social DNA 1.0 于 2012 年 1 月下旬上线，作为中国首创的新型媒体平台，这一互动广告平台可以与用户的 QQ、人人网以及微博账号进行实时同步，为使用者创造个性化的品牌体验。

Social DNA 的广告 banner 能自动检测到用户的新浪微博 ID（以及 QQ、人人网以及微博等），将广告内容定制成针对用户个人的信息。如果用户登录了 MSN 或者 QQ，就会在广告上有用户的昵称，感觉好像对用户一个人在讲话一样，让用户倍感欣喜。新浪微博用户超人威廉在自己的微博分享到：“@ 超人威廉：哇！今天 EllA 给我写私信了呢，看到帅气的超人威廉了哇。NIKE 姐妹淘啊！祝妈妈，阿姨，婶婶，姐姐，妹妹们，节日快乐。”

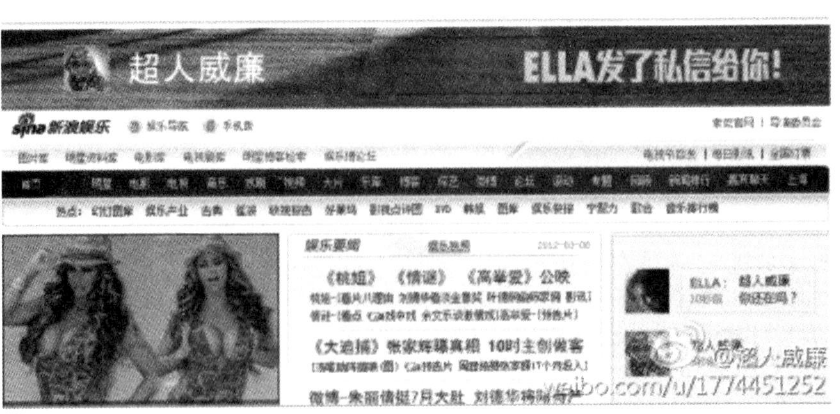

耐克 Social DNA 在新浪的 banner 广告示例

其实，这种方式腾讯很早就在 QQ 新闻弹窗中使用了，只是像耐克用在硬广告 banner 中，并且联通账户，大范围投放，还是首例。

科比 7 代体系推广的一部分，不仅创

新了企业和消费者的沟通方式（与品牌直接对话），更创新了企业社会化电商之路。配合 Social DNA 的上线，耐克推出“Mindshare helps Nike launched the Social DNA 2.0 for Football”、“Mindshare launches Social DNA for Nike Women”系列广告投放，吸引用户注意力，以接受新的广告投放形式。

腾讯新闻弹窗

这个以结果为导向的广告活动不仅利用了真实的消费者洞察数据，更迎合了消费者的个性化需求，为使用者创造个性化的品牌体验。作为科比 7 代体系的一部分，Social DNA 1.0 于 2012 年 2 月 29 日结束。同时，2012 年 2 月也将推出 Social DNA 2.0 和 3.0 的活动。

耐克 Social DNA 在 MSN 的 banner 广告

专家点评：

耐克的创新，无论是产品创新还是营销创新，都是毋庸置疑的。作为科比 7 代体系整合营销推广的一部分，耐克 Social DNA 1.0 的创新似乎给令人厌烦的网络硬广告提供了一种新的思路。在这个新的投放体系中，用户获得更多的关注，甚至可以和品牌直接对话。然而，这个创新又触及了另一柄“达摩克理斯”的双刃剑——打开网页，当我们看到的是针对自己信息的广告内容，亲，你感到亲切还是感到被监视了？正如互联网在给人们生活带来便利的同时，各种网络隐私问题也随之出现。这也是耐克 Social DNA 的个性化的创新不得不思考和考量的问题。

耐克 Social DNA 在猫扑的 banner 广告

耐克 Social DNA 在太平洋女性网的 banner 广告

5. 以爱之名，移动营销助乐淘度寒冬

对于众多电子商务企业来说，过去的2011年，整个产业可谓经历了“过山车”式的发展，不断走高的营销成本和越来越激烈的价格战，推动了整个产业从年初的形势大好进入下半年的寒冬期。在市场低谷，寻找创新的高性价比营销方式无疑是保证企业经受洗礼的最明智的方式。知名鞋类电子商务公司乐淘就凭借移动营销在行业大放异彩。

2011年，乐淘一直在尝试与移动互联网的结合。在手机游戏方面，乐淘与芬兰愤怒的小鸟游戏开发公司Rovio联手，在中国全球首发愤怒的小鸟帆布鞋，一周便卖了10 000多双。此后，乐淘与水果忍者、植物大战僵尸、太鼓达人等全球顶级APP手机游戏进行合作，同样收到了显著的效果。不过，这更多的是与移动游戏品牌衍生营销。2011年，乐淘选择了国内领先的移动营销解决方案服务商力美广告进行深度的移动营销合作。

APP客户端是移动营销的重要载体。2010年9月，乐淘发布iPhone客户端，成为国内第一家推出APP的实物销售类B2C商家。到2011年8月，乐淘手机客户端Symbian版首发，至此，其APP 应用基本覆盖了主流的苹果、安卓、诺基亚手机平台系统，正式全面进入移动电子商务市场。在帮助乐淘的APP客户端推广覆盖到全平台之后，力美广告为其执行了多个移动营销策划方案。其中“我想陪你走到老，乐淘爱情宣言”策划案在短时间内获得了很好的效果。定位上，“我想陪你走到老，乐淘爱情宣言”是乐淘网在2011年送给青年人的爱的热情互动。

在策略与创意方面，力美广告携手乐淘和中国最大的手机婚恋网站有缘网在移动互联网上开展面向年轻用户的线上互动，在无线领域深化乐淘品牌的同时增加有缘网的会员注册量。项目之初，力美和乐淘达成3个营销目标：首先，扩大手机乐淘的品牌知名度、好感度，深化手机乐淘的品牌影响力；其次，培养用户通过手机乐淘购买的习惯；另外，拉动手机乐淘购买交易量提升也是重要营销目标。

活动流程上，用户进入有缘网，见广告推送，点击进入活动页面，依活动说明注册成为会员，写下自己的爱情宣言发送上传即有机会得到乐淘代金券和礼品。同时，可以在线看到其他用户的宣言。活动页面设置微博登录入口，用户可以将自己的爱情宣言转发到微博，形成二次传播。

通过互动，用户获得的价值包括：用户可

乐淘 letao.com　有缘网

我想陪你走到老 乐淘爱情宣言

活动详情

我想陪你走到老，乐淘爱情宣言是乐淘携手中国最大的手机婚恋网送给年轻人的爱的热情互动……

发布一条你的爱情宣言，即有机会获得手机乐淘代金卷

在有缘网上牵手成功的用户将可获得乐淘 限量版情侣鞋

发布我的爱情宣言　返回首页

活动网站 1

以在有缘网写下自己或者给他 / 她的爱情宣言；可以获得手机乐淘代金券；在有缘网成功牵手的用户可以获得乐淘限量版情侣鞋。该移动营销活动期间，日均 PV 为 120 万，日均点击达到 8 000 ~ 9 000 次，活动参与总人数超过 4.2 万，总购买超过 5 000 人次，总购买额度超过 30 万元，提升乐淘在有缘网广告投放日常销售量 35%。

在合作中，为了更好地实现效果，力美选择了中国最大的手机婚恋网有缘网，有缘网面向城市广大年轻用户，与手机乐淘用户紧紧匹配，线上互动利于抓取手机乐淘用户目光。在有缘网上展开情侣活动，与媒体属性高度匹配。同时，案例增强了情侣们的互动，比如情侣物品相互发送，这能够很好地加强用户黏性，特别是“走到老”这个词对于网上鞋城乐淘而言，非常契合，容易引发年轻用户的共鸣。

在电子商务领域，很多因素都会影响到消费者的决策，比如网站访问体验太差、竞争对手产品等因素，都会导致消费者看似毫无理由地就突然放弃购买。而在力美为乐淘策划的无线营销方案中，爱情的话题是能持续鼓励消费者直至完成购买的强大激励性因素，因此，本次营销活动的移动营销在保证高性价比的前提下，还大大降低了用户的放弃率，提高了电子商务的营销业绩。

活动网站 2

专家点评：

移动互联网已经是大势所趋，但是对于移动互联网营销还在各种尝试中。乐淘作为移动互联网营销的先行者，不仅很好地瞄准了移动互联网人群，与愤怒的小鸟、水果忍者、植物大战僵尸、太鼓达人等全球顶级 APP 手机游戏合作，第一时间发布收集客户端等；更聪明地抓住了移动互联网营销元素，比如全球首发愤怒的小鸟帆布鞋，与之前的李宁“囧”字鞋营销异曲同工，李宁抓住的是互联网流行文化，乐淘抓住的是移动互联网流行文化；第三，乐淘网精准定向客户，与中国最大的手机婚恋网站有缘网跨界成长，直接转化了流量和客户。虽然活动创意还是沿用了传统营销中常用的创意，但因为新的形式和平台，以及良好投放时机的把握，活动取得了意想不到的营销效果。

6. 耐克“用运动……”运动

耐克“JUST DO IT”的口号自1988年推出之后，已在全球传播了23年。在过去的23年里，这个口号所传达的信息始终如一：没有借口、没有限制、没有疑问、没有终点，JUST DO IT！这个充满标志性的口号成为运动最大的号召力，激励着所有年轻及有经验的运动员和热爱运动的人。

2008年北京奥运会后，中国开始以建设体育强国为目标，力争全面协调地推动竞技体育、学校体育及群众体育共同发展。战略大环境必将激活市场，嗅觉灵敏的企业会及时主动地适应大潮流，搭上“推广全新体育观念”的列车。2008年，耐克针对“JUST DO IT”在中国市场开展广告战役，通过“我是谁”系列广告表现运动员的体育精神和态度，突出运动员对自己所钟爱事业投入的专注情感，以激励人们定位自己的运动态度，这一系列“大字报”一样的平面广告相当有力量。

2008年耐克“我是谁”系列平面广告

2011年，耐克以法网冠军李娜为起点，掀起了一场浩浩荡荡的、以“用运动…… (Use Sports To…)”为主题的传播运动。TVC和平面广告出街、夜跑活动风生水起地进行、夏季运动盛会“运动汇”举行、线上“JUST DO IT超级运动大挑战”同步展开，凡是能想到的传播手段几乎一网打尽。除此之外，大家还有机会和众多顶级运动明星和队伍零距离接触，大有将运动精神深入消费大众骨髓的劲头。

李娜夺冠，耐克发起“用运动……”运动

从默默无闻的年轻人到世界顶级运动员，一幕幕挥汗运动的瞬间呈现他们如何用运动改变自己、创造精彩……总有一张面孔让你似曾相识，总有一个瞬间让你感同身受，总有一个过程让你心潮澎湃，总有一种结局让你泪流满面，在这里你总能看到自己的影子。这就是耐克针对大中华区发布的“JUST DO IT”广告片，以“用运动……”为主题，通过不同层面运动者的心声，唤醒中国大陆、香港和台湾年轻人对运动的热情。此次系列广告的正式TVC在2011年7月发布。

在6月初，由于李娜于6月5日凌晨获得个人运动生涯的首次法网冠军，并问鼎大满贯，传播行动由此开始。就在“李娜”在国内各大媒体刷屏的同时，“用运动改变一切”的平面广告在《北京青年报》出街。同时，耐克官方网站、李娜的新浪微博、耐克的相关微博@NIKEStore、NIKE Women都更换了主题，还推出了李娜夺冠的胜利T恤，在耐克的官方网店及各大门店出售，以及冠军海报在全国57家门店免费赠送。

由361°赞助的大学生运动会8月在深圳上演，大运会前后，社会民众及媒体更多关注的是群众体育和学校体育的开展，报道重心有所转移。耐克在6—8月间，需利用李娜夺冠后的余热，通过广告衔接竞技体育、学校体育和群众体育，达到由点及面的辐射效果。由此李娜“用运动改变一切”电视TVC在7月推出，这则广告标准版时间长度为1分钟，定位于体育品牌形象广告，通过体育观念的传达与消费者进行沟通，继续延续耐克品牌的追求健康、阳光、励志等风格。

TVC电视广告还邀请了世界不同领域的顶级运动员，包括NBA篮球巨星科比，飞人刘翔，法网冠军李娜，女子沙排健将薛晨、张希，以及顶级滑板选手Johnny Tang、失去双臂的钢琴师兼游泳运动员刘伟等，通过不同层面运动者的心声，召唤人们对运动的热情，“煽动性”极强。

左侧为李娜夺冠后耐克的平面广告，右侧为本次“用运动……”主题视频广告中的李娜

在广告中突出年轻人的奋斗、娱乐、合作，广告主要目标受众为广大青年人和少年学生，同时在广告中也使用少量老年人形象。群众体育大力开展的过程中，每个人都是体育的潜在参与者和消费者，广告既突出体育明星的体育精神，又强调每一个小人物都能够用体育为自己服务，从专业运动员到普通学生、普通青年，大家都可以“用运动”实现一定的目标，每一个人，都是这则广告和这种观念的目标受众和目标消费者。

耐克1分钟的“用运动活出精彩”TVC广告，以视频画外音的方式一步一步陈述“用运动”能够达到什么目标，能够对人生有怎样的改变。画外音来自于人们非常熟悉的广播喇叭，全片画面73个镜头，13个组成部分。每个部分都充分挖掘了体育明星身上的特质，使其为传播主题和品牌主张作了很好的诠释。

“用运动活出精彩”TVC广告内容结构

组	画面内容	文案、功能与诉求
1	校园广播喇叭，露天扩音设备	交代环境，突出接近性
2	女运动员跳水	用运动把想要的都赢到
3	女孩与男生们打篮球	用运动去打成一片
4	课间操里的小男生在原地颠足球	用运动玩得开心
5	老人骑三轮、中年人踩滑板在推广口号	用运动，运动运动
6	刘翔伤后重新崛起的片段	用运动重新勇往直前
7	NBA明星与球迷见面	用运动见到心中的神
8	上肢残疾的运动员游泳训练	用运动活出精彩
9	拳击运动员共同努力训练	用运动交到朋友
10	足球队全家福、沙排运动员击掌庆祝	放眼都是兄弟，都是姐妹
11	体操女孩、自行车男孩从失败走向成功	就算失败、再败，但总会赢
12	众多参与到体育中的人的面孔	无论你是谁，无论从哪来
13	李娜发球后出现耐克LOGO和口号	因为运动永远不会说你不行

众星“用运动……”TVC，诠释耐克“JUST DO IT”主张

在“用运动……”系列广告片中，耐克将明星特质和传播主题、品牌主张作了深度联结。伴随着每个人成长的学校大喇叭贯穿着整条广告片。大喇叭传出的一声“用运动”的号令开启了运动之门。和男孩子一起打篮球的女孩、利用广播操时间苦练球技的足球少年，他们用运动玩出开心、用运动与伙伴交流。跳水馆里的跳水健儿，一次次的失败，一次次重新站起的体操女孩，都展示着勇

a

b

c

d

e

往直前、把想要的都赢到的精神。

失去双臂的钢琴师刘伟在水中畅游的镜头告诉人们，运动是支撑他的强大动力。他用了三年时间，从完全不会游泳的旱鸭子成长为全国残疾人游泳锦标赛冠军，一度有望代表中国出征 2008 年北京残奥会。“是运动让我对生活更有信心。”这就是刘伟传递给我们每个人的信心。

“用运动宣战”，这是重回赛道的刘翔为我们讲述的故事，他以坚毅的眼神告诉人们：

"伤病曾是我职业生涯中最大的挑战，但我有一个坚定的信心，没有什么困难是克服不了的。我要回到跑道重新证明自己。"

"用运动改变一切，成就新的高度"，这是创造亚洲网球历史的李娜发出的誓言，她自信地挥拍向人们表达："运动改变了一切，投入运动会使你更加自信。""用行动踏出属于自己的路"，这是篮球巨星科比自始至终坚持的准则；在欧美强手中脱颖而出的沙滩排球运动员薛晨、张希，还有一次次挑战极限的滑板高手 Johnny Tang，各种面孔参与到体育中，他们用行动证明了用运动可以改变一切、创造无限精彩。

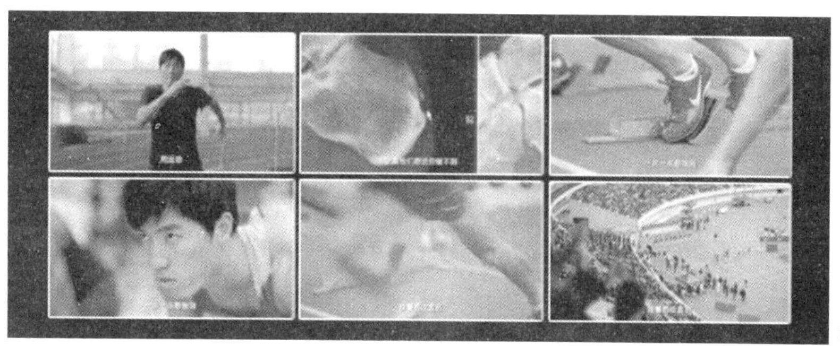
f

h

g

"用运动"系列广告片（a~h）

"JUST DO IT"系列广告片通过电视与网络媒体发布，在 CCTV5 等体育频道刊播，同时在耐克（中国）官方网站上建立"运动汇"专题，配合"运动汇"营销活动的开展。在大运会前后，通过电视和网络推动崭新的"JUST DO IT"理念。在提升品牌形象、体育强国的背景下，充分显示耐克对体育的深度理解，获得更多的认同感和更高的美誉度。

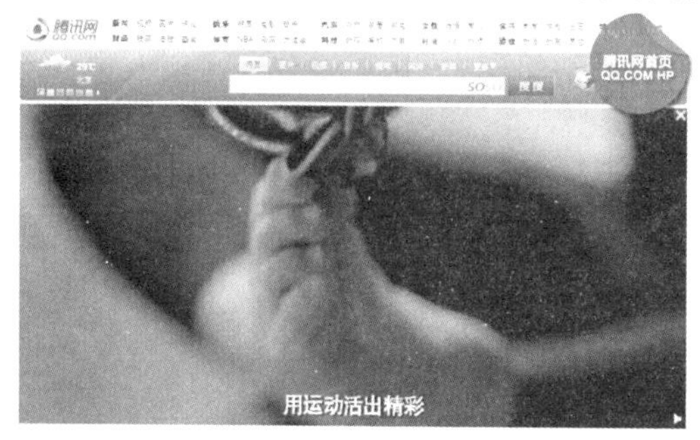

耐克"用运动……"TVC 广告线上发布

耐克"用运动……"造句互动 minisite 官方网站

耐克的消费者洞察一直做得很好，知道消费者喜欢什么、愿意以什么样的方式参与活动。因此，在新媒体的使用方面，耐克向来都很注重内容的趣味性。"用运动……"系列平面广告发布后，耐克互动网站上的线上互动也同步展开。

“用运动……”系列平面广告

耐克“用运动……”& minisite 互动官方网站

这一系列广告最终指向的，是希望每个人都能发出自己的声音，表达自己对运动的态度。在“用运动……”互动网站上，耐克发起“用运动……”造句活动，网友只需上传照片并填写自己的态度，就可以制作属于自己的平面广告，把它分享到各大社交网站。登录“用运动……”互动网站，最新发布的宣言会排在网站首页，用户不但可以看到自己的宣言，还可以查看其他用户的趣味宣言。简简单单的活动形式，却让众多网友过了一把制作专属于自己的平面广告的瘾，大家可以“用运动享受自我”，也可以“用运动改变生活”。

Lunar Run 耐克时尚夜跑，用运动再晚点回家

耐克夜跑活动

由于不受场地、时间的限制，也不需要复杂的运动装备，跑步这一运动近些年正越来越受人们欢迎。都市年轻人的生活规律基本都是朝九晚五，早晨起床赶着上班，很少有人能够抽出时间运动，所以大部分城市人跑步都是晚上进行。于是，耐克迎合这一流行趋势以及年轻人的生活规律，在全国各大城市展开了夜跑活动，并在其中加入很多有趣的玩法。

Lunar 意为月亮，Lunar Run 意为在月光下跑步。6 月底至 8 月初，Lunar Run 耐克夜跑 2011 活动在北京、上海、广州、武汉等城市陆续展开，通过夜跑这种时尚的跑步方式召集城市里的运动爱好者们“用运动再晚点回家”。最终，在各个城市选拔一支夜跑者队伍参加 8 月在上海举行的 2011 夏季“耐克运动汇”，其中的优胜者则有机会参加 2011 年的芝加哥马拉松或耐克旧金山女子马拉松。11 月，Lunar Run“耐克 10 公里”活动还将作为夜跑活动的延续，在广州、上海、北京三地拉开战幕，继续号召消费者将跑步进行到底。

耐克向球迷赠送“耐克运动汇”入场券

随着社会的发展，中国公众对社会事件的关注度在不断提升，企业的社会责任也备受瞩目。体育本身就带有公益色彩，可以与公益项目天然结合。为了鼓励更多的跑步参与者，在夜跑活动进行之际，耐克发起了“用运动回馈社会”的行动。每个跑步者的训练跑次数以及参加最终夜跑的成绩将会被折算成相应数量的运动鞋，用于资助来自耐克和中国儿童少年基金会及中国扶贫基金会共同发起的“让我玩”和“跑完全程”慈善资助计划中的贫困地区的孩子。将公益元素融入品牌推广活动中，更好地提升了耐克在公众心目中的形象。

“耐克运动汇”海报 1

“耐克运动汇”，狂热每一刻

如何与年轻人互动，充分调动他们的积极性，打造一场有着专业水准的运动盛会，这是 2011 年“耐克运动汇”的追求。由于有体育明星和娱乐明星的加入，如何找到他们与活动的契合点，更好地利用明星们身上的延展性资源也成为重中之重。

“耐克运动汇”活动现场 1

8 月 18—21 日，耐克 2011 夏季运动盛会“运动汇”在上海举行，不仅是体育迷，时尚迷、音乐迷的参与让这次运动盛会变成全城最火爆的潮人据点。为庆祝这个盛事，耐克公司将启动跨界运动的各项活动，包括篮球、网球、足球等。这期间，“耐克运动汇”的精彩活动包括耐克篮球冠军锦标赛全国总决赛、耐克杯足球赛全国总决赛和耐克极限运动“City Jam”全国总决赛等，来自中国大陆、香港以及台湾的年轻运动员将在“耐克运动汇”上竞技。8 月 18 日开幕当天，刘翔、勒布朗·詹姆斯以及保罗·罗德里格斯等运动员也作为特邀嘉宾助阵，演绎“用运动”为生活带来积极改变的体育精神。“耐克运动汇”闭幕当天将有乔治城大学和八一男篮的表演赛。“耐克运动汇”还将融入独特的音乐文化元素，8 月 18—21 日每晚将上演神秘音乐会为大家带来惊喜。

“耐克运动汇”海报 2

以“City Jam”滑板巡回赛为例，业余组比赛中决出的总冠军，耐克将其送到美国东海岸最著名的滑板公园 Tampa 参加比赛，为其提供了与国外滑板高手交流、亲身接触西方滑板文化的机会。专业组邀请赛中，中国内地、香港以及台北顶级的滑手受耐克邀请来到“耐克运动汇”，并设置了高额奖金。此外，还邀请到 Skatepark of Tampa 团队作为特邀裁判嘉宾，以及 NIKE SB 队伍 5 位职业滑手担任决赛评委，更有 P-ROD5 中国发布会与极限粉丝零距离交流。

在这场为期 4 天的运动盛会中，一切与运动相关的元素都被无限放大。除了体验各项充满激情的专业运动外，大家还将感受到 NIKE Sportswear 带来的运动潮流气息。量身打造的 NIKE Sportswear 专属卡车，每天将会在不同的活动区域停留。

“耐克运动汇”活动现场 2

小车内部精心设计了涂鸦墙区（Graffiti Murals），潮流感十足，喜欢涂鸦文化的粉丝们可以亲临参观来自艺术家们的涂鸦作品，更有超炫的“炫转快门” Bullet Time 记录下参与者的极限瞬间。还有当季 NIKE Sportswear 新品陈列，喜爱拍照的参观者可以在此尽情留影。陈冠希、李灿森、MC Hotdog、薛之谦、张震岳等多位重量级明星大腕也将驻足这辆夺人眼球的小车，展示他们对运动和潮流的理解。

耐克 Sportswear 展示区

设在篮球、足球和跑步活动区域内的 NIKE Sportswear 展示，也会给热爱运动、希望表达个性和自我的年轻人更多的搭配建议。还有令人期待的 2011DMC 世界 DJ 大赛中国区决赛将安排在 20 日晚上进行，嘉宾 DJ Uppercut、SEN、Kireek 将会倾情献艺，让人享受一场听觉的饕餮盛宴。

“耐克运动汇”活动现场 3

耐克运动大挑战互动 minisite 网站

运动大挑战，线上“挑战”配合

配合线下夜跑以及运动汇活动，耐克官方网站的“运动大挑战”活动也在同步进行，网友可以通过腾讯 QQ、新浪微博、人人网等常用社区账号登录活动官方网站，然后点击徽章接受挑战，最终获取徽章和奖品，还可以通过新浪微博、腾讯微博、人人网等社会化媒体平台与好友分享运动乐趣。比如在微博宣称每周打一场篮球即可获得“NIKE Basketball”徽章。同时，有大量需要线下参与才可获得徽章。活动进行的同时，耐克的官方微博和人人网账号也将同步与网友互动。经过以上一系列的配合，使线上与线下的活动形成很好的联动。

我们看到，很多新鲜的元素融入到本次活动中，如交友、欢聚、音乐、庆典等。刘翔、李娜及艺人田原、朱珠等也受到邀请，以不同形式和大家互动。年轻群体是耐克希望通过活动影响的目标受众，而这些娱乐性元素的加入，成为吸引他们的重要因素。另外，参加活动的年轻人有他们的圈子，可以通过影响他们所在的圈子，从而扩大品牌的口碑影响力，让更多的目标人群接收到品牌信息。从公众的认知角度讲，什么人参加什么样的活动，他们会定义这项活动的形象。从这个意义上讲，明星的加入也将此次夜跑活动标签化，利用明星效应扩大了品牌影响力。

整体来看，耐克 2011 年“用运动……”大型系列推广，在营销链的整合性、领袖风范的体现、对消费者的洞察、活动执行力等方面都做得非常精彩，并且能够不断有高潮推出，保持传播的连续性和一致性，从而将不同阶段的传播累积成一个整合性的效果，值得学习。

专家点评：

耐克区别于其他运动品牌的，是那股专注运动本质的酷劲儿和决绝，这从“我是谁”、“用运动……”等系列广告运动中都有很好的诠释。在我们感叹“耐克真有钱，可以玩这么大手笔的整合营销”的同时，不由得为这次战役的落地执行能力折服。

在这次广告运动中，耐克的成功体现在四个方面：首先是在深入了解自身拥有的运动资源基础上达成的，明星脸贯穿整个活动始终。其次，耐克做到了与赞助资源的深入联结，而品牌与被赞助对象之间的这种密切关系，是通过日积月累形成的。第三，抓住了可遇不可求的机遇，将热点赛事和明星资源与品牌主张充分结合，当然，这也是耐克一贯的作风，李娜在广告片中的亮相成为最大亮点。6 月 4 日深夜，李娜在法国网球公开赛中夺冠，7 月初，这部有李娜加入的广告片就已经全面出街，而“娜”营销则从李娜夺冠那一刻起就已全面展开。情况与当初刘翔在瑞士洛桑创造“12 秒 88”的世界纪录时，耐克所作的“翔飞人”创纪录的整合营销类似。第四，高度的整合性。在线下和线上展开的一系列声势浩大的活动中，耐克调动起了产品、公关、渠道、广告、活动、行销、体育赞助等各个方面的资源，而这一切又离不开专业的团队。

7. The North Face 一路向北，体验中国最北

要看 The North Face（TNF）的营销策略，我们先简单回顾一下这个品牌的发展历程。

1966 年，两个狂热的徒步旅行者凭着满腔热情，创立了一个小小的登山用品零售店，被命名为 The North Face，成为高性能攀登和背包装备零售商。

1968 年，The North Face 搬到了旧金山湾的另一端——伯克利地区，并开始设计和制造自主品牌的专业登山服和装备。

20 世纪 70 年代，The North Face 品牌赢得了许多户外运动狂热爱好者的喜爱，并开始赞助在世界上最边远、几乎从未有人问津的地区进行的探险活动。这正是 TNF 优良传统的开端，今天其仍然在不断倡导 The North Face 的理念——探索永不停止。

20 世纪 80 年代初期，The North Face 开始尝试向滑雪运动的极限挺进，在产品系列中增加了极限滑雪服。

20 世纪 90 年代是 The North Face 开创新纪元的年代，它进一步拓展了运动员探索户外运动的领域，成为提供高性能服装、装备和鞋类等一系列丰富产品的供应商。

经过 36 年的发展，现在 The North Face 是美国上市公司 VF 集团的重要一员，向经验丰富的登山运动员、滑雪运动员、耐力跑运动员和探险人员提供市场上技术最先进的产品，产品在世界各地的专业登山、背包徒步旅行、滑雪装备、顶尖体育用品零售店和大型专业户外用品连锁店出售，包括中国、日本、韩国、菲律宾、泰国、新加坡、尼泊尔、蒙古、澳大利亚及新西兰，成了全球范围内家喻户晓的户外用品品牌。

秉承其探索精神，一直与自然环境恶劣苛刻的户外探险活动紧密联系在一起，像连续举办三届的 The North Face 100 耐力跑、野雪挑战赛等，通过不断的科技创新，设计生产出舒适度和安全性能越来越高的户外装备，满足各种层次的需求。

2010 征我极限，盖微博史上最高楼

放弃千篇一律的赛事赞助营销，2010 年 The North Face 自主举办了"2010 哈巴登山节活动"，鼓励更多人挑战自我极限，发现户外运动的乐趣。同时在活动过程中，展示 TNF 羽绒服产品的保暖功能特点，传递"探索与征服永不停止"的品牌诉求。

#TNF哈巴登山节# The North Face ® 2010 "征我极限"活动启动——5396米哈巴雪山等你挑战！快来加入我们一起"征我极限"吧！ http://sinaurl.cn/5w2pY

2010-8-27 19:25 来自 新浪微博　　转发 (20)　收藏　评论 (11)

"2010 哈巴登山节活动"微博 1

为了吸引受众的关注和参与，让受众与探险队保持实时连接与互动，为活动创造口碑，TNF"征我极限"活动采用事件营销的方式开展，选择了最前沿的传播方式之一新浪微博作为平台，邀请了李承鹏、闾丘露薇等微博名人参与到登山活动中，让网民们跟随微博直播见证探险队员挑战自我极限的过程，实现了登山活动与网民的深层

#TNF哈巴登山直播#

@李承鹏V：今天上午十一点十分，成功登上哈巴雪山5395米，差一米登顶，这是因为昨天发生的事件，登山前接受记者采访时的差一米的约定！总觉得这座雪山有神住着，不想冒犯！　原文转发(126)　原文评论(288)

10月2日 13:54　来自新浪微博　转发(3)　收藏　评论(4)

#TNF哈巴登山直播# 阎丘平安回来，我们恭喜她成功挑战了自己的极限！

@阎丘露薇V：收到一些朋友的问候，谢谢关心。安全第一，但是如果不尝试，就无法知道自己的极限。所以，风险控制很重要，这次有TNF的装备，有专业登山队员领队，所以敢尝试。祝贺@李栓科 登顶，@李承鹏 到5300，我到4200，算是历史新高。　原文转发(44)　原文评论(61)

10月2日 13:30　来自iPhone客户端　转发(1)　收藏　评论(3)

“2010 哈巴登山节活动”微博 2

李承鹏与闾丘露薇在活动现场

互动。

TNF 通过官方微博有效地实现了与活动网站和硬广告的整合传播，网民的参与热情被充分调动起来，盖起了微博史上的最高楼。TNF 还通过制造一些热点话题，如“5 395 米，史上最高的微博诞生了”、“探险队员高海拔求婚”等来扩大口碑宣传的效果。TNF 通过远征队员踏上征服哈巴雪山之旅，传递探索与征服的品牌愿景，从而在网民心中提升品牌的知名度，树立良好的品牌形象。

#TNF哈巴登山直播# 三个字，许一生，恭喜！// @deer05 我，愿，意！！！

@杨大鹏：站在海拔5396米的哈巴雪山之巅，享受着大自然给予的这份礼物，幸福感同样来自于她(@deer05 给我的)。我将会把这面旗子永远矗立在这，在这意义非凡的时刻，我想大声对@deer05 说：“小鹿，嫁给我吧，和大虎一起建立个安稳的家，求婚并没有戒指和鲜花，就像我们在一起一样平淡，你愿意么？”　原文转发(2401)　原文评论(1032)

收起　查看大图　向左转　向右转

10月2日 10:37　来自iPhone客户端　转发(9)　收藏　评论(7

“2010 哈巴登山节活动”微博 3

2011 年“一路向北”，北面风景很美

专业线和大众线是 The North Face 的两条推广主线，专业线面向攀岩者、背包客、远足者、越野跑运动员和户外运动爱好者等，大众线面向普通大众，转化潜在消费者。在专业领域，2011 年 TNF 做了三个项目：

一是把握高端户外的品牌 DNA。在全球，TNF 有一个 70 多人组成的著名户外探险家团队，每年的产品都由这些探险家在全球各个角落，在各种极端条件，比如极热、极寒条件下经过测试。在中国，TNF 也建立了专业的运动员团队，是国内签约高端运动员最多的品牌。

二是 TNF 100 公里耐力跑挑战赛。这一赛事已经连续举办了三年，TNF 品牌是首个将超长距离的户外越野跑带入中国的品牌。这个“跑起来，野起来”的新玩法，预计 2012 年将吸引 8 800 人参赛。

三是野雪挑战赛。与奥运会的花样滑雪不同，野雪挑战赛雪道更加极限，沿途有很多障碍，展现一种在树林里、在野外滑雪的概念。TNF 冬季雪服中防风、防雪甚至在极端条件中的雪崩救生系统，在赛事里得到了极佳体现。

TNF 强调的品牌理念是“探索永不停止”，一方面，是希望通过各种比赛，让大家用全新的户外方式感受身边的美好；另一方面，在专业度上挑战个人极限，也显出 TNF 产品的优越性。因此，在赛事活动中将产品和品牌精神很好地融入进去。

当然，专业领域毕竟是小众，TNF 希望带动更多的普通人参与到户外运动中去，因此有了大众线活动——2011年的“一路向北”活动。该活动贯穿10座城市，从广州到达漠河的城市找北，吸引了2 000多人参加，更有85万人在网络上关注。TNF在网络社交平台，特别是新浪微博上的互动，吸引了7万多粉丝，是网络营销最为活跃的户外品牌。

2011“一路向北”活动海报1

一路向北，让普通大众探索户外

2011年中国纺织品商业协会户外用品分会发布的《中国户外用品市场2010年度调查报告》显示，2010年中国户外用品市场年度零售总额为71.3亿元人民币，出货总额为32.1亿元人民币。2000年至2011年零售总额年均增长率为47.33%，出货总额年均增长率为43.29%，成为增长最快的零售分支之一。

这种发展速度背后，一方面是中国国内消费者增长的购买力、旅游欲望；另一方面是户外运动正从一种专业性运动发展为一种大众时尚的生活方式，“泛户外”概念开始流行，即任何一项走出家门的运动都可被认为是户外运动，其爱好者就是户外品牌的最新目标消费群体。

因此，原先以专业功能为集中诉求点的户外用品品牌，开始在设计、色彩中融入时尚元素，目标对象也从先前喜爱探险的高端消费者渐渐扩大至爱好运动、以舒适休闲为消费目的的都市白领类消费者，The North Face可以称之为户外品牌中“专业＋时尚”路线的先行者。

“一路向北”的活动目标就定位在吸引资深户外运动者之外，尽可能地让更多的都市人加入到这一行列中，迈出和户外亲近的第一步。在“一路向北”的探索过程中发展品牌和消费者的联系，打造The North Face在这一潜力人群中的知名度。

2011，你找得到北吗？和The North Face一起出发，探索城市、中国、北极，一条路线，一腔热情，我们一路向北。5月21日，The North Face从广州起步，经成都、杭州、上海、南京、青岛、北京、沈阳、哈尔滨，号召9城市户外运动爱好者参与为本城市找北的活动。通过徒步、露营、溯溪、登山、骑自行车、越野自驾等方式探寻城市之北，了解您所在城市之北在哪里，有什么美景，并在城市最北点进行有趣的户外运动。以上9站用户都可以网站报名参与本城市的找北之旅，并和同城人一起享受户外运动的乐趣。

如果本城市的找北之旅并不能满足用户的探寻兴趣，用户还有机会加入为中国找北的探索团队，直抵中国最北（漠河），接受The North Face专业登山教练孙斌的极限环境生存培训，更由此向北进发，最终达到地球之北——北极，感受地球之北的独特魅力。之后，The North Face专业运动员孙斌将协同一位完成“7+1”的户外明星高手一起继续向北极点进发，完成“7+2”的终极挑战，探索地球最北，应对极限户外环境的挑战，完成一次顶级的找北之旅。

找北方式：在线报名成功，用户将现场参与9城接力，获得The North Face赞助的户外探索装备，体验城市站点独具特色的精彩户外活动；也可由街旁、新浪、人人，跟上探索步伐，线上体验各地精彩花絮，并赢取城市纪念T恤。

2011“一路向北”活动海报2

报名方式：登录活动网站，选择对应城市站点，提交报名个人和队员信息，签署免责声明，即可加入找北活动！

在活动设计上，The North Face 将不同难度的户外活动融合在一起，从城市、中国再到北极，适合不同程度的户外参与者，成为此次活动的设计主线。对于普通消费者来说，“他们大部分时间生活在城市，户外还是个很新鲜的地方。所以，在他们的身边营造户外运动文化氛围，城市探险是一个恰当的出发点”。而对于资深驴友，高端户外探险（北极）作为整个活动的一个关键组成部分，给最专业和最有经验的人准备。

The North Face 还为“有贼心没贼胆”的探险爱好者制作了线上 minisite 互动活动站，让用户线上体验找北之旅，和线下真正参与找北之旅的驴友们互动分享。

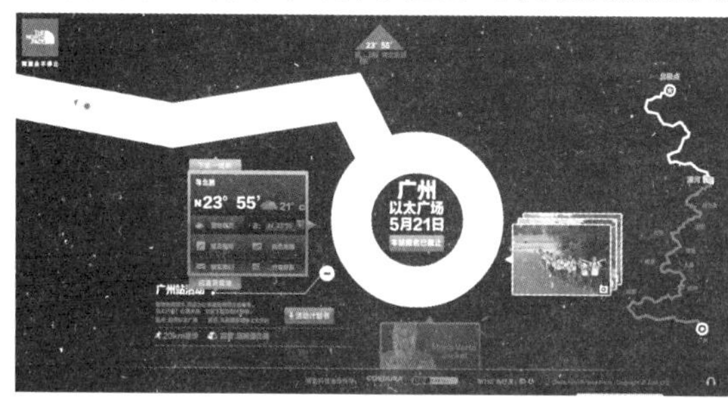

官方互动 minisite 线上活动站

一路向北，探索永不止步

The North Face 帮助探险者登上了喜马拉雅山最高的山峰，但有趣的是，The North Face 的品牌故事却起源于旧金山一个海拔只有 45.72 米的 North Beach 地区。“The North Face”名称源于山上最冷、最难攀爬的北坡，暗指真正的登山爱好者永远无所畏惧，迎难而上。LOGO 如同象鼻一样的半圆形，象征着山峰笔直而陡峻的北坡，以此彰显富有挑战性、不断进取的探险精神。

“一路向北”活动似乎是 The North Face 品牌发展、品牌理念的最好诠释。从 2011 年 5 月 21 日首发站广州盛大启幕，中间各大站点纷纷跟进，户外活动，新闻告知，视频汇报，社区分享，微博、社区抢楼，SNS 互邀，活动参与者纷纷摩拳擦掌，到 11 月 18 日在经历了广州、成都、杭州、上海、南京、青岛、北京、沈阳、哈尔滨等 9 站后，品牌方、全国主流户外及时尚（微博）媒体、前 9 站城市胜出者等活动队员，齐聚中国最北端——漠河，感受找到最北的乐趣，感受 The North Face“探索永不停止”的品牌精神。“一路向北”活动进行得如火如荼，传达着 The North Face“探索城市，心系自然”的品牌理念，号召大家走进自然，用心发现，生活会更美好。

“一路向北”活动现场

“一路向北”不仅很好地表达了 The North Face 的品牌理念，更是在新媒体作了积极探索。除传统的户外和平面广告外，这次活动中数字媒体扮演着前所未有的重要角色，包括人人网、新浪微博，以及 LBS 网站街旁网。

在沈阳站天涯社区招募和抢楼活动中一段幽默的文案吊足了大家的胃口：“人生最重要的不是你站在哪儿，而是你面朝的方向。同样是介于 A 与 C 之间，一路向北就能成就 NB，撞破南墙只能沦为 SB。活了这么多年，北在哪呢？2011，你找得到北了吗？赶脚人生缺乏方向的童鞋们，咱一起吼吼一路向北的宣言吧！吼完了就找着北了，真的。”

中国户外市场环境近年来发生了两个主要的变化：一个是随着广告的大量投放，消费者们开始变得聪明起来，仅仅依靠漂亮的广告画面是不足以让人信服的，他们开始寻找那些讲述可信户外探索故事的品牌；另一个是，数字营销尤其是社交媒体在影响和展开消费者交流中开始发挥重要作用，也逐渐成为通过一对一沟通，激励和启发消费者尝试户外运动的重要渠道。

“一路向北”活动和街旁网的合作中，通过对活动期间消费者的三种行为进行奖励，将普通消费者的城市生活和 The North Face 进行连接：第一，对城市进行探索——如果用户同一天签到了 3 个从未签到过的地点；第二，访问 The North Face 门店——如果用户签到了北京、上海及广州的指定门店 3 次；第三，在门店中上传 The North Face 搭配照——如果用户进一步在这些门店中上传自己的 The North Face 搭配靓图。这三种行为都可获得街旁网的徽章，而最后一步，和品牌最为接近的一步，还可能获得 The North Face 的户外礼品。

通过和 LBS 平台街旁网的合作，The North Face 品牌很巧妙地融入到消费者日常的城市签到行为中，提醒他们这些行为也是真正的城市探索，沟通了 The North Face“探索永不止步”的品牌精神。

2012 年，去野!

继 2011 年的“一路向北”之后，2012 年 The North Face 推出主题为“去野”的品牌宣传活动。“去野”品牌活动围绕一部四段短片构成的在线纪录片系列展开，纪录片由中国知名导演陆川执导，以“对人性生理和心理的极限挑战、人际关系深化以及探索推动”为主题，由外在探索转向内在探索。消费者将受邀观看这些纪录影片，见证意志坚定的登山者、具有探险精神的志愿者、富有激情的野生动物摄影师和成功企业家的心路历程，在探索自然间重新审视自我和身边的人。

2012“去野”活动海报

活动还制作了一则短小幽默的视频，告诫城市消费者，放慢压力重重而紧绷的生活节奏，通过置身大自然来喘口气或找个周末“去野”。

除了地铁、公交、户外广告、杂志、报纸等平面媒体的投放，在网络上建立一个专题网站启动数字移动品牌活动，写出去野的100个理由，并与The North Face官方微博互动，来引发关于探索和户外运动的在线讨论，消费者也可以登录并参与当地社区由资深户外运动爱好者组织的活动。

同时，携手街旁网打造的手机应用程序，将消费者户外体验和地理位置定位整合在一起，并定制适用于苹果和安卓版的APP作为“去野”品牌活动的一部分同时启动。目前活动正在进行中，活动成果明年分享。

2012“去野”活动专题网站

专家点评：

通过The North Face的品牌故事和其近3年一脉相承的品牌活动，传达出The North Face作为全球知名的户外运动品牌的几大关键词：力量，果敢，坚毅，执著，睿智，创新等。是一个沉着大气的魅力男人，身经百战，深厚睿智，又富于传奇故事。“一路向北”大型整合营销活动，承载The North Face“探索永不停止”的品牌理念，更是The North Face市场战略的重要一步，那就是把户外活动从仅仅局限于专业“驴友”范围扩展到“泛户外”的概念，尝试从小众走向大众。

因此，在“一路向北”活动目的中除了吸引资深户外运动者之外，更是尽可能地让更多的都市人迈出和户外亲近的第一步。不同于以往的平面宣传和电视宣传，The North Face还选择与新浪微博、LBS网站街旁网合作，通过360度整合营销的策略，将足迹遍布全国。

8. 以纯时尚快分享，深度联姻互联网

“以纯”是东越公司旗下的休闲品牌之一，以其紧贴时尚、角逐流行、简洁大气的设计，短短几年就迅速成为国内休闲服装知名品牌之一。从1997年做批发业务起家，以纯通过直营和特许加盟模式扩展至全球市场，今天已在世界各地设有超过20个区域分公司及超过4 000家品牌专卖店。以纯的快速发展，主要是源于众多休闲服饰都采用的“明星＋广告”的运营模式，2002年以纯启用了当红的香港影星张柏芝、古天乐作为品牌形象代言人。通过与明星的双赢合作，以纯的品牌知名度迅速地提升。

以纯服饰系列

传统品牌以纯遭遇互联网转型

由于以纯产品时尚、潮流的设计，过硬的产品质量，在没有电视广告为主推的情况下，不仅成为了国内领先的时尚服饰品牌，还打入了国际市场，2011年以纯签下亚洲人气偶像韩庚为其新任代言人。韩庚的健康、阳光、活力和热心公益是个人最显著的标签。他跃动的身姿，俊朗的外表，健康的形象与以纯时尚、健康的品牌气质浑然天成。韩庚的个性、才华和非凡经历所代表的年轻人追求梦想、展现自我、勇于挑战、引领潮流的精神，正是以纯品牌的生动诠释。

然而市场环境的变幻莫测，互联网已经成为了服饰消费者生活必不可少的一部分，尤其是服装已经成为网购的第一大品类。近年来，社会化媒体的发展，更是为服饰品牌推广注入了新的活力。而以纯作为一个传统的服装品牌，除了在主要电子商务平台（淘宝商城、QQ商城）上开设了品牌旗舰店，建立了自有平台以纯官方商城之外，并没有作全面的推广。

玩就玩最新潮的，2011年，为了重新塑造品牌形象，更贴近年轻消费者，以纯以最新的AR（Augmented Reality，增强现实）在线试衣技术为跳板，展开了一场传统行业的“时尚快分享”整合营销攻关战，在潮流技术、心理刺激、互动乐趣和利益回馈之间找到了一个绝佳的平衡。以纯投入资金在全国14个城市的21家品牌实体店内搭建了AR试衣设备，还搭建了在线试衣的minisite，线下与线上相结合，创造了一种新的产品与用户人机对话的模式，惊艳了一把营销圈。

时尚快分享，以纯深度联姻互联网

以纯的目标是成为国际领先的时尚服饰品牌。目前中国服饰市场正处于快速增长的黄金时期，只有抓住这个时期，在中国市场站稳脚跟，才能真正迈向国际化。作为国内大众时尚服饰领导品牌，以纯一直占据着国内市场的重要份额，并在营销领域屡屡推陈出新。以纯拥有休闲、都市时尚、校园、商务、童装五大系列产品，但大多数消费者只知道休闲系列。2011年，为了更贴近年轻消费者，让消费者知道并且喜欢上以纯五大系列产品，以纯主动汲取新鲜信息，关注大众“快时尚”要求，并将之品牌化，提

以纯签约韩庚现场

出了“SHARE IN时尚快分享”的品牌口号。

“时尚快分享”是以纯“快时尚”转变的一种表达，实际上快时尚早已是大众消费者认同的概念，H&M、优衣库、Zara、C&A、Jack&Jones、Only、Vero Moda、MIX-BOX等都是快时尚品牌，国内的凡客等也属于快时尚品牌。所谓“快时尚”，主要包含三方面的含义，即上货时间快、平价和紧跟时尚潮流，很适合互联网的销售特点。近年来，国际快时尚服饰品牌的消费从中国一线城市蔓延到二、三线城市，给国内大众时尚服饰行业带来了一定挑战，也刺激行业不断创新，迎来新的发展机遇。

以纯官方微博显示新版TVC

为了传播“SHARE IN时尚快分享”这一品牌理念，以纯拍摄了新季度的TVC，并重拳出击，利用各种形式各种渠道，全网络渗透，整合营销，借此打出一套漂亮的组合拳。在传播媒介上，以纯利用电视、网络等各种渠道，全平台覆盖。其选择深度联姻互联网、进行大规模整合营销的做法，开启了行业先河。

时尚快分享不是皇帝新衣，是真枪实弹

以纯新的品牌口号被定义为“SHARE IN时尚快分享”。相比国内其他品牌注重强调消费者的个性诉求，以纯则更关注大众的快时尚需求，并把这种“快时尚”品牌化。

对以纯而言，“SHARE IN时尚快分享”不仅仅是其倡导的品牌理念，更是把“时尚”和“快”作为了品牌产业模式的优势和重点发展方向。以纯一直致力于通过提供平价、优质的时尚服饰，以引领热爱时尚、热爱分享人群的穿衣文化和生活方式。而以纯的主要消费群体以“80后”和“90后”为主，尤以职场人士、行业职工、学生为主。这类消费群体喜欢娱乐、购物、社交和网络，喜欢分享。所以，“SHARE IN时尚快分享”正好能将以纯与消费者紧紧地联系在一起，既体现了以纯的企业观念，也能引起消费者情感诉求的共鸣。“快”则体现当下消费者快速观念：快时尚，快生活。

“SHARE IN时尚快分享”绝不仅仅是一句口号，它还是以纯设计、生产和营销的灵魂，把时尚化为行动力，融合在品牌的血液中。以纯正将“SHARE IN时尚快分享”理念注入产业模式中，不断推陈出新，分享时尚潮流，以速度求新意，以变化求生存，做到理念和产品的深度整合。而在此次营销传播中，“SHARE IN时尚快分享”更是融入到传播模式和传播节奏之中，无论是选择的传播平台，还是微直播、TVC等传播模式，都是将“SHARE IN时尚快分享”的精神贯彻到底。在用户通过AR试衣等技术体验产品的过程中，以纯的“SHARE IN时尚快分享”理念和产品也得到了完美的融合。

整合营销组合拳：传统+数字，AR+明星

组合拳的第一招便指向互联网，2011年最热门的营销阵地无疑是社会化媒体（social media），尤其是微博营销，然而传统与数字的结合并不那么容易，绝非仅仅开设社交媒体官方账号，每天发布几条微博便算成功。以纯不是第一个进入社交媒体的传统品牌，也不是第一个进入社交媒体的服装品牌，进入并不难，难的是将品牌与社交媒体进行深入的整合。

在TVC首发的2011年9月16日当天，以纯在新浪微博和人人网开设微直播，对实时化网络和线下的发布会进行整合，将互联网的优势发挥得淋漓尽致。在TVC中引入了AR在线试衣技术，用

户可以在 minisite 上参与试衣，试衣所得照片将自动植入以纯代言人韩庚拍摄的 TVC 中，生成与品牌的互动 TVC。这对于每一个体验用户来说都是独一无二的，极大地激发了用户的分享欲望。以纯贴心提供了“一键分享”至所有社交媒体账号的功能，通过用户的自发分享，扩大品牌宣传的互联网版图。活动当天，新浪微直播页面 PV 量达到 70 多万人次，# 以纯时尚快分享 # 话题数超过 5 万条。在整个活动推广期间，以纯借用新浪微博红人进行助推，覆盖人群近 3 350 万人，在新浪的推广广告位点击量超过 1 600 万，且还在不断增长中。新媒体传播效果非常惊人。

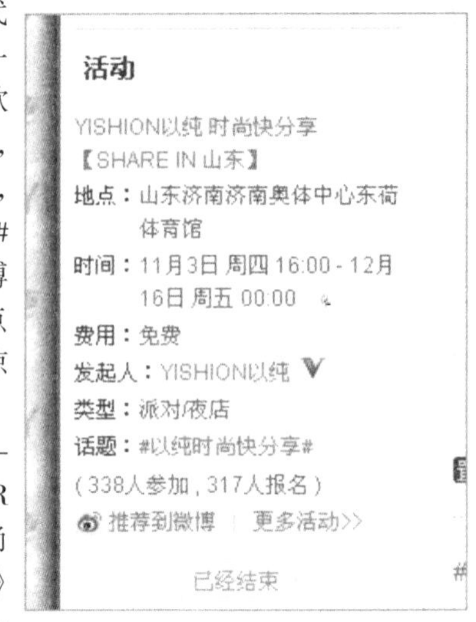

以纯官方微博对活动的展示

以纯在此次活动中运用的交互模式也非常广泛，除了 minisite 的 AR 试衣、微直播的线上与线下直接对话、实体店的 AR 试衣、LBS 签到，还有超过 14 万人次参与到人人网以纯“时尚快分享”小游戏中来。在优酷，以纯制作的病毒视频《公路篇》在短短几天内点击率便超过 104 万次。各种交互模式整合在一起，很快在互联网形成一股以纯“时尚快分享”活动的舆论浪潮。

线上出击互联网媒体一招后，以纯打出的拳法则拳拳见力，拳拳可见效益，这一拳打向线上渠道的整合，直接促进产品的销售。一方面以纯在线上进行全网络的宣传，包括社交媒体、视频网站等推广 TVC，另一方面以纯在全国 14 个城市 21 家实体品牌店铺开 AR 试衣技术，在实体店大范围宣传这种新的交互模式，吸引好奇的顾客。在促进顾客购买上，为了刺激韩庚粉丝，以纯设置了 TVC 和 AR 试衣的交互，在代言人韩庚主演的 TVC中预留了几秒钟画面，粉丝只要参加 AR 试衣生成照片或视频就可以自动植入 TVC中，成为独一无二的 TVC男女主角。但是用户需要购买以纯产品方能获得特殊 AR 码参与线上试衣，与网络普通 AR 码试衣的最大不同是，只有特殊 AR 码才能生成试衣视频，然后将视频植入韩庚拍摄的 TVC，而普通 AR 码只能生成照片再植入。而为了将粉丝经济最大化，参与特殊 AR 码试衣的粉丝还将获得明星签名 T 恤等丰富奖品的奖励。这直接促进了产品销售，使得新技术直接导向销售，实现经济效益。

根据数据显示，在半个月的活动期间，上万件附赠 AR 码的时尚分享款服饰被售出，即至少直接促进了一万件以纯产品的销售，以平均价格 80 元一件计算，就是 820 080 元的销售成绩。这个数字还不包括顾客在消费获得 AR 码参与试衣后可享受的 88 折二次消费数据。以纯选择将渠道作为重要的营销推广环节，无疑是相当明智的一招。

专家点评：

面对社会化营销日益盛行，传统的影响力日益下降的大背景，以纯能够快速作出反应，顺应时代的发展，紧跟时尚的趋势，将社会化媒体的整合营销作为未来品牌发展的重点板块，也是难能可贵的。

以纯“时尚快分享”的亮点在于：第一，互动 TVC 的设计，极大地调动了社会化媒体用户的参与热情。第二，AR 试衣技术的创新尝试。以纯此次推出的 AR 在线试衣可以说是国内本土企业的第一次尝鲜，它不是作为一个噱头，而是成为此次以纯整个“时尚快分享”的重要支点，既吸引了用户，又成功转化了销售。第三，社会化媒体的调动。微博、SNS、病毒视频等，所有渠道为用户铺设好分享按钮和分享理由。第四，将一次理念的升级做成了大手笔的宣传活动，全平台整合覆盖，协同作战，将营销效果发挥到最大化。

9. 网络婚宴：七匹狼“迎娶”七格格

自电子商务高速发展以来，各电商网站为提升流量交易额，进行了一轮又一轮疯狂扩张式的广告投放，当人们被打折促销的广告所包围时，借助于互联网新媒体的创意营销让网民们眼前一亮。并且随着营销成本的直线上升，更多的电商选择了更具顾客黏性的社会化营销模式，包括微博在内的新媒体也逐渐被业内视为电商企业的天然盟友。2011 年 11 月 11 日前夕，男装品牌七匹狼网络“迎娶”淘宝热门潮流品牌七格格，并在互联网上大摆 7 天“流水宴”，通过派发高额优惠券及千份免邮大礼与网友火热互动，并号召单身网友勇敢示爱，不拒裸婚，在光棍节前找到适合自己的另一半，七匹狼此次“联姻”七格格被誉为“互联网婚礼盛典”。

品牌联姻，七匹狼“迎娶”七格格

11 月 11 日“光棍节”是一个流传于年轻人中的娱乐性节日，它产生于校园，并通过网络等媒介传播，逐渐形成了一种光棍节的文化。随着网络购物的流行，光棍节已成为众多电商情有独钟的销售旺季。面对如此大的营销机会，如何在激烈的市场竞争中突出自己的辨识度、吸引消费者关注，是每一个商家必须面对的挑战。如果再说“精品大牌，疯狂打折”、“血本甩卖，质量保证”等空话大话，消费者定会皱起眉头，不屑一顾，投放的广告很快就会被淹没在海量的信息中。

基于这样的分析，国内线下第一男装品牌七匹狼和线上第一潮牌女装平台七格格决定以“誓死不过光棍节”为口号掀起一场网络求爱行动，通过两个品牌联姻，并举办网络婚礼，鼓励单身男女大胆示爱，告别单身，追求幸福生活。

其实两品牌联姻是件再正常不过的事，但此次一个是家喻户晓的男装品牌，一个是拥有大量忠实网购用户、被视为潮流风向标的女装淘品牌。七匹狼品牌创立于 1990 年，至今已经有二十多年的历史，其服装特点在于将西方流行时尚元素融于自身设计理念，并致力于推动中国传统文化与现代时尚创意产业的契合，并以“七匹狼”的名称赋予了生命、活力、自信和胜利的深远寓意。而女装品牌七格格虽然创立才 5 年多，但“我自信、我潮流”的品牌内涵与七匹狼有许多共鸣之处，并且名称的巧合让两个品牌更有了一种“联姻”的缘分。

两个品牌的共同之处促使他们走到了一起，并通过强强联手加上促销手段的推陈出新，以男婚女嫁的形式，为七匹狼与七格格营销联姻的成功奠定了基础。七匹狼与七格格网络大婚大举创意营销大旗，通过捆绑营销的模式，实现品牌双赢，并且引发了业内人士的高度关注及网购消费人群的热烈反应。

网络婚宴，誓死不过“11·11 光棍节”

2011 年 10 月 20 日，千万名网民在互联网上见证一场网络世界的婚礼，这就是七匹狼和七格格精心策划的网络联姻，并模仿中国古典式的婚礼形式，在新浪和淘宝上大摆 7 天“流水宴”，以“宾客送礼”和“新人回礼”的互动形式发放商家优惠券，赚足了媒体和网民的眼球。

网络婚宴活动海报

①背景是创意营销的基础

背景是企业整体营销的故事依据，它的热度直接影响着目标群体的关注度。由于2011年的“光棍节”包含“六个一”，被称为“百年一遇光棍节”。在媒体和网民的炒作下，如此难遇的节日成为了人们口中的“神棍节”。七匹狼借人们对光棍节的关注度，在10月12日，发起“誓死不过光棍节”的话题，并通过话题延伸至“择偶标准”，猎取单身男女的心理，鼓励他们大胆示爱，不拒裸婚，告别单身。

②规则是创意营销的形式

营销形式取决于企业对营销策略的抉择，当新媒体营销开始颠覆传统营销时，大多数企业将“互动”为营销传播的核心，将目标受众变成创造者和传播者。七匹狼大胆尝试在互联网上举办婚礼，迎娶合作品牌七格格，给网民眼前一亮的感觉。并且通过“光棍节”话题互动、7天古典式“流水宴”、宾客送礼、新人回礼等环节，将整个活动带到最佳的营销效果。

网络婚宴实况

③平台是创意营销的阵地

为了能将所有的创意都立体形象地展现，七匹狼特意在新浪微博和淘宝网上分别建立活动专题页面作为“迎娶”七格格的婚礼场地，整个页面以喜庆的大红色为主色调，给内心充满孤独和凄凉的单身男女一种精神上的冲击。在活动页面上，网民可以登录自己的微博账号，根据自己的粉丝数选择相对应的虚拟礼品送给“新婚夫妇”，并且可以将整个过程、新婚贺语分享到新浪微博上，形成病毒式传播。

网络婚宴回礼

④利益是创意营销的驱动

在社会化媒体营销下，任何一个营销活动都需要利益来驱使目标群体的关注和传播，利益是营销活动的深水炸弹，投入活动中激起千层浪。七匹狼和七格格作为此次婚宴的“新人”按照传统的婚礼习俗，在婚宴后需要将千份免邮大礼和高额购物优惠券作为礼品回礼给出席婚宴的“宾客”，直接将参与转换成了购买行为，大大提高了营销投入产出比。

⑤价值是创意营销的核心

营销的目的是品牌和产品的价值传递，消费者对品牌精神的认可推动产品的销售。具有野性和生命力的七匹狼与自信潮流的七格格牵手，代表了当今社会大多数年轻人的婚姻诉求。有一种营销叫情感共鸣，除了物质利益以外，品牌情感价值的传递也是七匹狼这次新营销的成功要素之一。

此次七匹狼和七格格网络联姻营销的创新亮点在于以“网络婚宴”为创意形式，以“誓死不过光棍节”为话题引爆点，多平台联动，鼓励大胆示爱，告别单身，直击网民心理。据悉，在10月24日—10月30日的短短7天内，淘宝专门活动页面浏览量达到6万余次；聚划算当天两家店销售额高达千万，仅七格格一款牛仔裤销量就破2万，创下两家店聚划算新高；与淘宝会场呼应的新浪微博会场引发百万微博粉丝热议关注，吸引了超过3万名粉丝通过微博插件祝贺七匹狼与七格格网络裸婚并赠送虚拟礼品。通过这次活动七匹狼电商注册不久的@七匹狼账号，粉丝从1万余人增长至4万余人，增长近3倍，实现了销售提升及品牌传播的双丰收。

微博营销，新媒体引爆营销创新

随着新媒体的爆发，以互动为核心的社会化媒体营销正在颠覆传统营销模式，个性化、趣味性的创意营销给大多数企业带来了新的营销思路。微博作为新媒体的典型代表，以便捷、低成本、互动性强、操作简单成为未来十年营销的趋势。

多变灵活的新媒体为营销创新提供了思维导向，七匹狼此次联姻七格格，借助于微博传播的灵活性和穿透力，将联姻事件巧妙延伸，通过送礼和回礼的形式，提高了活动的参与度和转换率。三个以"光棍节"为核心的话题贯穿于整个活动过程，通过平台开放的形式，鼓励参与者将全过程分享到微博平台上，形成蜘蛛网式的网络传播行迹。

专家点评：

市场经济下，中国的服装产业有着较大的发展，特别是在时装的细分行业中，快速时尚品牌继续保持了较高的涨速。当人们购买服装时对品牌内在的关注度大于服装本身时，挖掘品牌价值和提高服装溢价，就成为了企业可持续发展的重要战略。

但随着网络购物整体环境的不断完善，消费者对购物要求日益提高，如何能够提前捕捉到消费者心理，满足消费者消费与情感的双重需求将成为商家必须考虑的问题。在新消费时代，借助于新媒体的创意营销将成为展示企业产品内涵和提升品牌竞争力的有效方式。而七匹狼与七格格的"网络婚宴"也将成为服装行业值得学习的经典案例，其亮点主要体现在以下两点：

第一，品牌联姻不只是促销。两个时尚休闲品牌的牵手不只是单纯的联合促销，背后关联的受众群体在现实生活中的情感诉求通过此次活动得以抒发，当消费者的关注度集中在品牌背后的故事时，企业的情感营销才能深入人心。

第二，形式创新以奇制胜，玩创意穿越。七匹狼与七格格以传统古典式婚礼引入活动主题，通过"送礼"与"回礼"的互动环节吸引网民参与婚宴，并且用古典婚事7步骤知识推动营销，制造"光棍节"话题，倡导网民大胆示爱，不拒裸婚。其实这不只是一个营销活动，更是一场普天同乐的网络婚礼。

10. 视频云时代来袭，传媒业借势“直上千云霄”

相信看过电影《哈利·波特》的人，对其中的魔法报纸都有很深刻的印象。报纸中的信息、照片等都是活动的，就像是看电视一样，生动形象、携带方便，而且一目了然，如果我们的媒体也都是这个样子那该多好！

当然，现实生活中是不可能存在魔法的，不过，好在我们有科技。虽然目前还没法实现在纸上显示声音和图像，但是我们有网络。如今越来越多的媒体开始倾向于电子化，各种各样的视频也成为营销自身品牌的主要方式之一。特别是随着最近声名鹊起的视频云技术开始盛行，更加预示着一个新时代即将到来。风投行业的一位资深人士就非常看好视频云的技术服务产业，他表示，“全球视频技术（OVP）鼻祖 Brightcove 融资 1.1 亿美金，并计划在 2012 年实现 IPO，显示出国际资本市场对于 OVP 行业的认可。中国的视频云产业在未来一段时间内将因为视频内容服务商的需求实现爆发性增长。”

有数据显示，2012 年将有 5.27 亿的中国用户通过互联网观看视频，电视互联网化、互联网视频化这种全新业态已经取代电视成为新的家庭娱乐中心。而随着宽带硬件环境的改善，中国用户在任何时间、任何地点都可以通过定制、搜索等方式获得互联网视频内容。可以说，全新的“视频云”时代将带来商务模式的革命。

趋势已经呈现，众多媒体要如何运作才能够在这个革命性的新时代中占据一席之地？

自由掌控，构建上海东方传媒集团有限公司（SMG）独特优势

私有云（Private Clouds），简单来说就是为一个客户单独使用而构建的平台，因而对数据、安全性和服务质量等都能实现最有效的控制。

在实现互联网视频营销的进程中，绝大多数企业和网站并没有足够的资金和技术独立搭建覆盖中国内地的在线视频平台。保守估计，电商投资 100 万开发 6

SMG 旗下网站

个月的时间才能打造一个独立视频营销平台，而开通在线视频所带来的带宽消耗更是通常文字网站带宽的100倍以上。但是如果仅仅借助优酷等开放视频平台就不能拥有自己品牌的播放器，不能发布超大视频，不能了解用户数据，不能有效地进行版权保护，对于上海东方传媒集团有限公司（SMG）这样旗下有众多电视台和网站资源的企业来说，显然是无法满足需求。

于是，为了打造中国第一个广电云，SMG整合了旗下的所有视频资源，采用视讯天下的视频私有云解决方案，将集团各部门、网站的视频资源统一纳入视讯云平台中整合管理，为旗下各网站推进网络电视台的应用提供了强大的技术服务。

目前，SMG旗下的主要网站包括东方宽频、看看新闻网、拍客网以及与SMG合作的地方电视台和网站的视频内容的管理与发布均建立在视讯云平台上，有效地支撑了海量用户的视频访问需求。

高效率，助力中国气象局统一整合

“云”，代表着高效和快速。在整个云平台中，音视频可以自动完成上传、转码、分发、存储、缓存、传输等各种应用和管理，打造高效的互联网及无线互联网络多媒体传输架构，将音视频内容便捷推送到世界任何角落。

中国气象视频网

作为国内最大的行业传媒机构，中国气象视频网基于丰富的气象视频内容进行互联网新媒体平台深层次应用拓展，在技术应用领域和新媒体传播领域都取得过新的突破，因此对于云平台的认识也就更为深刻。

而且气象方面的相关视频与其他视频性质也是有很大区别的，仅仅是即时性和大范围区域性就很令人头疼。为了解决这个问题，中国气象视频网基于视讯云平台建设了一个全国范围的专属的全网在线视频管理平台，各地气象局可将相关视频和网站视频运维纳入该平台实现统一管理，资源共享，快速传播，有效支撑了中国气象视频网在线视频资源的发布管理等工作，实现了稳定可靠、海量访问、模块拓展的服务指标。

多媒体，打造中国网络电视台移动视频新领域

中国网络电视台云平台

要问2011年媒体领域最火的是什么，答案毫无疑问，就是移动互联网。不管是智能机还是平板电脑，当下的销量都是直线上升再上升。出门甭管汽车火车，还是大街小巷，随处都能够遇到拿着手机等移动设备畅游网络的时尚一族，移动互联网之火爆由此可见一斑。

移动互联网最大的优势在于方便实用，没有区域和时间的限制，随时随地都能够上网，这对于众多电子媒体来说，无疑也代表

着一个大大的机遇。目前中国最大的网络电视台——中国网络电视台（CNTV）也将目标对准了移动互联网，但是问题也出现了。移动互联网毕竟与普通 PC 是不相同的，在线听歌看书倒是没有问题，但要想流畅观看视频，却存在带宽以及格式的局限。

如今视频云平台的出现无疑从根本上解决了这个难题。首先，CNTV 量身打造了基于 iOS 和 Android 两大主流系统的移动视频应用平台解决方案，而后将视频云平台与 CNTV 现有的后台系统紧密集成，为视频自动转换码率，包括 Flash、iOS 和 Android 等视频输出，满足用户在不同设备、平台和浏览器下的播放。目前 CNTV 有栏目 700 余个，视频点播 50 万小时，成为目前中国内容最丰富的移动视频应用平台。

个性化，彰显中国日报品牌本色

一直以来，传统的视频营销大多是放在优酷、土豆等平台上进行，这样做虽然可以省心很多，但是这类平台为了赢利往往都会在视频中加上贴片广告以及其他 LOGO，无形中就对企业的品牌本身造成了不良影响，达不到最好的效果。

中国日报视频云平台

中国日报（CHINA DAILY）是国内最大的报刊媒体之一，拥有海量视频资源，这是一件好事。但是如果这些视频上都带着别的企业的 LOGO 和广告，一点都显示不出中国日报的品牌本色，那结果就会非常尴尬。鉴于互联网视频和移动互联网视频业务具有越来越重要的战略意义，中国日报采用了专属云视频解决方案，通过视频云平台将旗下海量视频资源轻松发布到现有的网站上，并同时为移动互联网用户提供视频服务。就这样，没有无关的 LOGO，也没有任何贴片广告，将中国日报的品牌原汁原味地彰显出来。

专家点评：

中国有一句古话叫做“江山代有才人出，各领风骚数百年”，事实上，这句话在技术方面也同样适用。

如今互联网视频时代已经表现出明显的特征：电视在互联网化，而互联网在视频化；应用互联网技术的电视机已经不再只是电视机，而变成多媒体信息的接收终端之一，在其他网络终端上跑的视频一样可以跑在电视上。在这个新的互联网视频时代，传统互联网的 PC 终端和移动互联网的移动终端与电视平台充分有效地结合在了一起。

上述 4 个案例都是属于媒体行业借助“视频云时代”已经实现了快速崛起的目标，但这却仅仅是一个时代改变的开始。美国 CDN 服务的一半流量来自视频，而中国只有五分之一，这预示着视频云时代还有很大的产业空间没有挖掘出来。据视讯天下预计，在未来的 3 年内，中国将有约 1 500 万个网站需要应用视频云服务，而各企业也将普遍通过网络视频实现营销。

11. 携手歌莉娅：GO，一起去旅行！

歌莉娅是一个倡导“旅行就是生活”的女性时装品牌，“歌莉娅”一词源自英文“GLORIA”，意为“荣耀、颂歌”。“歌莉娅”品牌专注于女性时装，以“让更多女性朋友享受健康、自然、时尚的休闲气息”为己任，以清新、动感、时尚、亮丽的形象演绎精彩，吸引着更多时尚白领的青睐。品牌将每年到国外拍摄时所获得的灵感融入服装设计中，不但迎合大部分消费者的品位，更将美丽的异国情调巧妙地应用于服饰中。自1995年诞生以来，歌莉娅独家首创以世界旅游文化方式来诠释品牌内涵，其环球之旅的脚步就从未间断，包括瑞典、丹麦、泰国、澳洲、南非、法国巴黎、雅典、瑞士、法国南部、英国、西班牙、意大利、新加坡、巴厘岛等地都印有歌莉娅的足迹。而每一次旅程，歌莉娅都会把当地的风景、人文、生活气息带回来，然后通过当季的时装杂志、专卖店内的陈列等进行展示，同时店内还会赠送具有旅游地特色的礼品与消费者分享异国独特的风情。由此，形成了歌莉娅的独特魅力，可以说歌莉娅的品牌知名度与其“旅行文化”的品牌定位思路是分不开的。

就这样一路走来，歌莉娅已经踏遍了24个国家和地区。而恰逢歌莉娅环球旅行10周年纪念之际，歌莉娅又有了新的动作，那就是在网络上，尝试更年轻化、更多样化的新玩法，让歌莉娅的品牌影响力进一步扩散和加强。

歌莉娅GO，梦想之旅在行动

旅行，如今已经成为大多数都市人排忧解闷，调节心情的一种方式。在歌莉娅“GO，一起去旅行”活动官方网站中，一幅幅精美的图片倾情呈现了歌莉娅环球之旅24站的精彩旅程，丰富的活动内容、全面的旅行资讯、唯美的视觉画面，歌莉娅通过环球时尚潮流来捕捉用户的心灵，让用户身临其境般感受歌莉娅24站环球之旅，享受旅行的快乐。

同时汲取24站环球之旅精华的“歌莉娅10年环球之旅”电子杂志也分为六期在活动官方网站供网友下载收藏。电子杂志收录了歌莉娅环球之旅的每一站精彩大片、旅行游记、国家人文介绍，让人足不出户即能感受歌莉娅10年精彩旅程。同时，杂志还附有全面的出行贴士，为即将踏上旅程的用户提供了最实用的旅行秘籍。

而在线下，歌莉娅代言人日本名模桥本丽香小姐也是功不可没。一直活跃于日本时尚杂志、广告和演艺圈的桥本丽香精致的五官得益于她的混血身份，这也让她区别于传统的日本女孩，从而更具有国际化的亲和力——这正是歌莉娅选择她作为品牌代言人的理由。而且她本人在工作之余也是一个旅游迷，这些年始终

活动官方网站

和歌莉娅保持合作，和这个工作带给她丰富的旅游机会也不无关系。她认为，旅行能够让女性保持对生活和工作的兴趣，保持吸收和提升的开放心态，同时也就保持了青春和美丽，桥本丽香正是品牌的生动诠释。

联合淘宝，让品牌文化深入人心

淘宝网成立于2003年5月10日，由阿里巴巴集团投资创办。目前，淘宝网是亚洲第一大网络零售商圈，其目标是致力于创造全球首选网络零售商圈。截至2009年底，淘宝拥有注册会员1.7亿，注册用户还在不断增长！据统计，淘宝网2009年的交易额为2 083亿人民币，2010年则高达4 000亿元人民币，是亚洲最大的网络零售商圈。

淘宝网活动页面

正是看到了淘宝上述的强大数据，2011年9月，歌莉娅与淘宝联合开展了“GO，一起去旅行”活动，参与人次超过145万。歌莉娅借助淘宝巨大的流量和影响力，成功让网友将旅行与品牌女装联系起来，其品牌诉求得到了广泛的传播，大大提升了歌莉娅的品牌知名度和美誉度。发展到现在，歌莉娅品牌甚至已成为旅行生活的代言人，可见其品牌文化概念之深入人心。

布吉岛阳光之旅，聚集歌币劲爆秒杀

歌币是什么东西？不要奇怪，这其实是整个梦想之旅活动中的一个道具。歌莉娅相信，就如世界著名童话故事大师安徒生的名言，“旅行就是生活”（To travel is to live），旅行能给人们带来丰富的视觉与情感体验，缓解压力，有益身心。而为了满足用户的旅行梦想，歌币随着歌莉娅的创意应运而生，整个活动分为三个环节：

① 每日签到，领取歌币。用户在登录淘宝后，选择活动页面中当日开放的站点，点击“获取签证”按钮，即可获得100歌币。网站每日开放2个“环球之旅”站点，各个地区的特色建筑、景点都收录在页面里，签到之后，图案将会转变颜色，滚动显示实时签到人数——证明你不是一个人。

② 呼朋唤友，聚集歌币。歌币是本次活动的积分单位，每成功签到一个站点即可获得100歌币，还可以通过点击个人页面上的“转赠”按钮，只需输入对方旺旺ID，即可将个人持有的全部歌币转赠给好友。这样一来就为活动赋予了丰富的互动元素，互相传，互相转，最终将影响力最大化扩散。

③ 布吉岛阳光之旅，劲爆秒杀。前面两个是流程，那这个就是奖励了。用户累积任意8个或以上站点的签证后，即可获得泰国布吉岛阳光之旅的秒杀资格，让出国旅行不再只是一个梦。

除此之外，本次活动还设立了用户个人歌币持有量排行榜并实时更新，并且歌币还可以换取丰厚奖品，包括价值 9 000 元的 Leica 徕卡 D-LUX5 连皮套、价值 5 000 元的泰国布吉往返机票、价值 4 999 元的白色 iPhone4 等，让用户大呼过瘾！

此活动一经推出就受到了广大网友的热烈追捧，网上到处都在呼朋唤友求歌币。活动半天之内参与签到人数就超过 7 万，仅用七天签到人数即超过 30 万，总签到人数高达 994 604 人，页面收藏总量 20 万，电话号码收集数量 17 983，整个活动大获成功！

专家点评：

突破常规，从价格战、优惠券等营销手段中跳出，歌莉娅显然不断地在尝试新的网络营销模式。从此次歌莉娅“GO，一起去旅行”的活动结果来看，这种尝试是成功的。但是对于同样采取互动方式进行营销的品牌，创意及策略活动并没有太大的不同，互动更多的是内容的简单聚合，用户与网站内容的共享展现。本次活动最精彩也是最大的亮点当属签到获得的歌币可以转赠，这点巧妙地利用了中国人的人脉概念，参与者会主动将自己的人际资源发挥到最大化，用户动员每个人的人际资源共同参与形成比较优势不仅成为一种行动，也成为一种短期追求，这个追求的实现，意味着前期互动增加了后继行为的可能性，同时意味着互动本质上所追求和强调的“若干人的指向性力量，将聚合出伟大的结果”变得现实和有趣。

12. 凡客诚品：我的凡客 T 台

要说哪里的闪光灯最为集中，T 台无疑是一大亮点。看着众多美丽帅气的模特在七彩 T 台上摇曳多姿的样子，想不想亲身去尝试一下那种万众瞩目的感觉？凡客诚品牢牢抓住了人们的这种心理，开创了别具一格的网络“凡客 T 台”。

说起凡客，就不得不提一下雄心勃勃的陈年。不久前，陈年的一句“希望收购 LV”让业界无数人倍感惊讶。随后陈年不得不找机会面对媒体澄清：“凡客收购 LV 一说原本是句玩笑。但是，当凡客有钱又有闲的时候，也绝对会加以考虑。”实际上，种种迹象表明，这句玩笑的确并非空穴来风。

有消息称，2010 年底之前，凡客 V+ 确定将引进奢侈品。除了陈年情有独钟的 LV 外，GUCCI、香奈儿等国际知名奢侈品牌也将一并上线。这意味着，陈年虽然还没收购 LV，但却已经准备通过转售 LV，挺进高端奢侈品领域。据悉，为了试水奢侈品销售，V+ 商城决定在卖 LV 皮包之前，于 4 月中旬率先推出奢侈护肤品的销售。

在融资方面，成立近 4 年的凡客诚品，已获得 IDG、联创策源、软银赛富、启明创投等风险投资机构共约 2 亿美元的投资。陈年对媒体表示，在上一轮融资完成时，投资人对凡客 15 亿美元的估值偏低了，2011 年初进行融资时，凡客估值已经达到 50 亿美元。

目标明确，资金到位，凡客开启了通往成功的快奔之路。而此次“我的凡客平台”营销活动，就是其树立的一道美丽风景线。

此次“我的凡客 T 台”活动，凡客携手 3G 门户精心策划，全方位调动门户首页、时尚频道、社区频道、GO 浏览器固定入口、3G 安卓市场等优质平台资源，为手机凡客量身打造了“凡客 T 台”的概念，从用户对手机凡客品牌的认知、品牌偏好的强化到购买习惯的拉动培养，各个阶段的手机互动环环相扣、一气呵成。

强强联合，吹响掘金移动互联网市场的号角

我们都知道，移动互联网大行其道已经是必然的趋势。面向拥有超过 3 亿手机网民、蓬勃发展的移动互联网市场，2011 年初凡客诚品手机官方网站正式上线，随后又推出手机凡客 APP，全力吹响了掘金移动互联网市场的号角。而 3G 门户网是 3G 门户公司旗下最大的移动互联网门户，它开创了中国移动互联网的独立免费模式。所有 Internet 上的服务，都可登录门户网获得，网站拥有 70 多个频道，包括资讯、娱乐、书城、财经、体育、社区、消费等。目前，3G 门户网自成立以来已拥有过 2 亿注册用户，门户日 PV 超过 11 亿，日活跃用户超过 2 000 万，门户网流量和用户数遥居第一。

3G 门户网活动页面 1

正是看准了这一点，2011 年 4 月，手机凡客以“凡客 T 台”为主打产品，与 3G 门户携手展开了移动互联网营销的推广活动。精心策划的各种活动非常有特色，在传承凡客现有品牌

文化的同时，也在无线领域打造出了同样闪耀的手机凡客品牌。3G 门户为手机凡客构筑的最火爆移动互联网营销阵地，开创了手机凡客品牌营销的新辉煌，也创造了移动电子商务营销的新典范。

我的凡客平台，每个用户都是最耀眼的 Model

手机凡客的目标人群是时尚、有态度、喜欢接受新鲜事物并伴随网络成长的年轻一族。与他们沟通，需要用他们喜欢的方式，贴切他们爱表达、爱展示的个性。针对时下年轻人喜欢的沟通方式，3G 门户延续凡客鼓励个性表达的品牌印象，精心打造了“我的凡客 T 台”这一活动，来推广“每个用户都是凡客 T 台上最耀眼的 Model”这一理念。

参与“凡客 T 台试穿”的模特

“我的凡客 T 台”是凡客品牌 2011 年度一次大规模品牌创新活动与潮人运动，是移动互联网时代青年文化的集体亮相，也是一剂移动电子商务市场的强心剂。这次推广包括“凡客 T 台试穿”、“5·4 凡客青年宣言秀”、“凡客 T 台颁奖盛典”三个阶段的手机互动活动。

“凡客 T 台试穿”：在“凡客 T 台”上，用户可以在线选择喜欢的凡客 T 台，也可以“试穿”不同风格的凡客 T 台，还可以上传个人相片生成“试穿”作品，人气最高的“凡客 T 台作品”将获得 5 000 元凡客大礼包。整个活动简单有趣，非常符合时尚年轻人的风格，再加上 5 000 元的大礼包奖励，参与者自然蜂拥而至。

“5·4 凡客青年宣言秀”：“五四”青年节是年轻人的节日。在此期间，凡客发出了与众不同的“宣言征集令”——“有为青年，淡定青年……赶快晒晒您的青年宣言。最受欢迎的宣言将有机会印在凡客 T 台上，并被凡客盛典展示，供网友瞻仰。”

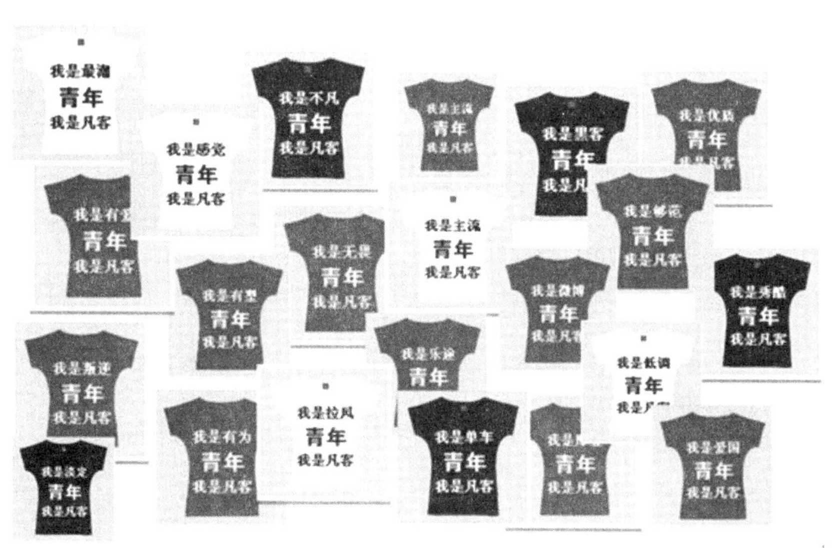

“5·4 凡客青年宣言秀”宣言展示

如此展示自己独特个性的机会当然不会被年轻人错过。一时间，“靠谱青年”、“神马青年”、“黑客青年”等封号纷纷登场，热闹非凡。

“凡客 T 台颁奖盛典”： 在活动推广的尾声阶段，凡客通过移动互联网最受欢迎的产品——图文直播，推出了“凡客 T 台盛典直播”，优秀的“凡客 T 台试穿作品以及“青年宣言秀”都登陆“凡客盛典直播”，令亿万用户瞩目。而通过与亿万用户一起分享最耀眼的“凡客 T 台试穿作品”、“凡客 T 台经典款式”等，有力提升了手机凡客的影响力。

此外，3G 门户还通过全程运作“代金券”和“凡客币”等奖励机制，进一步提高了目标人群的参与积极性。而用户提交“凡客 T 台作品”、“手机凡客青年宣言”后都可获得 10 元手机凡客优惠券，犒劳自己的个性展示，并且可以马上享受凡客 T 台带来的优惠，有效促使参与用户主动形成从互动、传播再到消费的良性循环。

最终，凡客以 13.5 亿次的品牌曝光总量，1 853 万人次的互动参与量，超过 100 万元购买额度的拉动，宣布了此次移动互联网营销活动的完美成功。

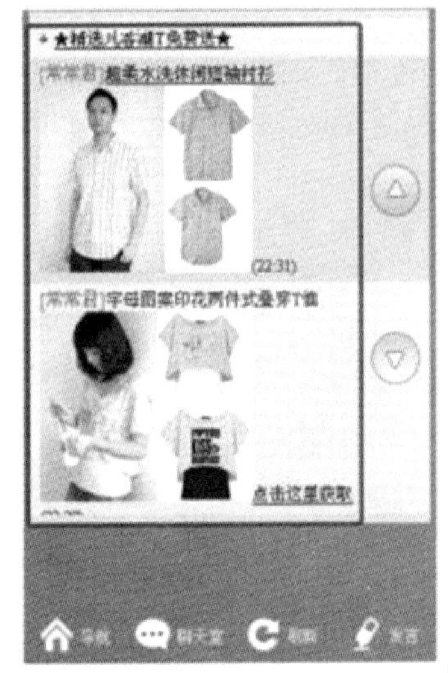

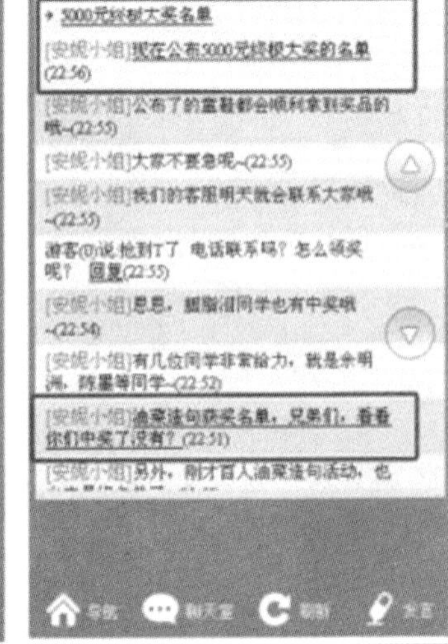

3G 门户网活动页面 2

专家点评：

实际上，凡客诚品在中国市场出现的时间相对来说要比其他品牌晚很多，而要想在一个新市场当中抢得一席之地，即使大量的营销投入，也未必完全可以实现目标。可是从火爆全国的“凡客体”到如今的“凡客 T 台”，为什么都获得了巨大的成功？只能说凡客诚品的营销策略很准，他们所做的事情，完全符合市场切入的需要与开展营销的必要元素，尤其是网络整合营销 4 I 原则。

Interesting 趣味原则： 这一点很好理解，因为只有对感兴趣的东西，人们才会去关注和参与。凡客的 T 台试穿，不需要 PS 软件，也不用费太多精神，只是随便在自己的照片上一贴，就出现了一个不一样的自己，简单又好玩，这种方式当然会受到人们的欢迎。

Interests 利益原则： 不管是参与活动的 10 元凡客优惠券，还是最终的 5 000 元凡客大礼包，这些都是实实在在的利益。既放松了心情，又有好处可赚，何乐而不为？

Individuality 个性原则： 凡客的目标客户定位在年轻人的身上，而当下年轻人的特点就是都拥有独立的个性。看看那一个个与众不同的青年宣言，凡客对于年轻人的心理把握能力让人不得不佩服。

Interaction 互动原则： 优秀的活动作品可以登陆颁奖盛典，万众瞩目的感觉当然很吸引人。可是怎样才算优秀？当然要众人评选。而人人都有自己的交际圈子，于是我拉你、你拉他，精彩的自发互动随之产生。

花最小的代价得到最好的效果，这是一个营销案例成功的最大体现。凡客诚品成功了，但这并不是偶然，而是用心揣摩和精心策划之下的必然成果！

第三章 数码家电类

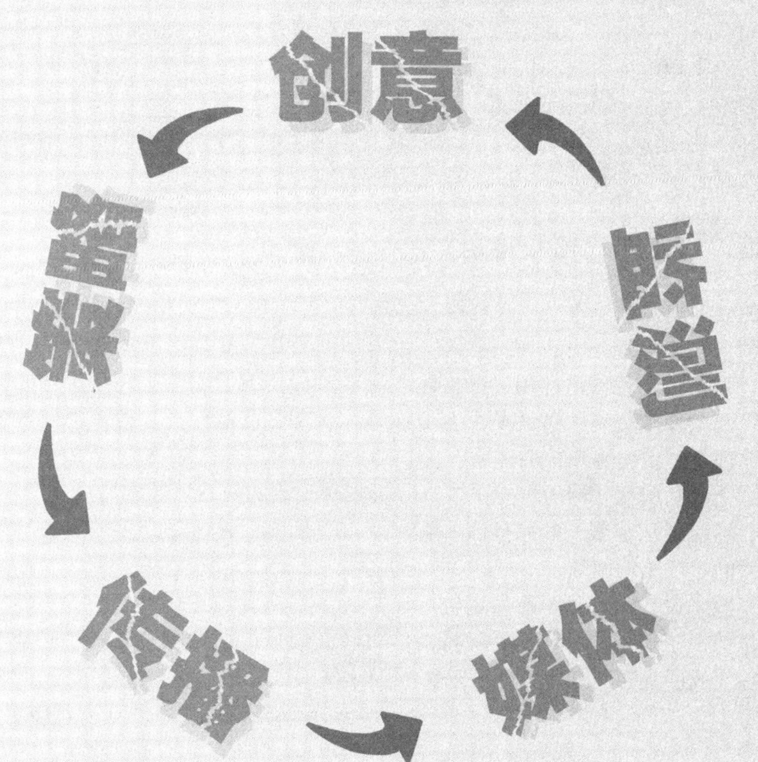

数码家电网络营销，构建 AISAS 整合传播体系

从来没有如今天这样，网络营销如此深刻地融入企业的运营模式之中。IT 技术不仅使得网络从深度和广度上更加迅猛地将社会、企业、消费者关联在一起，而且从中催生的网络营销也日渐从一个概念性的营销工具，成为真正与企业融合提升其竞争力的运营方式。

网络销售，比竞争对手更快速响应

行业数据显示，近年大家电整体行业利润已经降到了 10%甚至更低。厂商们不得不寻找新的销售渠道来改善利润收益，网络成为最佳选择渠道。从早期的 18900 手机商城、北斗手机网等手机 B2C 到京东商城成立，将家电产品纳入网上零售，数码家电网上零售市场已经发展了十年，产生了远多于其他行业数量的众多 B2C 商城。十年中最先兴盛起来的手机 B2C 商城由盛转衰，3C 起家的京东商城等 B2C 拼命扩张品类，产品线已扩展到化妆品、服饰、食品、百货家居等，几乎覆盖网上零售全品类。与此同时，当当网、卓越网等以图书起家的 B2C 也在品类扩张中将数码家电纳入其中。更有苏宁、国美等线下的数码家电渠道大佬转战网上零售市场。

对于厂商来说，传统的营销方式是大规模广告投放加上终端促销，而网络营销除了使企业突破了许多传统营销障碍，实现企业信息的跨时空传播外，更开辟了一条实力强大的网络销售通路，随时随地了解并影响潜在消费者。戴尔借助网络营销，将自己重新定位为一个长期运用互联网，且与供货商系统密切联结的“中枢”系统，对市场及客户反馈作出极为快速的反应，这一方面有助于戴尔更快更为真切地察觉市场变化和机会，快速应对；另一方面也由于其能够提供及时快速的服务而获得了最佳客户满意度。京东通过网络调查发现客户满意度最低的环节是快递，于是上演了一场“总裁刘强东亲自当快递员为客户送货”的总裁秀，不但表明了京东提升物流质量的决心，更成功地营销了一把，为人们津津乐道。

体验营销，构建客户核心体系

网络营销的根本出发点是建立“客户核心体系”，这一点对于数码家电产品来讲尤为重要。买数码家电产品不同于快速消费品，比如买衣服，不合适就再买，在很多人的观念里，数码家电产品可以列入奢侈品行列，买了就珍惜使用，严格注意品质和使用感受，否则坏了都会心痛。所以，数码家电消费者对产品的要求极高。这就要求企业在整体管理、产品设计、营销推广等各个环节都融入以消费者为主的理念，构建客户核心体系。

官方网站是企业利用互联网的重要手段，分析国外企业的网站（如索尼），可发现这些网站都是以客户为中心，涵盖了从客服、产品推广、有奖调查直到客户社区等众多的服务功能，发去的邮件也可以得到圆满的、快速的回复。

对于网络客服来说，除了了解产品定位，还要弄清消费者购买这个产品的心理状态等因素，熟悉自己的产品优势，了解行业内其他品牌特点，对产品周边产业熟悉，懂得产品基本技术等，这样才有可能把顾客变成回头客。在这方面京东客服 MM 值得很好地借鉴。

在营销推广上，数码家电企业基本上学会了根据 AISAS 来制定传播方案，即引起注意（Attention）、产生兴趣（Interest）、搜索（Search）、购买行动（Action）和分享（Share）的模式。AISAS 模型很好地解释了网络时代消费者和广告主的典型关系，也凸显了搜索和口碑营销的重要性。对于数

码家电产品来说，维护产品在论坛和博客等社交媒体中的口碑非常重要。学会与挑剔的网民打交道，放下身段去倾听消费者的声音，坦诚地反馈或改进产品，从根本上建立主动的品牌/产品声誉管理体系是必不可少的。

在媒介选择上，数码家电企业可采取二八原则进行投放，即将80%的预算投放在核心目标媒体，将剩下的进行尽可能多的覆盖，并关注新媒体类型，如微博、视频网站、电子商务网等。

创意营销，锁住美人心

数码家电企业的网络营销从开始至今，走过了四个阶段：从最初的纯粹企业信息发布，到企业与客户的互动，再到相对简单的交易行为，最终进入客户价值驱动的智能化营销阶段。

越来越多的网民对于网络广告的注意力和侵扰性网络营销（比如弹出窗口和非许可电子邮件）的耐受度在下降。因此，提高广告与消费者的相关性而不是侵扰式地吸引网民注意，成为业界人士的头等大事，这就要求更有创意的营销活动。网络营销的着眼点在于深刻洞察消费者的心理需求，充分满足消费者的潜在需求。在与消费者无缝交流中，提升他们对于企业、品牌、产品的信任度，最终赢得他们的认可。

百度盛总西门子洗衣机温情义拍让淘宝用户体验时尚新年，清正全健康净水器洞察到净水器行业的红海广告竞争别出心裁推出健康净水器漫画赢得用户口碑，OPPO手机破解迷局互动游戏，孙红雷携男人帮发起京东帮，都是基于细心的消费者洞察才赢得“美人心”。

1. 饥饿营销，“雷布斯”的小米手机传奇

俗话说，饥不择食。对于一个饥饿至极的人来说，一个平日难以下咽的粗面馒头也会被视为美味，更何况一份价廉味美的营养大餐！2011 年岁末，深隐幕后的江湖大哥雷军走上台前，为中国智能手机粉们烹制了一顿小米“盛宴”。低价，高配，断货，吊足“米粉”胃口的小米手机凭借这一招备受争议的“饥饿营销”策略高调问世，也让雷军撕掉此前朦朦胧胧的风投面纱，一脚踏入了移动互联网这趟深水。

在市场营销学中，所谓“饥饿营销”，是指商品提供者有意调低产量，以期达到调控供求关系、制造供不应求“假象”、维持商品较高售价和利润率的目的。提起“饥饿营销”，不少人首先想到的是苹果，这也确实是苹果公司一以贯之的市场运作技巧。“希望有一天，能像乔布斯一样改变点什么”的雷军，在不惑之年抛出一款国产神机，搅乱了中国智能手机市场。三轮预订，75 个小时总共销出 100 万部同款手机，“雷布斯”的“饥饿营销”术可谓功不可没。

4月6日米粉节　庆典第二波
闭店销售，仅向老用户开放

闭店销售活动参与资格

1.2012年4月6日18:00前,使用小米网账号在小米网至少有一次成功购买过小米手机的用户
2.4月6日成功预订小米手机的用户，可以在支付手机全款时同时参与本次活动

通过非小米网销售渠道购买小米手机及合约机用户，通过受赠、抽奖方式获得小米手机的用户，由于我们无法统计、识别，不能参与本次闭店销售活动，我们深表歉意。

小米手机网络销售页面 1

大佬出山，祭出杀手锏

离开金山后，雷军身上似乎只有一个标签——天使投资人，即便在 2010 年投资成立了小米科技后推出了备受好评的产品米聊和手机操作系统 MIUI，并且在 2010 年 7 月曾短暂重返金山执掌毒霸与网游，但此时的雷军还隐藏在幕后。小米手机的推出，将这位传奇人物再次推到台前。作为智能手机市场的新面孔，小米既无硬件生产经验，也无相关渠道发展历史，唯一能依靠的只有雷军，而昔日软件行业大佬投身移动互联网做手机，这个噱头也确实为尚未问世的小米先行积聚了足够多的人气。

小米手机网络销售页面 2

前期造势的高潮出现在 2011 年 8 月 16 日的小米手机发布会上，雷军祭出了最后的杀手锏：价格。当一身乔布斯式穿衣打扮的“雷布斯”说出中国首款高性能发烧级智能手机只卖 1 999 元时，现场惊叹声一片，同等配置的机型放别家售价高达三四千元！一款“性价比最高的智能手机”已经成功吊起了消费者的胃口。

发布会现场

GO 购物网小米关注度

应者如云　一机难求

小米手机广告 1

小米手机面市之后，联手凡客诚品采用了网络渠道销售模式，消费者只能在小米官方网店上买到小米，并且需要预定。自发布会上用“1 999”这个数字让所有人都知道了自己后，小米手机沉寂了一段时间，2011 年 9 月 6 日开始了新的动作——这一天小米正式开放网络预订，34 小时预订出 30 万部，其火爆程度让人叹为观止，小米手机再次用一个惊人的数字赚足了眼球。

但之后的事情却出乎了众人预料，就在小米手机供不应求之时，小米官方网站却立刻宣布停止预订并关闭了购买通道，让消费者无处可买。有钱的买不到，买到的却还拿不到，第一批预订用户拿到手机时距离小米手机发布会已经过去足足两个多月。尤其令还在坐等中的用户焦躁的是，在长达一个月的时间内，小米每天的供货量仅为 1 000 部，其间赶上泰国大水，小米手机在官方论坛竟又发布公告宣布停止供货 5 天。

小米手机广告 2

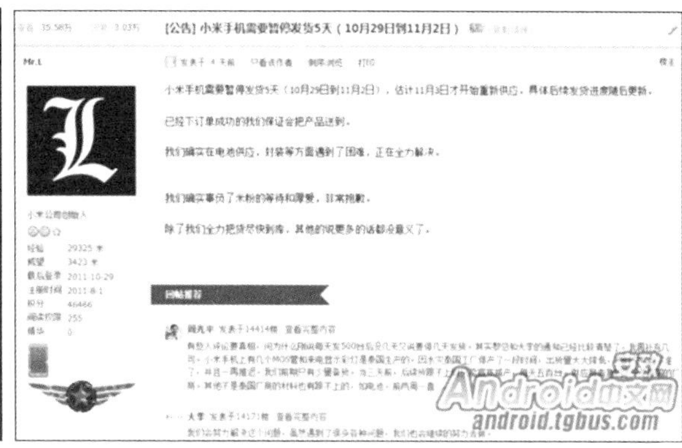

小米手机广告 3

这些也仅仅是个开始。

2011年12月18日，小米手机开始面向普通消费者直接销售，而且每人限购两台。而就在开放购买3小时后，“10万库存已售罄”的公告再一次令“饥饿”中的消费者无所适从。如同当初乔布斯的苹果产品一般，雷布斯的小米手机大有发展到有钱都买不到的疯狂境地。

图 3–8 小米手机广告 4

饥饿营销 背后有算盘

以低价来提供与苹果、三星和HTC相当的硬件配置，这是小米手机吸引用户的法宝，而定个叫好叫座的惊喜价，把潜在消费者吸引过来，然后限制供货量造成供不应求的热销假象，则是小米手机市场营销的利器。一项针对小米神话的网络调查显示，在参与投票的23 707人中，认为小米手机3小时卖出10万部不真实的占55.8%，仅有24.2%的用户认为真实；更有71.1%的用户认为小米存在饥饿营销的嫌疑！

有网友发表评论说：今天（10月11日）下午5点，备受关注的小米手机发布了“小米手机正式零售版发售计划表”。此计划刚刚发完，小米论坛和小米的官方微博幽幽细看过“小米手机销售计划完全说明”之后，我马上体会到了米粉们的愤怒和无奈，小米科技的“饥饿营销”有点过了，甚至到了让米粉受伤的程度。绝大部分米粉要拿到手机至少要到11月去了，排名靠后的估计要到2012年才能拿到。这让已经等了几个月的米粉还怎么淡定，不是说好这个月可以大批量出货吗？1 999元你叫我买一个要半年后才能拿到的手机？米粉们质疑声一片。

小米手机正式零售版发售计划表

10月15日－19日 工程机换正式零售机				
10月20日开始 可以下单购买的预订用户				
	日期	论坛荣誉用户预订队列	正常预订队列	每日预计总发货量
	10月20日	前500名	前500名	1000
	10月21日	前1000名	前1000名	1000
	10月22日	前1500名	前1500名	1000
第一周	10月23日	前2000名	前2000名	1000
	10月24日	前2500名	前2500名	1000
	10月25日	前3000名	前3000名	1000
	10月26日	前3500名	前3500名	1000
	10月27日	前4500名	前4500名	2000
	10月28日	前5000名	前6000名	2000
	10月29日		前8000名	2000
第二周	10月30日		前10000名	2000
	10月31日		前12000名	2000

确实如此，相比于小米拿供应链问题应对断货的说辞，外界更愿意相信小米是在取道苹

果，上演一出“饥饿营销”大戏：一边以低价高配激发消费者购买欲望，一边张弛有度调控产品供求，再辅以雷军个人的号召力，小米手机在智能手机市场连连制造话题，其逐步的发售过程犹如一幕徐徐展开的剧目，从发布会缘起，到预订发展，经历产能不足的曲折，进而达到牢骚满地的高潮，每一个细节都被妥帖地顾及，从万众期待，到千夫所指，一直处在风口浪尖的小米手机新闻不断，短短几个月内迅速打响了品牌知名度。

师出有名。库存几百万台，挤牙膏式地发货，配合大量事件营销拉升关注和渴望，小米的老师——苹果一直在诠释着这种“营销创造价值”的含义。可策略是学到了，小米手机的黄粱美梦能够成真吗？或者说“雷布斯”手里土生土长的“小米”能够代替洋“苹果”填饱中国智能手机市场上嗷嗷待哺的诸多消费者吗？抛开由于营销过度可能带来的恶劣后果不说，小米距离煮成熟饭尚欠火候。

苹果光靠一招“饥饿营销”难以催生出来超过 3 300 多亿美元的市值。正是由于控制了整个产业中最核心，也是利润率最高的设计、渠道和销售环节，将硬件、软件和服务融为一体形成了一个只适用于自身的封闭生态系统，苹果才缔造出了史无前例的商业神话。

单从市场营销来看，多年积累起来的口碑已经加深了“果粉”对品牌的依恋程度，而每一款苹果产品都能诱惑消费者先睹为快的最重要的前提是苹果公司能够将最新科技还有用户体验都发挥到极致。反观刚刚问世的小米，其硬件及售后服务上的不足已经开始为人诟病，这是一大短板，但却不是唯一的短板。

一个完整的商业模式由四个密切相关的要素构成：客户价值、赢利模式、关键资源和关键流程。在客户价值的创造上，小米已经落后一大步；在赢利模式的创新上，小米也还没能找出一个明确的答案，雷军说过：“小米不靠卖手机硬件赚钱，但未来是否通过应用程序等内容赚钱还没有明确。”而在关键性资源和关键性流程上，作为初创公司的小米自然难谈优势，小米不只需要一个人造的“雷布斯”，更为需要的是一流的研发团队和专业的管理团队。智能手机用户最为重视的，还是产品的使用体验。对于小米而言，现阶段通过事件营销可以吸引眼球、提升品牌影响力。但长远来看，决定其能否成为中国“苹果”的关键因素，还是其产品竞争力。

小米手机以一场声势浩大的“饥饿营销”开始了一场大放异彩的模仿超越秀，然而打铁尚需身硬，如何依靠自身核心竞争力立足智能手机市场，并开辟一条不同于现状的差异化发展道路，才是其应该认真考量的关键要素。事件营销与新闻炒作，只是企业一时发展的“兴奋剂”，长期服用终将得不偿失。

专家点评：

大佬出手，想必背后跟随了一批高人，没必要把山寨进行到底。所以希望小米的网络营销再调整一下思路，这不是难事。评判网络营销好坏的标准之一，要看是否会借势。所谓借势，就是自然而然地、非常省力地、恰如其分地借助已有的外在风头。小米做到了吗？世界上只有乔布斯，还有别的布斯吗？重要的是：饥饿营销的前提是饥饿，饥饿就是买家着急，不是卖家着急。谁着急了呢？有人卖肾了吗？

2. 小创意“玩”出大效果，诺基亚 N8 创熠传奇

最早，手机是为了解决移动通信问题而诞生的，最初的核心功能也一直是围绕着信息通信来发展。但随着通信技术的不断完善和成熟，人们对手机的要求已不单单是打电话、发短信等简单功能。人们开始希望自己的手机能与众不同，于是在 20 世纪 90 年代，彩铃、彩壳等功能开始走俏。而进入 21 世纪，手机更是进入一个跨时代的智能化阶段。听音乐、看视频、玩游戏、上网等娱乐功能逐渐成为消费者追求的新功能。如今虽然许多人在用着一部同样外观的手机，但因为手机的智能化使得每部都呈现出千姿百态的使用方法，有人用手机做办公助理，有人用手机做自己的运动辅助分析，还有人则用手机做智能家庭的物联网控制器等。

如今，越来越多的人通过自己的创造力让一部小小的手机为生活增添了无数乐趣和色彩。他们称这种做法为“玩手机”。人们对“玩手机”的巨大热情不仅成就了许多生活中的“爱迪生”，也帮助诺基亚成就了一个经典营销案例——“创熠传奇”。

科技因人而熠，为梦想插上腾飞的翅膀

“创熠传奇”是诺基亚中国有限公司在 2010 年为配合主力产品 N8 及相关 Ovi 服务上线所推出的数字营销活动。自 2010 年 8 月启动以来，吸引了上百万科技爱好者的参与，共征集到 23 万个创意方案。其中的“9 平方米智能别墅”、“手机吊冰箱”作品构思巧妙、创意独特，不仅在互联网上引起众多网友的追捧，也引起了中央电视台和湖南卫视的关注。最终“9 平方米智能别墅”登上“中央电视台网络春晚”，“手机吊冰箱”获湖南卫视百度娱乐沸点 2010 网络民星奖。并因其轰动的效果和广泛的辐射效应成为 2010—2011 年跨年度互联网上最具影响力的营销项目之一。

诺基亚“创熠传奇”系列广告 1

科技因人而熠。最好的科技产品，也是因人的创新、开发和使用才熠熠生辉。想法、创意、实现、应用，并不都是天才或者杰出的人才能做到的事情，普通大众也可以创造不平凡的传奇。只要敢想，想法够好，诺基亚就会提供一个机会，让你去实现你的创想和梦想，更会提供一个平台，让你去尽情展示你的成果和科学实践创举。

这就是诺基亚为“科技因人而熠”给出的诠释。因此如何通过互联网媒体将这个主题传播出去，并充分地表达诺基亚 N8 的品牌理念，使更多用户在充满创意的互动中感受到诺基亚 N8 的科技概念成为活动成败的重点。

世界的震惊，三阶段推广造就身边的奇迹

作为该活动的核心合作媒体，搜狐数码频道特别设计了三个阶段的传播内容：

第一阶段，网络熠类——同步官方网站上线，熠类问答及题库征集活动；

第二阶段，熠想天开——网友创意想法征集活动；

第三阶段，熠举成名——手机奇迹挑战，看牛人如何与科技对战。

在传播过程中搜狐充分发挥了门户矩阵优势，在IT数码、视频、白社会、微博等频道展开全方位宣传，通过强大的媒体影响力激发网民原创热情。在“官方网站专题”、“数码潮流秀”、“诺基亚N8镜头下的紫禁城”、“全国网友试用招募”、“全民玩拼图，看谁最N8”、“N8问答”、“Symbian 3开发者沙龙”等活动的推动下，“创熠传奇”在短期内便成为搜索率极高的网络热词，在第一阶段内活动共取得了超过200万次的独立访问量和超过34万个注册人数。

有了第一阶段的预热，网友创意想法征集活动一上线便获得了众多网友的支持，网友独立访问量超过100万次，新增注册量超过18万个，网友主动提供的创意超过23万条。

进入第三阶段，搜狐放出了精心准备的杀手锏——“五大奇迹”。这“五大奇迹”分别为“力大无穷的N8：用手机提起冰箱”、“挑战现实的N8：用手机操控智能家居!”、“手机办公室极品飞车”、“粉韩庚的N8：手机变身会跳的神秘礼物”、“毕业表白的N8：手机操控宿舍楼泡泡龙”。这些奇迹从前期策划到筹备再到被拍成病毒视频共耗费了搜狐数月的时间和几十人的努力。

诺基亚“创熠传奇”系列广告2

搜狐通过视频网站、SNS社区、微博和论坛等多渠道对这些视频进行了病毒式传播。视频一放出便掀起了互联网的广泛关注和网友的热烈讨论。网友们也给出了“中国版生活大爆炸”、“史上最牛科技宅男做的NX事”、“史上最牛胶囊公寓”、“N8让京城高房价成为历史”、“全球首个手机实时互动楼宇游戏”等好评。媒体则称：“2010年八大奇迹接连在中国互联网诞生，无论是创造力、制作水准、科技含量，还是视觉呈现均震惊了国人，震惊了世界！完全堪称是中国极客文化的首次顶尖亮相，‘中国创造’的科技明证。这些奇迹都使用了同一个道具，指向同一个概念，它们体现了中国网民用科技承载想象力与现实的激情碰撞。”

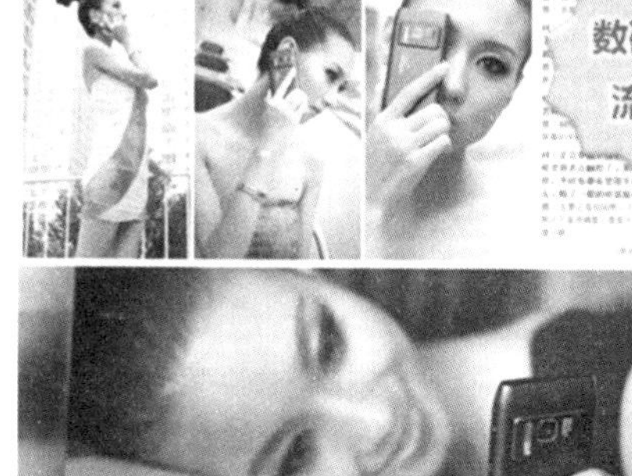

诺基亚“创熠传奇”系列广告3

视频吸引关注，“中国创造”的转变让品牌升华

大量用户的有效反馈证明了诺基亚携手搜狐所做的这次活动是成功的。搜狐拥有强大而多元的传播平台，覆盖的人群与目标人群非常一致，保证了这是一个最理想的召集、交流以及展示科学创想的平台。而此次活动相关作品的视频共取得了超过 6 000 万次的播放量、接近 7 万条的评论数和超过 145 万次的转发量。其中“9 平方米智能别墅”关键词更是成为百度风云榜当日排名第二！百度指数最高值：13 969！

这些视频不仅获得了网友的关注，也吸引了电视媒体的报道。“9 平方米智能别墅”奇迹项目入选 2011 中央电视台网络春晚节目，“手机吊冰箱”奇迹项目进入湖南卫视百度娱乐沸点 2010 年度盘点。互联网上的成功传播和电视媒体的报道使得“N8 五大奇迹”成为轰动一时的话题事件，也将整个“创熠传奇”活动推向了高潮。

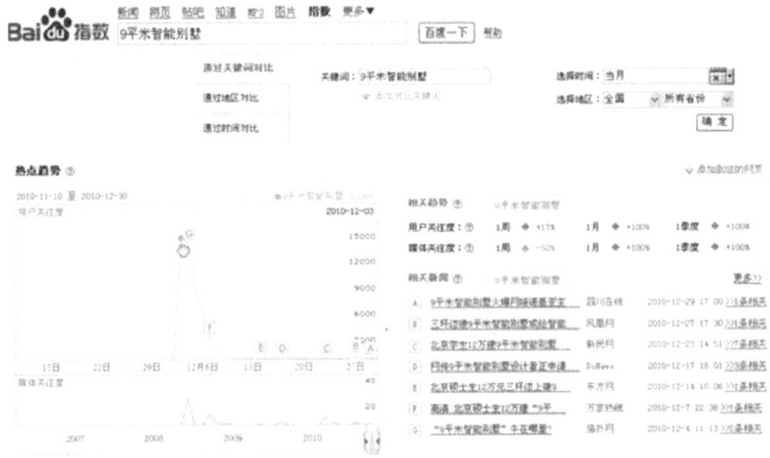

活动相关关键词“9 平方米智能别墅”在百度风云榜排名

9 平方米智能别墅 1

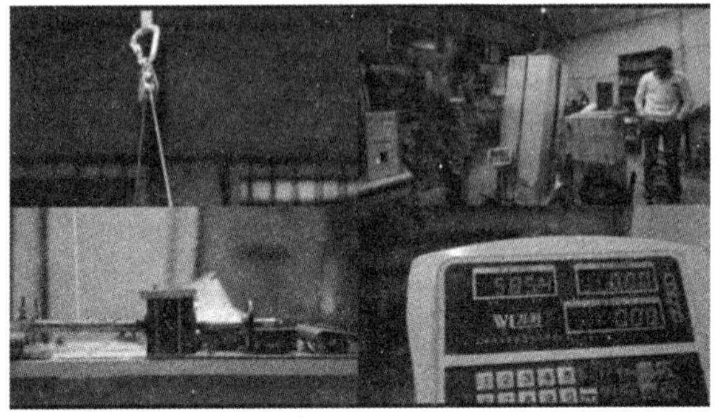

9 平方米智能别墅 2

“创熠传奇”活动是一个受众参与规模与参与程度极高的成功案例。它吸引了数千万网友的关注和上百万科技爱好者的参与，也获得了 23 万的作品。8 段病毒视频超过 6 000 万次的浏览量体现出活动惊人的覆盖能力，整个体现了诺基亚和搜狐两家高科技企业的社会责任感，升华了品牌。目前包括“手机吊冰箱”、“9 平方米智能别墅”在内的多个创意视频即将代表中国的创造力参与全球角逐，助力“中国制造”向“中国创造”的转变。通过这些创意极好的视频，向全球展示中国创造的实力。同时，“创熠传奇”活动体现了 N8 等手机的超级智能和科技感。“创熠传奇”的几个视频则从实实在在的生活角度展示了 N8 等手机的超级智能，体现了产品的科技感。让普通消费者看过后，对诺基亚 N8 等手机产生购买冲动。同时活动也体现了 Symbian 3 平台的强大兼容性和可开发性。手机应用程序的丰富与否决定着手机应用的范围，当 Ios、Android 都在标榜自己强大的软件商店的时

候，诺基亚通过“创熠传奇”展示了Symbian 3平台强大的可开发性，并吸引大量的程序开发者加入到Symbian 3应用开发中来，最终在促进销售方面该活动帮助诺基亚在内地4 000元以上高端手机市场占有率从10%上升至30%。

专家点评：

单单凭借电视媒体和传统媒体的广泛关注和强势报道这一点就足够说明“创熠传奇”的成功。电视等媒体的权威和公信力在中国人心中的地位是首屈一指的，公众对他们给予的信任也导致这些媒体在报道选材上非常严谨与慎重，可以说能够被他们关注并报道的事件都是“精品”。因此这些事件的价值与影响力也就不言而喻了。

众所周知，中央电视台等收视率高的电视频道，其广告费都是高达千万的天价。但广告的效果远远比不上栏目与专题的效果。因此我们可以说“创熠传奇”仅是花了央视春晚最高广告费的十分之一，却达到了央视春晚期间广告10倍的效果。这从成本上来讲可谓史无前例的。而从效果上来看，今天“手机吊冰箱”、“9平方米智能别墅”等视频依然被不少网友传播与观看，这种“自我”传播与经营的延续效果是传统营销所无法相比的。

3. “悬疑”+“情感”，联想“把乐派给你”微博创新

微博无疑是目前最火爆的互联网应用，无论是电脑还是在手机等移动终端，每天都有数以千万的用户在微博上分享和阅读。面对如此巨大的用户群和超高的黏着度，许多企业开始探索、尝试微博营销。而专家们通过研究发现，目前众多的微博营销案例都存在营销元素创新不足的问题。这种现象使得网友逐渐对千人一面的微博营销活动逐渐失去兴趣和积极性，使得最终营销效果大打折扣。

针对此，2010 年联想公司与搜狐合作在对其产品乐 PAD 平板电脑进行的“把乐派给你”营销方案中采用了大量的创新性营销元素，并且取得了不错的效果。通过对此案例的研究和剖析，希望能为大家拓宽微博营销元素创新方面的思路。

悬疑，“乐派的猜想”勾起用户的关注

许多互联网专家早就指出，微博中的信息虽然对用户有着很好的价值，但是它的噪点太高。确实，每位微博用户打开微博的同时会面对着几十条甚至几百条更新的信息。而这其中只有少量是用户真正感兴趣的，所以用户在看微博时通常都是高速筛选式浏览状态。有调研数据显示，微博用户最感兴趣的前几位信息依次是，好友近况、笑话、新闻 / 趣闻、明星 / 名人。用户一般会以此为标准筛选必读的信息，然后对那些第一眼看上去便没什么兴趣的信息直接略过。这样的特点除了与微博信息的噪点高有关外，还与微博用户喜欢娱乐有关。因此许多营销者为了让营销信息得到关注，想尽办法使其变得有趣。但无论如何这些信息在用户眼中永远没有那些笑话、趣闻等有吸引力。网友对笑话等信息的阅读、评论和转载量可以达到几万甚至几十万次，但对于其他信息一般只有几百或几千次。

联想考虑到微博用户这样的行为特点之后，又通过搜狐的研究发现他们的好奇心和探索心理也很强。结合这两点，两家最终决定在微博营销中大胆创新了悬疑元素。营销活动的做法是在搜狐、新浪等微博中发动数十个在笑话、趣闻等方面有影响力的名微博，请他们在每条信息前加入活动关键词“把乐派给你”。同时借势“汽油涨价”、“日本核辐射”等轰动事件加剧活动关键词“把乐派给你”的传播速度和传播范围。网友面对众多条信息的同样做法不免产生好奇，进而去主动搜索。在没有搜索结果的情况下，他们开始纷纷猜测，并产生大规模的讨论。

最终在投放首日，活动关键词“把乐派给你”的微博搜索量就突破了 5 万条，网络上也由此产生许多关于“把乐派给你”的猜想互动，许多网友在百度知道上发问，百度百科也就此事增设相关词条，报纸、电视等新闻媒体也就此事进行了相关报道。由此可以看出，这种做法不仅使活动信息得到了大范围的传播，也引起了媒体的关注和高度曝光。从网友们的讨论中可以看出，在好奇心的驱使下活动关键词在他们中的关注地位也被提升了。这些都为活动的正式运行进行了预热。

情感，“乐派齐分享”让快乐互动起来

有研究表明，80%以上微博用户在微博中关注的对象中约 45%为明星 / 名人微博，30%为朋友的微博，15%为有过沟通的网友微博，10%为其他微博。研究发现，造成这种关注比例的原因是微博用户之间的情感与价值关系。微博用户之间通过分享和阅读信息进行互动，并在互动中使彼此的情感

关系更加紧密。研究还发现，用户分享最多的是抒发情感、分享心情的信息，用户关注最多的也是此类信息。

联想充分利用用户之间情感互动的特点，将“把乐派给你”的营销活动设计为快乐分享活动。联想首先派出“把乐派给你团”在街头与消费者进行“会报警的盒子”、“奇妙化妆”、“街头画像”等幽默互动。“派乐团”把“乐 PAD”的包装里面装入一个发声装置，当有人触摸就能发出警报声。然后把外包装放在街边等路人来捡。“派乐团”隐藏在一边捉拍路人触发警报后不同的表情。

这些幽默的小玩笑让消费者在轻松愉快中实际体验乐 PAD 所带来的乐趣。同时联想还将幽默互动拍成视频，当场请参与活动的消费者和明星 / 名人微博发布到网上。这不仅使参与者感受到快乐，也使参与者的朋友以及众网友分享到快乐，同时还让消费者体验到用乐 PAD 随时分享的快乐。

网友们对这种发生在自己身边的街头幽默互动十分喜爱，三期视频的总播放量超过了 300 万次。参加了幽默互动的消费者也认为，用自己的被“涮”换来朋友与众多网友的快乐是值得的。

许多网友更是通过微博表达自己想要“牺牲”的愿望，并展示自己设计的幽默互动。其中一名自称“举牌女”的网友创作的作品十分有创意。她先是在作品中调侃“汽油涨价”与“日本核辐射”等热门事件。随后又通过“安卓卓，我要把乐派给你”等作品向男友道歉，并希望自己的作品能把快乐派送给他。如此有新意的网友自创作品引来了众多网友的关注，他们热烈地评论并纷纷将该作品转载至其他微博。据统计，总的转载数量与评论数均超过 2 万条。就在网友们的参与愿望与创作愿望被推向顶点之时，联想继续放出了快乐分享活动的第二阶段，DIY 快乐。

联想为网友提供了一个具有创意的互动网络平台。该平台为网友提供了设计工具和模板。网友可以通过这些设计制作自己的有趣图片、视频和文字。同时联想将该平台与微博打通，使网友可以在该平台上登录自己的微博，并在制作完作品后直接发送给想要赠与的好友。该平台的样式与操作也被设计成乐 PAD 的模样，使网友在自己的电脑上便可轻松体验到该产品。

这一活动一经推出便得到众多网友的喜爱与积极参与。一个月内，有超过 500 万次的网友登录平台参与该活动，并在活动中制作出接近 300 万次各种形式的作品。其中一些优秀作品的转载量惊人地突破了 10 万次。

联想“把乐派给你”为众多网友献上了一部“悬疑情感大剧”。苹果公司对 iPhone 手机进行的饥渴营销，可以说是彻底让智能手机需求者体验到什么叫饿得“前胸贴后背”与撑得“沟满壕平”。许多营销专家甚至认为这是史上对数码产品最成功的营销，后人也可能很难超越。但与 iPhone 手机的饥渴营销相比，联想“把乐派给你”则是带着参与者经历了“谍影重重”与“惊声尖笑”的双重体验。

每个人的需求不同，所以对于一款数码产品的渴望不是每个人都有，但对于网络新鲜趣闻的好奇却是人人都有。联想“把乐派给你”就是通过好奇心抓住了大部分网友的眼球，最终才创造出轰动互联网的效果。

专家点评：

联想此次“把乐派给你”营销活动很好地抓住了用户的特点，并对营销元素进行了创新。由联想“把乐派给你”营销方案我们可以看出，对微博营销元素的创新应该从微博及其用户的特点入手。如微博中信息传播的方式、过程，微博用户阅读的习惯，以及他们对信息的选择等。同时还应注意微博用户特点的发展，比如由精英化向草根化的转变（目前是精英贡献 80%的信息），农村的潜在市场等。营销者应该首先多多注意与研究用户们这方面的特性，然后再去根据这些特点来不断创新。

虽然沿用已有的成功微博营销元素与方式是降低风险、确保营销成功的最佳途径。但只有不断创新出新的微博营销元素才能使微博营销永远保持新鲜的活力，才能使微博用户们乐于再去参与。这两种方法看似各有利弊，但对于国际巨头来说后者无疑才更能体现出公司自身的实力。

4. 华为与腾讯深度合作推 HIQQ 手机

“一站式移动生活”已经成为手机网民的主流需求之一。华为终端深刻洞察这种需求，并与腾讯 QQ Service 打造“一站式移动生活”的愿景不谋而合，双方迅速展开了战略合作，推出 HiQQ 智能产品。

活动网站 1

HIQQ 整合手机 QQ、手机 QQ 空间、手机 QQ 浏览器、QQ 农场、欢乐斗地主、QQ 安全助手和腾讯微博等 19 种腾讯经典手机应用，让用户既能享受即时沟通和移动社交的乐趣，又能随时随地体验丰富多彩的在线娱乐。加之时尚的外观、流畅的操作体验，华为 HIQQ 手机将迅速成为“QQ 控”的最佳选择。随着移动互联网的普及，手机即时通信以及手机 SNS、手机微博等社交应用备受手机上网用户喜爱。

整合应用平台，华为三大首创划时代

为了将 QQ Service 完美内置进华为手机终端，华为在克服一系列软硬件融合的技术难题后，成功让 HIQQ 手机问世，实现了三大首创。

① 通讯录无缝链接。华为首创的通讯录与 HIQQ 之间的无缝链接，将通讯录变成了一个互联网应用的平台。当用户登录手机上的 QQ 服务后，即可以在通讯录中直接看到 QQ 好友的在线状态、个人资料和空间动态等信息，甚至还能直接从通讯录中一键登录 QQ，给好友发送信息，非常方便。

② 智能图片处理功能。华为让 HiQQ 具备了图像自动处理和传送的功能。通过 HIQQ，用户可以将手机中存储的图片自动转化图片格式和大小，上传至手机 QQ 空间、腾讯微博、QQ 头像等区域，将以往只能在 PC 上才可进行的操作在手机上逐一实现，如今不再需要先拍照、再处理、然后电脑上传等诸多的繁琐步骤，分享冲动即刻就能实现！

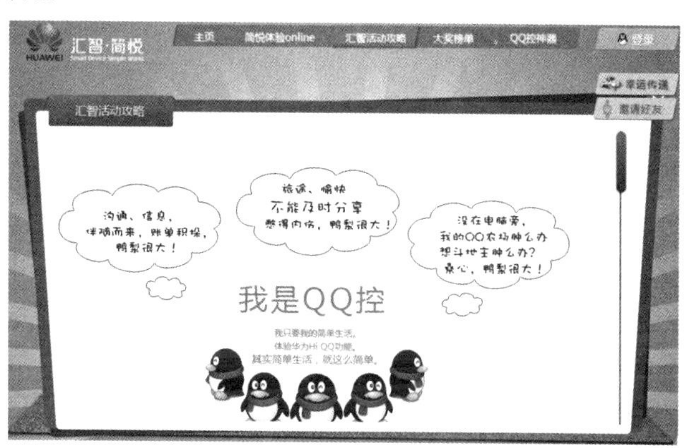

活动网站 2

③ 内置 QQ Service。内置了 QQ Service 的华为 HIQQ 手机，将为用户省去下载和更新腾讯手机软件的时间。HIQQ 中的所有腾讯软件均由 QQ Service 统一管理，让用户可以方便获取这些软件的最新版本。此外，只要在 QQ Service 设置了账号密码后，即可在主要腾讯软件中自由切换，无需二次登录。同时这些软件均为腾讯官方提供，保证了手机软件的绿色安全。

这些创新技术的应用使得 QQ 服务在植入华为手机终端时更加完美便利，从而使 QQ 控们能够通过手机得到更好的体验。

包罗万象的传播方式，与网民创意互动

HIQQ 手机的三大首创也正是它的卖点所在，为了宣传华为 HIQQ 手机，获得更多关注，华为将推广目标定为：齐聚华为品牌“汇智简悦”的传播理念与 HIQQ 产品传播诉求，达到双重传播之效。

在传播渠道上，采用了 WEB 和 Wap 双平台，minisite、微博、IM、Qzone 四端口联动宣传，同时在互动创意上，充分贯穿网络热点词语，借助网络热词之势，瞬间换取网民的关注。

活动目标

合作亮点之战略平台合作

腾讯开放双平台多通道对此项目进行全面知识，形成全平台联动

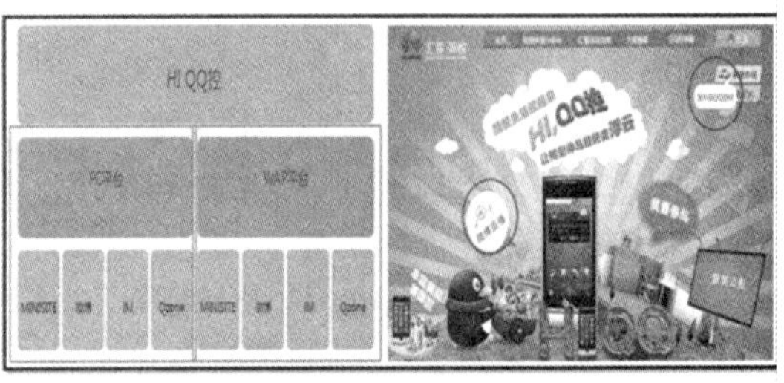

活动双方合作平台 1

合作亮点之战略平台合作

WAP端活动页与微博贯通，形成双平台联动

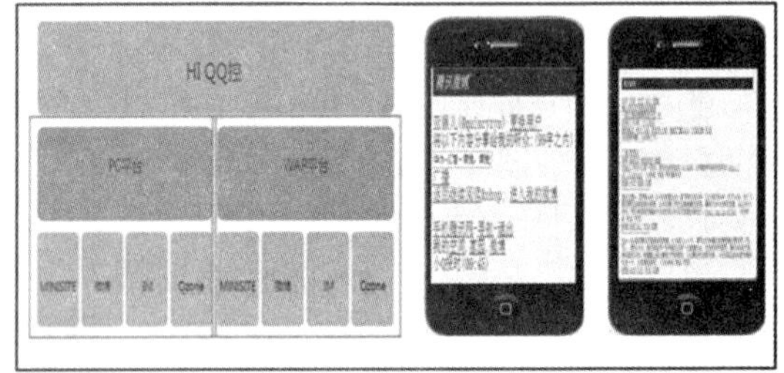

活动双方合作平台 2

根据三个产品卖点精准定制相关场景，活动参与用户进入场景完成与华为品牌及产品相关的各种趣味问题，各个场景从视觉到体验均体现华为 HIQQ 品牌和产品理念。

创意 HIQQ 虚拟形象人物 Q 小米（男女各有版本），他熟知网络应用，深度沉淀网络生活，追寻流行趋势且随时娱乐，他完全依靠网络进行生活，通过网络接受新鲜事物新锐观点，利用网络与朋友分享自己喜欢的事物。活动中将描述 Q 小米的三个生活场景（根据华为 HIQQ 三大卖点针对性构建三个生活场景），其生活场景均有“鸭梨”，而 HIQQ 手机各卖点功能可以让“鸭梨”变成“浮云”，化繁为简，就这么简单。

互动流程：

A．网友通过全通路进入活动平台（双平台）；

B．选择感兴趣互动场景参与互动（a．畅快沟通场景对应华为 HIQQ 通讯录无缝链接卖点；b．旅途分享场景对应华为 HIQQ 智能图片处理；c．电脑绝缘场景对应华为 HIQQ 内置 QQ 全服务卖点）；

C．在三个场景中均会遇到（无产品功能所制造的）鸭梨；

D. 利用 HIQQ 对应功能点消除鸭梨，实现由繁变简，回归简单生活；

E. 消除鸭梨后，峰回路转展开强化 HIQQ 功能点互动；

F. 腾讯泛关系链机制全面嵌入活动传播平台，互动平台设立积分形成受众参与黏性，并设立活动邀请排行榜、幸运抽奖等刺激机制。

畅快沟通场景参与流程（PC端）

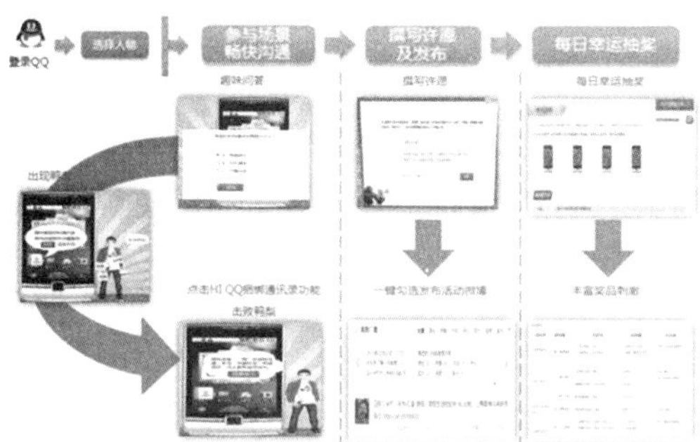

畅快沟通场景参与流程（WAP端）

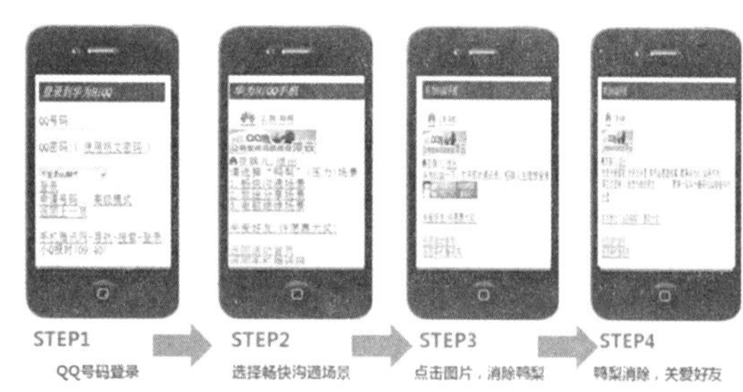

旅途分享场景参与流程（PC端）

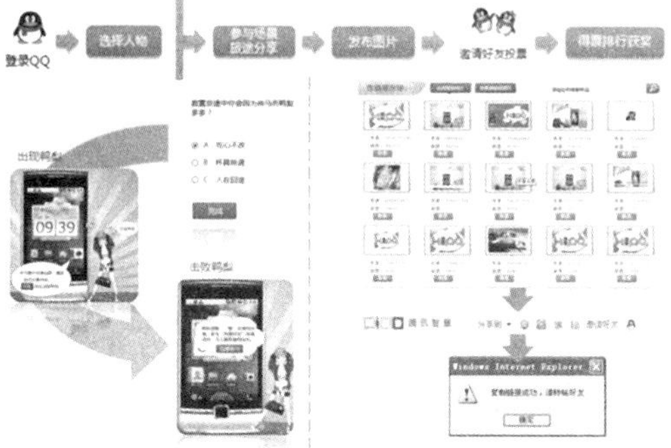

旅途分享场景参与流程（WAP端）

电脑绝缘场景参与流程（PC端）

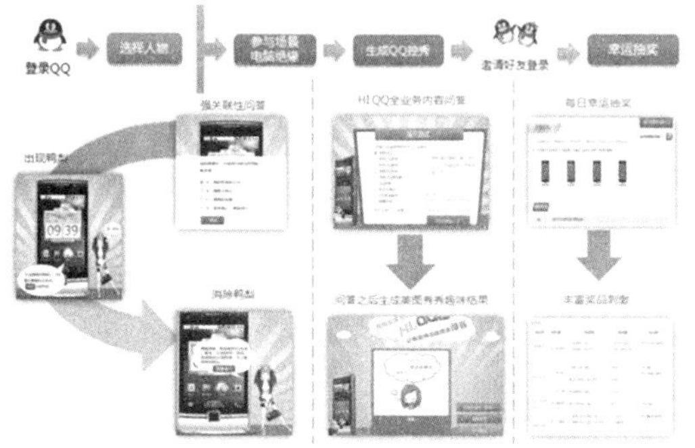

电脑绝缘场景参与流程（WAP端）

活动参与流程（PC 端 +Wap 端）

华为“汇智·简悦”移动互联网战略

在发布了两款 HIQQ 智能手机新品的同时，以“汇智·简悦”为主题的华为终端移动互联网战略暨新品发布会在北京召开。会上，华为终端就“汇智·简悦”移动互联网战略进行了详细的解析，确立了“以用户体验为中心”的战略理念。

经过华为终端多年对消费者行为的分析，发现海量的信息和应用、复杂的界面已经困扰了最终用户，因此华为终端提出通过化繁为简、无处不在、情景智能以及融合体验来简化消费者的操作，以此为用户带来更简单愉悦的生活，而这也正是华为终端“汇智·简悦”战略的四大特性。为了实现这四大特性，华为终端对硬件和软件进行了全面业务统筹，并提出了三大超越，即超越硬件、超越软件和超越业务。

第一，超越硬件。华为打造了“泛在终端”的概念，期望通过全制式、全形态、全系列、全场景的产品及应用，让用户在移动终端上享受到类PC的极致体验。

第二，超越软件。华为终端通过对APP、UI、OS、芯片之间三个“中间层”的调试实现“三个解耦”，解决了版本兼容问题，并提升了用户与终端的人机互动体验，同时还通过易用的管理云，在云端建立了用户自管理系统——HiMe，以实现随时随地的同步管理。

第三，超越业务。即华为终端提出的开放业务云。通过开放的平台，华为终端与产业链上下游伙伴将达成互利共赢开放的合作，以便创造出更好的产品及应用，并最终为用户打造一个“汇智·简悦”的世界。

所以此次与腾讯开展深度合作的HIQQ智能手机的发布正是华为对自己的战略理念的最好证明，也是更加有力的宣传。

华为“汇智·简悦”收获乐趣

华为“HIQQ控”WEB+Wap双平台创意互动带来可喜的流量和高效的转化效果。营销效果与市场反馈：

①可衡量的效果（Measurability）

456万关注（双平台广告总点击），44.8亿活动曝光（双平台总计），85万主体活动参与人数（PC端），5万用户通过邀请进入（腾讯泛关系链营销机制），81%的活动PV和UV的惊人转化率。

②互动式的体验（Interactive Experience）

利用排解工作与生活中的鸭梨话题出发点引发目标受众共鸣，深度诠释“化繁为简”传播主诉求双平台建立活动内容，并根据双平台各自不同特性设置不同的参与内容和参与方式，活动用户可多端口多方式参与，形成华为HIQQ品牌诉求的全面曝光。

③精确化的导航（Navigation）

核心覆盖人群：18~30岁年轻群体，是华为HIQQ品牌希望渗透的年轻群体，一线市场参与用户高于二、三线市场，在场景组成的覆盖中，更多覆盖品牌针对的家庭和办公群体，形成精准营销。

④差异化的定位（Differentiation）

采用寓教于乐的互动方式，结合时下最流行的网络热词，以借势的方式全面带出华为HIQQ传播理念与传播诉求。寓教于乐+传播双通道，形成无缝式营销传播模式，全面实现品牌曝光。

华为HIQQ活动用户证言，华为一直是国产品牌中的王者，这次HIQQ的出现，让大众人群接触了智能手机，参与这个活动觉得非常有趣，也更加明白了HIQQ的功能优势，支持！华为HIQQ手机从产品本身与腾讯达成战略合作，此次推广传播活动腾讯也给予了较为优秀的创意支持，实现了和谐共赢！

专家点评：

华为“汇智·简悦”与QQ合作是一个双赢模式，QQ Service可以借助华为推广，跟腾讯的合作则有利于华为抢占普及型手机市场。一开始双方就作了很好的用户定位，巧妙赋予华为HIQQ目标受众族群定义：QQ控。HIQQ产品18~38岁人群与腾讯平台主流受众高度重合，加之HIQQ产品本身的战略内容应用，因此爱 HIQQ= 爱 QQ。

在内容上，利用排解工作与生活中的鸭梨话题出发点引发目标受众共鸣，深度诠释“化繁为简”传播主诉求。双平台建立活动内容，并根据双平台各自不同特性设置不同的参与内容和参与方式，活动用户可多端口多方式参与，形成华为 HIQQ 品牌诉求的全面曝光；采用寓教于乐的互动方式，结合时下最流行的网络热词，以借势的方式全面带出华为 HIQQ 传播理念与传播诉求。寓教于乐 + 传播双通道，形成无缝式营销传播模式，全面实现品牌曝光，很好地实现了此次营销活动的目的。

5．男人时尚，京东商城携手《男人帮》掀“帮”传播

2011年10月，赵宝刚最新力作《男人帮》在内地五大卫视首播后迅速成为热门话题，除了情节和剧情，购物网站京东商城的植入式营销成为诸多媒体关注的焦点。第一次尝试娱乐营销的京东商城，成为业内首家搭载影视内容的电商网站，与热门电视剧联手的创新之举，着实令其火爆一时。

京东商城，作为综合性B2C零售企业，广告多以在线促销形式，链接式营销模式来扩大知名度和点击率，而本次的京东商城不走寻常路，通过找出自身品牌内容和娱乐的契合之处，借助一部潮人云集的都市情感剧，以一种最拟生活化的传播方式试了一把娱乐营销，最终成功让观众在无意识中接受了品牌广告，使得京东品牌逐渐渗透到生活中。

找寻载体，为什么会是《男人帮》？

数据显示，2011年有64个品牌总共推出79部微电影，涉及12个以上行业。可见品牌主对微电影已相当重视。那么，品牌主随意拍一部微电影就万事大吉？非也！只有找对人并且选对剧，有效植入，品牌主才能获得最优宣传效果。

热播剧《男人帮》的导演是一向擅长打造时尚剧集的赵宝刚，再加上孙红雷、黄磊、汪俊、王珞丹等明星云集的演出阵容，足以成为京东选择《男人帮》的最大理由，要知道高质量演出阵容带来高收视率，而高收视率才能为植入品牌带来高关注度。

……

找对人了，还要选对剧。有些点击率低的微电影也有大明星，但若故事精彩度与品牌的契合度不够，也无法引起传播和关注！只有影视剧的剧情设置和植入品牌的形象特色最大程度融合，影视剧的目标观众与植入品牌的消费群体最大范围相吻合，植入品牌才能搭好这趟顺风车。身为一部都市情感类作品，《男人帮》堪称中国版的“欲望都市”，只不过主角换成了三个上海男人，纵观整剧，始终洋溢着一种小资的氛围，人物穿着时尚，谈论话题新潮，不含蓄地说，这种格调足以将所有介于18～45岁的中青年一网打尽！而这些网中之鱼，正是当前网购消费的核心人群。

考虑到以上种种，京东选择《男人帮》可谓恰到好处。

《男人帮》剧照

扭转形象，凸显“潮”概念

因为最初切入的是3C产品市场，京东商城给人的印象一直是电脑及数码类商品的网上卖场，而借助《男人帮》，京东商城成功扭转了这一形象，成为数码、家电、服饰等为一体的综合类时尚购物平台。

在《男人帮》中，主角们幽默的台词是一大看点，同时他们光鲜亮丽的穿着打扮也迅速受到目标观众的热捧。既然是一部都市情感类作品，《男人帮》所吸引到的观众群体必然是都市白领，而他们正是当前网购的主力军。京东商城在这样的剧集中进行广告植入宣传，营销对象可谓精准。但

更为重要的是，剧中人物的服饰、鞋帽均来自京东商城，会让观众直接意识到：京东商城是一个时尚综合类购物平台，不知不觉中，京东商城的品牌形象完美升级。

值得一提的是，剧中打扮时尚的孙红雷、黄磊、王珞丹等明星实际上为京东的潮流服饰做了一回实体模特，直接给京东商城的卖家带来了推广效应，令其服装销量大幅提升的同时，也为京东商城提升了高度。除了从淘宝等其他网络商城吸引过来大批优质品牌外，一些深受当下时尚潮人追逐的国际潮流品牌也纷纷入驻。

植入广告本身没有好坏，而是取决于内容的贴合程度，巧妙的故事植入比起单纯实物展示效果要好得多。京东商城在《男人帮》中的广告植入，就并非简单带入，而是让剧中人物生活在“到京东商城购物”的习惯中，将其渲染成都市白领的时尚生活方式，通过在剧情中不断展现，让这种生活方式在不知不觉中感染观众，从而让“买东西，到京东”不只成为顾小白或者罗书全们的消费习惯，也成为更多观众的消费习惯。

多管齐下，全方位立体营销

除了剧情植入，京东商城并未放弃普通电视广告。剧中间歇时段，孙红雷所饰演的顾小白并未离开我们的视线，他一会儿教大家耍酷，用几句“拍她，就是夸她”、“有派就是有 PAD”等将京东在售的电视、相机、平板电脑等数码产品“一网打尽”，一会儿又教大家扮潮，用几句“西服不一定打领带，混搭才是王道”、“领子越多就越有格调”等将京东有售的潮流服饰悉数带出。毫不夸张地说，京东的策略就是要让观众在剧中看到京东，在电视剧中间插播的广告中也要看到京东。

不仅仅是在电视上，顾小白的这段耍酷扮潮也出现在了各大网站、楼宇电梯以及移动公交的视频中，可谓一潮到底，处处京东。

与此同时，京东商城更是联手众多国际、国内知名服饰鞋帽品牌商，在其开放平台及时上线了多场以“男人帮”为主题的促销活动，让追逐时尚的都市白领们足不出户，就能在京东商城购买到与剧中人物同款的服装和鞋帽。这些线上开展的主题促销活动，随着《男人帮》的上映同步展开，让广告和促销形成了一个整体。而这些促销页面中同样是孙红雷饰演的顾小白打头阵，在“Fashion学《男人帮》，购物让京东帮”的统领下，九大商品类别分别由9句“男人帮”风格的语言引领，这种趣味十足的页面设计，完全颠覆了纯粹以价钱为噱头的模式，对京东的品牌形象大大提升。京东在2011年11月11日“光棍节”当天，推出“男人帮”主题促销的第二波——“男人帮求爱密码”，切合受众关注热点，亦达到了良好效果。

京东商城广告 1

京东商城广告 2

品牌植入到视链营销

在五大卫视热播《男人帮》的同时，2011年11月5日，奇艺同步网络首播，并以破亿网络点播完满收官。在奇艺上，京东商城通过贴片、视链、多链接式暂停等多种广告形式提升植入品牌知名度，并借多入口广告链接直接拉动京东商城的产品销量。

首先，以京东商城从剧情、道具到台词的整合植入引起关注，京东商城、一汽丰田、玉兰油、蒙牛、汇源等清晰可数的十多个品牌广告植入成为热门话题。其次，京东商城在奇艺投放广告除采用日常的广告投放形式提升品牌知名度外，还结合奇艺视链、多链接式暂停广告等技术快速、直接导向广告结果——购买。只要消费者轻点鼠标就可以通过视链弹出悬浮链接及多链接暂停页直接到京东商城购买产品，实现了剧中用品即时转化为商品。

京东商城广告 3

对京东商城来说，赢得如此用户体验良好购物感觉的机会，给自己带来的必然是更多潜在商机。可以说，决定践行娱乐营销是京东商城的一次积极尝试，而全面整合、细致包装这次娱乐营销机会，则是京东商城“跨界”胜利的决定性要素。京东的此次运作是影视剧植入，更是一次出色的整合营销传播。

专家点评：

从《奋斗》到《我的青春谁做主》，再到《婚姻保卫战》，贴着“赵宝刚出品”标签的电视剧总能引起强烈反响，包括《男人帮》。

无论是在《男子帮》的情形气氛和京东商城的抽象特征（男人版《欲望都市》）上，还是在两者目标群体（18～45岁的中青年）的吻合上，都是恰如其分。京东商城除了在广告投放技巧上的创新外，更是作了很好的资源整合，从电视剧、网络直播、电视广告、地铁广告、公交广告、楼宇广告、报纸杂志到网络广告、销售引导、通路铺设等集中发力，效果可谓一石三鸟，稳固忠实消耗者，“诱惑”和“笼络”、培训潜在消费者；品牌深层植入，提升影响力；销售引导，直接导向业绩，引起一股潮男购物新时尚。

6. 刘强东“微服私访”，史上最大腕快递员

2011 年 3 月，京东商城和当当网的图书大战进入白热化，刘强东、李国庆的一场嘴仗也打得火花四溅。这二位均以“大嘴敢说”闻名业内外，但相对而言，李国庆更多是“直”，刘强东却更精于策略，他深谙哪些信息可能具备轰动效应，哪些能够更好打造京东低价、高质、服务优的形象，发布手段也花样百出，或欲擒故纵欲言又止吊人胃口，或直言不讳语不惊人死不休。作为企业老板，如此这般作秀，究竟是为何呢？

2011 年的中国电子商务市场硝烟四起，争锋不断，颇为不平静。在这其中，史上最“大腕”电商快递员诞生的消息，曾一度成为业界甚至整个社会新闻中的一个亮点：刘强东，京东商城 CEO，在其个人微博上爆料自己将亲自驾驶电动车为用户送货上门，如果消费者能够当面认出他，当场可以减免商品价格 50%，最高限额为 800 元。

刘强东亲自为消费者送货上门的微博一经发布，便引起了大量网友的围观。虽然有网友抨击刘强东亲自上阵送快递凸显出京东的仓储物流之痛已经深入体肤，对不起投资方，但此举还是更多地被业界解读为一次颇有创意的公关活动，这也是其用活体给京东商城做了一次影响力不俗的免费广告。

刘总送快递，实属无奈

就在刘强东微博爆料自己“微服”送快递前不久，京东商城刚刚宣布，对金额不足 39 元的客户订单将收取 5 元运费，这则消息引发外界一片质疑声。由于广告等推广费用的上涨，加上相关优惠促销活动以及仓储布点、配套跟进等各项运营成本的增加，京东商城资金投入巨大，压力不小，告别过去完全免单时代似乎是种必然。而此时的刘强东通过微博，高调抛出自己直面客户体验生活的猛料，不能不让人联想这是其在利用自身品牌来力求让大家改善对京东物流的看法。

而事实也恰是如此。 年多前，众多电商网站将“全场免运费”演绎成标配。而今，物流费用调整却成了他们试图摆脱亏损困境继而转型的一个缩影。面对物流行业激烈的竞争，京东也难以免于流俗。但刘总能够想出老板卧底当快递员的点子并安排某节目组导演特意跟踪拍摄，确实高人一筹。但也正因如此，却更加难以抹掉沽名钓誉之嫌。

2011 年是京东的第七个年头，在这一年，京东商城迎来了它的第一亿个订单，当时其 CEO 刘强东曾欢欣鼓舞地表示，要为这位消费者免单。但也正是在这一年，一向好评如潮的京东被戴上了“投诉专业户”的帽子。京东的物流配送系统为人诟病已是业内共识，京东商城确实需要一场这样的公关与营销案例来挽回部分已经流失的用户。

微博，是一门商战利器

在 2011 年 12 月宣布由于压力过大关闭微博之前，刘强东一向以“最能喷 CEO”的头衔活跃于微博名利场，和一般 CEO 谈宏观形势、谈风花雪月不同，微博对于刘强东来说，就是商战的一门利器。“本想低头默声不再公开谈论江湖之事，避免成为攻击靶子，无奈垄断和潜规则横行的行业令人窒息，与其被闷死不如挣扎呐喊！”类似这种充满激情的语句时常从刘强东的微博发出，然后引起阵阵轩然大波。微博不微，反而深不见底，刘强东深谙此道，借助这个平台，既能推销自己，又能打击对手，还能在第一时间做好危机公关，顺势营销。

玩转微博需要技巧。微博，其实是一个情绪媒体，正面而且平静的信息往往得不到更多的关注，能产生情绪波动的信息反倒是会被更多地关注，对于企业来说，先把微博当做一个公关工具意义重大，当企业在第一时间关注来自消费者方面的声音并及时找准策略作出反馈，也就是为品牌做好了一次微博营销。

由于突然终结消费者的“免单”时代，加之长期以来物流配送系统为人诟病，京东迎来一场危机，怨声载道。刘强东适时站了出来，利用微博平台告知大众自己上演了一出“刘总微服私访记”，可谓造足了噱头，也赚足了吆喝。当“刘总微服私访记”成为媒体关注的焦点，成为微博热议话题，成为众多消费者口中津津乐道的段子，京东成功将一次公关顺势转化成为了一次营销，刘总关心员工疾苦，重视消费者体验，以及京东重视消费者诉求并且已开始着手物流渠道规划等形象皆呼之欲出。

刘强东是个很会用微博的人。他在微博上一直保持的率直与性情为他吸引来100多万粉丝的关注。发微博喊冤，逼出一淘主动过来认领口水，掀起价格战，与李国庆在微博上公开对战，甚至，上传一张吃着五毛钱一串羊肉串的照片都能引来大把粉丝讨论围观。显然，刘强东的微博已经成为众人窥探中国电商行业风云变幻的一大窗口。无论发表什么言论，喊冤也好，叫板也好，微博也确实成为了刘强东的一个有力的工具。广为流传的一个说法是，京东内部设立了专门的小组来研究微博！在一个负面新闻的传播要比正面新闻的传播快好几倍的时代，这样的研究尤为重要。“西门子冰箱”的案例就很好地体现了这一点，正是由于西门子在这次事件中没有注重细节把握时机，经过微博的疯狂传播，导致最后一发不可收拾，害得最终形象受损，信誉大减。

利益，一切竞争的核心

如果说刘强东送快递作秀消费的是时间，那么他打价格战消费的可就是真正白花花的银子了。

话题再回到火爆的“当（当）京（东）之战”。双方在“返利”与“直减”之间来回周旋，几个回合下来，互不相让。之所以李国庆痛下杀手，打出如此大力度的促销活动源于3个月之前的第一次与刘强东的交手，俗话说“君子报仇十年不晚”，此时此刻的当当再次掀起价格战，誓死与京东拼个你死我活。对此，刘强东也立即通过微博发表惊人言论，他表示价格战“要打就要来狠的”，并称如果图书音像部门在“三年内给公司赚了一分钱的毛利或者五年内赚了一分钱的净利”，就将整个部门人员全部开除。

引发这场大战的真正原因必然离不开利益，没有利益的驱使，双方不会放着安逸日子不过下狠手。刘强东率先抢占了当当的图书市场，当当也开始着手想要分得3C和服装市场的蛋糕。双方互相向对方领域逼近，打仗是打仗，却显得有点乐此不疲。

刘强东在价格战上的坚持有目共睹，他甚至放狠话不惜血本来应战。但是值得一提的是刘强东在积极应战的同时没有忘本。实际上在商家价格战中，消费者并不在乎战役的结果，而是他们的战役对自己的利益是否会有影响——服务是否会打折，商品是否会出现“翻新”和“二手”的状况。谁都知道，京东之所以从电子商务类公司中脱颖而出，原因在于对用户体验的坚持，包括品质、价格、服务这三大项。对此，刘强东称：“过去从2004年到今年，七年的时间，我们每年产品都有扩充，没有出现过假货、水货，一件都没有。”

话虽如此，疑团仍旧存在！在这场战争中，业界分析人士也表示，没有足够的资金支持是无法打赢这场价格战的。同时也开始怀疑——这些可能把价格战作为报复对手或取悦投资者工具的企业，是否会真心以取消行业暴利为使命？京东拍案而起，控诉当当的垄断封杀，进而大义凛然地降价，随后又回调价格。这戏剧化的情节除了吸引大众眼球、增加人气以外，对整个行业有多大改善？对消费者或用户有多大实惠？

言归正传，毕竟卖东西就是卖东西，不能上了网就变成“卖血卖肉”，血本无归并不是互联网的大佬们想看到的。放出狠话的刘强东是一时激动图个嘴巴痛快还是真的想破釜沉舟抗争到底并不重要，重要的是他一定不想看到他的京东在这个战场上一败涂地。

专家点评：

古有康熙微服私访，今有刘强东“微服”送快递，不同的是，康熙不张生色，刘强东则是高调私访。作为一家估价达到100亿美元公司的老板，一般人都会分秒必争，刘强东却拿来玩卧底游戏送快递，让人看着难免觉得有点沽名钓誉之嫌。

究其根源，是物流对于电商企业来说仍是不能承受之重。正如刘强东所说，京东最大的事情还是提升物流，当前中国前150个最大的城市配送都是由京东商城自己在做，配送的服务上午11点之前下订单下午送到。他始终知道自己的工作重心在何处，因此，他在作秀之外也努力地敲着自己的小算盘——在自己高调卧底的过程中告诉消费者——京东重视你们的物流配送诉求，另一方面他也许真的是在尝试如何建设好自己年轻的物流配送团队。

从营销角度来说，刘强东此举不仅赚足了眼球，又很好地体现了京东商城对于员工的理解，以及对于消费者的关注，可谓一石三鸟。

7. 巧妙借势莱昂纳多，OPPO 实现华丽转身

自 2011 年 6 月起，好莱坞实力派明星莱昂纳多·迪卡普里奥为 OPPO 拍摄的 TVC 预告片开始在各大媒体相继播出。故事以 John（莱昂纳多饰）寻觅一名神秘女子为主线，公寓、街头、雨中、伞下……他们鬼使神差般频频相遇，却又阴差阳错一次次分开……一时间，近似好莱坞（Hollywood）大片的场景与扑朔迷离的情节引起了众多观众热议。而通过连续不断地卷入 FIND 迷局，莱昂纳多将一种探索精神演绎得淋漓尽致，也让观众津津乐道于 OPPO 品牌的巧妙植入。

提起莱昂纳多·迪卡普里奥，人们首先会想到当年红遍全球的电影《泰坦尼克号》，那个浪漫多情的 Jack。可如今的莱昂纳多已然不再是《泰坦尼克号》中那个稚嫩、帅气的偶像派，成熟、稳重成就了他的新形象，凭着《飞行家》、《革命之路》、《盗梦空间》等一部部电影大作，这位当年的好莱坞当红小生成功实现了“青稚”向“成熟”的蜕变，在全世界范围内征服了更多成熟的影迷。而推出首款智能手机的 OPPO 选择莱昂纳多作为代言人，并且请来法国著名导演执导拍摄这样一部五集悬疑广告片，其实是用心良苦。这并不仅仅是市场宣传的变化，更是 OPPO 品牌从低端到高端的一次“陡然升级”。通过 OPPO FIND 这一系列广告片，OPPO 成功告知世人，OPPO 也具备了智能手机产品，成为一家“全产品线”的手机厂商。

OPPO 手机广告 1

敲定“Jack”，不只为名人效应

著名的好莱坞巨星莱昂纳多·迪卡普里奥竟然代言国内某“贴牌”手机，这个消息足够重磅，自传出的那一刻起，已经成功吸引到眼球无数。然而 OPPO 敲定莱昂纳多作为自己首款智能手机代言人，却并不仅仅是为借助好莱坞巨星的名气带动自己产品的知名度，内中还有深层次的考虑。

往上追溯，严格意义上讲，OPPO 的第一款手机是一款女性手机，在设计上偏重女性，而且在广告宣传定位上也相当明确，“追梦想、享自由”的广告片在电视上一经播出，就取得了年轻用户群体和女性群体的青睐。既然已经树立起“女性手机”的品牌，为什么现在又要放弃韩国女星代言而选择好莱坞男影星莱昂纳多？这其实是顺应手机市场发展的明智之举。

近几年来，智能手机在中国市场火速流行，各种游戏、社交应用层出不穷，一款手机单靠精美的外观或明晰的定位已经不足以征服用户，取而代之的是智能为王，各种丰富多彩的应用给手机以及移动互联网带来了无穷的想象空间。正是在这种大背景下，OPPO 跟随各大手机厂商的步伐，将焦点转移到了智能手机领域，希望搭乘上这趟移动互联网的快班车，实现产品换代与产业升级的目标，以抢占智能手机巨大的市场份额。OPPO 的首款智能手机 X903 定位于高端商务人群，显而易见，之前的韩国女星广告片已经不再适合智能手机，也不适合相对严肃而理智的商务人群。正当他们迫切需要一个与智能手机以及商务人群相匹配的人物时，成熟、稳重而又正处在大红大紫中的好莱坞巨星莱昂纳多进入了 OPPO 的视野。

OPPO 手机广告 2

身为好莱坞当红明星，莱昂纳多因为那部赚得了无数人眼泪的《泰坦尼克号》一举成名，如今14年过去了，当年那个青涩且略带稚气的Jack现在已经摇身变成《血钻》中唯利是图的钻石走私贩、《飞行家》中著名的好莱坞制片人、《禁闭岛》中执著于真相的联邦警官以及《盗梦空间》中的游走在梦境与现实之间的筑梦师……从奥斯卡提名到金球奖得主，14年间，莱昂纳多给我们带来了太多的惊喜与感动，在人们心目中的形象也成功向“纯爷们”转型，成熟稳重的气质深入人心。而OPPO新款手机的黑色外形与莱昂纳多的男人本色高度吻合，足以保证莱昂纳多能够100%诠释这款手机的风范。

制造迷局　层层制造悬念

这部华丽的短片由CCTV5在NBA决赛后首播，随后又在各大电视台轮番播出，顿时引起了网络轰动，片中莱昂纳多英气逼人、气质硬朗，而剧情设计也是引人入胜，充满神秘和悬疑的气氛，引来粉丝阵阵惊呼！

这一系列的广告片共分五部，第一部是一个完整剧情的引子，内容是莱昂纳多在列车车厢里看到对面楼房中一个女子在窗户上留下了“FIND ME”的线索，广告随之戛然而止，而随后的剧情也都将围绕第一部的线索展开。

OPPO 手机广告 3

剧情中的莱昂纳多和神秘女子到底有什么联系？后面究竟还会有怎样的悬疑和变化？短片给人留下了巨大的想象空间，令人不禁想起前一段时间热映的好莱坞大片《盗梦空间》。回想一下《盗梦空间》电影，会发现这则OPPO FIND广告与《盗梦空间》有很多相似之处。首先，在《盗梦空间》里，莱昂纳多的身份是一名造梦工程师，装束时常是深色西装，表情凝重充满思索，广告片中的莱昂纳多延续了这种装束、表情和眼神；其次，《盗梦空间》最令人深刻的场景就是第一层梦境中的大雨，而这则广告目前曝光的照片很多也是下雨的天空和一群遮挡面孔的撑伞人；再者，《盗梦空间》最吸引人的就是它独特的拍摄手法，线索神秘，迷局重生，这则广告从第一部就很好地展现了迷局的特点。因而无论怎么看，这则广告都像是《盗梦空间》的续集，而据知情人士透露，这则广告的制作团队也确实有一半以上来自电影《盗梦空间》团队。

他为什么要奋不顾身去找这位神秘女子？为什么总是一次次错过？最后能找到她吗？在浪漫巴黎上演的这出不同寻常的故事是现实里的梦境还是梦境般的现实？层层悬念吸引着人们迫不及待看下去，而直到广告结尾时候才出现的OPPO智能手机也吊足了观众胃口，尤其广告最后的那句“Find　me”，极易让人好奇心膨胀而想去找寻一番这款手机到底有何独特之处能让OPPO祭出如此大手笔。

完美转型，标榜探索精神

2011年，OPPO手机已经在东南亚地区开始销售，未来，极有可能会进入美国市场。此番与莱昂纳多的合作，标志着OPPO在通往国际品牌的道路上在不断探索，而且已初见成效。

与此前树立起的“女性手机”品牌不同，作为当前OPPO品牌旗下最重要的分品牌，FIND将为都市年轻男性消费者提供与众不同的品牌体验和品质卓越的智能手机。对这一消费群体来说，OPPO FIND代表了源自探索和想象的智慧与自信。探索是永恒的主题，我们对自己和世界的认知还远远不够，在纷繁复杂的现实社会中，只有不断去探索世界，才能增长智慧，追寻到事物的真相，只有不断去探究自我，才能完善内心，获得更大程度的自由。

十多年来，荧光灯下莱昂纳多的转型有目共睹。OPPO 此番选择莱昂纳多代言，成功实现用户群与影迷群交集的同时，也完成了从女性手机定位到商务智能手机定位的转型。高端商务人群比较理性，对智能手机的要求也比较高，只有赢得这部分用户群，OPPO 才能在智能手机市场占有一席之地。

官方网站上线，推出互动游戏

此外，OPPO 还将年轻男性的探索精神和想象力持续融入了 FIND的品牌活动中。OPPO FIND 官方网站（oppofind.com）正式上线后，推出了一款源自 TVC 故事的迷局型线上游戏，让网友可以持续参与互动，发挥自己的探索精神与想象力去不断破解迷局，找到最后的真相。

该款游戏设置巧妙而且玩家还可以与剧中人对话。将这种互动游戏与 OPPO FIND 的 5 段 TVC 相互配合，趣味性势必更强，当消费者可以在玩游戏的同时深刻体会到 OPPO FIND 的探索之旅，想让这种“探索”精神不深入人心都难！

专家点评：

比起欧莱雅等轮番折腾的国际大腕，OPPO 锁定一个明星进行深入料理，肯定滋味浓厚得多。从莱昂纳多充满成熟男性魅力的广告中我们就可以窥见，OPPO X903 的市场定位偏向于男性。

OPPO 牵手莱昂纳多华丽转身，得益于明星的选择、内容的创意以及整合营销传播。“病毒营销”是近年好莱坞电影新兴的宣传手段，利用预告片、线上游戏、网络图片等形式让作品深入人心。在莱昂纳多主演的 OPPO 解谜式广告中，巴黎的古典与浪漫，让影片更具国际范儿；尤其是在线游戏设计，更是让观众大呼过瘾。解谜型的线上游戏，让网友持续参与互动，经历片中莱昂纳多的故事，如同推理游戏一样，重组环环相扣的碎片式线索；只不过这一次，用户的推理将主导故事情节的发展，并最终一步步接近真相。

这个神秘广告故事的真相到底是《盗梦空间》式的梦中设计，或是《命运规划局》式的暗中布局，又或者是《黑客帝国》式的科技操控，我们不得而知。我们知道的是，现在看到莱昂纳多会想起 OPPO 手机，看到 OPPO 手机就会想到魅力十足的莱昂纳多。

8.《四夜奇谭》：三星智能手机借微电影一呼百应

饭桌上发条微博晒晒美食，地铁里玩玩小游戏打发时间，睡觉前躺在床上看段视频……在生活节奏越来越快的今天，年轻人的娱乐方式也正日益碎片化，以智能手机为代表的终端载体已经成为他们朝夕相处的伙伴。与此相对应，企业的营销活动也在发生着改变。而微电影，就是当下最为流行的网络营销创新手段之一。

一向推崇科技创新的三星智能手机自然不甘人后，其全力推出的《四夜奇谭》系列微电影，运用全社交媒体营销计划，给人们带来了耳目一新的视听体验。这次《四夜奇谭》互联网全案营销可以说是三星在内地最大规模的一次娱乐营销活动，其携手知名导演和多位一线明星推出四部高水准短片并整合六大播出平台进行全力推广，让网友对影片本身及其三星品牌智能手机产品有了全方位的深入了解。

巨星上阵《四夜奇谭》，强大内容做后盾

《四夜奇谭》系列微电影是专门为三星手机品牌推广量身打造的，共包括《指甲刀人魔》、《假戏真做》、《谎言大作战》和《爱在微博蔓》四部短片。为扩大影响力，三星还请来了香港金奖导演和小说家彭浩翔担任该系列影片的监制，并且这四部微电影的演员阵容也非常强大，依靠吃指甲刀存活的周迅、爱上电影女主角的摄影助理黄立行、酒吧乐队主唱余文乐、感情陷入困境的微博控张静初和朱雨辰都在主演之列。该片以爱情为主线展开故事，在离奇、诡异的剧情中，揭示当下年轻人的爱情观与生活态度，以及使用三星手机之后社交圈的种种变化。

《四夜奇谭》微电影画面 1

单看对这四位在年轻人中颇具号召力的明星演员的挑选，就已经让《四夜奇谭》首先符合了三星定位的目标群体特性：频繁使用微博等社交工具，对社交网络黏性强，容易接受新鲜事物的年轻一族。而邀请新锐导演彭浩翔出任监制，则紧跟业界热度，吸引了众媒体纷纷抛来聚光灯。四部视频短片分别展示了当下年轻人的爱情观与生活态度，且剧情包含了奇幻、恐怖、爱情等众多因素，其间巧妙将运用三星手机社交圈之后带来的种种改变穿插其中，显得顺其自然，不会让观众产生“明显是强势植入广告”的厌恶感。

四部视频短片注重的是“体验”，通过使用三星手机，剧中的人物剧情发生了变化，这样就把产品“软”而“柔”地植入剧情，而不是生硬地在剧中出现个大大的品牌 LOGO。因为现在的人们已经不再完全相信品牌的魅力，他们更注重实际的产品体验和别人的体验感受。

《四夜奇谭》天女散花，多平台推广

鉴于当前更多的人趋向于选择微博、社交网站等这样的新媒介来满足对于信息的需求，三星在

此次的推广中做到了极大规模的媒体覆盖以及花样繁多的立体式营销。事实上社交媒体也的确具有满足用户这样需求的强大优势，而且，相比于传统媒体，目标更精确，互动性更强，重要的还有一点，那就是成本也更低。由于三星智能手机将目标人群定位为较容易接受新鲜事物的年轻时尚一族，新浪微博便成为了三星此番营销计划的首选合作媒介。这也让三星手机品牌推广区隔于传统营销：三星充分发动了参演明星和电影角色在微博中与网友进行互动，吸引了大量微博网友的关注与互动，为长尾营销打下了基础。

《四夜奇谭》微电影画面 2

除了联手新浪在微博平台上大肆造势推广《四夜奇谭》，三星还凭借自身良好的媒体号召力打通了包括优酷、土豆、奇艺和人人网在内的六大播出平台进行大力度推广，形成强大的推广联盟。而且，三星此番营销还采用了经典的电影营销手法推出了多平台零点同步首播方式，以求达到短时间内形成强大的推广阵营的效果。当《四夜奇谭》的信息在互联网几大平台上集中铺天盖地而来，效果究竟有多大？有个数据：《四夜奇谭》的首部微电影在 2010 年 10 月 15 日上线，截至 12 月 9 日，累计点击量已突破 2.1 亿人次！

图 3–30　《四夜奇谭》微电影网络营销活动

多样立体策略，《四夜奇谭》名声大振

①充分预热，制造话题。早在《四夜奇谭》拍摄之初，新浪娱乐就对活动进行了全面预热，报道相关明星动态，在明星专区制造话题。其中，关于“鬼才导演彭浩翔首部内地作品”、“四大明星首部网络 PK 短剧”等赚足了眼球，成功吊起了观众胃口。

②借鉴传统，与时俱进。《四夜奇谭》一方面继承了传统娱乐营销思路，炒作杀青会，一方面又结合微博话题进行营销。随着短片拍摄杀青，除了跟进新闻报道，三星方面还顺势将大众的关注度转向了微博平台，通过微博话题炒作快速聚集起了目标用户。其中，既有彭浩翔、余文乐等主创的实名微博，也有周迅扮演的角色指甲刀杀人魔角色微博，真假虚实，吸引了大量用户的关注、转发和评论，热度持续不减。

③微博更新，网友互动。随着四部短片的完成推出，微博上对四部短片的讨论也逐渐增多。三星方面抓住时机，安排了导演明星微博、官方微博和角色微博加快更新频率，更多地与网友进行互动，就剧情、话题当然还包括其中植入产品的信息与网友展开讨论，并且鼓励网友主动传播视频，形成了良好的收视口碑和营销长尾。

④曝光花絮，线下专访。线上推广如火如荼，线下活动也紧张有序。创作方及时邀请剧集中人气最高的明星参与新浪嘉宾聊天，谈拍摄心得；有意发布的片场花絮大曝光，发布一些片场的 NG 镜头；再加上针对明星的专访，定期由新浪娱乐专属编辑在拍摄现场进行新闻采编，同时进行视频访谈以及现场采访等，并将采访报道内容全部植入三星品牌信息。如此多方面结合立体式营销成功吸引到更多目标群体引起口碑传播的同时，产品的信息也成功传达给了受众。

专家点评：

人们的生活变得越来越碎片化是现代文明发展所带来的必然现象，信息技术尤其是互联网的出现更加重了这一趋势，我们接触的信息越来越零碎和分散，思维也就越来越碎片化。三星手机不囿于传统的营销旧法，最大限度迎合碎片时代年轻消费者的娱乐消费需求，把目标对准广受年轻消费者欢迎的微电影，再加上极具号召力的知名导演和明星演员加盟，以及整合制片方和网络新媒体等优势资源共同推广，成功开创了网络电影营销的新模式，既为广大网友呈现了高品质的影视娱乐享受，也创造了广告主、制片方和网络新媒体等多方共赢的局面。

9. 西门子洗衣机温情义拍，淘宝用户体验时尚新年

2011 年 1 月 18 日至 2 月 28 日，西门子家电联合淘宝网开展了“衣服酷爱西门子　靓装新家迎新年”优惠义卖活动。5 台市值 6 999 元的西门子 3D 空气冷凝式洗衣干衣机和 35 台市价 4 999 元的西门子 3D 正负洗系列洗衣机，以 0 元起拍价进行爱心竞拍。爱心竞拍所得将全额捐赠，用于支持中国红十字会的“魔豆爱心工程项目”，旨在帮助处于困境的母亲获得维持正常生活的稳定收入。

西门子家电此次营销策略捆绑了新年、服装购物、B2C 和西门子洗衣机这四个概念，为西门子家电制造一个中国新年网络互动活动，并由此衍生了四项活动内容：

第一，借力平台传播活动目标。联合淘宝网，提升品牌形象，加深曝光“衣服酷爱西门子”的概念。

第二，互动问答推广产品优势。天天赢取淘金币活动，回答西门子品牌相关的题目，即获得淘金币。让消费者更熟悉西门子品牌。

第三，时尚优惠活动感召。25 家大服装品牌全场 5 折换购，联合淘宝商城 25 家大服装品牌进行 5 折换购双赢推广，增加曝光度。

第四，公益竞拍献爱心。淘宝会员直接参与西门子洗衣机的爱心竞拍活动，所得善款将全数捐至中国红十字会，用于“魔豆爱心工程项目”。提高公益品牌形象。

惊艳！营销策略效果轰动

为了营造高热的活动参与氛围，西门子选择了中国最大的 B2C 和 C2C 平台——淘宝网作为合作伙伴，在这一平台与 25 家一线服装品牌合作，推出服装 5 折优惠，同时进行西门子洗衣机的拍卖。借此希望用户在新年期间的淘宝网服装购物体验中，都能了解到“衣服酷爱西门子”是西门子家电对于洗衣机产品推广的品牌口号和诉求，阐述西门子洗衣机带来最佳的洗衣和烘干效果，对衣服给予最高质量的呵护。

淘宝网活动页面

西门子针对此次活动的网络宣传可谓声势浩大：淘宝登录页面和淘金币专题页面左侧导航栏首次开放给品牌广告主；25 家淘宝品牌商铺 BANNER，携手服装品牌商铺双赢推广；投放新浪网、优酷网和百度品牌专区广告，并与用户进行互动；通过发新闻稿、天涯高楼帖、开心网转帖、外围论坛传播，为西门子家电淘宝活动引流，并号召网友关注及参与；在六大媒体（新浪、网易、天极、中国家电网、中关村、和家）发布新闻稿；以“衣服酷爱西门子”为上联，进行了下联征集，以“双胞胎姐妹花淘宝秒杀成果 SHOW”为主题，传播西门子淘宝活动信息；开心网转帖：选择了 4 位开心网红人，发送了自主撰写的开心转帖 4 帖；精选了团购、杂谈、时尚、家电论坛近 300 家举行外围帖论坛，发布论坛传播帖 4 篇，为淘宝秒杀活动造势。

据活动后统计，此次西门子家电在淘宝的总浏览量超过了 335 万人次；参与答题问题环节，人

数高达近 42 万人，近 20 万人答题正确，获得淘金币；参与洗衣机竞拍人数达到了 20 万人，竞拍次数超过 96 万，所得善款超过 4 万元，全部捐赠给淘宝项目的魔豆工程；并且通过此次活动，给 25 家服装卖家带来近 1 177 万元的销售金额，回馈是 25 家服装品牌商家带给西门子活动 9 240 万次的广告曝光！

此次活动的硬广告浏览量高达 6 亿次，点击超过 3 574 万次，平均点击成本为 0.83 元，平均点击率为 0.58%；成本低，曝光力度强，广告质量高并携手淘宝及 25 大品牌，建立了一个强大的品牌互动形象。EPR 方面，共吸引浏览量近 60 万，超过 1 万条回复，累计转帖 2 万多次，影响人群超过 134 万。毋庸置疑，此次西门子的淘宝营销是成功运用网络营销策略获得丰盛效果的又一经典案例。

活动官方网站 1

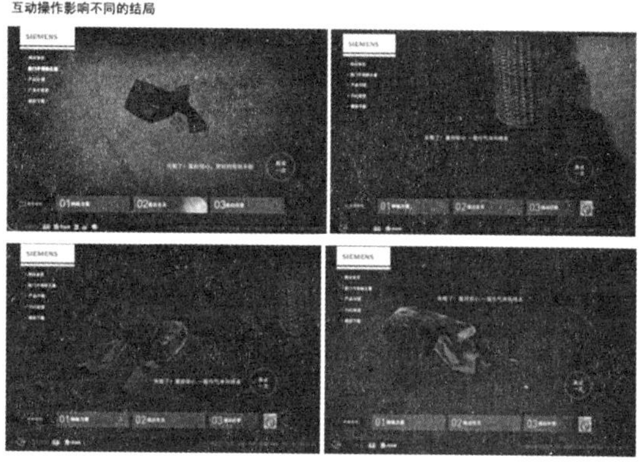

活动官方网站 2

奇妙！创意亮点吸引网民

西门子的活动预告网站上使用了结合视频互动的宣传片创意，网友不仅能在网站中观看 TVC，更有 3 个互动情节可以参与，不同的操作会触发 4 种不同的结局。

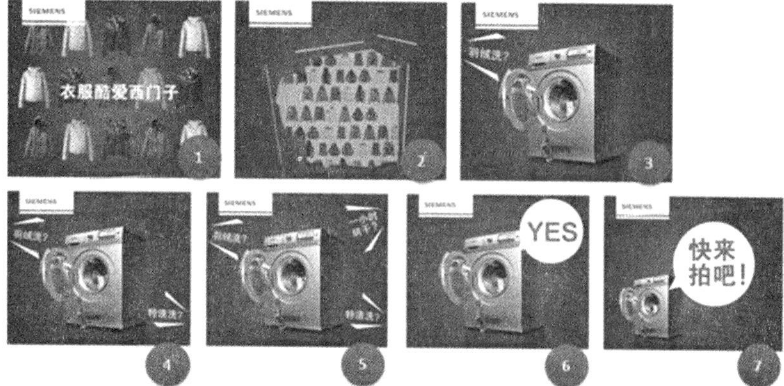

活动官方网站 3

在主题预告片通过奇妙互动创意吸引网民关注的同时，西门子家电的官方网站上也发布了此次爱心竞拍活动的宣传视频，形象展示活动的亮点，以直接可触地展现指导网民轻松参与爱心竞拍活动。

给力！完美体验时尚优惠

在中国每个新年前后是洗衣机产品市场的销售旺季，同时也是中国人准备年货、“新年穿新衣”的购物旺季；同时，2011 年的新年将是 2010 年服装 B2C 繁荣崛起的延续。此次活动西门子家电联合淘宝商城 25 家大服装品牌进行 5 折换购双赢推广，巧妙地迎合了网民的新年购买需求，并通过大幅度的优惠保证了参与兴趣，让网民在满足时尚新衣购买欲望的同时成为了西门子活动的积极参与者，并有较多惊喜与收获。

▼ 中国新年风格

服装优秀销售活动页面 1

▼ 正月风格

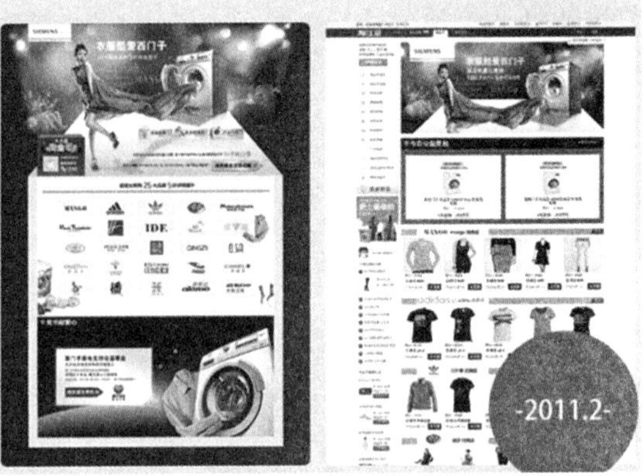

服装优秀销售活动页面 2

▼ 情人节风格

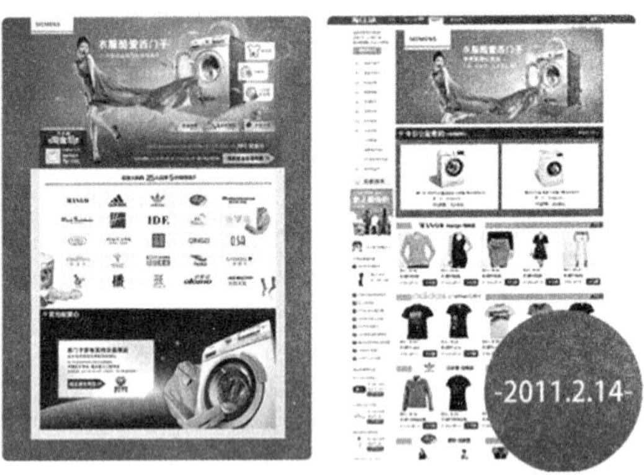

服装优秀销售活动页面 3

感动！爱心捐助温暖新年

作为具有社会责任感的外资企业，西门子家电以爱心拍卖的形式与淘宝网及中国红十字会“魔豆爱心工程项目”强强联合，不仅积极履行了对社会的责任，同时也为消费者提供了惊喜优惠，轻松扮靓新年新家。

两款西门子洗衣机以 0 元起拍价进行爱心竞拍以及名品时装 5 折换购超优惠的同时，所有义拍善款将捐助用于为“身处困境但自强不息”的母亲提供创业基金、系统培训和创业设备，以实现她们的创业梦想。最终筹集善款 4 7418.8 万元，虽然钱款不多，但是爱心满满。让淘宝网民在获得心仪家电产品的同时还能为需要帮助的人送上一份温暖，也是此次“衣服酷爱西门子　靓装新家迎新年”活动引起广泛关注和参与度的一个重要原因。

专家点评：

西门子是较早开展大型而深入的网络营销的家电品牌之一。本次温情义拍活动将一次简单促销活动，变成了一场特色趣味的整合营销。首先是创意广告 TVC“衣服酷爱西门子”在各大电视媒体播放；之后按照节日的特色，西门子联合 25 家一线服装品牌淘宝旗舰店节日促销，同时进行洗衣机爱心拍卖；然后是通过淘宝网西门子迷你站和淘金币专题页面、淘宝新型的媒体广告位、首次开放给品牌广告的淘宝登录页面和淘金币专题页面左侧导航栏、25 家淘宝品牌商铺 BANNER、新浪网、优酷网和百度品牌专区广告、新闻社区开心转播互动等全域媒体投放，扩大了活动影响力，实现了品牌形象提升，更是加深了用户对于“衣服酷爱西门子”概念的理解，并且直接导向销售。

10. 诺基亚时尚搭配秀：派对主角爱出色

随着互联网技术的日益成熟，越来越多的企业“触网”营销，借助灵活的网络平台为用户传递价值，当创新成为这个时代的标志时，企业营销正在爆发一场“新”革命。作为全球手机制造的领先者，诺基亚（NOKIA）一直致力于通过移动通信技术改善人们的生活，而“创新”则是2011年NOKIA在技术研发、产品设计、市场推广的战略核心思路，同时标志着NOKIA全新时代的开始。

2011年初推出的X5-01新品手机，在某种程度上意味着NOKIA2011“创新”策略的揭幕，新品不仅在款式、颜色、用户体验上有别于以往，更值得关注的是在营销推广形式上给用户与众不同的新玩法。

与以往的新品推广思路不同的是，这次NOKIA选择了与淘宝网合作推出新品X5“派对主角爱出色”时尚搭配秀活动，并与淘宝5家超级服饰大卖家合作，通过虚拟时尚评选活动，全面而立体地向用户呈现和诠释X5-01手机时尚炫彩的产品精神，提高产品知名度和影响力，拉动终端销售。

活动官方网站

产品诉求，手机与时尚亲吻

从产品特色来看，以时尚为主打的NOKIA X5-01搭载多种热门功能和互联网应用，化妆盒大小的机身更适合于追求时尚的潮男潮女，炫彩的机壳让用户更能有一种走到哪都是主角的自信。从产品定位来看，X5-01手机的目标用户是年轻时尚群体，他们喜欢个性的张扬，青睐于衣着的时尚搭配。

当手机与时尚亲吻，NOKIA将“时尚”作为X5-01新品整个营销推广策略的基点，通过对目标群体的延伸分析，全部的思路汇聚到服饰搭配的选秀上。作为中国第一大网购购物平台淘宝网，占据着网络消费群体80%的资源，其中热衷于服饰购买的女性消费者占据了90%，面对同样的用户，NOKIA将服饰的时尚与X5-01的产品精神完美结合，并且与淘宝5家超级服饰大卖家合作，共同传递和满足目标用户的时尚诉求。

创意无限，淘宝虚拟时尚秀

与我们平时在电视里看到的时尚秀活动不同的是，X5-01手机的派对主角爱出色搭配秀依托于WEB 2.0的互联网平台，借助互联网技术实现从服饰搭配到投票评选的整个过程，让参与者在虚拟的世界里体验到真实的选秀活动。除此之外，本次活动的创意亮点主要体现在形式的创新、平台的创新和诉求的满足。

①形式创新，趣味鱼饵

本次时尚秀以“秀”、“晒”为核心，这也是淘宝时尚个性的女性用户非常热衷的参与形式，相对于普通的晒单、秀图，以随意搭配并通过虚拟人物展示的形式更加有创意和吸引力。NOKIA为时尚秀精心设计了三个不同的炫彩主题，淘宝用户根据自己的喜好，选择一个炫彩主题，去参与本次活动的5家服饰店铺中的任何一家，随意选择和搭配，搭配好后将自己的作品直接上传到活动页面进行展示，然后通过投票的形式参与评选。而整个活动过程，NOKIA对新品X5-01的直接信息给出不多，只是在活动页面有少量的产品介绍，减少了猎取式广告的展示，增加了钓鱼式的营销元素。

按照网络整合营销4I原则的Interesting趣味原则和Interaction互动原则，X5-01时尚秀注入了许多娱乐元素，参与者更多的是以玩的心态来分享这份乐趣。无互动不营销，这是营销创新的理念，而整个参与的过程除了体验时尚搭配以外，更多的是多种角色之间的情感沟通。

②平台创新，立体感受

活动核心聚合阵地架设在淘宝网的一个minisite，在minisite上，NOKIA炫彩的活动页面、简单明了的参与规则和多个产品销售通道，为整个活动的参与效果奠定了基础。同时，为了保证用户参与时的立体感，NOKIA还选择了与淘宝网的功能频道——淘宝试衣间首次进行商业合作，试衣间是淘宝网针对服饰类商品推出的服装试衣间，以搭配为核心，是一个虚拟在线试穿、搭配，集学习搭配、试衣宝贝推荐为一体的功能频道。在试衣间里，用户可以看到360度拍摄的服饰，并且随意选择搭配，通过真人展示模拍，结合3D展示视觉冲击。

淘宝网活动站

值得注意的是，除了淘宝网minisite和试衣间功能搭配展示以外，活动精准触及X5-01手机目标用户，完美地将其产品精神、特性等自然融入用户互动中，从而引发用户对产品的深入关注及讨论。

③时尚诉求，利益原则

根据网络整合营销的Interests利益原则，任何营销活动都必须有利益驱使，即用户在参与过程中能够获得的价值汲取，这种利益价值包括物质奖励和精神满足。时尚的诉求是这次搭配时尚秀活动的主干线，它既是整个营销活动的起始点，又是用户参与的聚焦点。

按照马斯洛需求层次理论来理解，用户参与的目的性不同，有的是想赢取X5-01手机和购物优惠券，而有的则是想过一过时尚搭配瘾。如果前者是生理需求，那后者则是自我实现，面对现实的生活，更多人希望在虚拟世界里，自己成为主角，并实现自我的价值。而X5-01的时尚搭配秀能够满足他们的双重利益需求，这也是整个活动核心原动力之一。

受众裂变，独乐乐不如众乐乐

与大多数选秀活动一样，最终的评选结果都是由观众投票来决定的，而X5-01的时尚搭配秀的观众是整个互联网用户，没有国界地域之分，也没有身份时间的限制，只要注册一个淘宝会员，就既可以是运动员也可以是裁判员，参赛选手为了能获得更多的投票，他们往往会通过IM即时工具、SNS社区以及微博来分享活动，邀请朋友一起参与，根据活动的规则，邀请的越多，投票数将越多，最后获得礼品的机会将越大，并且打破了以往一人“独乐乐”，成为了大家的“众乐乐”。

新媒体营销拥有传统营销所不具备的传播优势——双向对话，并且不同之处还在于受众在信息的传播中扮演着多种角色，即受众不仅是信息接受者，还可以是信息发布者，他们之间可以自由交换信息，分享对信息的评论，而这也正是新媒体营销的魅力所在。

聚合营销，营销精髓在于互动

在上述的 X5-01 手机营销活动中，我们可以看到，NOKIA 并没有单一向目标受众发送令人厌烦的产品广告，而是深入地挖掘产品诉求，巧妙地策划了以“时尚”为核心的时尚搭配活动，以关系、互动和分享的方式向用户呈现和诠释了炫彩时尚的 X5-01手机，快速地提高了产品的知名度和影响力。

在碎片化时代，新媒体的聚合营销绽放着光芒，创意性的内容更具有杀伤力，情感的交流能攻克最后的防线，未来营销精髓在于关系互动。

专家点评：

洞察到自己的目标受众以在校大学生和刚步入工作岗位的白领群体为主，NOKIA 的营销也是一直紧追潮流，不仅是社会化媒体的先行者，也是 UGC（用户原创内容）模式的高手。本次“派对主角爱出色”NOKIA 时尚搭配秀活动就很好地发挥了 UGC 精神，充分发挥目标群体的分享、互动、参与、创新精神。同时比较聪明的是，NOKIA 联合淘宝店铺淘品牌进行捆绑营销，既解决了奖品问题，又实现了联合营销的双赢价值。美中不足的是，诺基亚除了在官方网站设置 minisite 活动页面，在新闻门户有相关报道，但并没有引入大范围的宣传资源进行推广，这在一定程度上影响了活动效果。

11. 从身边娱乐到全国互动，中国移动棋牌大赛全民狂欢

棋牌作为我们日常生活中最基本的娱乐项目，几百年来一直承载着为大众生活提供休闲乐趣的主要任务。无论是谁，从扑克、麻将，到象棋、围棋，不说样样精通，但总得会个一两样。以往大家玩棋牌的方式都是面对面地在街头巷尾或茶舍家中杀上几盘，也有人会去参加工厂、企业或社会团体组织的棋牌比赛，丰富生活之余还能得点儿小奖品，何乐而不为呢！

而如今，随着电脑与互联网的普及，棋牌娱乐更是没有了地域的限制。哪怕天南海北隔着十万八千里，也能聚在一起杀上几盘过过瘾。不过有利必有弊，相当多的人也表示网络棋牌游戏始终无法带给人们以往生活中打牌那种倾尽全力、杀得昏天黑地的乐趣。虽然各游戏公司也努力通过视频、语音等技术手段带给棋牌爱好者面对面的体验，却始终无法实现“全民狂欢”的景象。

然而世事无绝对，在中国移动棋牌大赛中我们却看到了阔别已久的现实比赛中那种全民斗牌、论牌、围观、叫好的热闹景象，甚至许多平日里并不愿在网络上玩牌的“街棋”铁杆们也都纷纷转战网络来报名参加。许多业内人士和专家对这次中国移动棋牌大赛的火爆场面感到惊喜，并对它成功的原因充满兴趣，究竟是什么因素导致此次棋牌大赛出现“全民狂欢”的盛况呢？

分享、讨论与鼓励，互动提升关注度

在人们钟爱传统的棋牌大赛的原因当中，有一点是非常重要的——情感。“胜不骄，败不馁”、“友谊第一，比赛第二”等口号听起来似乎有些老旧，但它反映出了棋牌爱好者喜爱比赛的真实原因。与比赛相比，棋牌爱好者更重视和珍爱的是以牌会友的作用，通过斗牌来加深彼此之间的情谊。这种情谊却不是简单通过游戏就可以建立的，在现实生活中往往是通过一些情景和环节。如街头棋摊上每日的围观、逗趣和调侃，企业棋牌赛中各部门的站脚助威和给落败者设置的各种鼓励奖项等。

为了通过互联网使参赛者获得像现实中一样的情感交流，中国移动棋牌大赛精心设计了许多比赛环节。首先，他们在自己的官方网站中为各种棋牌项目的爱好者开辟了讨论版块，每日发表各种棋牌类项目的技巧和战术，并鼓励棋牌爱好者们积极参与讨论发表自己的心得。同时大赛还设计了“最牛大地主和最拽小长工”等对胜利和落败者共同奖励的活动。这些活动不仅有效地调动了全民参与的热情，还清晰地诠释出全民娱乐、全民减压的活动意义。每日都有过万的来自天南海北的棋牌爱好者在论坛上观棋、论棋，他们在分享、讨论与活动中结下友谊。为了方便棋牌爱好者们的交流和互动，大赛组委会为参赛者设计了公会活动和各种奖励。棋牌爱好者们可以自己组建公会，通过公会赛、助威团等互动活动增进友谊。

这些活动真实地还原了现实中人们玩棋牌遇到的各种情节，有效地调动起网友的兴趣和参赛者的积极性，最终吸引了超过200万人参加此赛事。

小米加步枪，移动客户端和微博的奇效

与以往的网络棋牌赛不同，中国移动棋牌大赛首次开设了移动客户端，让参赛者可以在乘车、午休等任何空闲时间内进行比赛。此外，大赛组委会还在移动用户中应用最广泛的微博上开设了自己的主页，让手机用户随时随地可以了解大赛动向和最新活动。

网友的行动显示出他们对大赛这种做法的喜爱和支持，与搜狐合作的官方微博开通仅3天便吸引了超过1万名的粉丝。大赛官方微博平均每日发布十几条信息，这些信息有些是分享棋牌的技巧，有些是设置棋牌谜题请网友解局，有些是关于棋牌的小笑话，在与网友的互动中这些信息被转发传播至更广的范围，从而吸引更多的人关注、了解和参与大赛。在网友和大赛组委会共同的努力下，官方微博最终的粉丝数量轻松突破12万，各种转发和评论数量都在6万人次以上。

锦上添花，三大台柱粉墨登场

经常在棋摊和茶舍斗棋的人都了解，吸引人的除了棋牌本身，还有各种可作为谈资的世间趣闻。尤其是那些与棋牌本身有关的奇闻趣事更是受棋友们的喜爱和广泛传扬。中国移动棋牌大赛中出现的三位人物为大赛增添了许多有趣的看点，也吸引了更多希望与他们交流和切磋的人参加比赛。网友们称这三个人为“留洋女地主”、“买房哥”和“棋坛小龙女”。网友们对这三个人的关注不仅仅是他们特立独行的行为，其中也包含他们行为背后所反映出来的社会现实状况。

活动“台柱”之一“留洋女地主”

①台柱之一：“留洋女地主”。留学归来的高级白领，天资优越，家境富裕。她渴望寻找真爱，却又怕她的个人条件会使爱情丧失一份纯真。于是她想出用牌品试人品的方式在搜狐微博上征男友，用自己最喜欢的斗地主来进行“比牌招亲”。其实她的渴望与顾虑代表了一群80后事业小成、家境优越的准大龄青年的内心想法。因此她的勇敢与创意很自然地吸引了一大批网友的关注，也打动和启发了许多和她有着类似情况的人。

活动“台柱”之二“买房哥”

②台柱之二：“买房哥”。一位外地来京创业的男青年，每日辛劳工作的他比别人更加渴望一份家的安全与温暖。终于攒够首付的他想贷款买房并接父母来安享晚年，但因为纳税不满五年使得他的想法不能实现。于是无奈的“买房哥”只能在自己的搜狐微博中用“咆哮体”来抒发内心的忧郁与渴望。当他通过微博了解到了“留洋女地主”后被深深地吸引了，并被她的真情所打动。为了能在棋牌大赛中完成“留洋女地主”的考验，他在微博中招聘棋牌高手来训练自己。并组织助威团为“留洋女地主”和自己打气加油。“买房哥”的“咆哮体”喊出了许多北漂人的心声。房子、妻子、孩子、车子、票子，如今的新五子登科已经不再是富贵的象征，而是许多人认为能在大城市安定、幸福、舒适生活的必备条件。面对实际的情况与条件，许多人都只能露出无奈，但“买房哥”面对困难却不妥协，他还要全力追求幸福。因此他的这种精神自然引起许多人的关注，并使众人感动。

活动“台柱”之三“棋坛小龙女”

③台柱之三：“棋坛小龙女”。一位出生于象棋世家的90后。自幼的家庭与学习影响使她对中国象棋等中国传统文化十分推崇与痴迷。她兴致满满地参加了中国移动棋牌大赛的中国象棋比赛，但参赛者中寥寥无几的高手与网友们对这项

赛事的不冷不热使她感到十分落寞。于是她在论坛上慨叹中国象棋的没落，并为国人不重视传统文化而感到惋惜。目前中国的传统文化面临着继承和发扬的问题，许多老的技艺无人继承，许多好的项目被人忽视。而“棋坛小龙女”的行为反映的恰恰是中国人面对传统文化应有的态度。

如今“草根”已成为互联网的主流明星。他们有着极高的人气与亲和力，非常容易与网民们打成一片并形成网民狂欢的景象。“中国移动棋牌大赛”中出现的这三位“草根”台柱就很好地为大赛聚集了人气，并将观众的讨论话题与关注焦点引向比赛本身，很有力地推动了大赛信息的传播，同时也使得棋牌大赛和微博的气氛更加活跃。更为让人赞叹的是他们还引起了全互联网和传统媒体的关注和报道，让中国移动棋牌大赛不管是在网上还是现实中都得到了充分的曝光。最终结果显示，三位台柱的总关注量超过 20 万人次，相关报道近 10 万条，网友转发数量超过 5 万条。

专家点评：

通过中国移动棋牌大赛我们可以看出，充分利用社会化媒体是它成功的关键。当然这一点与棋牌大赛本身的性质和参与者的特点是分不开的，因此根据活动性质与受众特点来选择传播渠道对于互联网营销来说至关重要。

同时，围绕社会化媒体展开的各种还原生活情境的活动也是其成功不可缺少的要素。活动要设计得能够被受众接受和认同，这样才能引起他们的关注和共鸣。因此说，了解受众的心理和社会热点是网络营销活动设计者必不可少的功课。

12. 分享、随身，三星 Galaxy Tab 演绎微博“体验营销”

微博毫无疑问是近两年发展最快，关注量和用户增长量最大的互联网媒介，它甚至曾经被国内的权威机构评价为“杀伤力最强的舆论载体”，因此许多企业都纷纷尝试着通过借助微博的这些特性进行微博营销。目前国内外已经有许多为业界称道的微博营销案例，这其中有些是创意独特，有些是效果显著，有些则是影响范围广泛、效果巨大。这些案例虽然成功，但依靠的都是用户对微博所传播的产品信息的接受和理解，缺少用户对产品内涵的实际体验。而三星 Galaxy Tab 推出的“分享、随身”营销活动却让人们看到微博营销对于用户体验的优势。

分享、随身，全新的移动式体验营销

三星 Galaxy Tab 是一款智能平板通信终端。与其他同类产品相比，它的最大特点是融合手机与电脑的优势功能于一身。使得用户无论在什么地方都能随时感受到沟通、创作以及分享所带来的快乐。但面对 iPad 2 独领风骚，众多 PAD 厂商分抢市场的环境，如何让三星 Galaxy Tab 迅速曝光，让更多人知道产品的上市；如何提升产品认知度，让网友了解三星 Galaxy Tab 的在线互动功能；如何向消费者传递三星 Galaxy Tab 独有的产品理念，让网友感同身受地体验到这种快乐，这些成为摆在营销者面前的三道难题。靠感人的文字，还是精彩的图片，抑或是创意绝伦过目不忘的视频？这些似乎都无法直接将这种感受传递到网友的身上。俗语说，想知道梨子的滋味必须亲自尝一尝，体验无疑是最好的方法。但面对众多的网友直接的体验似乎不太可行，那么能否有一种间接的方式呢？

用户使用移动互联网大多集中在碎片时间，即集中在逛街、游玩、吃饭、乘车等零散的时间里。他们经常使用的互联网产品是微博。他们喜欢随时随地发表感慨，反映自己的心情和状态，与自己关注的人物或事件进行互动并乐此不疲。这些行为恰恰体现出沟通、创作以及分享的快乐，因此微博的操作可以帮助网友深切地体会到三星 Galaxy Tab 的特点。

此外，微博这一新兴媒体平台具备和消费者进行一对一、一对多以及多对一的双向沟通的特点，并且传播速度快，覆盖人群广。于是三星找到了拥有庞大用户基数和众多活跃的搜狐微博来进行一次全新的体验式营销。

星光闪耀，三星成功营销路上的三颗明星

以“分享、随身”为主题，搜狐 IT 数码频道通过奖励的方式鼓励全国各地的网友探索个人所在的城市，将发现的生活乐趣同步展示在搜狐的创新产品 LBS 上（微博加地图）。在吸引网友参与并展示身边乐趣的同时，将三星 Galaxy Tab 的产品功能进行植入，使用户对 Galaxy Tab 产品的功能特点达到广泛认知。活动中的获胜网友将与搜狐邀请的明星一起，携带一台三星 Galaxy Tab 前往意大利，完成一次产品体验之旅。活动过程中网友的日常通话、拍照、邮件、游戏等应用，将都由一台 Galaxy Tab 帮助完成！

①一星，重“创意”更重“技术”。对三星而言，技术与创意是同等重要的，搜狐为三星 Galaxy Tab 量身订制了活动平台。进入活动平台的用户可以使用搜狗地图做编辑展示，并可以在同一页面中登录微博。用户在搜狗地图上的展示可以同步发送到微博上。同时针对移动互联网用户，搜狐为

他们在微博客户端提供了特殊通道。用户通过移动互联网终端登录搜狐微博发送信息时只需要加入“@TAB”，系统就会自动将信息提交至活动页面。地图展示则由系统根据移动互联网终端提供的定位信息自动标记。网友在参加活动时系统会自动将网友的展示和活动信息转发给好友。网友在查看其他网友的展示时会弹出 Galaxy Tab 功能外形设计的作品展示框。这些技术手段不仅扩大了活动的影响力，提高了活动的热度，吸引了众多微博和非微博用户的关注与参与，也引发了参与者对 Galaxy Tab 产品的关注和对活动的二次传播。

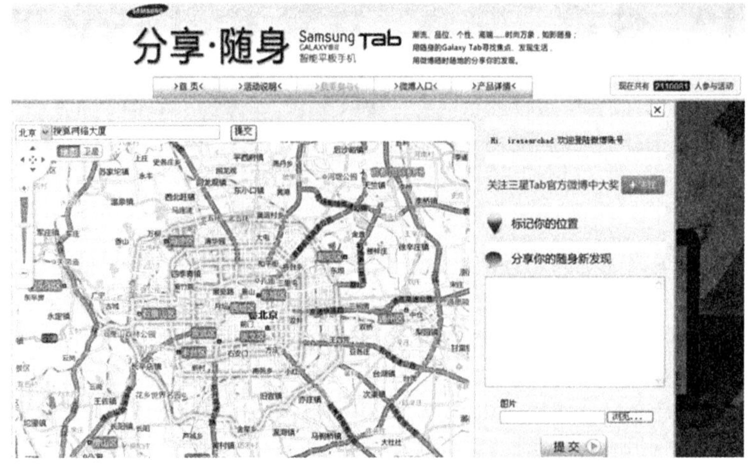

活动页面 1

活动页面 2

②二星，明星名人制造沸点。微博中的明星与名人的关注度是最高的，影响力也是最大的。借助搜狐微博的影响力，安以轩、黄海波、张朝阳、方刚、张亚东、陈一冰、鞠健夫、李光洁、韩乔生等 9 位名人参与活动，并通过自身的名人效应号召了超过百万的网友参与活动。明星们通过分享转载一些与活动相关的深度微博语句和新奇信息来与参与者进行互动，以趣味化的方式展示 Galaxy Tab 的强大功能，推广 Galaxy Tab 的产品特点。同时抛出网友们最想游览的意大利城市、意大利奢侈品攻略、意大利美食文化等话题与参与者进行互动，为下一阶段活动作铺垫。明星和名人的加入加速了活动的传播，并调动起更多网友的积极性，使活动升至沸点。

③三星，“意大利之旅”制造真实体验。如果说微博分享和地图展示只是对 Galaxy Tab 产品内涵的间接体验，那么“意大利之旅”绝对给网友们带来了直接感受。经过明星名人微博对意大利话题的预热，网友们对米兰的奢侈品，西西里的风光，托斯卡纳的美酒，罗马的教堂以及比萨、咖啡、足球等兴趣满满。他们对探索这一美丽的国度充满了无限的渴望与热情。就在网友们的渴望达到顶点时，三星揭开了神秘大奖的面纱——意大利豪华游。这个消息就像让沙漠中干渴的旅客看到了绿洲一样，网友们为了这份大奖马力全开，分享、转发、评论。在网友们的努力互动下最终微博内容转发、评论平均量为 5 000 条。在他们的带动下更多的网友参与进来，最终参与者超过 200 万。

获奖的网友是幸运的，他们兴致勃勃地前往意大利，在感受那里的艺术、风光、美食的同时也充分感受到三星 Galaxy Tab 全球导航、拍摄、视频、翻译等功能的便利与强大。获奖网友通过 Galaxy Tab 将他们的游历实时分享给其他网友，同时三星通过赠送意大利纪念品的方式继续鼓励网友与获奖网友通过微博共同进行意大利之旅。这种方式使得网友对 Galaxy Tab 的体验达到了顶峰，网友们不仅体验到了它强大的功能，也体验到了拥有 Galaxy Tab 的乐趣。

"分享、随身"营销方案为"三星 Tab"官方微博带来了 20 多万的粉丝，200 多万的参与人数。同时在线下活动中软性植入产品功能，通过官方微博和获胜网友的发布形成了二次传播。

专家点评：

微博营销的核心在于激发用户兴趣，产生关注与被关注，并且要善于使用其独特的跟随机制和信息快速推送方式制造更多的即时和互动。此外，我们也可以看到在符合了解用户使用习惯的基础上采用一些新兴的技术应用会给微博营销带来更好的效果。"分享、随身"是一个成功并且非常有创新性及启发性的营销活动，它抓住了微博用户的使用特点，并与自身产品的共性相结合，制造出感同身受的体验。"随身"强调的是分享，"随心"强调的是体验。对于网络营销来说，这种高度的兼容性的确很容易出成果。荡漾身心随波逐流的聪明营销，把三星 Galaxy Tab 从一个网络低级别的整合迈向高端而专业的整合，因此也非常值得营销者们去思考。身心的调动也是"分享、随身"这个案例最精彩的组成部分。在微博这个新兴媒体平台上本活动的环节设置符合了用户的喜好，了解用户的心理需求并及时给予他们信息反馈，满足了用户的利益点。

13. 国美电器之微博营销广告位一键转发

国美电器成立于1987年1月1日，是中国目前最大的以家电及消费电子产品零售为主的全国性连锁企业。2009年以来，国美电器全面推进以网络优化和提升单店盈利能力的战略，以不断调整变化的服务模式满足客户的需求，于2010年完成了新的未来五年战略规划并开始了全方位的实施与推进。国美电器持续以满足消费者需求为导向，进一步以网络优化和提升单店盈利能力为核心，进一步扩展网络覆盖保持有效规模增长，并注重精细化管理领导中国家电零售市场。

2011年伊始，国美电器在新浪微博上开通了官方微博：有国美生活美，开始通过社交媒体传播品牌形象和价值。正苦于人气不足，难以担负向微博用户传播国美信息的重任，需要增长人气，稳定运营。

2011年3月，国美电器“0元抢购手机”活动借助易传媒整合数字广告平台，易传媒通过广告位与微博两个渠道的打通，精准地覆盖近期想要购买手机的消费者，提升“0元抢购手机”活动的认知度和参与度，同时，为国美的官方微博“有国美生活美”带来更高的人气和关注度。

准：打造专属广告平台，快速建立活动认知

国美电器手机类产品的主要消费群体为中青年，可以说是“网络的一代”，但是，如今分散的浏览行为和庞杂的网站导致了消费者行为碎片化严重。在这样的背景下，易传媒基于“以人为本”的广告投放技术手段和媒体运营模式为国美非常精准地找到了目标受众，进行广告的投放。

通过多维度人群定向系统，针对集中在数码、时尚、娱乐、汽车、体育、新闻、视频等媒体的网民，分析这些用户以往的点击、注册等品牌点击和互动历史，选取近期有购买手机需求，点击过手机类产品广告的用户为目标受众。根据所定义的人群及定向准则，基于易传媒媒体投放平台，为“0元抢购手机”的推广，综合观察目标受众的媒体覆盖效果和群体指数，精选合适且优质媒体进行组合投放，通过信息丰富、互动性强的独占富媒体和飞扬视频的广告形式，进行广告投放。

狠：运营给力微博活动，五倍品牌曝光效果

针对中青年网民对微博的喜爱，本次推广打通广告位与微博两个渠道，在所有广告位均添加转发至新浪微博按钮，一键点击按钮即可实现微博转发，促进了活动的二次甚至多次传播，同时，也为国美官方微博“有国美生活美”带来了大量粉丝，也成了国美长期微博推广所依赖的宝贵基础。

目标受众体验流程示意图：

第一步，广告位点击“分享微博”按钮。

目标受众体验流程示意图1

第二步，根据活动规则输入微博内容，分享至自己的微博，完成第一次转发。

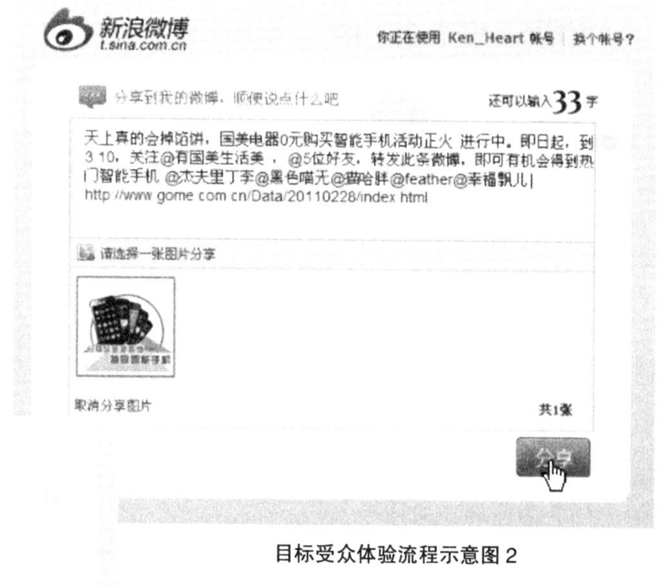

目标受众体验流程示意图 2

分享成功！

目标受众体验流程示意图 3

第三步，转发者的粉丝进行二次转发。

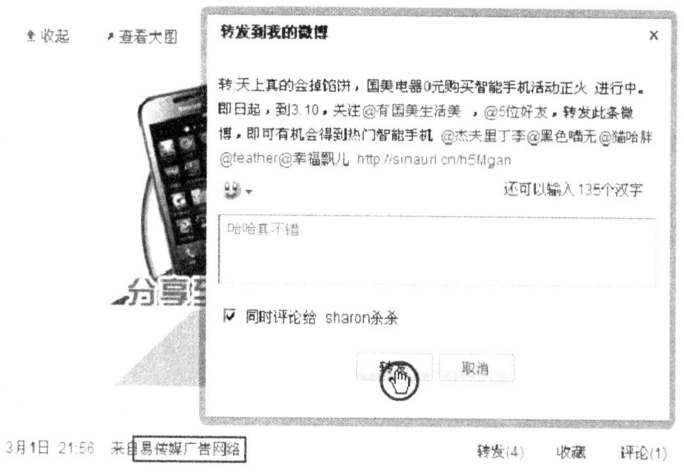

目标受众体验流程示意图 4

稳：全面周到的后续执行

本次推广转发内容采用趣味语言，积极促进受众转发，使活动和品牌的影响力扩大，确立合理便捷的发奖方式，用户只需要在转发的时候 @5 位好友，即可参与“0 元抢购手机”，激发病毒式高速传播，迅速扩大品牌的知晓度，树立良好品牌口碑。

活动微博页面 http：//weibo.com/1914452112/5en1gmhuAiI

制定专业活动规则，处处为品牌争取曝光。

懂微博、懂受众，提供周到的执行服务

本次推广取得了出色的营销效果，真正找到了对国美“0元抢购手机”活动感兴趣的受众，通过微博转发带来了高于预期的效果，最大限度刺激了目标受众的参与热情，也为国美官方微博“有国美生活美”带来了大批高质量的粉丝，在微博上形成了一定的口碑影响力，掀起了“国美0元购机热”，为品牌在微博平台上的推广奠定了一定的基础。

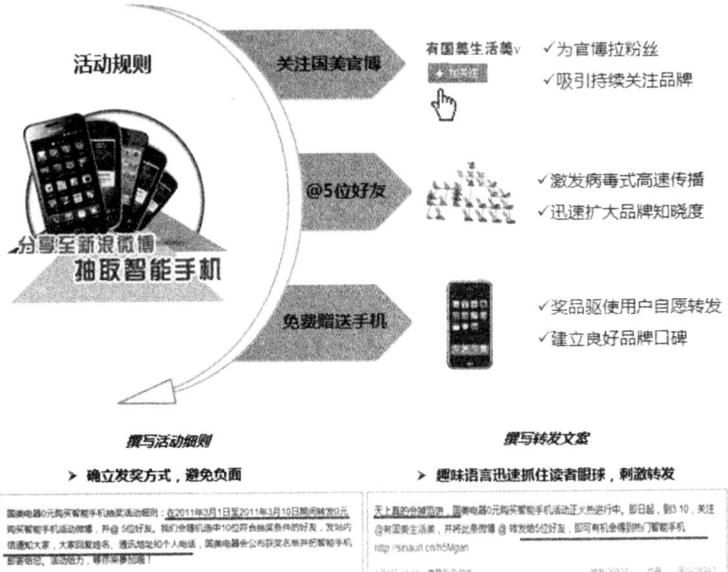

活动规则

出色的营销效果

①展示数及点击数：7天内覆盖手机潜在购买者442万，获得点击15万次；

②目标网站的高到达率：67%；

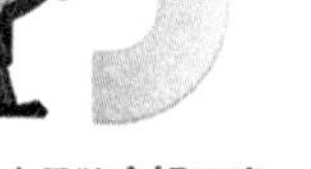

帮助建立品牌良好口碑

帮助品牌影响力迅速扩大

活动效果

③粉丝数迅速增长：推广前其粉丝数为300多，7天推广期后，粉丝数提升至15 000多；

④直接互动及活动辐射同样出色：直接转发微博超过30 000条，活动辐射人数超过100 000；

⑤口碑影响：官方微博粉丝好评如潮，在新浪微博掀起“国美0元购机热”。

同时，广告主（国美电器品牌管理中心广告媒介部）方面的评价是：

此次由易传媒执行的推广活动，帮助国美达成了良好的推广效果——

A. 真正找到了对国美此次活动感兴趣的人；

B. 由微博转发带来了高于预期的效果——最大限度刺激了目标受众对活动的参与热情；

C. 为国美官方微博“有国美生活美”带来大批高质量的粉丝，为微博平台的持续推广奠定基础。

专家点评：

常规的网络推广模式，展示广告平台与社交平台的软性推广是截然不同的两个渠道。这两个渠道之间通常是传播内容上的呼应。而易传媒这一项目真正做到了以技术打通两个渠道，使两者有机结合，以低成本进行了多次传播，令传播效果最大化：

第一步，展示广告平台以其大流量的准确曝光第一时间吸引目标受众，此为第一次传播；

第二步，目标受众参与展示广告互动，被引流至社交平台，二次（甚至多次）传播水到渠成。

14. MOTO“三剑客”数字营销的三大整合

“整合”可以称得上是市场营销中最热门的词汇，不论是理论研究还是在市场实践中都经常被提及，从战略战术的整合到媒体手段的整合，应用角度多种多样。在此案例中提到的“整合”不仅仅停留在战术和媒体的层次，而是业内第一次真正做到了“以人为本”的整合。通俗地讲，就是将分散的目标人群、分散的媒体接触点和分散的洞察数据进行整合，用统一的服务器去完成人群洞察到广告投放的全流程。MOTO与易传媒的这次联手实践具有互联网营销里程碑的意义，也因此获得了创意传播论坛“中国最具创意传播效果奖”、易观新媒体无线营销之星、艾瑞“3C家电最佳营销效果案例”等多个奖项的认可。

2011年，MOTO凭借其智能手机优势“王者归来”，推出三款重量级智能手机（又称“三剑客”），角逐上半年的智能手机市场。为此，MOTO希望在互联网上掀起一场声势浩大的整合营销大戏唱响新品的登场活动，而易传媒整合数字广告平台正好为MOTO搭建了这么一个整合营销的平台。

首先，形成足够规模的覆盖（critical mass），并且精准触达，将碎片化散落在各个网站中的目标受众整合进广告网络服务器来投放广告；其次，按照受众喜欢的方式进行传播，在他们喜欢浏览的网站、手机APP、LBS社区、社交媒体（比如微博）中投放，达到优秀的沟通效果，让他们爱上品牌；最后，将各个渠道产生的目标受众数据进行累积、沉淀，按照多个维度分门别类，供客户实时查询和二次传播，积累品牌资产。从始至终，整个项目全部由一台易传媒广告网络服务器来完成，易传媒凭借技术驱动整合营销的策略和执行力，为“三剑客”的推广实现了人群、沟通、数据三大整合，全面提升MOTO的新品认知和品牌指标。接下来我们分别剖析每个整合策略。

整合分散的目标人群

MOTO“三剑客”的目标人群是28岁以上，有较强消费能力的人群，而这一人群兴趣高度分散，互联网访问行为高度分散，任何一家单一媒体都无法全面覆盖他们。因此，易传媒用技术整合了大量优质、极具影响力的媒体，涵盖各大门户网站、垂直网站、搜索引擎、社交媒体、手机媒体，进行有效的跨终端广告投放，专为MOTO打造了一个整合的品牌曝光平台，最大化覆盖目标受众。

同时，在足够的受众覆盖基础上，易传媒通过11维定向技术为MOTO更加精准地找到目标受众，减少浪费：行为定向，锁定IT达人、白领等人群；手机型号定向，直接向智能机高端用户推送广告；回头客定向，找到看过MOTO软文的受众，再次向其推送硬广，实现二次沟通，加深品牌印象。通过大规模的受众覆盖基础，结合精准到达，使MOTO广告高效曝光超过4.7亿次，全面覆盖将近2亿互联网独立用户。

这其中还有一项互联网领域的新技术“Ad Serving”技术的应用。易传媒利用这项技术，用CPM投放来整体优化CPM（每千人广告成本）+CPD（按天收费）投放的频次，这是一种更高效更经济的投放思路。

早在2008年，易传媒将CPM+CPD的协同投放机制首次引入中国市场。此次项目中，MOTO独立部署了优质的门户媒体和IT垂直类媒体，如腾讯网、新浪网、搜狐网、网易、太平洋电脑网和中关村在线等。CPD媒体的集中曝光，覆盖了大量目标受众，但多数目标受众都只看过1次广告，不一定能留下深刻的印象，而MOTO定义的最佳广告曝光次数是2～9次，因此易传媒在MOTO投放的CPD媒体上加上了代码，用后台技术监测CPD广告曝光的频次，通过CPM的广告投放补足CPD广告频次，最小化1次曝光的人数，最大化2～9次曝光的人数。

结果：CPM+CPD 模式的整体投放频次得到了很大的优化，以其中一款产品为例：

频次为 1 的 UV/ 总体 UV 的比例，控制下降了 27 个百分点；

频次 2～9 的 UV/ 总体 UV 的比例，提升了 25 个百分点。

频次补足的投放方式，避免了广告曝光的重复，增大了品牌对受众的影响力，提升了投放效率。

整合多种媒体接触点

首先，如果没有技术手段，没有前文提到的广告网络服务器，社交、搜索、门户、垂直等各媒体接触点只能以相同沟通讯息链接，只能被动整合。而易传媒运用技术把这些媒体整合到了一个小小的广告位上，进行充分的价值挖掘，不仅能够控制广告出现的版本、顺序、播放的次数，还能通过在 MOTO 客户直接购买的门户、垂直网站上加代码，研究受众在这些媒体上的广告接受行为，并根据这些行为优化投放，使 MOTO 的广告曝光效果最优化。

其次，通过技术，易传媒主动引导受众。一旦他们看到广告若感兴趣，就可以直接在广告位搜索 MOTO 产品、用手机和电脑转发广告到自己的微博、通过各类 LBS 平台发起“兔年捉兔总动员”签到活动，以更有趣味的方式吸引受众体验品牌。同时，也将更多流量带到了 MOTO 卖场。小小的广告位通过易传媒的技术整合，成为了连接各类数字接触点的桥梁。除了广告位实现跨媒体接触点的整合外，在手机和社交媒体的接触点上也同样进行着跨媒体的广告传播。

第三，根据目标受众的移动上网习惯，易传媒精选优质手机 Wap 和 APP 媒体资源，如手机凤凰、掌中天涯和手机天极等，用移动终端广告辅以机型定向技术，定向有购买力的高端智能手机受众，向目标受众精准传达产品信息。将手机品牌传播带入受众的口袋里。

第四，易传媒运营着中国唯一的手机 LBS 平台，将主流 LBS 用户全面整合。MOTO 在该平台上启动“兔年捉兔总动员”活动，范围覆盖国内重点城市。用户需要通过平台中的任意一家 LBS 媒体在指定的 MOTO 相关地点签到——包括 MOTO 卖场、跟 MOTO 产品特性相关的地点，比如代表商务特点的写字楼、速度特点的机场，等等。用户将签到同步到 SNS 网站上，把活动宣传给自己的朋友，即可获得活动专属徽章。用户凭借已获得徽章的个数就有机会赢取不同级别的惊喜礼品。只有集齐 4 个徽章，在 MOTO 卖场签到过，用户才有可能参与手机大奖的抽奖。这样就成功地把线上流量转化到线下门店。

效果证明了 LBS 的社交价值非常可观：

①移动终端广告投放 30 天，产生超过近百万广告点击。

②LBS 活动执行期间，累计签到次数近百万，发放超过数万枚徽章，在各大主流 SNS 网站和微博媒体上分享次数几十万，大幅提升了品牌和产品的知名度，并有效促进了新机的线下销售。

第五，易传媒技术打通社交媒体和硬广告人群，整合数据。

以“三剑客”其中一款针对时尚年轻白领的手机举例，受众对社交媒体的使用非常频繁。易传媒使用社交媒体平台产品，以娱乐玩家 + 年轻一族 + 数码 IT+ 白领潮人的意见领袖组合，进行软性传播，同时在意见领袖日志中，植入代码，抓取看过文章网友的 Cookies，进行硬广回头客的定向投放，软硬结合，更深入地与受众进行沟通。

易传媒选取了开心网的 10 位优质意见领袖，发布了 20 篇意见领袖日志，分享这款机型的种种强大功能和玩法、创意视频及图文测评，网友们进行了积极的转帖与互动。打通社交媒体与硬广告不仅给 MOTO 制造了话题，更是引发了有效的二次传播。共计获得近百万次浏览、近十万次转帖。其中 4 篇日志被推荐到开心网今日热门转帖榜，进一步扩大了传播效应，使更多网友认知品牌。易传媒同时对浏览过公关帖的目标受众进行回头客定向，对他们推送硬广，再次触达几十万软性公关互动过的人群。

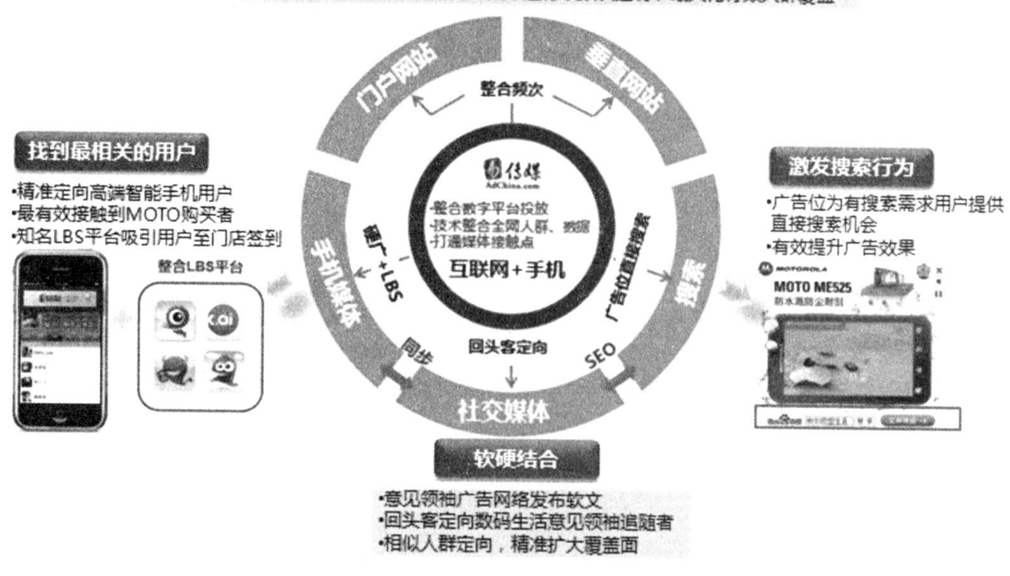

媒体多触点整合策略

整合各维度投放数据

在投放中，易传媒技术追踪模式持续在不同数字接触点找到并记录MOTO目标受众的行踪，为MOTO搭建了品牌专属“eDB”系统数据库，将品牌与受众在沟通过程中收集到的亿万数据全部累积、沉淀，按照多个维度分门别类，供客户实时查询，了解不同产品线、不同品牌层级转换情况，以及不同品牌层级人群的构成、互联网浏览行为洞察。客户和代理公司可以持续根据过往项目中累积的数据，作出更加有效的战略部署，并持续与受众进行长期一对一沟通。

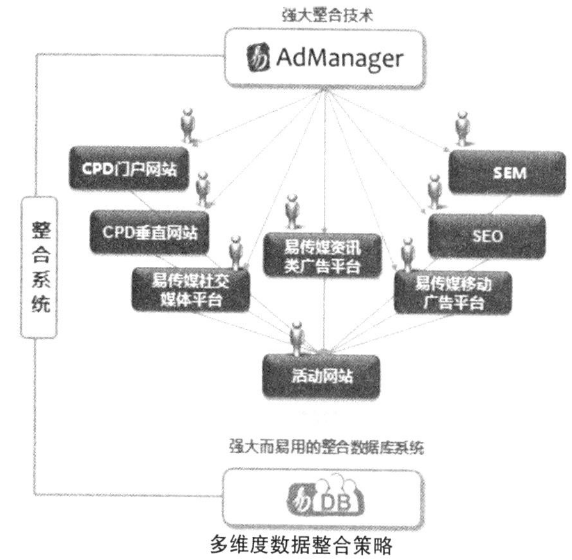

多维度数据整合策略

数字营销大师们在一次次规划着伟大的整合数字营销案例。MOTO和易传媒的这次合作真正做到了不同媒体接触点人群的整合、沟通手段的整合、数据的整合。最终，各类媒体沟通相互呼应、融会贯通。在MOTO“三剑客”案例中，易传媒广告平台作为桥梁，整合门户、垂直、搜索、社交媒体，帮助MOTO提升了产品与品牌的认知度。创新运用的易传媒LBS整合平台，更是将线上曝光转化到线下 MOTO 卖场的签到。线上线下相结合的传播方式，让广告将做品牌促销售完美结合。

而以上的沟通所收集到的亿万 Cookies 信息在易传媒为 MOTO 客户搭建的 eDB 当中被按照多个维度分门别类，供客户实时查询，了解不同产品线、不同品牌层级转换情况，以及不同品牌层级人群的构成、互联网浏览行为洞察。供品牌在未来项目中作出更加有效的战略部署，并持续与受众进行长期一对一沟通。

2011 年初“三剑客”的推广，整合思维和手段都非常的创新，这个项目的整合真的把整合精神落在实处，整合的更高境界还是要依赖技术。

专家点评：

一直以来，最困扰代理公司的就是缺乏平台技术，导致整合数字营销的概念和策略难以真正付诸实践。在这次 MOTO“三剑客”的推广中，奥美世纪携手易传媒实现了营销策略和执行的完美结合，将人群整合、沟通手段整合和数据整合并提炼，最终实现新产品认知度和偏好度的提升，同时刺激线下销售。其中基于手机 Wap 平台的“兔年捉兔总动员”，整合利用 LBS 新颖有趣的病毒传播模式，把 MOTOROLA 三款智能手机新品的产品特点和理念进行了有效传播。广告创意和活动徽章设计时尚活泼，结合时下手机用户热捧的 LBS 应用，更好地调动了各大主流 SNS 网站用户的参与热情。

15. 让娱乐点爆创意文化——Intel“创意大比聘”

活动现场

如果我们作一个调研，问大众最喜欢的活动和话题是什么，结果一定会是千差万别的。但如果我们仔细分析，什么能造成线上线下全民范围的关注、讨论和互动，那么结果一定是——娱乐。如今，娱乐已经成为现代人生活不可分割的一部分，不论是电影、电视剧还是选秀节目，不论反响是赞到拍案还是吐到反胃，娱乐总是会引起口碑的大爆发，成为街头巷尾的谈资与热点，甚至让人专门花钱发短信去讨论。

娱乐一直被许多营销者所看好，并被当做吸引受众的手段与方式。然而虽然娱乐营销在国内推行了很多年，但始终是以一种“奇招”的方式出现，它在国内的应用也远没有达到目前国际上的发展水平。尤其是在讲求创新的今天，娱乐营销在国内还仅仅是停留在娱乐广告、影视剧植入几个固定模式上，这显然是不够的，经历了从新鲜到熟悉后，受众对目前已有的娱乐营销模式已经开始出现不买账、厌烦的势头。所以，如果国内的娱乐营销再不创新，未来它必将会如同插片广告一样被禁。

目前许多业内人士和营销专家已经意识到这个问题，但在具体的创新方面却一直举步维艰。而Intel在2010年推出的“创意大比聘”营销方案却有让人耳目一新的感觉，其中有许多经验非常值得业内人士借鉴，可以帮助我们对娱乐营销进行有效的改进和创新。

选秀与偶像剧的完美结合

Intel“创意大比聘”营销方案的创新点体现在什么地方？为什么会吸引人？原因其实就在于这个活动充分利用了当前最热的“选秀”节目与“偶像剧”结合的方式打造创意文化，通过真人演绎的方式体现Intel的企业及产品理念。

活动通过网络海选、地面海选、10强选拔赛、团队PK赛和个人冠军赛五个赛事过程来让选手们充分地展示自己在创意方面的才华和能力以及对创意的兴趣与热情。“创意大比聘”活动为最终获胜者开出了非常有吸引力的奖励：天联广告3个月培训机会，国际知名4A广告集团Omnicom Group海外工作职位，以及Intel公司30万的广告拍摄合同。面对这样具有挑战的活动，如此好的表演舞台和十分诱人的实惠奖励，许多人开始摩拳擦掌跃跃欲试。在搜狐网络推广的大范围报道和加温下，最终海选的报名人数就超过了30万。

一“芯”一意爱上你

在活动第一阶段地面海选过程中，搜狐网发挥了其独特的互联网传播优势，在活动主页、SNS社区及微博中引导网友对比赛进行关注和热烈的讨论。许多网友在搜狐网的引导下自发地在互联网上组织起了助威团，为自己认识和喜爱的团队制造声势。

在活动进入第二阶段10强选拔赛后，中国教育1套和江苏卫视对10强选拔赛的转播使得比赛的影响力有了更大的提升。同时为了配合10强选拔赛节目，让受众更加了解创意行业，感受这个职业带给人的挑战、激情、乐趣、感动与收获，Intel预先拍摄好的偶像剧《一“芯”一意爱上你》也于10强选拔赛期间在江苏卫视登陆了。

这部由著名演员米雪、知名主持人彭宇等倾情出演的偶像剧一经在江苏卫视播出便获得了观众的喜爱，收视率节节攀升，最终超过了7%。与活动竞相呼应的故事内容，精彩跌宕的故事情节，加上老戏骨、偶像演员的全力演绎，使得看过这部《一“芯”一意爱上你》的人在喜欢并爱上创意行业的同时也产生了从事创意行业的渴望。同时从事创意行业的观众认为《一“芯”一意爱上你》很好地反映了他们的工作、生活与情感，演出了他们的心声。其他行业的观众认为该剧让自己充分了解了一个创意人的酸甜苦辣，也让自己对创意这份职业产生兴趣。

让犀利幽默的点评在网上飞

海选加偶像剧的新颖配合使得越来越多的人关注比赛，最终创下平均收视率5.13%的好成绩。而为了使“创意大比聘”既富有专业性又富有观赏性，主办方特别请到国内顶尖广告营销创意大师叶茂中，有娱乐圈“小诸葛”之称的资深影视、广告策划人谭飞等众多业内资深人士担任评委嘉宾。他们机智幽默、辛辣犀利的语言和选手们拍案称奇的创意引发了无数观众的追捧和讨论，几乎每场比赛过后都有网友在网络上发布该场比赛的精彩语录。一时间诸如“一本二票，共三磁盘四核五路六频七键，整个八九活十分迅速；十板九块，得八小时七窗六线五孔四槽，却又三毫二厘一本搞定，一本万能”、“什么叫好创意？好创意就是想到它很难，做起来却很容易”、“我不希望把创意做成创伤”、“一个狮子带的如果都是绵羊的话，我相信，这个队不会受人尊重”等精彩点评与评委、官方的微博内容结合，成为了微博与SNS社区中出现率与关注度最高的信息。

而且搜狐网还同步推出了与活动主题结合的APP智能手机程序，这不仅体现了创意的活动主题，也大大提升了活动的参与度与趣味性。最终在网络推广的帮助下，“Intel创意大比聘”的知晓度有了显著的提升，决赛节目收视率平均每期升高约0.5个百分点。

我们需要多一些这样的创意

“Intel创意大比聘”的另一成功之处在于网络媒体对活动的助推作用。在网络推广方面，Intel选择了搜狐网作为他们的合作伙伴，搜狐网作为年轻族群与喜爱娱乐者青睐的网站，在定位上与Intel此次营销方案相同。同时搜狐的微博、论坛和SNS社区在目标人群中也有很大的影响力。

实际效果证明，网络推广确实起到了放大传播的效果。从海选到决赛，搜狐每期论坛的推广都获得了百万以上的浏览量与过万的回复数量，宣传视频的总播放量超过200万，相关内容在全网被转载高达30余万次。网友们积极回复、参与讨论、支持助威、献计献策……对该活动的热情被完全调动起来。选手们的精彩创意作品、构思和评委的麻辣语录成为微博和SNS社区中出现率和关注度最高的内容，网友们互相转载分享，使得大家对“Intel创意大比聘”的热情再度提升。

总的来看，在活动推广手段和渠道方面，“Intel创意大比聘”可谓是穷尽目前网络传播之所能。选手作品宣传（论坛、微博双管齐下）、活动推广帖（热门论坛、SNS）、病毒视频推广（视频网站、微博、论坛等）、APP、比赛推广帖（比赛内容的二次传播，数码公社为主阵地，传播到各大论坛、贴吧等）、预告视频及花絮（视频网站、微博、SNS、论坛等）、官方网站更新、贴吧宣传、百度知道引导及百科维护。丰富多样的推广手段与渠道确保了最大的知晓度与关注度。这在以往娱乐营销中是不多见的。

同时这种热情也延伸到了线下成为大家热议的话题，并引起了传统媒体的关注。《中国商报》、

《科技日报》等多家权威媒体对"Intel创意大比聘"活动进行了报道，并给出了"中国制造到中国创造的推动力"、"我们需要多一些这样的创意"等认可。此外"Intel创意大比聘"营销方案对各公司如何打造人力资源品牌也是一个很好的借鉴，通过网络渠道招募选手，同时结合电视比赛真人秀的形式来进行人才招聘，这不仅可以在从业者心目中提升公司、人力资源部门的形象，同时也可以检验人才的真实水平，轻轻松松一举数得。

专家点评：

通过对历年来的营销案例进行研究，我们可以发现，以往借助选秀类节目与偶像剧作营销的案例虽然不少，但这些营销活动的方式都是借助这两类娱乐节目超高的人气与收视率来进行广告信息的发布，做得好一些的也无非是做成娱乐化的植入式广告。而从营销效果上看，这种做法确实能让大量观众注意到产品，但在引起观众对产品的兴趣和对产品留有的印象上却起不到太大作用。但此次"Intel创意大比聘"活动却一改以往那些做法，将重点都放在了打造创意文化上。由于这种做法顺应了当代年轻人追求创意生活及工作的想法，因此获得了很高的人气。"小东西，大创意"的理念通过活动被诠释得淋漓尽致，并使得每一个参与者和观众都有感同身受的体验。英特尔的品牌理念通过活动被深化，并植入消费者的脑中，它的品牌美誉度也得到了升华。

第四章
日化时尚类

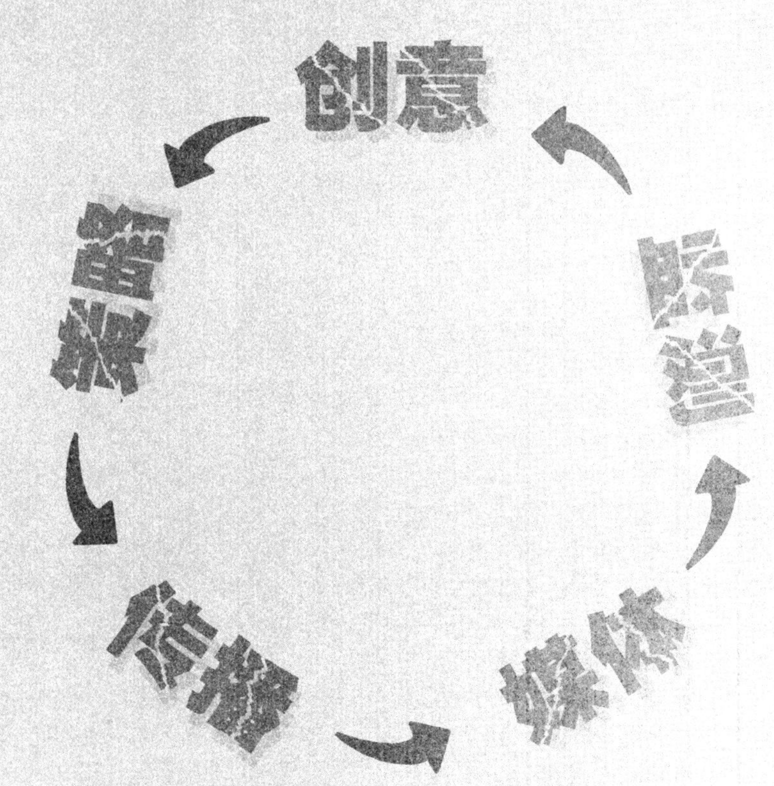

化妆品网络营销破解美妆密码

马云说，21世纪将不再是粤商、晋商、浙商的天下，最流行的商人将会是网商。网络商务扭转了传统商业模式以生产者为中心的局面，一些中小企业甚至可以在短时间内超越行业内的“龙头老大”，成为互联网上的热销品牌。

化妆品具有体积小价值高，方便订购和风险认知低等特点，已经成为互联网销售的核心类目，2010年上升为网购第三品类。2011年化妆品网购规模达到了372.6亿元，同比增幅为66.6%。预计未来几年，化妆品网购仍将保持较快增长，到2015年化妆品网购交易规模将超过1 200亿元。

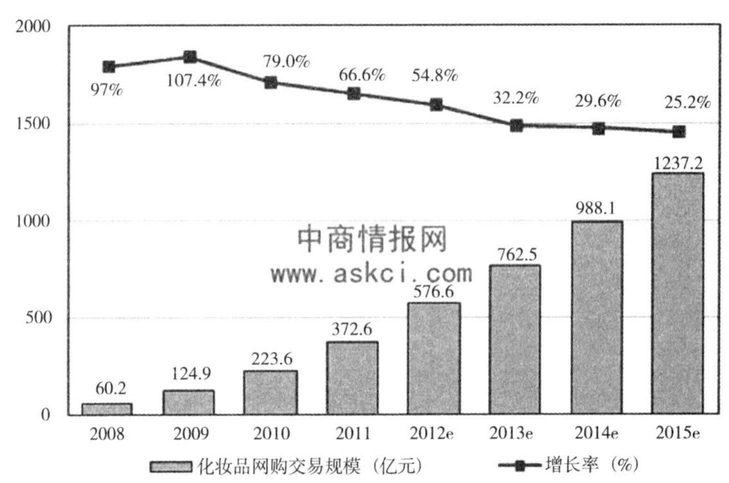

化妆品网购发展趋势

化妆品网购参与主体多元化

参与化妆品网购的企业主体十分多元，既有互联网化妆品品牌（包括独立互联网品牌和化妆品“淘品牌”），也有互联网渠道品牌，还有化妆品传统企业（包括化妆品品牌厂商和渠道企业）。

数据显示，网购消费人群中，80%以上为23～35岁的年轻人。显然，这个人群不仅是网购主力军，也是线下购物主力军，不容小觑。正是看准了这点，各化妆品网购企业主体纷纷加快了线上到线下的品牌落地和线下到线上的品牌上网的步伐，在充分发挥自身优势的前提下，积极借鉴其他参与主体的经验。如互联网化妆品品牌为了扩大其线上和线下的影响力，除了坚持原有的平台外，还积极利用其他互联网渠道甚至是开设线下店铺，通过O2O模式实现电商品牌的软着陆；而传统化妆品企业在自建购物平台的同时，也积极拓展其他互联网渠道，部分传统品牌厂商甚至准备推出纯e品牌。

化妆品网购企业主体

广告大师大卫·奥格威曾经说过，“一切为了销售，否则我们一无是处。”化妆品网购市场的参与主体多种多样，不管从线上拓展到线下，还是从线下走到线上，都是为实现化妆品销售这个目标，明确这点，这些参与的主体必会各取所长，互相融合。

化妆品网购参与企业分类

分类	细分	代表企业	主要特点
互联网化妆品品牌	独立互联网品牌	妙棵（凡客）柚子舍	互联网自有品牌；品牌知名度较低
	淘品牌	阿芙精油，御泥坊，膜法世家，芳草集，PBA	借助淘宝平台崛起，属于自有品牌，产品质量能自己掌控
互联网渠道品牌	C2C	淘宝，拍拍，易趣	商品种类丰富，选择多；商家信誉水平不一，存在较多的假货和水货
	综合B2C	天猫，京东商城，当当网，亚马逊中国	平台知名度高，流量大；化妆品品类占比较低；用户信任度水平不一
	时尚B2C	走秀网，唯品会，Ymall	产品走高端路线，化妆品品类较少
	化妆品垂直B2C	聚美优品，天天网，乐蜂网，米奇网，今日美丽	专业性水平高，信誉较好
传统企业	化妆品厂商	上海家化，贝玲妃，欧莱雅	产品正品，质量有保障
	化妆品渠道企业	屈臣氏，银泰百货，丝芙兰	线上和线下结合，产品的质量有保障

Source: 综合公开资料。

2012.3 iResearch Inc.　www.iresearch.com.cn

B2C 份额迅速增大，发力自有品牌

化妆品 B2C 企业相比 C2C 创建时间大都比较晚，集中在 2008 年以后。相比起服装、母婴等垂直领域，化妆品行业还没有出现强势 B2C。近年来化妆品 B2C 的发展速度很快，特别是 2010 年借助团购模式兴起了一大批化妆品 B2C，化妆品 B2C 的市场规模正处在一个快速变大的过程中。

从化妆品网购的市场结构来看，2011 年化妆品网购市场中 B2C 的占比是 29.2%，和 2010 年化妆品 B2C 只占 13.5%相比有了明显提升。未来，伴随着消费者对化妆品品质的追求程度越来越高，化妆品 B2C 的市场占比将继续增大。

化妆品网购面临的最大难题是供应链的维护，化妆品品牌厂商为了维护其占主导的线下渠道，往往在供货上对化妆品电商加以限制。触网的传统化妆品品牌厂商也更愿意采取在天猫（淘宝商城）上开设旗舰店进行产品正价销售的方式。这样，为了提高利润率和更好地把控供应链，各化妆品 B2C 企业只好布局自有品牌，目前部分企业已经推出了自有品牌，像凡客的妙棵，而少数化妆品 B2C 企业已经凭借其自有品牌在市场上确立了一定优势。随着未来越来越多的化妆品 B2C 推出自己的自有品牌，确保产品质量和对产品进行营销推广将是未来面临的重要难题。

彩妆类化妆品网购上升空间巨大

亿邦动力 2010 年数据显示，在化妆品网购品类上，护肤产品占 51%，护发产品占 21%，香水占 18%，彩妆占 10%。这说明中国女性在化妆意识上还处在发展阶段，随着女性彩妆关注度的提升，彩妆市场具有极大的发展潜力。

2012 年 3 月，EnfoDesk 易观智库研究表明，化妆品及卫生用品品牌网络广告投放规模环比大涨 72.9%，其中彩妆类化妆品的网络广告投放规模环比大幅上涨 362.9%，市场份额由 2 月的 5.4% 上升至 14.5%，发展迅猛。

化妆品网络营销，美人心计

从前边的化妆品品牌广告投放规模大幅上涨，可见化妆品企业在对网络营销的重视程度持续升温。

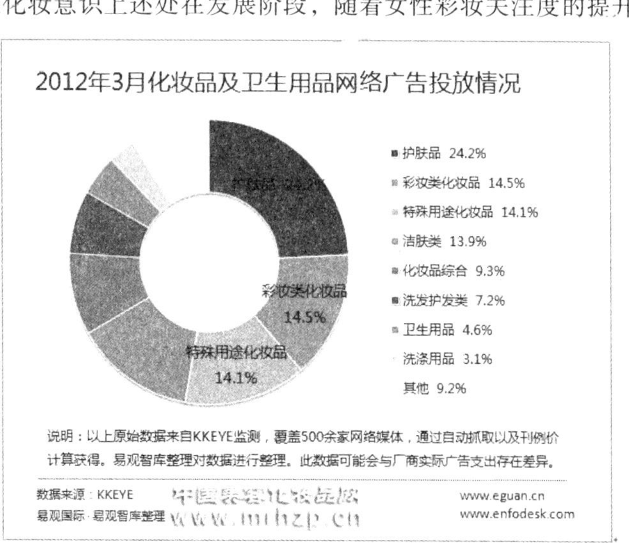

2012 年 3 月化妆品及卫生用品网络广告投放情况

在营销策略上，化妆品企业2011的网络营销可谓争芳斗艳，整合多种渠道，大玩美人心计。

①化妆品事件营销。凌仕男士香氛产品邀请重返娱乐圈、充满争议的人气代言人陈冠希参演视频广告，片中身体力行教学把妹秘籍，表现得直接坦白，让用户大呼过瘾。配合硬广告、病毒视频、陈老师微博、凌仕泡妞APP、门户榜样男等多种营销渠道整合作战，把用户搞得有些神魂颠倒，迷上凌仕男士香氛。滴露快闪则在2012春运期间通过“快闪”行动将滴露的健康生活理念传递给大众。

②化妆品娱乐营销。化妆品和娱乐一向有着天然基因，像2010年的《无懈可击》、《婚姻保卫战》等。2010年底到2011年初娱乐圈里最热闹的莫过于大小恋“大S汪小菲”的婚礼了，宝洁潘婷意识到大S将会成为各大媒体的头条和受众关注热点，在2010年第三季度开始邀请大S担任品牌形象代言人，联手土豆网“观看大S每期臻致生活话题+发布互动妙计”推广，借助大小恋的持续升温和婚礼的举办，宝洁潘婷广告收获了额外1亿次曝光和10万次消费者互动沟通。

③化妆品SNS互动营销。“黑人透心爽牙膏”为了向目标消费者传达“醒你漱口水”激醒感觉的品牌信息，扩大消费群体，在人人网上展开了一场“醒你大解救”活动，并通过SNS人际互动，让好玩搞怪的“激醒”创意（互动富媒体广告）形成了病毒传播。

还有，倩碧化妆品携手街旁网发起移动互联网营销，通过LBS让目标用户主动申领试用品；天天网通过精准定位发起效果营销；SK-II“晶莹素肌”携手汤唯发起视频营销；巴黎欧莱雅借助戛纳电影节发起全明星营销……

营销为王的时代，一个企业、一个品牌、一个产品单打独斗的结果必定是死无葬身之地。整合、跨界、借势、差异化等成为2011年化妆品网络营销的关键词。马云说，21世纪将不再是粤商、晋商、浙商的天下，最流行的商人将会是网商。网络商务的革命性变化，在于它扭转了传统商业模式以生产者为中心的局面，一些中小企业甚至可以在短时间内超越行业内的“龙头老大”打造成互联网上的热销品牌，因此我们看到这些传统龙头老大纷纷触网，凤凰涅槃。

1. 凌仕“把妹”，大胆露骨

很多国外男士香氛品牌都以“性暗示”作为主要诉求，虽然国人的大部分观念早已经和国际接轨，但是在我国，广告营销仍然表现得犹抱琵琶半遮面，还没有一个品牌勇于“身先士卒”。在这种氛围中，一支男士香氛品牌标新立异，把大家搞得有些神魂颠倒，这就是香水品牌“凌仕”(LYNX)，“凌仕效应”大胆突破，将“把妹”表现得直接坦白。

凌仕隶属作为世界上最大的日用消费品公司之一的联合利华，联合利华旗下囊括了奥妙、中华、力士、旁氏、清扬、夏士莲、舒耐、立顿、家乐以及和路雪等广受消费者喜爱的品牌。凌仕在2011年5月登陆中国，通过准确定位、全面布局等方式，以“凌仕效应”为主题展开营销，短时间内取得巨大的成功，堪称2011年最成功的新品牌营销案例之一。

此前已经在欧美获得成功的凌仕是一款男士护理品牌，产品以男士日用香氛为主打，广告则以性感大胆的路线闻名。登陆中国之时，凌仕略微调整了营销策略，将目标人群锁定在18~35岁的在校大学生或职场新人。凌仕同国内最具影响力的视频网站土豆网深入合作，量身订制了多部视频广告，并邀请重返娱乐圈、充满争议的人气代言人陈冠希参演，片中身体力行教学把妹秘籍，热点结合引起网民围观和媒体关注。同时在土豆网塑造网络红人马克，以男士魅力为卖点，制作“马克把妹秘籍”系列视频，引起土豆红人集体关注转发，最大范围扩散了影响力。

凌仕品牌不仅善于“把妹”，对网络营销脉搏的把握也独有一套。在新浪门户的推广中，凌仕利用独家视频推荐广告位全屏看动画效果演示，引导网友参与视频讨论和投票，积极将“凌仕效应”变成社会话题和现象。同步制作的微博APP则力求与用户展开互动，吸引更多人感受到凌仕所带来的热辣效应。至此，凌仕将网络营销运用得淋漓尽致，成功树立了品牌效应，打开了国内市场。

陈老师代言，桃花运解密

陈冠希可谓是娱乐圈最肯努力的艺人之一，曾迫于压力表示“无限期退出香港娱乐圈”的他，事隔不久即宣称将出演好莱坞电影，在公信力被质疑后无疾而终。在此之后，他进军时尚业，看秀、开店、成立音乐制作公司，看似跟复出没有关系，其实一直保持活跃于大众的视野中，寻找合适的复出时机，更给自己加上了时尚代言人的光环。继专辑和演唱会推出之后，陈老师和张柏芝搭乘同班飞机返港，引起网民热议，随后凌仕宣布选择陈老师作为品牌代言人，现身说法，以“凌仕效应”为题，尽解把妹秘籍，成功复出。而陈冠希也不负众望，拍摄的两部视频在网上投放两个月，就分别达到600多万的点击量，轰动效应可见一斑。

凌仕选择陈冠希作为代言人可谓恰到好处。在与土豆网的合作中，视频广告仅凭一个红人马克显然孤掌难鸣，缺乏影响力。陈冠希作为“艳照门”的主角，又正逢复出大肆炒作之时，为一款男士日用香氛产品代言，现身说法“凌仕效应”，讲解“把妹秘籍”，无疑拥有巨大的吸引力。视频中陈老师身穿白大褂，透露桃花运旺盛的秘密，使用诸如“原因……你懂的”等网民耳熟能详的网络热词，有趣、幽默、性感的宣传手段，形成了网民围观、媒体

活动代言人陈冠希 1

争相关注报道的轰动效应，从而将火爆人气与“凌仕效应”紧密结合起来。

先后制造的“凌仕辣妹袭男行动”、“把妹圣经”、“凌仕神秘组织”，以及陈冠希高调复出和凌仕“神秘效应”相结合，作为一起娱乐事件集中营销，进行一场大规模的“品牌引爆”，在创造关注热潮、吸引用户主动关注的状态下，把新的品牌形象集中传播出去，这是凌仕巨大的成功。

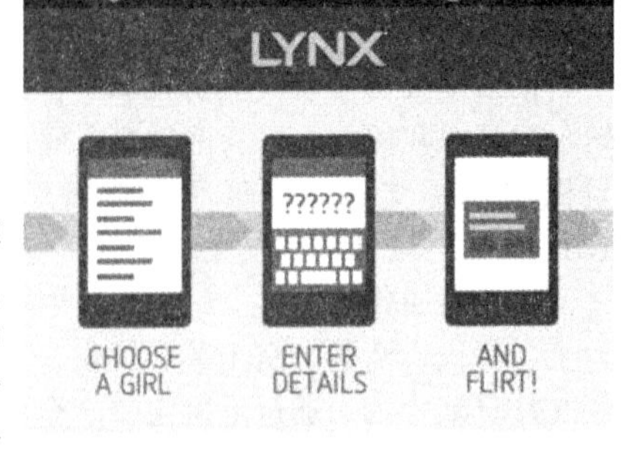

凌仕泡妞 APP 1

陈老师微博解密凌仕效应

微博无疑是 2011 年最耀眼的明星之一。从民众通过微博围观公关事件，到企业通过微博开展营销，作用日益凸显。微博作为目前能够最快和最有效增加用户黏度的新媒体，帮助网站自身最大化实现了附加属性和商业价值，微博运营商正在逐步推出增值服务与广告产品，以期建立成功的微博商业模式。

凌仕同微博运营商中的佼佼者新浪进行合作，除却基本的广告投放外，凌仕的官方微博也积极与代言人陈冠希互动，转发微博。而且凌仕还提供更加别具一格的“声音微博”和“美女搭讪”等微博应用，力求最大限度博得用户视线，增加与用户的互动。如其中凌仕推出的一款 APP，提供三种暧昧方式，根据每一个妹子的特点量身定做多条暧昧短信供用户选择，让用户感觉凌仕已经将自己的定位彻底定在了帮助男士把妹这件事上，好感倍增。

凌仕泡妞 APP（从电话簿里面选择一女孩，接着设定对方信息，然后设定亲密等级）从兴趣和好奇心出发，吸引用户的关注。再充分利用微博极速传播的特点，对凌仕产品的虚拟发布会进行直播，继而引爆关注凌仕效应，由于新浪门户提供的各个频道进行传播支持，保证高潮不断，最大化保证了网民的持续热情。

凌仕泡妞 APP 2

凌仕泡妞 APP 3

覆盖营销，凌仕效应排山倒海

传说中的武林高手都是后招不断，出手绵绵不绝，排山倒海。凌仕在后续的活动中，结合新浪门户多个频道推出“榜样男性”，使凌仕受众成为与“榜样男”有同样魅力的男性，加深用户对产品的热度；线下更是不遗余力地挖掘陈老师的余热，通过抽奖获得跟代言人陈冠希进行互动的机会，结合现场的微博大屏幕进行微直播和微访谈。

通过线上与线下的结合，进一步加深了“凌仕效应”的影响力。可以说，凌仕在短时间内完善了整个营销体系，通过巧妙的手法来激发用户的好奇心和关注度，从而促使用户的购买欲望大大加强。而正是准确的定位，使一向收益较差的覆盖式营销获得了前所未有的成功。

活动代言人陈冠希 2

专家点评：

从整个营销的过程中来看，凌仕进行的前期调查至关重要。该品牌在欧美的广告风格一向以大胆出位的性感路线而闻名，符合欧美人群的生活习惯。而面对中国男性相对保守，缺乏主动性的特点，凌仕树立了打破传统和树立更加出位的概念，抓住了年轻消费者的心理。经过准确的定位，在制定营销策略中，不拘一格灵活多变，善于把握潮流。在与土豆网合作的过程中，准确将娱乐事件当做营销事件来营销，形成一个风暴圈来带动事件的整体上升。而随后在与新浪的合作中，充分利用了新浪多频道广覆盖的优势，大范围多角度地对产品进行推广，并有效地利用了微博营销的优势，在微传播上可谓做到了面面俱到，结合线下和其他媒体的传播，最大化了覆盖式营销。

从效果上看，凌仕作为一款初步登陆中国的男士日用香氛产品，在短时间内，由鲜为人知成为社交网络内最热门的话题，毫无疑问，获得了巨大的成功。在整个营销过程中，将娱乐事件作为营销方法堪称经典，而微博直播、微博 APP 的手法也值得借鉴。

2. 宝洁潘婷携手大 S，热点搜索创新营销

一直以来，洗发水行业广告战的竞争都十分激烈，各公司同类产品除了在传统媒体方面做足广告，如今更是把目光瞄准时下最红火的互联网搜索营销新媒体互动广告上，这其中的佼佼者就包括位列国内洗发水前三甲的潘婷。如何在互动中寻找突破口，与更多年轻时尚人群交流成为潘婷创新营销的主要目标。2010 年 10 月，宝洁潘婷高端系列臻致修护系列启用“美容大王”——大 S 作为其代言人，运用明星效应吸引人群，并且将传统电视广告的宣传模式与互联网热点搜索的新广告模式互相融合，旨在提升潘婷产品在年轻群体中的品牌知名度及品牌感染力，取得了非常显著的效果。

融合！土豆衍生“臻致生活”，互动提升品牌关注

潘婷选择土豆网这样一家以“娱乐营销”为核心的视频媒介平台，通过全站互动专区“观看大 S 每期臻致生活话题 + 发布互动妙计”推广，围绕“臻致生活”主线，让网友从看到、参与再到互动，全方位体验“Clinicare”追求完美、臻致生活精神，从而提升网友对潘婷 Clinicare 的活动关注度。推广一共分为三个阶段进行：第一阶段内容为“大 S 带你体验秀发新生疗愈 SPA”，第二阶段内容为“品味英式名媛下午茶，诠释英式典雅发妆”，第三阶段内容为“变身时尚派对女神的臻致秘诀”。互动活动历经约 1 个月的推广，有近 22 万人参与专区互动，接近 8 万人注册登录参与活动。土豆以高品质的节目视频、简单的互动，带动网友和粉丝们的参与热情，循序渐进地向网友展示了大 S 的“臻致生活”。

活动代言人大 S 1

amei121　2011-02-19 03:00:13

好喜欢这个广告，也很很喜欢S和潘婷 小P老师的再次合作，完美搭档，高品质产品，我已经买了，效果不错！

回复

huanglydia　2011-02-20 16:02:49

很喜欢 试试看 看有没有奇迹发生！

回复

广州-蚊子开心吧　2011-03-16 16:36:07

超爱大S的，从流星花园开始就喜欢她了，很喜欢那种朴素的她，当然，也比较喜欢她的派对女王造型，很难想象，改变下发型，改变下服装，人就能有这么大的转变，图片上的她跟视频里的她，真的是判若两人啊！

回复

stella薛　2011-03-13 12:43:45

我就是喜欢大s 这种女生不管自己漂不漂亮 都有自信而且永远坚持的保养自己 很多见过大是本人的 都说她本人更漂亮！！！永远支持她

回复

活动官方网站网友点评

毫无疑问，这样的视频推广模式给潘婷带来了超出预期的效果，利用美容大王大 S 的高人气结合视频媒介，本次潘婷 Clinicare 活动：活动网站总访问量（PV）达 9 919 273 次，广告获得 4 505 321 次点击，超标完成 KPI 142%，互动参与总人数达 202 117 人，注册人数高达 75 195 个，“臻致妙计”数量高达 21 084 条，圆满并超额完成了投放目标。

揭秘！《剑雨》中杀手妩媚，生活中美丽妖娆

2010年的一部热播武侠题材的影片《剑雨》，让所有人重新认识了大S的妩媚一面。在影片中，大S轻倚床榻，一袭丝绸裹身，尽展其完美身段。再加上魅惑的神情和演技，那一刻不仅迷倒了无数“色男”，就连女人都不由为其美丽所吸引……

活动代言人大S 2

而在现实生活中，一贯美丽妖娆的大S更是被赋予“美容大王”的雅号。当然，或许对于大S来说，“美容大王”更多的是一种态度。“对我来说，完美就是要美到发梢，不允许一丝分叉。”她对完美秀发也有着自己的解读：“我觉得完美的秀发不仅是为了美丽，这也代表一种看待人生的方式，聆听自己的身心，认真对待每一丝秀发，其实所谓臻致生活就是靠这种对细节的关注实现的。”出道以来，无论唱歌、主持还是演戏，大S从来都是一丝不苟；对待生活，她也从不放过一丝细节。也正是这种极致的追求，让她的事业、人生，都慢慢进入今天这个崭新的境界。

完美的形象需要完美的秀发，无数次的染烫、造型之后，“美容大王”如何保持秀发的闪耀？不要着急，让大S在土豆网专区中的美丽视频来告诉你答案。在视频第一集中，大S为大家倾情揭秘：“我的秘密，来自潘婷Clinicare家族的全新成员——发尾分叉复合精华乳，给我贴心的秀发保养。有时候发质不那么完美，我就喜欢用它为秀发急救，就好像头发的‘遮瑕膏’，让我随时随地保持完美状态。”很显然，这款来自潘婷Clinicare的“奇迹液”，聚合发丝分叉，打造完美秀发，就是大S保持美丽的全新“秘密武器”之一。同时，该视频还有第二和第三集等，每周发布一集，更多美丽秘方，大S都将一一揭晓，爱美的你怎能不期待？

“臻致美丽，我有妙计”，大S不吝分享她的美丽秘籍，还鼓励网友将独有的美丽秘籍上传，用时下最流行的“微博体”，在30字以内表达；同时，大S还鼓励网友发布美丽话题和撰写精彩评论，幸运网友将获得女人都十分钟爱的爱马仕手提袋 个，更是引起波澜一片。

俗话说，爱美之心，人皆有之。在大S的魅力号召和土豆网的强势推广下，潘婷的此次活动上线不到一周，就引起众多网友特别是女性网友的强烈关注和积极参与。

热点！及时应对一举三反，事件、搜索与营销

宝洁潘婷高端系列臻致修护系列在2010年第三季度开始启用“美容大王”——大S作为其代言人。而巧合的是，大S和汪小菲的绯闻恋情也在第三季度被各大媒体挖掘并不断炒作，并随之引起与大S相关的搜索量急剧攀升。于是，根据大S的搜索量变化和事件性质，潘婷对此次营销活动的搜索关键词和创意作出了及时并且实时的调整优化，力求最大限度借助大S人气带来巨量的免费文字广告展示。

《论语·述而》有云：“举一隅不以三隅反，则不复也。”后以“一举三反”指善于推理，能由此及彼。而最终，潘婷正是通过这一举三反的形式，充分利用了代言人大S相关绯闻事件的搜索流量，配合不同创意，给潘婷搜索广告带来额外1亿次曝光和10万次消费者互动沟通。

①一举第一反：大S与美容

2010年10月，大S开始代言潘婷高端系列臻致修护系列。潘婷购买了大S、美容大王、女性美容护发等与大S美容形象相关的关键词，并配合针对性的创意撰写，向所有关注大S以及美容护发的目标用户宣布潘婷高端系列新品上市。

②一举第二反：大S与汪小菲恋情

2010年11月，大S与汪小菲的恋情曝光，大S和汪小菲搜索人气急剧攀升。潘婷及时调整了关键词策略，添加了与此次事件相关的关键词，包括大S恋情、汪小菲等。因此，在成本持平的情况下为潘婷文字广告获得了比平时高50%的展示机会。

③一举第三反：大S婚礼与高品位生活

2011年3月，大S与汪小菲的三亚婚礼万众瞩目；而同期，潘婷在网站上添加了大S臻致生活体验的视频短片。于是，潘婷结合两者再次优化关键词方案，添加与婚礼相关以及与高品位生活相关的关键词和创意，为潘婷广告在成本持平的情况下再次比平时提高70%的展示机会。

从这一举三反中我们不难看出，潘婷在相应时期所做的应对措施及广告方案调整均与当时最火爆的新闻息息相关，借助大S的绯闻和人气，从客户的猎奇角度出发，不断调整自己的关键词与创意，为潘婷带来了前所未有的搜索流量。截至2011年3月，潘婷的此次营销活动所生成的点击份额打破行业纪录，远远将竞争对手抛在身后，同时还给官方网站带来了几百万次的有效消费者互动沟通，提高了网站沟通效率的300%；而通过及时捕捉大S事件并迅速作出搜索广告策略调整，潘婷还以1/10的成本获得了额外上亿次曝光，并且因此获得了2010年百度最佳快消案例奖。

专家点评：

洞悉市场沸点，了解客户所需，热点搜索创新营销为潘婷带来的是实实在在的数据与新消费群体，潘婷的脱颖而出不仅仅是因为自身广告经营策略，更重要的是创新营销。而随着最近宝洁公司裁员1 600人的消息传出，显然宝洁已经意识到每年100亿美元的广告预算已经严重影响到了公司利润率。在宣布裁员的同时，宝洁首席执行官麦睿博（Robert McDonald）表示，他无法永远增加宝洁的广告预算，因为与传统媒体相比，Facebook与谷歌“效率更高”。

这个案例告诉我们，在这个竞争激烈的互联网时代，企业只有把握时机，创新营销，才能走得更远。

3. 滴露快闪：就算快闪暴走，也不忘记洗手

快闪，“快闪行动”的简称，是新近在国际流行开的一种嬉皮行为，可将其视为一种短暂的行为艺术。“快闪族”顾名思义是参加快闪行动的人的总称，他们在现实生活中互不相识却通过互联网或手机联系，在特定地点、特定时间聚集后，在同一时间做出令人意想不到的“行为”，然后迅速分散开。参加者大多是年轻人，大家发挥创意，构思各种稀奇古怪的爆笑怪招。此外需注意的是，快闪内容一定要遵守当地法规和注意安全，并且简单易行，这样才能更容易让更多的人产生共鸣。快闪是目前中国香港、台湾地区最盛行的活动，除了要有精准的时间和高度的协作外，更需要参与者高涨的热情。

自从2003年有人发起全港首个快闪行动以来，在全世界陆陆续续都发起了快闪行动，大多都新奇、好笑或者刺激，在我国的西安、北京、杭州、苏州等地也出现了快闪一族，快闪行动之所以如此受年轻人的青睐，正是注意到了“快闪行动”的这些特点。春节期间，滴露在上海虹桥火车站搞了这样一场快闪行动，观众的互动性不是很好，气氛却是明显被感染了。

滴露快闪，助力2012健康春运

现在的年轻人大多喜欢音乐、街舞这些新鲜时尚的元素，这些元素能立即吸引他们的眼球、刺激他们的神经，然后产生共鸣。当今，各式各样的广告大量地充斥着人们的眼球，当人们正陷入电视剧的剧情之中，当人们在享受着娱乐节目带来的快乐时，其中却总是会突如其来地插播一段毫无创意、充斥着宣传氛围的广告，着实让越来越多的消费者产生了抗拒和厌恶的心理。昂贵的广告费用、毫无创意的广告剧情、观众的抵抗心理，都让企业越来越头疼，但总是会有那么些商家能迎难而上，出其不意。

实际上，将“快闪”应用于营销并不是滴露的专利。在2009年，以T-Mobile为首的国外品牌就制造出了很经典的快闪营销。2009年1月15日11时，伦敦利物浦大街车站大厅里，混迹于人群中的350名“专业”舞者（其中包括T-Mobile的4名员工）在持续了3分钟左右的有组织地表演hip-pop、迪斯科或者舞厅舞步动作后，瞬间四散而去，整个大厅很快恢复正常。但是人们却被这突如其来的行为吸引着，并一直处于好奇和兴奋状态，大家都很想知道这些快闪族到底是出于什么目的发起的这次活动，他们的幕后组织者又是谁，等等。1月16日21时，在英国著名的真人秀节目《名流大哥》（Celebrity Big Brother）的广告时段里却播出了这段视频。虽然只播出了一次，却已经深入人心。T-Mobile借此“快闪行动”在告诉人们新的“哲学”——“人生即为分享”（Life is for Sharing）的同时，用行动去亲自证明了它。随后，这个广告连同其他相关视频被传到网上，供人们继续浏览。据报道，这个3分钟视频在YouTube（英国）上被观看了1 500多万次。在YouTube所有娱乐类视频中流量排名12，还形成了43个Facebook群，其中最大的超过4 500人。在“病毒视频排行榜”网站Viral Video Chart中，这个3分钟视频是过去365天内观看人数最多的视频。此外，还有世界上超过2 500多个博客在谈论此事。这显然是一次相当成功的营销事件，它的成功就在于用低成本的费用和巧妙的创意为自己做了病毒式的宣传。

相对于T-Mobile的品牌快闪行动，滴露则更进了一步，将品牌快闪行动打造成春节公益营销。2012年1月10—14日，利洁时家化有限公司联合中华预防医学会消毒分会、上海市预防医学会、上海市铁路局疾病预防控制中心等多家单位联合在上海虹桥火车站隆重举办了“滴露·助力2012健康春运”活动启动仪式，利洁时家化为活动捐赠3 000瓶滴露洗手液及其他相关消毒产品，让广大春

运旅客养成良好的卫生习惯，过个健康年。

快闪族闪动虹桥火车站，滴露快闪接地气

2012 年 1 月 10 日，在上海虹桥火车站候车大厅，大家都在忙着各自的事情，突然一声动感音乐响起，一名年轻人双手抱着一瓶滴露洗手液突然如触电般开始舞蹈，手中的滴露碰到谁，谁就跟着节奏一起舞动，一致的舞步、动感的音乐、年轻的味道，渐渐地车站的群众开始聚集在这里看着这场年轻人的活力表演，有跟着节奏打拍的，有拿起手中相机拍照的，有跃跃欲试的，随着音乐进入高潮，已经不是穿着统一服装的大家在跳舞了，一些穿着便装的人也加入了进来，使得气氛更加活跃，整场气氛 High 到最佳状态。伴随着一个小男孩蹦蹦跳跳地来到舞蹈团前面，音乐风格忽地发生转变，变成轻松活泼的洗手舞歌曲。所有舞者在小男孩的带领下，跳起了“洗手舞”，配合着滴露自己的儿歌，亮出主题。很多旅客都被这突如其来的舞蹈吸引住了，不少旅客还拿出手机或相机进行拍照。在观众们看得起劲的时候，音乐戛然而止，表演者又一下子散开，消失在人群中，现场就像什么都没有发生一样。

滴露快闪族跳起由专业舞蹈老师编排的“洗手舞”

滴露健康扑克牌

伴随着线下活动的展开，线上的活动预热、活动预告、活动视频等多种形式逐步开展起来。同时，为了更好地体现滴露快闪的关爱行动，在活动现场，滴露通过四大举措保障春运公共健康。首先，活动所在的上海虹桥火车站卫生间内会投放 3 000 瓶滴露洗手液，供旅客使用；其次，派出专门工作人员，使用滴露免洗消毒洗手液和喷雾装消毒液对火车站和过往旅客进行现场消毒，让旅客远离有害细菌与疾病；最后，为了向旅客宣传节日期间的卫生防病知识，主办方还特意设计了“健康扑克牌”，每张扑克牌上都印有两句卫生防病的顺口溜，整副扑克牌的内容串联起来，就形成两首完成春运健康宣传的歌谣。一首是“健康春运歌”，内容为外出旅行时的健康防病知识；一首是“健康团圆歌”，内容是合家团圆时应注意的健康防病知识。主办方还同时张贴宣传海报、发放卫生宣传三折页，宣传健康卫生知识。

活动平民化，低成本营销

跟往年的春运卫生宣传工作“摆两张桌子，拉起一条横幅，设置几块展板”不同，滴露将宣传教育和娱乐活动很好地结合起来。它没有刻意地去推销产品，没有明显地王婆卖瓜自卖自夸，而是加入了娱乐元素，让更多的人能加入进来，大家一起分享音乐，分享舞蹈，分享这些所带来的全部

快乐。

滴露借助快闪族，通过有节奏感的音乐、动感的舞步，吸引了在车站内的人们围观，甚至拍照、录像，因此很容易被上传到视频网站，这样便得到了广泛传播，再一次增加人气。另外，春运期间火车站是流动人口最为集中的场合，来往旅客大量聚集和接触，为一些通过空气传播和接触传播的疾病传染提供了有利条件。所以做好卫生消毒工作，宣传防病知识就非常具有必要性。春节期间大家都有玩扑克牌的习惯，寓教于乐的扑克牌就这样传播开来。

监测显示，滴露快闪事件在优酷上的点击率短时间内就超过了 13 万，微博上的转发效果也相当的可观。这是一次很成功的营销活动，从网络上的反应就可以很直观地看到效果：没有花费大量的广告费用，也没有邀请名人明星进行宣传，而是通过围观群众手中的手机、照相机和摄像机，通过电子邮件、博客和社交网络来进行了广泛的传播。

借助用户生成媒体（CGM，Consumer Generated Media）并进行传播的这种营销理念正在不知不觉向线下蔓延，广告已经渐渐地走入百姓的日常生活中，由民众参与广告活动并充当着广告中的主角。广告显然对自己进行了一次革命，从纯艺术创作走向了大众生活。就像这次的快闪行动选在了人流量大的上海虹桥火车站一样。也许会有人认为这样的广告相对于那些大手笔的豪华短片来说会逊色不少，但是大部分的人会肯定这样的营销方式，让更多的人参与进来分享这快乐，独乐乐不如众乐乐，何乐而不为呢？

专家点评：

广告是一门艺术，但艺术终究是从生活中而来，每天忙忙碌碌的生活，西装革履的生活或许让你忘记了什么是快乐。快闪行动的出乎意料以及幽默搞怪的特点，定会让看到的人眼前一亮，卸下心中的沉重和冷漠加入到里面去享受那片刻的轻松和快乐。这样的互动营销不矫情不做作，温暖而真诚。通过制造用户口碑宣传，信息像病毒一样传播和扩散，快速复制向数以千计、数以百万计的受众。伴随着快闪的传播，滴露“参与社会公益事业，保障公众健康，防止疾病传播”的社会公益形象也印在了大众心中。

滴露通过提供有价值的产品或服务，“让大家告诉大家”，通过别人为自己宣传，实现“营销杠杆”的作用。病毒式营销已经成为网络营销最为独特的手段，被越来越多的商家和网站成功使用。众多的厂商使用病毒式营销的手段也越来越炉火纯青，让人防不胜防。这次滴露闪出了风格，闪出了水平。

4. 黑人透心爽，醒你大解救

牙膏，每个人的生活必需品，超市里琳琅满目的不同品牌的牙膏，你是如何选择自己想要的那一款的呢？看价格抑或看品牌，还是看它的品牌代言人或者口碑？也许在这个生活节奏快、生活压力大的现代社会，这一切都已不是让你选择的理由，下班后的疲惫、商场的拥挤，只想早点回到家里放松的你，会不会随手就拿一管去结账呢？

面对这样的现实，总是会有企业想出让人眼前一亮的营销方式，吸引你的眼球，刺激你的灵魂，让你在忽略了别的品牌的同时刻骨铭心地记住它。

上市第二年的“黑人透心爽牙膏”为了向目标消费者传达“醒你漱口水”激醒感觉的品牌信息，并扩大消费群体，在人人网上展开了一场“醒你大解救”活动，并通过 SNS 人际互动，让好玩搞怪的“激醒”创意形成了病毒传播。

人人减压场，黑人透心爽之醒你大解救

好来化工于 1934 年在上海成立，产品行销全国及东南亚，专业开发及生产优质口腔护理产品，坐拥黑人牙膏等畅销品牌。黑人牙膏此次力推的新品透心爽牙膏中含有漱口水成分，比一般牙膏更具清爽口感。“醒你大解救”宣传活动即为该系列牙膏上市的第二年，2011 年 7—8 月黑人牙膏联手人人网推出的活动，旨在将这一与众不同的特质传递给消费者。

现代人巨大的生活压力、工作压力，满是伤痕的感情内伤，整天待在空调屋不知冷暖、上下班坐电梯的运动白痴、周末不加班就宅在家里对着电脑的宅男宅女们，感到压抑、郁闷和狂躁似乎已经成为了理所当然的事。借机“空姐”、“船票”、“春哥”、“草泥马”、“愤怒的小鸟”、“国足”等充满了恶搞特质的社交网络文化的快速蔓延，“黑人透心爽牙膏”巧妙地让消费者利用他们最常用的社交网络把自身压力释放出来，人人网瞬间变身为减压现场。

活动网站 1

① 玩法之一：“醒你酷变身”，用透心爽牙膏扫荡“工作”、“恋爱”、“健身”、“时尚”四大现代人压力重灾区，选中压力症状和想解救的好友，就可以立即见证好友变身时刻。并且在好友登录个人主页的时候，即刻会被极富冲击力的富媒体广告效果激醒。

活动网站 2

互动营销的特点是消费者和企业之间的互动，只有抓住共同利益点，找到巧妙的沟通时机和方法，才能将双方紧密地结合起来。互动营销尤其强调，双方都采取一种共同的行为。而“黑人透心爽之醒你大解救”的营销策略在让企业和消费者互动的同时，让消费者与消费者之间也互动了起来，当你发现了这个活动，你不是一个人在自娱自乐，而是通过这场活动把你和你的好友

们联系在了一起，进而将这一“激醒”创意变身病毒营销。

② 玩法之二：“爽法大不同”，为每位好友都提供了多达50种爽法！测试你的好友喜欢哪种爽。“和他一起玩愤怒的小鸟”、“带他看中国足球”、“让他跟春哥学纯爷们”、“带他去坐诺亚方舟”、“带他去看草泥马”、“送他珍藏版苍老师全集”……各种玩法应有尽有，总会有让他感兴趣的一种！

活动网站 3

带有真实好友姓名的图片还可以同步到个人相册，50种爽法更是增加收集乐趣，还能下载分享到微博。

各种各样激醒的爽法也是这次病毒营销的一大亮点，“愤怒的小鸟”、“春哥”、“诺亚方舟”、“草泥马”等这些恶搞的辞藻无一例外地成了这一次活动的亮点，让你情不自禁地参与到这游戏中来，并见证你好友的变身时刻，谁能禁得住这样的诱惑？下载分享到微博的这一功能，更是把目标客户群从人人网的用户扩展到了微博用户群，变相加大了宣传力度，扩大了宣传范围并形成了二次传播。

接入有奖销售，二次分享传播

现在不管是人人、微博还是飞信、腾讯QQ等社交网络，企业都已将其利用起来并开展着各种有奖销售活动来增加自己产品的知名度，并活跃市场。有奖销售指的是商业企业根据自身的现状、经营商品的种类、商品的特征及消费者的需求，通过给予奖励，刺激和诱导消费者参与购买的商品的活动。有奖销售主要包括附赠式有奖销售和抽奖式有奖销售。企业通常热衷的是抽奖式有奖销售，它是以抽签、摇号等带有偶然性的方法决定购买者是否中奖的有奖销售方式。作为一种促销手段，抽奖式有奖销售可以提高相关商品的市场占有率，促进商品流通，并给经营者带来一定的经济利益。抽奖式有奖销售运用适当，可以起到活跃市场、促进竞争的积极作用。

活动网站 4

“醒你酷变身”和“爽法大不同”这两种玩法都能进行抽奖活动，激励用户反复参与，扩充体验的好友队伍，让更多的好友体验激醒。用户的每一次操作都能向好友发出提醒，产生不同内容的新鲜事，让每一位参与者都成为透心爽品牌的传播者，形成了更具规模的二次传播。

本次策划历时40天，一共吸引了246万人次的参与，造成新鲜事刷屏效果。活动期间免费媒体带来互动次数多达180多万次，大约是付费媒体的3倍。根据尼尔森消费者跟踪调研报告显示：70%的参与者表示黑人透心爽牙膏给人激醒活力的感觉，是适合他们的产品。相比未参与者，参与者的品牌认知提升了8%，品牌偏好提升了17%，购买意向更提升了34%，实现了消费群体从单纯认知向实际消费的迈进。

专家点评：

黑人牙膏在认识到富媒体广告的优势的同时，抓住了现代人压力大的特征，与中国领先的实名制 SNS 社交网络人人网联手，巧妙地在新品透心爽牙膏中植入游戏，使社交网络迅速变身成为减压现场并进行了一次成功的低成本病毒式营销。此次“醒你大解救”活动正是借助透心爽牙膏冰凉清爽的意向，唤醒身陷压力飓风的人们。通过各种搞怪的“激醒”游戏创意，以及各种潮的网络语言“工作鸭梨大 / 恋爱不给力 / 时尚脑残症 / 运动肌无力……你的哥们姐们也伤不起？也是折翼的天使”、“你深爱的他，痛恨的她，吐槽的他，狂躁的她……还不知道哪个 G 点才能让 TA 爽起来”等吊足了年轻人的胃口，纷纷参与活动。富媒体游戏介入抽奖活动的设置促使参与者加深品牌认知，进而对黑人牙膏产品产生购买意愿。

5. 宝洁：人人都是“生活家”

宝洁进入中国20多年以来，通过不断创新，为中国消费者提供更优质产品和服务一直就是其发展宗旨。而如今随着网络的发展，单一产品和柜台服务已经不能再充分体现宝洁的服务形式，于是创新地利用网络便捷的沟通平台，根据与消费者直接的对话，更为有效地为他们服务就成为宝洁公司新的目标。为此，宝洁公司推出了一系列针对淘宝商城“e生活家”的操作，对内利用SEO和SEM两大利器为“e生活家”添上双翼；对外则运用“生活家”社区网站及杂志，通过传播“贴近消费者生活”、“营造消费者之家”的理念，旨在拉近企业与消费者之间的距离，提高自身品牌亲和力，最终促使淘宝商城“e生活家”越来越红火。

SEO+SEM，撑起淘宝“e生活家”

事实上，宝洁“e生活家”落户淘宝旗舰店之初成绩并不理想，在这个竞争激烈的国内最大B2C平台上，宝洁产品的流量和销量一直停滞不前，同时淘宝的搜索结果也一直被其他品牌的竞争对手所占有。显然，这样的结果宝洁公司是无法接受的。经过对淘宝平台的专业分析，并结合客户的市场目标和规划，宝洁决定引入SEO+SEM的广告手法，通过优化店铺结构、产品表现，提升SEO表现等方式，希望使SEM和SEO能够有机、巧妙地结合，有效提升两者效果，让结果1+1>2。

所谓SEO（Search Engine Optimization），就是搜索引擎优化，是较为流行的网络营销方式，主要目的是增加特定关键字的曝光率以增加网站的能见度，进而增加销售的机会。

而SEM则是Search Engine Marketing的缩写，中文意思是搜索引擎营销。SEM所做的就是全面而有效地利用搜索引擎来进行网络营销和推广，追求最高的性价比，以最小的投入，在搜索引擎中获得最大的访问量，并产生商业价值。

搜索与优化，工欲善其事，必先利其器

我们都知道，有搜索的地方就会有优化。淘宝网上那么多商家那么多产品，仅“化妆品”三个字的搜索就会出现60多万条，但是在系统默认的显示40项乘以100页的情况下，即只有4 000项可以显示，其余那些则都被过滤掉了。而且即便是在4 000项之内，相信也没有人会有耐心翻到100页。也就是说，只有前几页的记录才会被消费者青睐，由此可见竞争压力之大，SEO与SEM的优化也就至关重要。

SEO不是随便找几个人到处发发小广告，然后得到流量，这样来的流量大多是无效的，对于SEO优化也是不利的，非有效流量会增加网站的跳出率。搜索引擎往往会认为这网站的内容很不吸引用户，也就间接认为网站的内容质量不高，很多人都在问：“搜索引擎是怎么知道网站内容质量高不高的?”当你知道跳出率是什么的时候就懂了，也就是PV和IP的比率小，即用户的吸引度不够，跳出率就高。

在经过研究之后，宝洁针对淘宝搜索相关关键字选取修改与店铺标题、店面装修、商品发布时间的控制，产品属性的完善，宝贝标题、描述内容的书写等都进行了全面的SEO整改和优化；再加上SEM诸如淘宝直通车等系列措施的配合，使得橱窗推荐、所有商品搜索排行、所有商品类目排行、人气商品的搜索排行、类目的人气排行，以及用户体验度、空间布置、销量转化率等大大提高。最终，在投入金额没有增加的情况下ROI提升250%，CPA下降82%，客单价上升60%。或许我该

这么解释，在投入金额没有增加的情况下投资回报率提升 250%，按回应的有效问卷或订单来计费下降 82%，客户购买产品每单消费上升 60%，这样是不是会更明白？

正是通过 SEO+SEM 相结合这样的营销模式，宝洁公司在淘宝的搜索结果里，占有率增加 30%（分开 SEO 和 SEM 各自的成果，两者双管齐下的结果，得出 1+1>2），为“e 生活家”撑起一片广阔天空。

网络社区，乐享生活，成为生活的艺术家

如果说上述提到的一堆专业术语和知识可能会让人头昏脑涨，那么接下来认识宝洁在淘宝之外的另一个“生活家”就比较轻松简单了。

在网上曾经流传过这么一段话：电话簿里的号码越来越多，可能够分享心情的人却越来越少。在现实生活中，这样的例子其实并不少见，由于生活压力以及其他各种各样的原因，当你想要倾诉分享的时候，真的会发现不知道拨哪个号码好。

而宝洁的“生活家”社区所扮演的其实就是你身边无所不知的闺蜜这一角色。这是宝洁首次整合旗下各品牌优势资源，与消费者在网络上进行直接的交流。宝洁希望创新地借助网络媒介向消费者提供全面的会员优惠及生活解决方案，帮助他们乐享生活，成为生活的艺术家。如果你正在为日常生活遇到的小问题烦恼，或者有一些时尚信息、生活小窍门想与志同道合的网友分享，那么，你就可以登录宝洁“生活家”（http：//ibeauty.pg.com.cn/）网络服务社区，找到自己想要的东西。例如“有什么办法保持牙齿亮白”、“防晒品是不是质地越厚效果越好”等，在宝洁“生活家”社区，这些家居、美容和时尚的琐碎问题都能获得宝洁的专家解答。

除此之外，“生活家”网络服务社区包含了资讯播报、美丽课堂、乐享生活、试用点评、互动社区、绿动中国、在线购买 7 个版块。在线购买则直接链接了淘宝上的 e 生活家。

同时，“生活家”网络服务社区还增加了许多新鲜的内容。例如为会员提供产品的试用，并将消费者的使用心得直接发表在网站里；提供宝洁公司旗下各品牌的优惠券，会员可直接下载电子优惠券到生活家网店购买，或打印到附近的超市使用等。这种消费方式符合现代消费习惯，开创了日化企业网络服务的先河。

生活家网站 1

生活家网站 2

用户名 密码 验证码 i8ty 记住我 登

专家智汇馆　试用中心　P&G商城　宝洁产品　生活社区

意见反馈 (5) 版主：冲向云霄, sx009900	5529	24271	1月份抽奖奖品何时寄出？ by 冲向云霄 - 今天 11:04
关于宝洁 (2) 此版块为大家提供宝洁的最新动态。 版主：冲向云霄, sx009900	112	634	智汇馆简介 by sx009900 - 今天 13:16
VIP专区 (1) 版主：冲向云霄, sx009900	33	173	【已回复】怎样提升会员等级和积分？ by sx009900 - 今天 14:39
绿动梦想讨论专区 此版块为活动讨论区，提供给网友一个专门讨论活动的地方，而在这个版块发贴			纯牛奶检出黄曲霉毒素 食品安全再添忧虑

生活家网站 3

线上线下，生活家让客户价值最大化

2011 年 6 月，中国网民达到 4.85 亿，位居全球第一。巨大的上网人数，带来了巨大的商机。而企业网上零售这种商业模式无疑为企业提供了新的客户价值，概述可分为 4 个方面（4C 客户价值）：

① Cost 成本：能否提供显著更低的价格（需要考虑线下渠道的价格体系和利益）；

② Convenience 便利：能否提供客户所需要和认同、比线下渠道更为显著便利的购物体验（企业线下渠道体系越“无孔不入”，这个价值越难体现）；

③ Customization 定制：能否提供线下难以实现的定制化服务；

④ Communication 沟通：能否建立更好的企业和消费者的沟通机制和方式，或者更广泛地讲，能否建立更好的企业与消费者以及消费者与消费者之间沟通、交互的机制和方式。

《生活家》杂志

在“生活家”之前，宝洁美国就曾围绕定制这一客户价值有过尝试：1999 年建立为女性定制美容产品的电子商务网站 Reflect.com，然而尽管这是一个伟大的尝试，也汇集了一批忠诚客户，但 Reflect.com 最后却不得不在 2005 年关门。原因也许是美容化妆品在线销售存在的局限性（气味、触觉等无法通过互联网传递），也许是消费者更倾向于现场体验，更或许仅仅是因为它太先进而不属于这个时代。

而“生活家”显然吸取了这个教训，除了用以沟通的“生活家社区”外，宝洁还准备了《生活家》杂志，附带免费试用装以及优惠券等对会员进行邮递，在线下引起一股“生活家”风潮，并最终将热度转向“e 生活家”。

专家点评：

一直以来，“家”都是一个非常特殊的概念。当年的一句广告词“让人想家”使孔府家酒火遍大江南北，让人记忆犹新。如今宝洁的“生活家”，重启“贴近消费者生活”这一概念，不管是商城、社区还是杂志，都体现了一个主题——拉近与消费者之间的距离，让品牌更深入人心！

而利用SEO和SEM双管齐下对商城进行搜索优化也是一着好棋，一方面，SEO能够给用户带来雪中送炭的效果，用户需要的时候来寻找，恰好你公司的排名在前面，那么用户点进网站就是带着需求进来，比起硬塞给用户的效果自然不同；另一方面，SEM特点则是效果快速，当天进行的推荐、展示等措施马上就有可能带来销量。两者搭配结合，自然是成绩显著。

6．倩碧有的放矢，弹无虚发

据不完全统计，当前化妆品行业的市场份额已经达到数千亿元人民币，而且还在不断扩大当中。在此背景下，却是高端化妆品市场的饱和以及中低端市场的激烈竞争。和所有的行业一样，多种多样的营销手法在这里被反复使用，赠送小样、上门服务等已经不再是能吸引消费者的噱头了，而铺天盖地的广告让消费者感到麻木。如何让一个崭新的品牌或产品在短时间内获得消费者的青睐，并有效地转化为用户？倩碧在推广新产品的过程中，利用移动通信和互联网的结合，精准定位用户的营销手法让我们耳目一新：根据迅速反馈的信息对营销过程进行不断的微调，在节约成本的同时有效提升了转化率，令人击节赞赏。

倩碧 LBS，移动互联技术营销

移动互联网正将移动通信和互联网二者结合起来，成为一体。最近几年，移动通信和互联网成为当今世界发展最快、市场潜力最大、前景最诱人的两大业务，它们的增长速度都是任何预测家未曾预料到的，可以预见，移动互联网将会创造怎样的经济神话。根据最新数据统计，全球移动用户已超过 15 亿，互联网用户也已逾 7 亿。中国移动通信用户总数超过 3.6 亿，移动互联网用户总数则超过 1 亿。这一历史上从来没有过的高速增长现象反映了随着时代与技术的进步，人类对移动性和信息的需求急剧上升。越来越多的人希望在移动的过程中能够高速度接入互联网，获取急需的信息，完成想做的事情。

通过移动运营商的无线电通信网络（如 GSM 网、CDMA 网）或外部定位方式（如 GPS）获取移动终端用户的位置信息（地理坐标，或大地坐标），在 GIS（Geographic Information System，地理信息系统）平台的支持下，为用户提供相应服务的增值业务，就是 LBS。基于 LBS 诞生的移动营销也越来越为人们所重视。

2011 年倩碧推出倩碧精华霜，希望能够为更多用户带来晶莹剔透肌肤的新体验，将该款精华润肤新品介绍给更多用户。在新产品的推广营销中，倩碧通过用户手机终端 APP 的形式推送广告引起用户关注，发放产品小样，精确锁定了用户群。以 in-app 形式出现的 Banner 广告，分别整合了“查询周边门店”和“分享至微博”的按钮，通过更便捷、关联的 LBS 广告服务，为用户提供更加便捷的申请服务。值得一提的是，在短短 1 个月的投放周期里，该广告的平均点击率为 1.75%，为广告主精准地锁定了用户，让倩碧的该款新品得以迅速为大众熟知。

广告 Banner

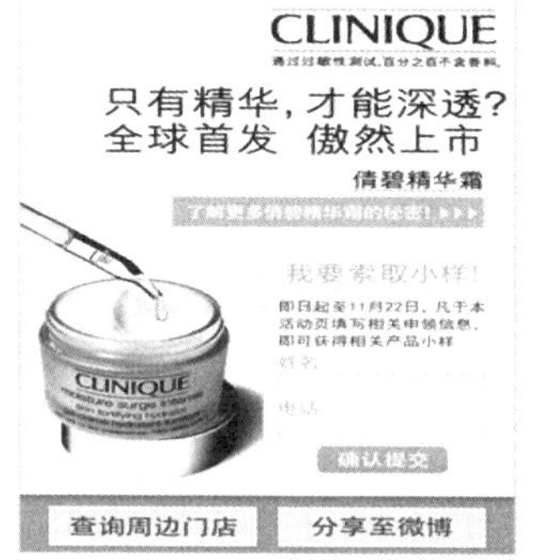

扫描二维码即可进入线上手机活动页面

倩碧精确定位，锁定用户

对于不同的产品要采取不同的营销手法，根据预期效果制定营销策略，是业内已经认可的营销方法。倩碧此次推广的是旗下的一款新产品，用户群略显小众。如何准确定位用户个体，达到最好的营销效果是此次营销的关键。推广中采取了分时段推送、申请小样活动、筛选受众吻合的平台、重点区域推广等手段进行前期的定位，再根据数周内的数据反馈进行下一轮的推广。

在技术策略上，首先，不同时段投放不同类型广告，建议可以在位置定向外，增加时间定向。例如：可以分早、中、晚餐，投放不同时段广告，增加消费者对广告内容的兴趣，进而增加点击率与广告关联度。

其次，具有点击及申请小样的优惠内容广告：根据统计数据，有优惠或试用信息的广告比相同素材广告将可提高 25%～40%广告点击率，可考虑投放优惠或折价券内容相关广告，增加消费者的广告点击动机，更能增加广告受众的消费概率。

第三，提供相关平台与品牌目标受众相当吻合：分析品牌受众的普遍特性，选择与受众人群相吻合的 APP 进行投放，比如财经类、娱乐类 APP 等。

第四，对于重点区域，如北上广加大投放预算，提高其转化率：本次广告投放于全国，其中上海、江苏、广东占 34%的份额，与页面的流量分布大体相同，上海依然是本次活动中表现效果最优秀的。

第五，以三天为周期提供，把所收集的数据提供至品牌进行及时处理。

倩碧广告

从上述的手法中我们可以看到很多与传统电商营销手法相似的地方，那就是精确定位和数据回馈，这非常适合中小型低成本的活动。针对产品特性，有目的地选择推送平台、重点区域进行广告投放，节约了成本，也能有效提高转化率。定期根据转化率调整投放广告的策略，有助于节省时间和提高在用户中的知名度。

3G 系统逐渐普及，LBS 系统与电子地图结合，用户通过 3G 终端就可以实现地图搜索、周边查询和行车导航等多项功能；互联网企业基于 LBS 系统也能更加迅速和方便地向用户发送商业信息，发掘潜在商机；厂商通过 LBS 服务，向进入服务终端区的用户终端发送产品与服务的广告信息，用户可以根据自己的需求来选择是否接受这样的信息。LBS 的广泛应用，对接了用户需求和商家的产品信息。用户得到最新商业体验的同时，商家也实现了效益。这种主动、点对点的营销方式，将成为未来电子商务营销的一个重要趋势。

专家点评：

“你在哪里，我就在哪里”。移动互联网营销突破了时空、终端的限制，可以 anytime、anywhere、anyone、do anything，不仅可以精准定向人群，还可以精准控制时间、把控内容，及时调整营销策略。倩碧精华霜小样派发活动能以低成本取得优秀的转化率，主要得益于三个方面的工作：第一，通过 LBS 移动广告平台推出活动，以别出心裁的创意形式和有吸引力的促销手段迅速在用户间传播；第二，以 in-app 形式出现的 Banner 广告中整合了查询周边门店和分享至微博的功能，可以帮助用户更加快速地参与到广告活动中，并且自主分享活动信息；第三，人群细分，结合广告活动属性，选择高端财经类、娱乐类 APP 进行广告定向投放，匹配目标受众人群，迅速吸引用户眼球的同时，提高了用户转化率。

7. 天天网的效果营销“蜕变”

近十年来，电子商务随着互联网的飞速发展，发生了翻天覆地的变化。一路走来，电子商务的发展速度可谓惊人。从8848的没落到京东商城的崛起，究其缘由，除了需要自身过硬的运营能力外，与在线营销也密不可分。

电商从图书时代到标准化3C时代，再到百货时代，营销的手段也日新月异。当今，垂直电商有着更独特的营销之路。

天天网是一个新兴的化妆品类电子商务网站。销售的产品包括化妆品、护肤品、香水、彩妆、潮流饰品、包包等，目标消费者主要集中在20～29岁的年轻人。在尝试网络营销之前，主要通过传统媒体作DM推广（直邮）。随着业务的扩大，希望能在互联网领域开拓新的市场。

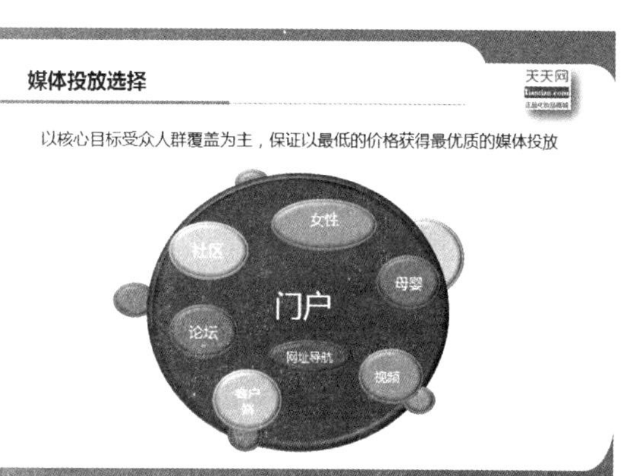

媒体投放策略

天天网尝试网络营销前提出了两点需求：第一，提升品牌知名度。第二，保证一定的销售额。这两点对于任何一个电商都是很重要的需求，为此亿玛营销团队借助自身的产品及资源，在保证合理ROI前提下，大规模地曝光以提升其品牌知名度。

亿玛效果整合营销全网覆盖能力，根据实际情况为天天网提供了最具性价比的个性化网络营销解决方案。具体营销策略的制定从媒体、地域、时间上入手，最终采用了持续投入、循序渐进的投放策略。侧重品牌曝光，促销活动并重。从2010年8月开始，每天持续的广告投放，从门户媒体、垂直媒体、搜索、联盟等方面持续投入，系统优化。

门户、垂直媒体策略

前期采用的亿告广告网络平台进行低成本的品牌曝光，完成品牌广度的告知；这期间采用了门户的碎片形式，垂直媒体植入营销、社区营销、口碑营销等形式，完成了天天网品牌深度的渗透；后期为巩固天天网的品牌效益和规模，提升品牌的美誉度，促使销售最大化。网址站方面采用了hao360和团800，对天天团购和购物内页作了持续推广。垂直媒体选择了土豆网、55pps、瑞

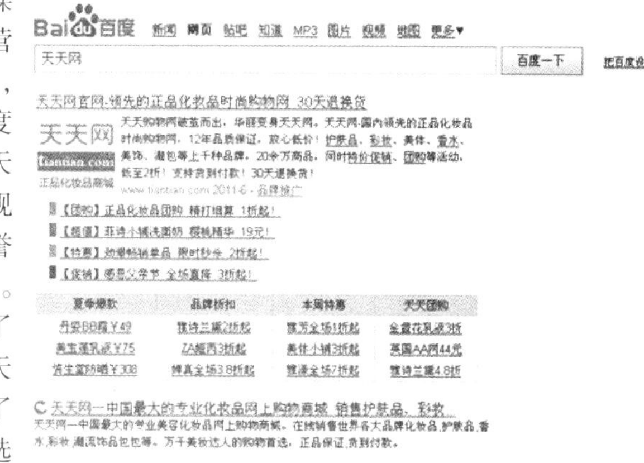

网络广告1

网络广告2

丽等。保持促销和品牌搭配的推广方式。

SEM 策略

SEM 的投放先期通过品牌专区进行搜索引擎曝光，导入更多用户，在选词方面，通过品牌词、通用词、产品词等相互配合并结合适时的促销词达到效果最优化。随着持续的投放和优化，点击成本下降，点击数、订单数、收订额及 ROI 均有提高。

网络广告 3

通过对 SEM 五大可控项的精准操作，完成对天天网网络营销最重要的效果保障。

联盟策略

在垂直媒体、SEM 等关键投放都已展开的同时，覆盖亿起发联盟平台，通过各类活动刺激投放，完成长尾媒体覆盖的同时，进行效果的进一步扩大化，通过各类联盟活动，始终占据优势长尾媒体，形成规模效应，达到营销效果。

总体来看，前期广告上线，依靠亿玛经验和强大的资源支持，迅速完成了品牌曝光。造就了前期的购物体验，同时也掌握了各种媒体类型、各种位置的多种转化数据，为下阶段的推广提供了关键的数据支撑；中后期在保证客户 ROI 的前提下给天天网带来了巨大的销售业绩，同时也完美地塑造了天天网的线上品牌。

专家点评：

效果营销就是按效果计费，一般见于网络广告领域，尤其以广告主为 B2C 电子商务网站为代表，广告主根据广告发布后的行为数量、消费额、订单数(类似于传统行业提袋率)与新会员数进行费用结算。这种后付费的结算行为对于广告主来说，规避了投入的风险。效果营销的计费模式比较多样，包括 CPA/CPS 模式、ROI 模式、CPC 模式和固定买断模式等。

效果营销在实施前一般都会进行策略性的计划和对消费者和品牌的调查分析，然后通过搜索、优化、展示、媒体投放和客户关系管理等渠道为客户提供服务。天天网的效果营销也基本是采取这样的营销策略，前期方向和定位做好，加上到位的执行策略，取得预期回报也是意料之中的。

8．SK-Ⅱ——产品概念"大革命"，让美丽从"晶莹素肌"开始

"神仙水"是什么？观音大士净瓶中的灵水，还是王母娘娘瑶池里的仙水？No，那都是传说，而我们现在描述的却是现实中存在的。1980年，一滴Pitera开启了SK-Ⅱ的奇迹。从此，为所有女性带来晶莹剔透的肌肤即成为SK-Ⅱ不变的追求，"神仙水"的大名也因此让所有爱美的人津津乐道。

而在30多年后的今天，经过不间断的精雕细琢，SK-Ⅱ最新产品"晶莹素肌"护肤套装终于闪亮登场。可是问题也出现了，在目前市场普遍产生SK-Ⅱ产品只有"神仙水"的固有概念下，怎样才能建立新产品的知名度和传播热度，并且深入民心？于是，几经调查研究之后，一句"别'妆'了，晶莹素肌'唯'有你"广告语开始在不同形式媒体上流传，代言人汤唯与SK-Ⅱ的品牌关系也完美绑定在一起，每当消费者想到汤唯，就会联想到SK-Ⅱ的"晶莹素肌"护肤套装，产品概念"大革命"从此开始。

"唯"有你，汤唯与你晶莹素肌

30多年来，SK-Ⅱ从来就不曾缺少过代言人：多次获得奥斯卡提名及金球奖最佳女主角殊荣的Cate Blanchett、香港国际名模琦琦、影视歌红人郑秀文以及著名主持人沈星等，囊括各行各业，阵容可谓星光闪耀。那这次，为什么独独挑中了汤唯呢？

汤唯到底是漂亮还是不漂亮？这在网上一直是个说不清的问题。汤唯师姐、话剧导演杨婷等很多人认为她很漂亮；而汤唯第一次考表演系时，考官则认为她的外貌不特别，不太适合做演员；2004年环球小姐选美比赛上，汤唯更是没有捧回任何奖杯……

不说别的，之前SK-Ⅱ亚洲地区的代言人刘嘉玲就非常强势。那么相比之下，新任"将官"汤唯能否驾驭这辆庞大战车？消费者又能否接受认可？这会不会是SK-Ⅱ的一场赌博？

结果，广告播出之后所有怀疑一扫而空。有消费者反映说：整个广告看下来感觉很舒服，一点也没有大路货的味道。看来SK-Ⅱ并不是赌博，而是慧眼独具。仔细想一想，SK-Ⅱ产品最大的特点是天然、纯净。而在这方面汤唯无疑拥有别人没有的优势，那就是底子干净，起点高，没拍过乱七八糟的低档广告，似乎配合汤唯的代言，"晶莹素肌"更柔和更纯净了，这种代言效果显然是目前很多俗艳的女星无法呈现的。干净，剔透，自然……SK-Ⅱ的理念清晰地呈现了出来，果然是"唯"有你，SK-Ⅱ独到的眼光令人拍案叫绝！如果汤唯之前也接过"转一转，转走岁月的痕迹"、"你本来就很美"、"我炫我自己"、"弹弹弹"之类的广告，那估计一辈子也拍不了SK-Ⅱ……

由此可见，选择代言人并不一定是名气越大越好，关键在于能不能跟产品完美契合。

爱美丽，汤唯揭秘现身说法

现在人们的生活中，往往总是充满这样那样的压力，可能大部分人都会用"忙"和"累"来形容。可是纵然再忙再累，细腻、饱满、紧致、弹润，也仍然是每一个步入而立之年的女性都想拥有的完美肌肤状态，更成为深处压力中的都市女性梦寐以求的肌肤愿景。

也许，在你还是二十五六岁年轻气盛的年纪之时，纵使面对压力，纵使熬夜加班，肌肤依然可以维持令人艳羡的饱满和紧致。但是，当你无限接近而立年龄之时，突然有一天，你会惊讶地发现，

原本骄傲的资本正在悄悄流逝，你的肌肤开始松弛，眼角也悄然爬出了第一道细纹。这时，仿佛一切为时已晚，吹弹可破的肌肤如东流水一般一去不返。但是，同样已近而立之年的国际影星汤唯，无论何时出现在镜头前，无论素面朝天，还是精致装扮，肌肤都如她的演技和为人一样，始终那么完美无缺。究竟有何秘诀？其实秘密很简单。汤唯坦言，拍摄、上节目经常熬夜，作息难以规律，压力自然很大，加之繁忙的工作，更是使其难有充足的时间作全面细致的保养，这时就需要一种全能的，使用简单又无负担的保养品来维持肌肤的好状态。谜底揭开，SK-Ⅱ能够为肌肤补充能量，回复完美状态，自然是最佳选择。

不论到什么时候，爱美永远都是女人的天性，而作为美丽代表的明星就随之备受瞩目。她们是怎么保养化妆的？为什么总是那么漂亮？SK-Ⅱ正是看准了这一点，让汤唯主动出击“现身说法”，再加上“第一次使用晶莹素肌，就感觉肌肤瞬间变得滑嘟嘟，又紧致。使用一段时间之后，肌肤整体变好了，感觉超满意！”形象且诱人的广告词，让人欲罢不能。

别“妆”了，我的氧气美女

当前化妆品市场中，添加化学药剂等不良事件屡有发生。“安全”、“天然”、“健康”等逐渐成为消费者关注的第一要点。

古时候有一句美丽的诗“浓妆淡抹总相宜”，但是现在我们知道了，浓妆虽然能遮盖瑕疵，却也能损害我们的健康。于是，本就不喜欢穿高跟鞋不喜欢化妆的汤唯喊出“别‘妆’了”的口号。台湾著名美妆大师Kevin老师更是在SK-Ⅱ视频中提出：“近年来，裸妆盛行，这种几乎没妆感的自然化妆方式，受到许多女性的喜爱。裸妆重点正是健康的肤质，正确地保养调整好肌肤体质后，再上妆就会是一个非常完美的裸妆效果！”Kevin老师呼吁大家，“要先认识自己的肌肤，了解自己的肤质，选对产品，用对方式，14天内想要拥有晶莹剔透的素肌，绝对不是梦想。千万不要把这些保养或上妆打底看成是一件苦差事，每个女性都值得宠爱自己，用宠爱自己的心去爱自己，让保养变得更有情趣，也是释放压力的一种渠道。每天给自己一点时间，观察自己的改变，了解自己的美。”

针对消费者切身相关的利益，倾囊相授护肤心得，为SK-Ⅱ积聚了不少人气！

“啪啪啪”，全方位出击交叉植入

“啪啪啪”是什么？这个就是汤唯每天“啪啪啪啪啪啪”的产品。不得不说，这个广告力度绝对强，甚至论坛上还有网友发帖声称，家里不会说话的儿子看见这个广告都会嘟哝着嘴巴说“啪啪啪啪啪啪”，然后双手拍打着小脸颊……

仅仅是“啪啪啪”不够，这一次SK-Ⅱ还整合了电视、杂志和搜索营销等多方媒体特点，对“晶莹素肌”这个特有的产品特征词进行媒体交叉植入，同时在SK-Ⅱ官方网站上进行“素肌告白”活动，利用搜索营销导入大量互动流量。从产品特征方面将“晶莹素肌”的护肤概念最大化地推广给消费者。

如此大的宣传力度，我们不得不说，SK-Ⅱ你做到了！不仅仅是在电视和杂志广告中大量展现和提及“晶莹素肌”，在搜索营销中，将“晶莹素肌”这个关键字作最大范围的投放（包括百度付费搜索、品牌专区等），同时还引导网民“素肌告白”素肌活动，以上传视频、14天素肌旅程等互动整合不同频道上分散的目标受众共同关注品牌信息。通过此次活动，SK-Ⅱ将“晶莹素肌”与汤唯紧密结合在一起，宣传推广期间百度付费搜索关于“晶莹素肌”的搜索量提升500倍，推广期间比“神仙水”的搜索量高出1.5倍，SK-Ⅱ品牌专区搜索量提高15%，点击率提高20%，并且SK-Ⅱ在活动期间和活动过后提升了50%。

不得不说，一个产品让人难忘的不仅仅是她的用途或者精美的广告，铺天盖地的电视宣传和相得益彰的视频及搜索相结合也能带来不一样的效果和惊喜！

首先在杂志中大量展现和提及“晶莹素肌”的内容。

其次邀请汤唯多次地参加活动及分享使用产品后的心得。

代言人汤唯 1

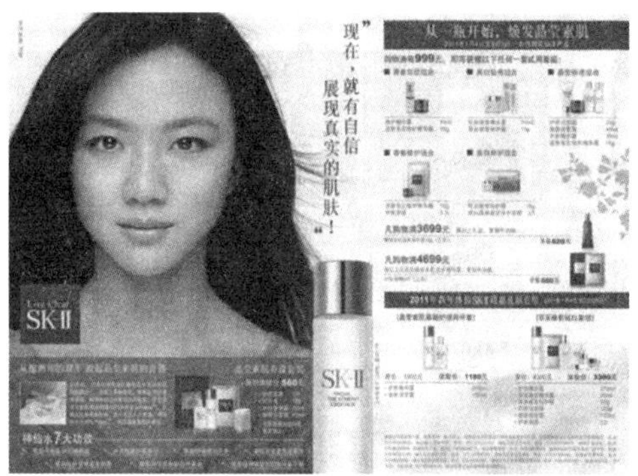

代言人汤唯 2

a. SK-II大中华区全新代言人汤唯

b. SK-II大中华区市场部副总裁Linda Chan(右)向汤唯(左)赠送“静心常在”贴心礼

c. SK-II代言人汤唯分享她最爱用的产品

d. 汤唯出现在 SK-II 的电视广告中

代言人汤唯组图（a～d）

［娱乐］告诉你谁称得上真正的晶莹...
分类：SKII 汤唯 剔透
v.ku6.com
a

1 4天惊艳蜕变！还原妳的晶莹素肌
分类：女性 时尚 生活
video.sina.com.cn
b

1 4天惊艳蜕变！还原妳的晶莹素肌
分类：美容 保湿 底妆
v.ku6.com
c

1 4天惊艳蜕变！还原妳的晶莹素肌
分类：时尚 女性 皮肤
v.youku.com
d

14天惊艳蜕变！还原妳的晶莹素肌
分类：护肤技巧 美容...
www.tangdou.com
e

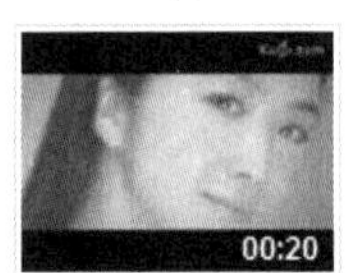

SKII晶莹素肌养成
分类：护肤 汤唯 晚秋
v.ku6.com
f

真晶莹素肌（汤唯）
www.tudou.com
g

晶莹素肌养成套装（汤唯）
www.tudou.com
h

1 4天惊艳蜕变！还原你的晶莹素肌 -...
video.baomihua.com
i

14天惊艳蜕变！还原妳的晶莹素肌
分类：护肤技巧 美容...
xb.dzxw.net
j

1 4天惊艳蜕变！还原妳的晶莹素肌>FGL...
video.t.fglady.cn
k

现在，晶莹素肌套装带给您14天的臻美旅程
分类：汤唯 SK-II
v.youku.com
l

SK-Ⅱ产品广告组图（a~l）

专家点评：

俗话说“江山易改，本性难移”，要想把别人心中已经认定的一件事情修改过来，难度不是一般的大。

SK-Ⅱ的此次案例成功地将“晶莹素肌”新概念替换了原来根深蒂固的“神仙水”，看似比较简单，实际上从头到尾可是费了不少心思。从新形象代言人的选择，到广告语的针对性，再到各种宣传方式的交叉融合，每一个点都瞄准了一个目标——打开消费者心扉！

选择汤唯，是因为消费者对于一些频繁出现的明星已经失去新鲜感；美丽揭秘，是因为消费者需要找回自己的美丽；提倡自然，是因为消费者需要一款更安全健康的产品来保护自己的肌肤；交叉植入以及各种活动，则是让消费者增加了认知和体验……

最后总结其实只有四个字：以人为本。正是因为SK-Ⅱ处处站在消费者的角度去思考去进行，所以更容易被人们记住，甚至就连不会说话的小孩都知道“啪啪啪”了，我们是不是应该从中学习点什么？

9. 巴黎欧莱雅，你值得拥有

戛纳电影节是国际上最具影响力的影展之一，它与德国的柏林电影节、意大利的威尼斯电影节、加拿大的多伦多国际电影节，以及捷克的卡罗维发利电影节合称为世界五大电影节；并与柏林影展、威尼斯影展，以及俄国的莫斯科影展并称世界四大艺术电影展。它因大海（Sea）、美女（Sex）和阳光（Sun）而被称为3S电影节。每年的戛纳电影节举办期间，你都会看到有众多美女聚集在著名的海滨大道和附近的海滩上，目的不言而喻，期待着伯乐的发掘，成为大明星，一圆明星梦。

在过去的13年中，巴黎欧莱雅一直都是戛纳国际电影节官方指定合作伙伴。这次，巴黎欧莱雅继续携手第63届戛纳国家电影节，以搜狐娱乐以及搜狐女人为传播平台，大规模地宣传巴黎欧莱雅的品牌地位和特色。并且在电影节期间，所有评委以及到场明星大腕的妆容均由巴黎欧莱雅专业彩妆师团队负责完成，借此机会通过与会明星的整体妆容、服饰以及气质来尽显巴黎欧莱雅的风采。让戛纳这座平日里宁静朴素的法国小城，瞬间变得光彩熠熠、星光闪耀——没错，那就是巴黎欧莱雅以及她的明星梦之队。

欧莱雅的代言人

星光闪耀，借势营销

每年夏季的戛纳电影节无疑是全球瞩目的一大重要事件，是每个导演、每个演员都梦寐以求的地方，能站在这个舞台上的一定都是世人皆知、光彩照人、引领时尚界潮流的明星大腕，毫无疑问，这是一场具有广泛传播力的世界性盛宴！而巴黎欧莱雅作为世界三大化妆品集团之一，拥有兰蔻、碧欧泉等高档化妆品，微姿、理夫泉等药妆，还有大众化妆品巴黎欧莱雅、卡尼尔等几十个国际知名品牌，为全世界的人们带来了承自法兰西的成熟和优雅气质。

整合营销是一种对各种营销工具和手段的系统化结合，根据环境进行即时性的动态修正，以使交换双方在交互中实现价值增值的营销理念与方法。整合营销就是为了建立、维护和传播品牌，以及加强客户关系，而对品牌进行计划、实施和监督的一系列营销工作。在这场全球盛宴上，搜狐娱乐及搜狐女人作为传播平台所报道的新闻内容，无不在强调巴黎欧莱雅的官方赞助身份，新闻报道的整体页面都是以金色为主，并有巴黎欧莱雅的金色Logo；还有美女明星走红地毯的图片，其中有大家所熟知的伊娃·朗格利亚、艾西瓦娅·雷和伊丽莎白·班克斯，还有我们中国的知名演员杨紫琼、巩俐、范冰冰和李冰冰等同台斗艳；还有接下来的明星专访等，几乎此次戛纳电影节的每一个相关新闻报道中你都会看到品牌赞助商身份的巴黎欧莱雅。

搜狐娱乐、搜狐女人戛纳电影专题报道，明星服饰、妆容解析、世界潮流趋势解析、巴黎欧莱雅最新彩妆趋势宣传等也都在为巴黎欧莱雅品牌作深度传播，让这个品牌通过名人效应深入人心。对范冰冰、巩俐等品牌代言人更是突出报道，并在视频专访、专题页面等多个环节凸显巴黎欧莱雅所极为推崇的金色系列彩妆产品。

第 64 届戛纳电影节娱乐频道戛纳“金典”专题页面

多平台推广，提升影响力

在后续阶段的宣传上，巴黎欧莱雅仍然紧扣传播核心：金色戛纳，金色潮流，金色妆容。首先，在女人频道的戛纳妆容回顾专题中充分体现了巴黎欧莱雅品牌信息和代言人的信息，让消费者在了解戛纳电影节的同时了解到巴黎欧莱雅的官方赞助身份，并为下一届的巴黎欧莱雅戛纳电影节进行预热。其次，通过女人频道达人戛纳妆容模仿视频专题来回顾本届电影节明星的金色妆容，让大众更深层次地了解本次电影节欧莱雅特别推出的金色妆容系列产品，并进行了深度传播。

《金色星期一》女人频道专题页面

在搜狐美容首页展示、搜狐文章娱乐页、搜狐女人时装首页、专题页面以及巴黎欧莱雅品牌专区，每一部分都透露出时尚的品牌信息，谁又能不怦然心动？同时，在这些让人目不转睛的金色奢华页面中，还分别邀请了时尚专家、内容编辑以及草根达人做客，例如在《金色星期一》女人频道的专题页面就有知名妆容点评博主点评国际影星巩俐的妆容，用一句“女王是个紫色控”，就非常到位地把这位品牌代言人的气质非常形象地说了出来。这些看似简单的细节，却吸引了更多的人关注欧莱雅产品，了解欧莱雅的品牌文化，从而提升了品牌形象的影响力。

当然，微博的影响力搜狐同样没有忽略掉，在微博话题区“一周女星穿衣”，我们可以看到，很多博友在高谈阔论，大家各抒己见，发表着对自己钟爱的明星的衣着评价，形成了良好的专区互动。同时，软性专题和新闻稿的发布，也让更多的人全方位不同角度地了解到了巴黎欧莱雅的文化和品

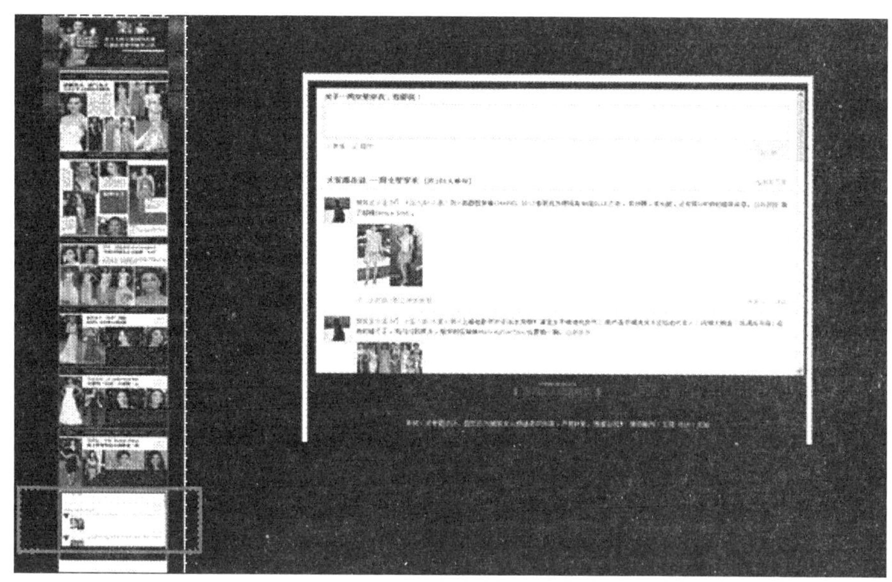

微博话题区“一周女星穿衣”，大众互动

牌信息。例如女人新闻稿之《巴黎欧莱雅“彩妆梦之队”三大国际顶尖彩妆师》、女人新闻稿之《巴黎欧莱雅倾力支持戛纳影展“中国之夜”》等从彩妆师和中国等电影节的具体方面来拉近巴黎欧莱雅和大众之间的距离，使其更显亲近。

精心策划，准确定位，成功并非偶然

巴黎欧莱雅作为过去13年戛纳电影节官方指定合作伙伴，能利用这一年一次的全球盛会为自己的企业广做宣传，提高自己的品牌知名度，本身就是成功的营销案例。此外，在第64届戛纳电影节上，更是加大了宣传力度，由自己的专业彩妆团来负责所有评委及参会明星的妆容可谓又一次给自己的品牌做足了噱头，仿佛所有与会明星都是巴黎欧莱雅的代言人一样。

娱乐频道《戛纳“金典”专题》推广情况展示——女人首页 & 奢华首页

搜狐女人时装首页——焦点图 & 首屏图文

而以搜狐娱乐为传播平台也是巴黎欧莱雅的明智之举，搜狐的女人频道几乎是女人的天下，设有流行时尚、靓容美发、美体塑身、玩乐吃喝等多个版块，在门户网站里搜狐在这方面做得也是数一数二，巴黎欧莱雅通过搜狐这个平台，并邀请时尚专家、内容编辑以及草根达人做客，同时在微博上进行互动的做法，无疑对自身品牌进行了多次传播，效果不言而喻。相信在戛纳电影节上光彩照人的不仅仅是那些美艳动人的明星，巴黎欧莱雅也在这场全球盛会上赚足了“眼球”。通过准确的定位和对各个平台资源的准确把握，欧莱雅此次的营销可谓大获成功。

专家点评：

大品牌的推广手笔，多是大牌明星、知名媒体、著名广告公司……就像豪华汽车，所有零件都必须是最好的。“你值得拥有”被欧莱雅请超级明星们轮流亲口来说，被线上线下各大媒体轮番播放，被用各种形式不断传播，其影响力自然节节攀升，成为广告黄金语句。

才华，时尚，热情，承诺……巴黎欧莱雅在全世界范围选择最具魅力的明星作为品牌代言人，通过品牌代言人的美丽故事带出欧莱雅的产品、品牌，树立了欧莱雅品牌的奢华、高端、国际范儿。大范围的电视、网络、媒体整合推广更是把欧莱雅和戛纳电影节、走红毯美丽女星们紧紧相连，将明星效应发挥到最大。让女人们感觉此生没有欧莱雅是一大憾事，让男人感觉此生没有为心爱的女人送上欧莱雅更是一大憾事。甚至有网友把个人签名都改成了“哥就像巴黎欧莱雅，你值得拥有”！

第五章 汽车交通类

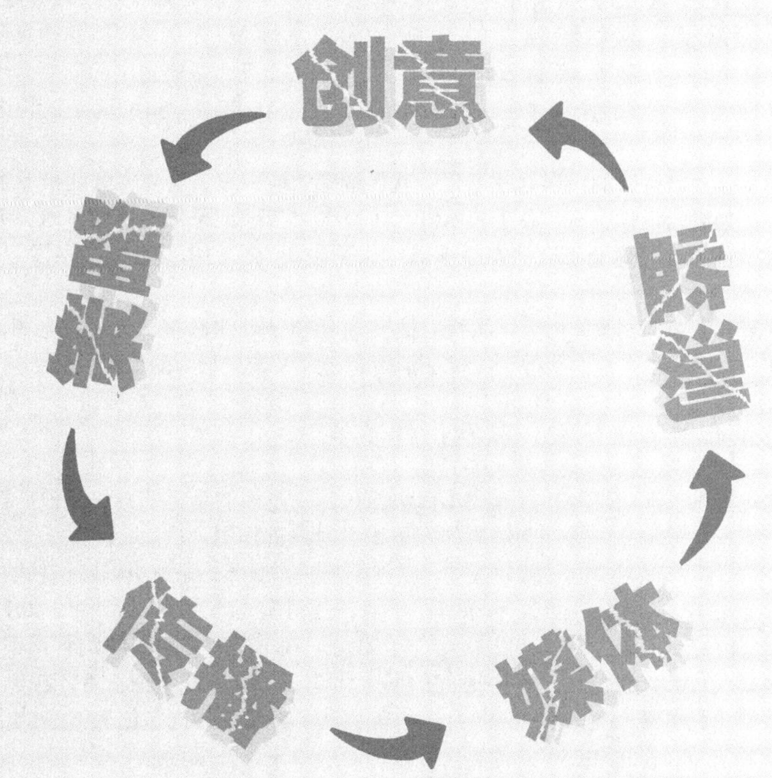

汽车网络营销垂青整体解决方案

经过连续两年的爆发式增长，2011 年中国乘用车销量定格在 5.2%的近 5 年来最低增长水平，中国车市已经迈入理性调整期。车市虽然降温，但是每年近 2 000 万的产量，却成为车企头上的金箍。

众多车企转向互联网谋求出路，加大了对数字营销的重视力度。2012 年初美国杜克大学和美国营销协会的首席营销官(CMO)调查显示，未来一年企业 CMO 计划削减在传统广告方面的支出，而数字营销支出将增加 12.8%。雷克萨斯、梅西百货和可口可乐等公司已入驻 Facebook 的 Timeline 页面，展开相应的数字营销布局。同样的情况也发生在中国，东风日产等车企开始成立与数字营销相关的部门。

汽车创新营销风向标，吸引有效消费线索

营销的最终目的是为了提升销量，这就需要通过更多的有效销售线索来支持找到更多的汽车消费者。在理性消费时代，价格战、新车型、广告战，这些曾经打开市场的杀手锏已经风光不再。车企纷纷通过创新营销寻找“提供最多有效消费线索”的聚集地。

你也许见过太多千篇一律的汽车营销广告，但宝马导演的“沙漠怪圈”病毒营销着实让人眼前一亮。2011 年 8 月 17 日，摄影师 @ 摄影 ER 在新浪微博上发布了一条令人匪夷所思的沙漠怪圈消息，不到一周，微博被转发 15 万余次，近 5 万条网友讨论。在搜索引擎中超过 12 000 条相关链接，在新浪微博中 # 沙漠怪圈 # 的关键字接近 20 万条，“沙漠怪圈”成为众多媒体和网友所关注的主要热点话题之一。这实际是为宝马 1 系家族和 2011 年底上市的全新 1 系制造出的创新营销形式。他以宝马的方式为 UFO 赋予了新的诠释“Unique For One”，而这个“One”指的就是视频中宝马 1 系车型。

如果告诉你，很多被忽略的错误驾驶习惯，就像蝴蝶效应一般，会伤害到北极熊的生命，你会不会感到很惊愕？如果告诉你，有一款手机 APP，可以随时随地记录你的驾驶习惯，无时无刻地提醒你如何更好地节能环保，你会不会觉得很神奇？这是大众汽车利用移动互联网发起的“蓝·创未来，造冰救北极熊”活动。

还有诸多创新营销案例，像雪佛兰排队找“抽”、Jeep70 周年讲故事、凯迪拉克等，都在内容和形式上进行了新的探索，很好地洞察数字时代下消费者心理及购买行为的变化。

汽车与电子商务亲密接触，联姻花样多多

网络营销的主动性、互动性和相对低成本优势赢得越来越多的企业的青睐，根据针对性网民展开精准营销，对汽车企业的品牌推广和销售起到了积极的促进作用。目前，网上卖车成为美国经销商主要渠道之一，日本汽车正向电子商务迈进，欧洲推出买车服务一条龙可以跨国代购。

在国内，虚拟 4S 店、团购、导航、秒杀等电子商务营销模式已为用户所认可。2011 年网上团购的交易额已达到 110 亿元，其中有 3 万人次参与了团购。汽车厂家推出的网购营销模式，对换代、换款的车型或者较长库龄车进行限量、限时间的网上团购，不仅方便了消费者，控制了冲量节点，也保障了零售终端价格的统一。2011 年 11 月，梅赛德斯－奔驰主导的“绝对 C 引力”淘宝——原价置换新 C 级活动展开，全国 1 250 个名额，可原价回购爱车，升级置换 C 级轿车。活动首日，就引来近万名车主争相“抢取”珍贵名额！

继2010年205辆奔驰Smart在3个小时被抢购一空的纪录，Smart继续借力时下最热的团购，2012年2月2012款Smart流光灰特别版在京东商城限量300辆抢购，价格比现款同等配置的Smart低1.4万元（京东商城发售价149 888元，同等配置的车型指导价1 63 000元），还可获赠一年保险、一年油卡、免一年月供，以及1 000元的京东礼券。短短一个半小时，300辆Smart全部售罄，平均不到20秒就卖出一辆。这不仅成为汽车网购的一段佳话，同时也为汽车营销提供了可借鉴的新模式。

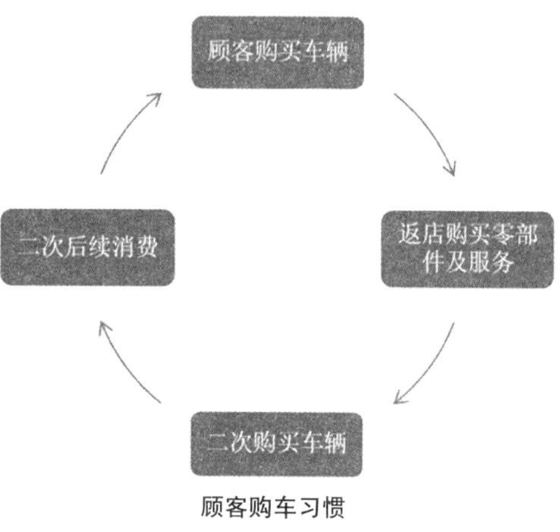

顾客购车习惯

随着汽车越来越多地介入网络，在营销策略上，大部分汽车采取了包括竞价推广、搜索引擎优化排名、新闻媒体、社区口碑、网络视频、门户媒体、微博、博客等多方式整合的策略。同时，随着汽车消费在二、三线市场蓬勃发展，区域化、一体化的整合营销服务受到越来越多汽车品牌的认同。

汽车垂直媒体影响力上升，成长为整合营销平台

尼尔森2011年调查数据显示，互联网已成为消费者进行汽车相关信息了解的最主要来源，占比接近90%。对车市关注的朋友都知道，汽车用户对互联网的需求基本分为4个维度：了解、对比、购买和分享。让用户“停下来”看是满足了用户的第一个需求维度“了解”，帮助用户比较、分析并引导购买完成对比和购买两个维度，引导用户口碑分享并帮助用户做好传播路径铺设，完成分享维度。

一般计划购车的用户都比较喜欢到网站去查找资料并进行横向对比，这时候已经购车用户在汽车网站、论坛的分享会对潜在用户形成非常好的口碑。另外，已购车用户在网上开展的活动，互相答疑解惑，以及和经销商、售后形成良好的互动，对于维护品牌黏性和培养用户忠诚度功不可没。“汽车之家”的“资讯＋产品库＋经销商体系＋论坛”一站式服务体系满足了用户的四维需求，让更多的用户“住下来”并引导他们转化成“有效的消费者”，这种转化需要汽车厂商在“了解、对比、购买和分享”四个环节全程介入。

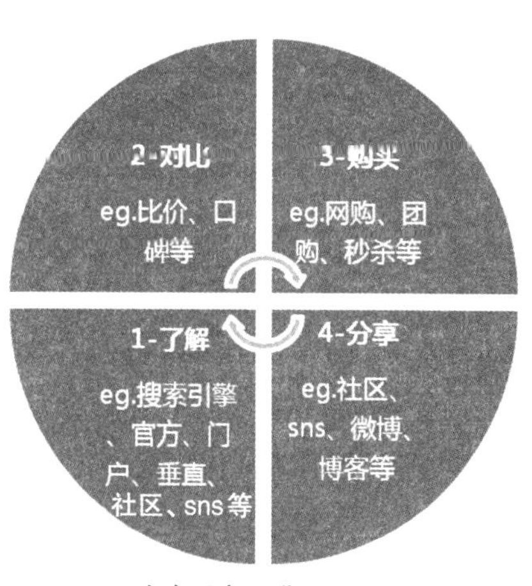

汽车用户互联网需求图

伴随着消费者需求的变化和汽车网络购物习惯的养成，汽车媒体也逐渐从信息发布的纯媒体平台逐渐进化为具有新媒体模式和新经济模式的汽车企业整合营销解决方案媒体供应商。易车网通过IP技术在全国300多个城市实现服务定向，铺设覆盖全国300多个城市的经销商服务网络，打造互动式整合营销服务平台产品——车易通作为经销商日常营销的软件系统，同时通过车易通集采项目，形成厂商联动的后台性维系纽带，可以解决品牌广告、营销和终端产品销售，从而为汽车厂商、厂商大区经销商三级主体提供统一的网络营销平台。

1. 事件营销：宝马1系导演“沙漠怪圈”

一直以来全球各地的“麦田怪圈”都被疑似UFO外星人所为，并于20世纪70年代后期开始引起公众关注，也被众多探索爱好者誉为“十大悬念”之一。2011年中国青海“沙漠怪圈”更是引起国内外轰动，在这一神秘超自然事件赚足人们和媒体的眼球后，宝马以创意的营销广告视频诠释了这一超自然现象的缘由，这其实是宝马为其1系车型而精心策划的事件营销，这样天马行空的大尺度、大手笔营销在汽车营销领域实属罕见。

沙漠惊现怪圈，疑似UFO所为

2011年8月17日，新浪微博出现了一条令人感到匪夷所思的消息：“距离西宁开车3小时左右的戈壁上发现巨型怪圈!! 圆环和线条都十分规整且精确对称，沟壑很深，目测3~5cm。司机邹师傅说上周还没有出现，当身处在这个巨大怪圈之内的时候，那种感觉实在难以用语言表达，这样的现象唯一可以接受的解释就是外星人所为!!”这是摄影师ER在路过西宁戈壁时所发现的惊奇现象，并以视频的形式分享到微博上。

@摄影ER V：距离西宁开车3小时左右的戈壁上发现巨型怪圈！！圆环和线条都十分规整且精确对称，沟壑很深，目测3-5cm。司机邹师傅说上周还没有出现，当身处在这个巨大怪圈之内的时候，那种感觉实在难于用语言表达，这样的现象唯一可以接受的解释就是外星人所为！！ http://t.cn/aEd8t7

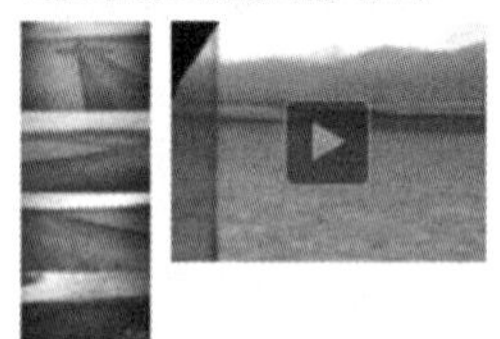

8月17日 10:09　来自新浪微博　　转发(46595)　|　评论(17999)

“沙漠怪圈”原创微博

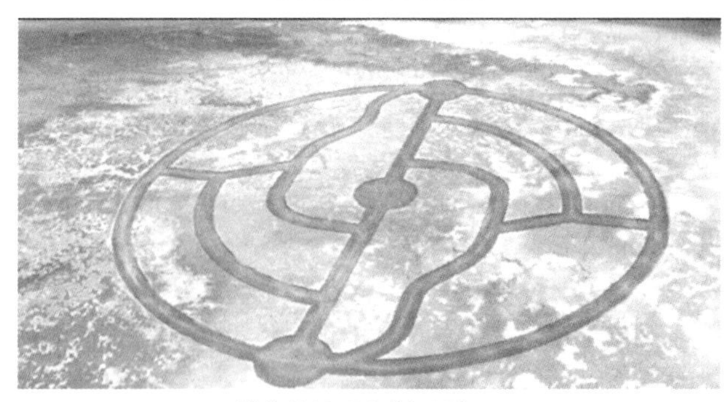

媒体航拍“沙漠怪圈”1

微博发出后随即引来了外星人爱好者的关注和转播，此后不到一周的时间，该微博已经被转发了15万余次，接近5万条的网友讨论。在搜索引擎中超过12 000条相关链接，在新浪微博中#沙漠怪圈#的关键字微博接近20万条，连续3天位列新浪微博热门转发评论榜第一位，甚至还有媒体专门跑到事发地点进行了航拍报道，此后“沙漠怪圈”成为了众多媒体和网友所关注的主要热点话题之一。

“沙漠怪圈”类似于国外经常出现的“麦田怪圈”——即在麦田或其他农田上，通过某种力量把农作物压平而产生出几何图案，而此种现象的出现通常都会被人们解释为“疑似外星人行为”。这些图案的特点一般都是规模巨大，图案的形状也极为复杂和精准，这次被疑似UFO所为的沙漠怪圈图案，让此次事件更显神秘。

揭秘怪圈，宝马1系成幕后导演

直到各大视频网站上出现了宝马1系的营销广告后，大家才明白原来青海“沙漠怪圈”是宝马所为。宝马此次之所以选择挺拔独行的悬念营销方法，是基于宝马1系的目标受众富有特性，具有生机，喜好探究未知事物的特点。选择在青海制造“沙漠怪圈”，除了因为本地的秀美风景、奥秘气质与宝马1系的独树一帜的性情高度契合以外，还因为早在20世纪70年代青海的德令哈就以外星人遗址闻名世界，给这次沙漠怪圈的成因更加蒙上了一副神秘的面纱，再一次让这一地区与外星人联系在一起。且专家也称由于沙漠怪圈因为沙子或荒漠的易流动，不易保存的特性，更显得弥足珍贵，此次沙漠上的怪圈在中国还是首例，而且是“最令人难以想象的”。另外，“沙漠怪圈”奥秘图案，其降生的全进程可以说恰是宝马1系精准、灵敏的UN1QUE精力的最佳诠释——三辆宝马1系加上导航仪，在经由精细核算并精准节制驾驶道路之后最终碾压而成。

媒体航拍“沙漠怪圈”2

宝马1系根据目标受众特性、车型内在诉求和高科技动能导演的这场神秘“沙漠怪圈”事件，借用事件的穿透力，将其品牌理念、营销目的传达于目标受众。宝马在事件营销上不断在测试天马行空的营销思路和展现方式，此次事件无论是早期的预热、升温，还是最后的揭秘，整个进程布局的头绪明晰，文娱性与互动性并举，充沛的调动并吻合了受众的热情与内在诉求，将勇敢的构思与情感的共识巧妙联系。

沙漠怪圈引发病毒事件营销

“沙漠怪圈”其实是宝马为全新1系事件营销而制造出的内容。事件营销是近年来国内外十分流行的一种公关传播与市场营销推广手段，集新闻效应、广告效应、公共关系、品牌传播于一体，并为新产品和品牌展示创造机会。事件能否形成病毒体，主要看事件本身是否有吸引力。病毒体是病毒营销的内容信息，信息像病毒一样传播和扩散，利用快速复制的方式传向数以千计、数以百万计的受众。也就是说，通过提供有价值的产品或服务，“让大家告诉大家”，通过别人为你宣传，实现“营销杠杆”的作用。

宝马1系的“沙漠怪圈”通过事件的神秘感猎取受众的好奇心，利用悬念营销手法将事件与品牌形成病毒式传播，并且借由口碑互联的全程筹划，将其品牌关注的态度、驾驭的热情与精准的操控概念，融入“沙漠怪圈”的事故衍生中，带给全数受众与媒体一场独具匠心的营销盛宴。

此次宝马1系的“沙漠怪圈”病毒事件营销模仿社会热点事故的生长轨迹，将营销宣传成效最大化。美国著名的电子商务咨询人Rwisph F.Wilson博士将一个有用的病毒性事故营销战略归结为六项基本要素：第一，提供有价值的产品或服务；第二，提供无须努力地向他人传递信息的方式；第三，信息传递范围很容易从小向很大规模扩散；第四，利用公共的积极性和行为；第五，利用现有的通信网络；第六，利用别人的资源。

同时一个病毒性营销战略不必一定要包括全数要素，但是，包括的要素越多，营销成效能够越好。宝马为此次事件注入了众多悬疑要素，并通过“沙漠怪圈”的制造过程将产品与品牌赋予了灵魂。

成功的病毒事件营销应具有关联性，需要找准事件与品牌的内在共同点。事件营销不能脱离品牌的重点，若过于牵强，就难以让受众将对事件的关心热情转移到品牌自己。无论是借助已有事件还是自行筹划事件，宝马1系事件营销自始至终环绕同一个主题——“沙漠怪圈”运作，尖锐地抓住了大众关心的热点并巧妙对接，从受众关心度最高的麦田怪圈真实与否牵惹起程，来传递营销目的，有四两拨千斤之效。

互联网时代催生眼球经济

互联网时代，电子商务已经成为不可小视的新型商业模式，新模式的日益成熟推动了网络营销的不断创新。信息的爆炸，让平淡无奇的营销难以引起人们的关注。而事件营销一直都被企业所利用，并且将事件的炒作作为了拉动眼球的主要方式。相比事件，广告传播通常会局限于一个层面上，传播的活性也相对较低，同时可信度往往受到受众质疑。而事件营销的传播深度和层次都相对较高，传播效果不仅仅局限于看到这次麦田怪圈事件的受众，同时还可形成二次传播。媒体发文、微博转载等渠道都将宝马家族此次事件的传播向上延伸了。

同时宝马1系的“沙漠怪圈”事件避开了同其他广告的直面冲突，不同之处在于既有宝马粉丝们的主动参与，也有其他受众与网友的主动关注。病毒事件营销的优势往往体现在传播上，信息像病毒一样，通过第三方自主传播，将宝马的品牌理念、营销宣传目的传递给目标群体。受众对于这次事件内容的可信度自然更高一筹。

在信息拥挤、注意力稀缺的商业社会里，媒体已经无处不在，传统媒体下的广而告之已经无法赢得市场关注度。新媒体营销的出现使得富有创意的病毒式营销凸显竞争优势，网络整合营销4I原则的Interesting趣味原则告诉我们，无娱乐，不病毒。同时不要忘记将病毒巧妙地掩藏起来，合理展示出来，平衡很重要。病毒本身是引发传播的母体和根本。互联网是娱乐经济，更是眼球经济。

专家点评：

汽车作为科技含量高的高端行业，大多数以传统媒体的专业性测评和线下展会为主要的营销方式，当汽车随着国民经济不断提高而变得更加平民化时，传统的功能直诉式的营销方式已经无法吸引消费者的眼球，直白的告知传播更不能激起受众的购买欲望。

相比常见的汽车展会和媒体广告，宝马一直在网络营销上接连尝试天马行空的创意营销，从“joy基因”到“沙漠怪圈”，无不体现出宝马在营销上的创新思维。此次的事件营销，宝马将大胆的构思与情感的共鸣奇妙结合，运用多种媒体联合发声，给所有事件接触者留下了深刻的印象。

虽然在营销领域，营销的创意层出不穷，但如此大手笔并给受众心灵上震撼的事件营销，宝马1系走在了前列。另外，网友且不必过多关注UFO，亦无须大篇幅讨论“沙漠怪圈”的真假对错，单就这次宝马1系家族的营销创意而言，也是一堂生动有致的跨界创意课。

除了宝马自身通过此次事件营销名利双收以外，青岛当地旅游局亦可以借助这次“沙漠怪圈”事件，通过新闻跟踪继续发掘事件背后的故事，进行又一轮病毒营销，借势带动当地旅游产业的发展。

2. 蓝·创未来，造冰救北极熊

如果我告诉你，很多被忽略的错误驾驶习惯，就像蝴蝶效应一般，会伤害到北极熊的生命，你会不会感到很惊愕？

如果我告诉你，有一款手机APP，可以在你驾车出行时随时随地记录你的驾驶习惯，无时无刻不提醒你如何更好地节能环保，你会不会觉得很神奇？

一款手机APP，一部爱车，一颗颗充满了社会责任感的心肠，正在和大众汽车一起施展“改善环境，拯救北极熊”的蓝色魔法！

这是大众汽车发起的拯救北极熊活动。“大众汽车一直在积极探索更有利于环境的解决方案，‘蓝色驱动’正是这样一款意义非凡的手机APP，它可以对车主的驾驶行为进行线路跟踪和数据分析，它让车主在尽情驾驭的同时学习更多实用的技巧，掌握更多正确的习惯，真正实现绿色出行和轻松享乐的完美结合。”大众汽车（中国）市场营销部数字营销经理王博阐述了大众汽车在互动营销中的新探索。

活动官方网站 1

“蓝·创未来”是一句口号，一份担当，更是一种行动

正如Think Pad一样，Think Blue“蓝·创未来”是大众汽车发布的一项全球性战略。“蓝·创未来”这一理念涵盖三个方面：在产品上，大众汽车致力于为人们提供更加高效、清洁的环保技术解决方案；在人机交互方面，大众汽车将协助人们改善自己的驾驶习惯，从而促成人们主观上的节能降耗意识；企业自身也将更多地投身于各种环保项目中，鼓励人们的环保意识和行为，共同创建一个可持续的未来。

“蓝·创未来”对于大众汽车打造其品牌形象有着重要的意义，而中国作为大众汽车最大的单一市场，其举足轻重的地位更是不言而喻。如何让“蓝·创未来”的理念真正被中国的消费者所理解？如何让“蓝·创未来”的理念与他们的实际需求建立联系，给他们带来行之有效的帮助？

活动官方网站 2

大众汽车找到了突破口，他们敏锐地把握住两个关键词：“环保”和“油耗”。众所周知，全球越来越关注环境的恶化，“温室效应”加剧，融化了北极的冰川，严重威胁到北极熊的生命。而作为消费者本身，“油价上涨”是时下最敏感的话题，如何更好地省油自然是大家热议的焦点。

基于这两大要素，大众汽车开发了一款车载移动软件，用以追踪实时驾驶行为信息，其中包括了驾驶距离、车速，甚至整个驾驶过程中的加速和减速数据。每一次驾车的结果都会被用来分析，根据环保数据来测量驾车人的驾驶行为是否足够环保。

2011 年 11 月“蓝色驱动——移动应用及网站主页”交互式广告活动正式启动，并通过大众汽车自有的媒体对外传播，其中包括大众汽车官方主页、大众汽车在开心网和人人网等社交网络上的主页，以及大众自造等广告网页。

该活动以时下流行的智能手机平台为载体，结合了 APP 技术，用一只可爱的小熊仔触动了车主们怜惜的神经，通过娱乐化的手段，拉近了人和品牌理念之间的距离，扩大了“蓝·创未来”在中国的知晓度和影响力。

与智能手机操作系统擦出第一抹“蓝色火花”

伴随着科技的发展，手机作为人们生活必不可少的沟通工具，也在不断地革新，随着苹果、安卓系统的成熟，智能手机逐渐被中国的消费者所接触并迅速形成一股热潮。这其中，智能手机最吸引大家的优势就是通过操作系统平台，人们可以根据自己的需要，自由下载和安装各式各样的应用程序。

在众多的应用程序当中，“愤怒的小鸟”、“水果忍者”已经成为连小朋友都知晓的“明星”。而作为年轻一族，除了各种有趣好玩的游戏，他们会更加关注那些对日常生活有所帮助的应用程序。如 GPS 导航、手机购物、通信交流工具、餐饮娱乐搜索等。人们的这种偏好也为很多企业和品牌创造了一个全新的营销环境，他们开始研究智能手机的特性，分析用户的心理，创造出花样繁多又行之有效的营销案例。

当然，由于国内的智能手机市场才刚刚起步，我们只能通过网络了解国外一些品牌开展的各种想法大胆，并结合最新科技的优秀案例，却很难在身边找到类似的东西。也正因此，“蓝色驱动”应用程序的开发才真的让我们感到眼前一亮！

带上手机，和爱车一起，开启你们的节能环保之旅吧

一个成功的手机 APP 一定要具有几个基本的要素：趣味性、实用性以及简单的操作。可以说，“蓝色驱动”都踩在点儿上了。

首先，用户可以在自己的 iPhone 或安卓手机上免费安装上“蓝色驱动”。打开应用程序，一只可爱的北极熊仔立刻映入眼帘。蓝色驱动整个活动的视觉色彩与蓝·创未来相统一，淡淡的蓝色形成强烈的视觉记忆。北极熊仔就像一个惹人疼爱的吉祥物，让用户感到格外亲切。

进入菜单，点击“开始”后，程序会根据 GPS 系统定位到车主的位置。胖胖的蓝色北极熊仔踩在小小的冰块上，孤独地立在蔚蓝的海面上，它会伴随着你的驾驶左摇摇，右晃晃，偶尔还能蹦出几个无厘头的单词，臃肿的身体好像随时都会掉进水中，让人忍俊不禁。当然，这样的情景似乎也在时刻提醒我们，要注意自己的驾驶习惯，不要让游戏中的画面变成现实。

当你完成驾驶，点击“停止”，本次行程的“时间、距离、速度、加速、减速”等数据都会被记录下来，应用程序会根据你的表现进行打分，并对你的数据进行分析，给出相应的建议，更会为你量身定制减碳省油小贴士。

APP 界面 1

智能手机、官方网站、SNS跨界合作，一记漂亮的组合拳

“蓝色驱动”是一次开创性的探索，作为一次交互式的广告活动，用户既可以作为个体参与和体验这一应用程序，更可以利用网络媒体的互动性，和身边的好友以及陌生人交流、PK。

用户登录活动页面（蓝色驱动网站：http：//brand.vw.com.cn/bluemobility）后，可以参与线上的FLASH小游戏，学习到更多的环保知识，在轻松的娱乐氛围中慢慢加深对“蓝·创未来”的理解。

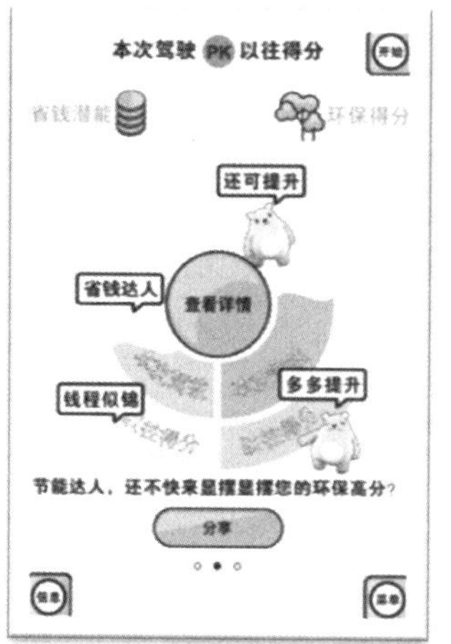

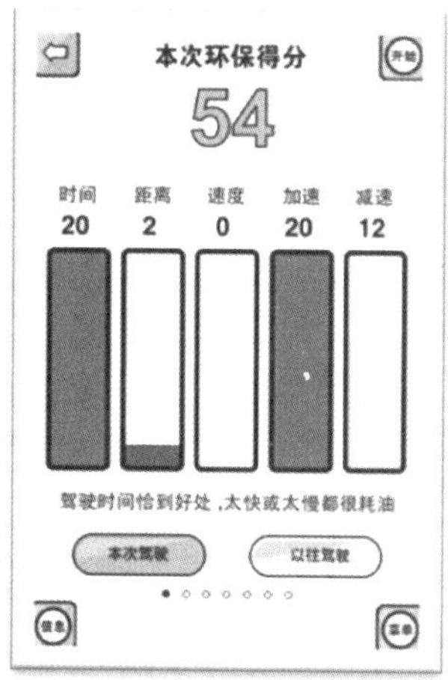

APP界面2

网站小游戏1

用户注册个人的账户，便可在网站上查看到自己的行程记录，全面掌握每一次行程的各种数据。你还可以和其他的用户PK竞争，看看究竟谁才是真正的环保达人。“蓝色驱动”活动不仅鼓励大家从点滴之处为环保作贡献，更对表现突出的个体给予奖励。

让用户自己去营销——该活动紧密联合了网络媒体中的社交工具——SNS网站，每个用户可以把自己的活动成果分享到社交网上，从活动的参与者转变为营销的一分子，帮助该活动进行更大范围的传播。以开心网为例，这是一个大众汽车粉丝的重要聚集地。我们可以在开心网的大众汽车公共主页看到许多网民对于活动持续不断地关注，并在页面上留言，相互之间热烈地讨论。他们很骄傲，自己喜爱的品牌在做着这样一件具有社会意义的事件，并且真正关心着车主们的切身利益。他们看到一个品牌在推动着汽车工业技术和文化的发展。

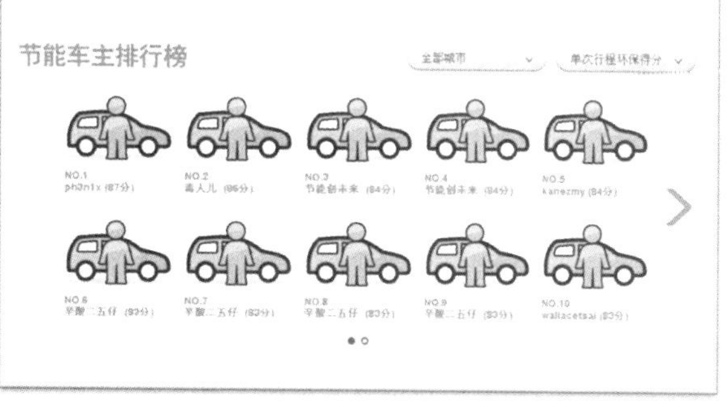

网站小游戏2

网站小游戏3

抓住这些大众汽车忠实拥趸的心，让他们将自己对一个品牌的喜爱和尊重，分享给身边更多的人。

“蓝色驱动”，让我们真正爱上“蓝·创未来”

“蓝色驱动——移动应用及网站主页”交互式广告活动是一个美丽的信号，它闪耀着蓝色的光，点亮了互动营销的探索之路。从2011年11月开始，总PV高达10万次，逾30多万人下载了“蓝色驱动”APP。在开心网上，越来越多的人因为这一活动对大众汽车有了全新的认识，加入到大众汽车粉丝这一大家庭。

更重要的是，该活动真正让大家明白，“蓝·创未来”不是一句简单的口号，它充满了力量感，充满了人与人，人与社会之间的关爱。每个人都应该具备“蓝·创未来”的思维，去创造未来更加美好的生活！

专家点评：

这是国内第一个驾驶行为分析的手机应用程序，它结合了智能手机iPhone和安卓系统操作平台，是互动营销领域的一次大胆尝试。这一应用程序不仅是整个活动的核心，同时更具有实际的应用价值。它可以帮助车主改善自己的驾驶习惯，并最终为保护地球环境贡献一份力量！

这是一次“社会性创意”的良好范例，它并没有刻板地说教，而是通过娱乐化的方式拉近了概念和用户的距离，号召大家积极地参与活动，在体验的过程中潜移默化地学到许多驾驶和环保方面的小知识，最终强化了人们对于品牌的理解，成功地提升了对品牌的好感度。

最后不得不提的是，作为整个活动的ICON，可爱的北极小熊就像一个明星般收获了许多额外的关注。这个惹人疼爱的小家伙也让整个活动显得尤为生动。就连笔者的女儿，都会嘟着小嘴跟我说，“爸爸，我好想要一只这样的玩具熊。”

3. 一汽奔腾，让爱回家

在情感消费时代，消费者购买商品所看重的已不是商品数量的多少、质量好坏以及价钱的高低，而是为了一种感情上的满足，一种心理上的认同。情感营销从消费者的情感需要出发，唤起和激起消费者的情感需求，诱导消费者心灵上的共鸣，寓情感于这个营销活动之中，让有情的营销赢得无情的竞争。

“奔腾”作为一汽轿车旗下与“红旗”并列的品牌，于 2006 年 5 月 18 日首次亮相。奔腾极为注重自身品质并致力于设计、生产最符合用户需求的产品。同时，在传播营销方面，也极其注重揣摩用户心理。在这个满眼高楼大厦、水泥钢筋的城市里，人与人之间的感情变得越来越冷漠，地铁上和公交上那些面无表情的面孔，堵车时那一声声不耐烦的鸣笛声，甚至都让我们忘记了什么是感动，什么是温暖。以至于现在的我们，只要有一丝温暖或感动就足以触动心里最柔软的那部分，甚至泪流满面。

时隔一年，一汽奔腾《让爱回家》第二部如期而至，其实，从心底里期待着这种温暖的东西出现，让自己可以给自己一次肆意妄为的机会，忽略规矩，忽略其他，为了亲情、爱情或者别的放手去做些什么。2011 年一汽奔腾再次“让爱回家”，不像第一部那个留有悬念，让观众无限猜想的结局，第二部中的“爱”明显更加直接，更加强烈，片中的主人公在利益和亲情的对抗面前，在梦里那狂欢的场面和父母蹒跚脚步的画面对比之下，还是坚定地选择了亲情，选择了回家的路。在打开门的一瞬间，在看到墙上老照片和奖状的一瞬间，在抱着满头白发的老爸的一瞬间，在爸爸笑着说了一句“趁热吃吧”的一瞬间，相信无数身在异乡的儿女的泪点都会被触动。综观全片，满满的全是爱，借助情感消费理念，让一汽奔腾一路畅通开进了消费者的内心。

一汽奔腾广告 1

感情营销，直击内心

从学生转变为上班族的我们，渐渐地变得成熟、坚强、冷漠并现实，但还是会在周四的时候就开始疯狂期待周末的来临，都会在早晨闹铃开始响的那一刻期待一个能睡懒觉的早晨，忙碌了一年的我们有无数的理由去狂欢，去放松，去释放。可是你又想到过吗？远方的父母也在期盼，在等待，在眺望，希望远方的你能回到身边陪他们过个年，哪怕是只吃一顿热腾腾的饺子。也许我们觉得在外拼搏很不容易很辛苦，每天几个小时的路程奔波在上下班的路途上，在公司忙得像一只转不停的陀螺，还要忍受老板的各种批评和苛责，同事的各种斤斤计较和抱怨，回到那个押一付三的出租屋里，有多少人是把公文包扔掉，先躺在床上深呼吸一口气呢？转念一想，我们的父母又何尝不是待在空荡荡的屋子里翘首企盼着每一个假期，每次拿起电话却又放下，因为害怕打过来听到忙得不可开交的我们心不在焉的回话声，怕没讲一分钟就挂断之后的电话嘟嘟声，一汽奔腾正是抓住了两代人情感上这种微妙的关系，创作出了这部微视频，借以告诉人们，无论世界多么丰富色彩、色彩斑斓，父母的笑容才是最美的风景。

一汽奔腾广告 2

自媒体传播，病毒式营销

除了情感营销方式，一汽奔腾也注重自媒体的巨大功效。在 2010 年的推广中，一汽奔腾通过与“腾讯 QQ”合作的“QQ 点亮图标”活动，实现了自媒体爆炸式传播的效果，最终获得了 1 500 余万用户参与。2011 年通过与新浪微博合作并开展了“点亮微博头像”活动和“让爱回家”话题讨论的营销策略，活动仅上线一天，优酷视频点击就突破 50 万，有 2 万余名用户实现个人微博头像点亮，话题讨论也获得了 755 次转发和 135 次评论。实现了病毒式营销和深度互动传播。

微博营销门槛低、传播快、受众广等特点，已经成为众多厂商营销活动中的新宠。一汽奔腾利用了新浪微博中非常重要的传播功能，微活动和话题功能。微活动隶属于新浪微博的应用中，有很多类型，可以参加活动，也可以自行发起活动；可以是同城活动、有奖活动或者线上活动。活动简洁明了，短促有力，用户参加极为方便，只需“一点、一转、一回”即可参加活动。话题功能即在发布微博时使用两个“#”号中加入话题，即“# 话题 #”，就以一种话题的形式发布，这种话题的发布，首先可以让粉丝了解微博使用者所关注的话题，其次，还可在搜索功能中进行相同话题的搜索，并且该功能还在微博首页进行展示，实时显示微博用户关注的热点话题并不断地更新，从某种程度上可以显示出用户对公共事件、生活体验以及精神文化等话题的重视程度。该功能为想发表议题的信息发布者提供了很好的信息发布模式。一汽奔腾在本次活动中，以“让爱回家”为主题，以春运为切入点，传播一汽奔腾的品牌理念和价值观，同时借助名人及媒体推广，全力推动话题的展开。

“点亮微博头像”活动

此次营销活动的重点并非产品本身，而是放在了企业的品牌理念上。展现企业温情的一面，凸显人文关怀，在微博中与用户展开深入的互动，制造共鸣，最大化地发掘了微博这一自媒体的特性，达到微博营销的最大效果。

审时度势，温暖人心

年假之前的日子，家家户户都充满了节日气息，无论是网络还是电视、报纸上，铺天盖地的都是关于买票、回家过年的信息和新闻，有些年轻人本身就归心似箭，有些年轻人却因在外闯荡多年，工作太忙等种种原因越来越不愿意回家过年，针对这各种各样的社会现象，利用这天时地利人和的时机，一汽奔腾恰到好处地推出了这部微视频《让爱回家》，上演了一段回家过年的温情故事。

与新浪微博合作并开展的“点亮微博头像”活动和“让爱回家”话题也让很多的博友产生了共

鸣，大家纷纷在微博里评论说今年过年一定要回家，还有的表示，本来没打算回家，看完这部微视频，决定回家陪父母过年了。一汽奔腾通过市场活动来传播这种积极的理念，让年轻人不是通过被说教、被批评受教育，而是通过一个故事被感染，通过大家情绪的表达受到积极的影响，通过一个家庭的故事映射一个国家的传统，并与自己的产品关联起来，使人们对其产生关注。同时，点亮让爱回家微博头像活动赢回家机票，新浪公仔这个活动也因奖品的贴心设置，带动了大家参与的积极性。

专家点评：

在视频营销的大潮中，各种方式并存，多种力量角逐，微电影在微视频营销中应该是较受欢迎的一种类型，其较低的制作成本、简短精致的内容、灵活的传播方式以及广泛的传播力，都极具吸引力。所以越来越多的企业开始选择并采用这种营销模式。在采用视频营销策略方面，大家又各有千秋，有的注重娱乐元素，有的注重明星效应，还有的追逐流行元素。一汽奔腾在跟上视频营销这个大趋势的同时，更加突出了情感营销因素，这个时代人们购买商品已不是单纯满足生活基本需求，还需要获得精神上的享受，归根到底，消费者对产品的需要已不仅仅停留在功能、质量和外观等因素，更需求消费的品位和档次，要求产品能给人以遐想，集实用、艺术、情感等于一体。这就需要产品要有相当的文化底蕴和精神内涵，如果达到这些要求，该商品已然不是一件普通的枯燥之物，而是升华为一种有灵性和感情的活物。

现在消费者对生产企业王婆卖瓜自卖自夸式的广告可以说已经深恶痛绝，而人情味十足的广告，总是能使产品形象上升到一个全新的高度，一汽奔腾所拍摄的微视频全篇只在最后说了一句“一汽奔腾，让爱回家”，而此时此刻的观众大多已产生共鸣，甚至眼眶湿润，在这样的情况下留在心里的只有感动和温暖，而没有厌恶和抗拒心理。微博线上活动增加互动性，奖品设置贴心，增加积极性。微视频营销上线时间恰到好处，迎合观众心理。正是以上因素促使这次营销成功而深入人心，值得学习与借鉴。

4. “排队找‘抽’”：雪佛兰 SPARK 举办网络团购盛宴

说到雪佛兰 SPARK，总是不得不从电影《变形金刚 3》谈起。作为该部电影的赞助商，通用汽车将自己的灵感和科技实力展现得淋漓尽致，既有令人血脉贲张的性能野兽，又有令人忍俊不禁的微型精灵。看完电影的时候总有一种冲动的梦想——某天自己也能拥有电影中的一辆未来感十足的车子。

幸运的是，这个梦想看起来距离实现似乎并不那么遥远。身段小巧能够适应城市驾驶，彰显个性和自由的 SPARK 斯帕可，是一款高档原装进口微型车，并一改传统微型车给人的可爱形象。虽然 SPARK2010 年 1 月在欧美上市以来受到了全球创意年轻人的热烈欢迎，但在中国，这款个性自主的车型还未引起广大爱车人的关注。为了传播这款车型的认知度，2011 年 7 月 8 日，雪佛兰联手国内最大的网购平台淘宝网精心策划了一场网购团购盛宴，并通过“排队赢好礼”的活动作预热，引起了爱车者和业内的高度关注，并且颠覆了传统购车方式。

独特创意，一场“排队找‘抽’”的游戏

由于雪佛兰 SPARK 将目标消费者定位于思维活跃、感受性强、勇于标新立异、热爱创造、追求精神自由、对汽车消费有自己独特诠释的创意青年，折扣促销轰炸式的广告无法吸引他们的眼球，独特的创意成为了 SPARK 营销团队首先解决的难题。

想到 SPARK 出演《变形金刚 3》的场景，中国消费者大多在电影中见识到了这款车型的精彩表现，80%都是 80 后的刚粉，并且也是未来网络购物的主力军，结合受众群体的特性和产品的诉求，SPARK 营销团队联手淘宝网聚划算平台，精心策划了一场“排队找‘抽’”的游戏，为 12 天以后的 SPARK 团队作前期造势，这场排队游戏看点主要有以下几点：

① 创意来自生活

在国内排队是件司空见惯的事，过年过节买车票排队，阿凡达 3Dmax 排队、果粉在 iPhone 4S 发布前夕连夜排队……在日常生活中，排队意味着热闹，并且在我们的理解里，店铺门前排队也意味着生意兴隆。如今这样一种概念认知已经通过 3D 技术应用到网络营销中，建立虚拟的场景，个性化的卡通人物，排着长长的队伍等待着惊喜的降临。

淘宝网“排队找‘抽’”活动页面

雪佛兰 SPARK 的“排队找‘抽’”也不例外，通过在淘宝聚划算上搭建虚拟场景，以刚粉们最喜欢的刚仔为人物形象，登录淘宝会员，用淘宝虚拟金币（淘金币）兑换排队的序号，并等着被官方抽取，获取好礼，礼品主要是以“刚仔”为形象的优盘和玩偶，并更有

SPARK10 年免费使用权，在利益点上，可以说吊足了参与者的胃口。

② 虚拟世界的真实场景

独特的创意，虚拟世界的活动场景也十分重要。为了能给受众群体一个更加真实的互动体验，SPARK 特意在淘宝网聚划算平台搭建了一个具有 3D 视觉效果的汽车展台，站台上是黑色雪佛兰 SPARK 汽车。整体模拟现实世界里的展厅，将个性化卡通人物排成长长的队伍，队伍中间有熙熙攘攘的语言交流。

除了真实的排队场景模拟，展台后面开团倒计时、SPARK 淘宝商店、限时团购指示牌和动感的 SPARK 产品详情也成了一大亮点，页面整体布局多彩而独特，每一位参与者都可以在这里满足自己多种需求，并以个性的形象参与到这场充满趣味的排队游戏中。

③ 答题赢金币，产品基础教育课

如果说鼓励大家“排队找‘抽’”是为了 SPARK 开团前的造势，那么特制的“答奖赢取淘金币”则是为了更好地传播产品知识，通过三个基本的产品知识问答，给参与者上了一堂基础教育课。对于 SPARK 营销团队来说，设置这样的问答，不仅可以深度传播产品知识，而且可以统计活动深度的互动性，为日后数据分析提供了依据。

④ 分享赢好礼，活动病毒传播

新媒体下的互动营销特性在于，可以将受众变为创造者和传播者，借他们的新媒体关系圈散播活动信息，通过强关系效应形成病毒式传播。SPARK 为了鼓励排队者分享，特意通过金币和实物奖励的方式激励他们一键分享到六大热门社区，吸引更多参与者，为开团之日造势打气。

其实，雪佛兰 SPARK 并不是第一个策划“排队抽奖”活动的企业，但却是第一个与淘宝网合作大胆创新、为销售造势宣传的汽车品牌。活动上线 12 天就引来了近百万人参与排队，每天 24 小时不间断的品牌和产品展示，SPARK 把几乎所有广告主的梦想变成了现实。

SPARK 小报，一个“触手可及”的展厅

一般而言，企业实施营销的目的主要包括新品发布、品牌传播和产品销售，大多数企业都会通过营销活动尽可能地展现产品和品牌信息，他们展现信息的方式一般都是产品宣传册、视频播放或者网站专题单页，日益成熟的消费者由于视觉疲劳而忽略信息展示的意义。如何使用富有创意的展现形式，猎取消费者的好奇心理成了众多企业急需解决的难题。

为了避免消费者视觉疲劳，并给他们眼前一亮的感觉，雪佛兰 SPARK 在新款车型的展示上也做足了工作，通过 3D 技术设计了 SPARK 小报，通过平台的联动，实现 SPARK 在外观、性能和产品精神上的全方位立体展现。

从整体展示的效果来看，SPARK 小报更像一个“触手可及”的展厅，不仅通过场景设计和动画展示，更是借助于技术手段使包括外观、内饰、驾驶、安全和颜色在内的测试都可以通过鼠标实现，这种展现创意更像是一款小游戏，给消费者 360 度和个性化体验，打破了传统的单向传播形式。

SPARK 小报

趣味营销，网络传播的助力剂

在新媒体营销时代，网络传播的重要特点就是强调互动性和参与性，弱化或者规避

广告行为本来的强制性和灌输性。网络媒体与传统媒体相比较，其与使用者之间的互动性、参与性和及时性的特点尤为突出，或者说正是由于网络媒体的这些特征，才使得它具备了和传统媒体相竞争与抗衡，进而发展成为一种新兴媒体的可能。

目前大多数企业都在尝试通过趣味的方式方法来实现营销，并在营销的价值链中建立富有趣味的传播点，将趣味营销作为企业网络传播的助力剂。雪佛兰 SPRAK 通过网络排队的趣味活动，在与参与者互动的过程中深度传播 SPARK 的特性，并借助于社会化媒体形成活动传播裂变，使信息传播的范围最大化，实现了产品、品牌和销售的三重效果。

专家点评：

随着社会化媒体的爆发，企业越来越注重营销的创意，更在意如何借助于新媒体引导受众群体参与互动并作为企业营销的传播载体，将产品和品牌价值传递最大化。网络整合营销 4I 原则指出个性、趣味、互动和利益是企业实施社会化媒体营销时不可忽略的四大原则。对于个性、标新立异的雪佛兰 SPARKA 汽车来说，通过多平台联动和“排队抽奖”的独特形式，迎合目标受众群体的胃口，实现多渠道立体化传播，无疑成为了汽车品牌营销领域值得借鉴的案例。

大多数汽车品牌在作营销传播时青睐于从专业的角度展现汽车的科技含量，在新网络时代，这样的策略或许不会走太远，即使花尽心思，视觉疲劳的消费者也不会买企业的账，新媒体的发展势必会带来汽车行业的一场营销新革命。

5. 奔驰跨界启动“绝对C引力”梦想计划

来自德国的汽车品牌奔驰，被认为是世界上最成功的高档汽车品牌之一，其完美的技术水平、过硬的质量标准、推陈出新的创新能力，以及一系列经典轿跑车款式令人称道。但在中国，奔驰一直都被冠以“大奔”的头衔，根深蒂固的“大奔”形象远不是奔驰品牌的全部，这种长期形成的片面印象十分不利于中国消费者对奔驰品牌达成更深度的认知。奔驰在中国不只是一个适合达官显贵“乘坐”的品牌，其沉淀了超过120多年的品牌内涵远远没有像其他国家市场那样为消费者所熟知。面对多变的中国市场，奔驰近几年不仅在技术和设计上创新，更在营销传播上花尽了心思。2011年的“绝对C引力·原价置换梅赛德斯奔驰新C级轿车”活动，成为奔驰营销传播的又一个创新之举。

跨界联合，125岁的礼物

自从1900年第一辆奔驰诞生至今，已经有100多年的历史，同时也是一个代表着汽车文明与汽车工业进程的名字，那代表着梦想与高贵的银色三叉星是每一个人都极度向往的。奔驰为了将更多元化的品牌内涵传递给中国市场，从2007年开始就不断地尝试多种新营销模式，从奔驰C系列流媒体传播、全新B系列“新生活，全新启程”，到奔驰smart的“零”动生活乐趣，每一次营销的创新，都在将奔驰品牌内容深远化和多元化。

2011年，梅赛德斯奔驰迎来了125周岁的生日，为了回馈顾客对奔驰的支持，以及为其新推出新C级轿车作营销传播，使更多的车主轻松拥有梦想的座驾，共同感受梅赛德斯——奔驰新C级轿车的优越性能，梅赛德斯奇思妙想，联手淘宝网策划了一场“绝对C引力·原价置换梅赛德斯奔驰新C级轿车”的跨界联合活动，为中国的车主准备了一份125岁的生日礼物。由于置换活动10天内将连续送出1 250个旧车原价置换奔驰新C级轿车的名额，实现很多年轻人的奔驰梦，因此很多业内人士和媒体也将其称为“奔驰梦想计划”。

简易互动，百分百的转换

在我们看来，企业营销通常以提高品牌知名度、实现营销投入的价值转换为目标，但大多数往往因为营销活动规则的不明了和缺乏目的性而导致投入产出比的负增长，因此目的性强、规则简易的活动设置尤为重要。

奔驰这次“绝对C引力”的原价置换活动，主要以直接的销售和产品的推广为目的，因此在整个活动规则上尤为简单。主要是通过与淘宝商城深度合作，建立活动专题页面，并以参与抽奖的形式发放1 250个置换名额。整个活动时间历时10天，从2011年11月1—10日，淘宝用户只需要登录淘宝商城奔驰活动专区拍下C-Class原价置换名额，并支付订金1 250元，即可获得奔驰“绝对C引力”抽奖资格。为了保证抽奖的公平公正，活动主办方会在每日24:00前为活动报名阶段(即支付订金获得抽奖资格阶段)，当日活动报名截止后，联合淘宝在公证人员监督下完成本轮抽奖，并且中奖名单将会于次日24:00前在活动专区进行公布。没有被抽中奖的参与者，将会直接转到下一轮抽奖名单中，这样既提高了参与者的中奖概率，又激励了更多的车主参与其中。截至11月10日，1 250个置换名额在公证人员的监督下全部发送完毕，最终实现了百分百的转换。

此次奔驰新C级轿车置换活动取名为“绝对C引力”，不仅代表着这次活动在创意和回馈上有着极大的吸引力，更寓意着在汽车发展历程中，梅赛德斯－奔驰凭借创新设计和技术一次又一次地超越完美，而新C级轿车更是带给人们不可抗拒的智、动、雅兼具的魅力。除此之外，“速度的超越，更是安全的领先”一语双关的活动口号，不但标志着奔驰轿车的品质，而且喻示参与者必须要争分夺秒抢先参与活动，才能有机会获得最后的原价置换资格。

活动页面1

资源整合，裂变的助力剂

如果说活动创意是营销传播的内在表现，那么渠道资源的整合联动则是传播裂变的助力剂。好的创意活动需要借助于多渠道的传播才能被更多人关注，奔驰在活动策划上选择了拥有近5亿会员的淘宝网深度合作，且选择淘宝年度大促前夕，通过与顶级卖家联动，并依靠淘宝商城首页高曝光率的优质广告位资源，迅速告知用户新C级轿车原价置换的活动信息。

所谓“酒香不怕巷子深”，如此大手笔的置换活动，对于车主（特别是一直拥有奔驰梦的年轻人）来说，本身就是一条劲爆的消息，他们会利用IM、MSN等即时工具奔走相告，形成了自主式的口碑传播。除此之外，奔驰还通过整合高端媒体资源，进行深度的新闻报道，在行业媒体占据绝对的版位。另外，此次活动专区还打通了包括微博、SNS社区在内的新媒体，鼓励用户通过SMO的按键来分享置换信息，使得参与活动的车主既是内容的制造者，又是消息的传播者，利用强关系的分享，引来更多精准车主的参与。

活动页面2

由于此次置换的规则是任意品牌的汽车都可以参与，活动的力度之大，除了心仪奔驰良久的铁杆粉丝们，也吸引了各大媒体对此次活动的争相报道，先后有搜狐、汽车之家、新浪、金陵热线等媒体自主转载消息，拉动了活动和品牌的影响力。

由于奔驰已进入中国多年，并一直以高端品牌的形象备受青睐，其线下4S店遍布于中国各个一、二线城市。奔驰通过联动线下近百家实体店，发起殿堂活动公告，并且在地方性媒体上投放活动信息的广告，真正打通传统与网络的传播路径，整合线下实体店内展示和线上网络新媒体资源，实现多种传播渠道资源的最优化整合，达到了1+1>2的传播效应。

梦想计划，价值与情感交织

作为世界上最成功的豪华汽车品牌，梅赛德斯－奔驰从诞生伊始，让三叉星徽闪耀全球即成为其永不放弃的梦想和追求。时至今日，那代表着梦想与高贵的银色三叉星是中国每一个人都极度向往的，拥有奔驰驾座机会成为了每一个人的梦想。奔驰的“绝对C引力”更像一次帮助年轻人实现梦想的活动。

“绝对C引力”的整个活动流程看似简单，但却因为参与的形式和回馈的大手笔吸引了广大用户的关注。奔驰新C级轿车拥有自信不凡的外观设计，由内至外的动感升级，可以充分满足年轻精英们在坚持低碳、环保的购车理念的同时，仍追求高效、动感的驾控目标的需求。追求新C级轿车的是一群拥有梦想、追求品位和潮流的年轻精英，奔驰通过抽奖和任意品牌的旧车原价置换的形式帮助这群年轻人实现奔驰梦，赋予了本次活动更多的可延伸价值，在情感上与目标受众达到了共鸣。

情感共鸣和渠道资源整合，给这次活动带来不错的传播效果和市场反馈，据统计，截至活动结束之日，共有9 000名淘宝用户提交信息，其中2 300名用户完成支付，最后有1 500名用户获得置换名额。在奔驰C级轿车品牌传播方面，百度统计数据显示，用户关注度有较大幅度的上升，并且百度和谷歌搜索引擎分别增加了146万和174万的搜索结果。

专家点评：

奔驰在中国与奥迪、宝马并称为三大高档汽车。三个品牌拥有着不同的定位，奥迪最先以官用车引入中国，称为官方用车的老大；宝马以新锐与个性成为中青年新贵车主的宠爱；奔驰“文革”后进入中国，至今被誉为成功人士的专用车。这三种车虽然在定位上不尽相同，但属于高端汽车行列，面对竞争日益激烈的市场，汽车行业的网络营销创新日新月异。

随着电子商务的日益发展，对专业性要求非常高的汽车行业来说，迎来了一个新的发展契机，将汽车卖到网上成为了可能，并在互联网的世界里，借助新媒体的优势，越来越多的汽车网络营销的案例出现在品牌商眼前，汽车行业纷纷触网成为了不可逆转的趋势。

但汽车行业的网络营销是需要新的视角，以前视角更多是按部就班，现在做汽车行业网络营销在一个平台上，并没有先后顺序之分。外来的营销更注重创新性和互动性，整合多种媒体资源和优势，打通线上线下的传播渠道，借势扩大口碑传播。奔驰“绝对C引力”原价置换活动，联合淘宝商城年度大促，传递活动附加价值，成为了高端汽车品牌与电子商务平台深入合作的典范。

6. 宝马联手果壳网：一辆车的 JOY 基因

科技引领未来，营销传递价值，面对购买决策日趋理性的消费者，企业不仅需要有竞争力且具有科技元素的产品，更需要富有创意性的营销传播思路。科技与营销的紧密结合在当今汽车市场表现得尤为突出，特别是高端汽车品牌在市场竞争中更需巧用营销强调科技元素。大多数汽车品牌开展营销传播时，通常会选择在大众类、时尚类和专业汽车媒体上做文章宣传。而宝马在传播广州车展新车发布活动时，则选择与以一、二线城市科技青年用户为主的果壳网进行合作，推出了以“一辆车的 JOY 基因”为主题的整合营销、多维度地传播活动。

科技未来，联手果壳

先秦孟子的“天时不如地利，地利不如人和”阐述了合作的意义，特别是在竞争激烈的当下，选择正确的合作伙伴尤为重要。市场经济时代，企业需要合作与双赢的意识，宝马在广州车展新车发布之际，选择与具有科技特色的果壳网合作，是此次营销传播成功的重要举措。

果壳网是主要面向都市科技青年的社交网站，并提供负责任、有智趣的泛科技主题内容。它的会员壳网的受众覆盖具备良好教育背景、科学常识和职业分布的都市青年人群，活跃用户中包括部分科技企业中高层管理者；在传媒、活跃博客圈内有良好的知名度和品牌声誉，能够影响意见群体。而宝马在 2011 年 11 月 21 日第九届广州国际车展上即将发布的新车主要以“科技”为核心，并且以科技元素倡导“驾驶之悦”，以多种功能展示突出宝马新款车型的科技含量。果壳网会员与宝马的受众在某种程度上具有比较大的吻合度，且果壳网也具有社会化媒体的特质，它的会员可以关注感兴趣的人，阅读他们的推荐，也将有意思的内容分享给关注的人；依兴趣关注不同的主题站，精准阅读喜欢的内容，并与网友交流。

基于如此多的共同点和媒体特性，宝马联手果壳网共同推出“一辆车的 JOY 基因”，鼓励人们发现科技、探索科技，将未来的科技在宝马新款车上呈现，并整合多种营销手段，对新发布的车型和技术作预热。

N 种青年，N 种车型

2011 年 11 月 9 日，一篇题为《来看看各种青年的宝马汽车版》的帖子出现在了果壳网上，帖子主要以当下热门的“N 种青年”为话题，结合宝马即将在广州车展上发布的四款车型（BMW 1 系运动型、全新 BMW 5 系旅行型、全新 BMW M5、BMW 760 Li V12 25）的特性和诉求，以“文字 + 视频”的形式诠释了这四款车型不同的功能定位，

宝马车推广帖

并且分别以“跑路青年”、“撒欢青年”、“蝙蝠侠青年”和“打包青年”作了全方位的诠释。

由于果壳网是科技类网站，并且会员都是一、二线城市的科技青年，有一定知识背景和社会地位，因此帖子发出后，随即受到了果壳网众多网友的关注，每一个围观者都根据自己的类型以回帖的形式选择一款车型。将汽车赋予生命，这是“N 种青年宝马汽车版”的精彩之处，并且迎合受众的心理，以“选择”的方式潜移默化地将这四款车型科技特性初步传播给目标受众，将“什么样的人开什么样的车”的话题作延伸，引入“驾驶之悦”的品牌诉求。

除了站内《来看看各种青年的宝马汽车版》的话题帖子，果壳网还通过微博等渠道进行推广，引发热趣话题。由于果壳网站外粉丝（比如微博粉丝）在传媒圈和博客圈具有一定的意见领袖的地位，因此很容易吸引广大青年用户和粉丝的关注与讨论，对车展前期进行了富媒体的预热传播。

病毒测试，文娱结合

如果说“N 种青年”的热帖为宝马即将在广州车将亮相的四款车型的网络整合传播拉开了序幕，那么果壳网为宝马设计的“一辆车的 JOY 基因”活动专区则是新款车型深度传播的聚合阵地，通过引导网友参与问答测试，为目标受众传递“每一个人都有一款适合自己的车”的选车理念。并且通过充满趣味的互动活动，挖掘潜藏于每个人体内的 BMW JOY 基因。

宝马车款式

果壳网为宝马在线打造的“一辆车的 JOY 基因”活动专区，作为整个传播的“爆点”重磅推出，并整合多种传播方式，文娱结合，形成病毒式传播。活动专区内容包括病毒测试、病毒视频（动画版）、原创文章和信息化图示。

① 病毒测试以广州车展发布的四款主推车型为基础，从驾驶乐趣、牛活品位、个性追求几个角度，开发病毒性传播测试，以问题回答的形式，最后系统根据选项给出　个相应的选车建议，参与互动的网友可以通过分享按钮将测试结果分享到各种社会化媒体上。

② 病毒视频根据宝马车展发布的四款车型所代表的不同生活方式，以当下流行的动画效果传达驾驶出行“JOY 基因”的进化过程，凸显 BMW 的功能特色，传递“悦”的驾驶理念，并且吸引了众多个性而时尚的年轻人观看并分享到各个社会化媒体上。

③ 原创文章根据宝马车展发布的新款车型及其科技特性，从科学的角度对驾驶体验作进一步的分析和阐述，吸引对驾驶和汽车知识有一定了解和需求的年轻受众，传递一种“用知识体验驾驶乐趣”的理念。

④ 信息化图示根据宝马车展发布的四款主推车型的特色，用图形化和数据更加直观地表现其性能和优越性，配合病毒测试的结果，并对原创文章的知识点作为一个补充和完善，符合追求简洁明快的年轻人对知识的诉求。

⑤ 活动专区首页加载的 BMW LOGO 的二维码，便于用户通过手机等移动客户端扫描，下载观看广州车展上亮相的 BMW 新款车型的相关视频。

病毒测试专区推出不到一个月的时间，有近 17 万人完成了约 3 分钟的病毒测试，能取得这样可观的数据，不仅在于“JOY 基因”互动营销的本身趣味性，更在于宝马“以人为本”的营销理念，以个性化的活动内容，鼓励用户参与互动，这也正好符合了社会化媒体营销最基本的 4I 原则。

线上活动专区

营销整合，深度传播

一般一个成功的营销整合传播活动，除了线上富有创意的互动聚合阵地，也会有线下真实而立体的现场体验。为了能够给目标受众更加准确而真实的触感，并且由于果壳网的站外粉丝主要是对科技向往。对生活充满热情的年轻人，并对科技创想和生活乐趣有浓厚兴趣和独特见解，对果壳组织的线上、线下活动有积极的参与热情和活力，果壳网和宝马组织策划了一场以“一辆车的 JOY 基因”线下活动。

现场活动邀请了不同背景的 3 位专家、50 名现场观众和媒体，通过 iPad 和 PS3 整体游戏机进行热场、专家现场演讲和互动等方式全方位地介绍宝马所倡导的驾驶乐趣及相关知识，吸引果壳深度用户和重点目标受众进行现场交流和体验，并通过媒体观众进行深入传播。

线下活动专区

一直以来，宝马“纯粹的驾驶乐趣”的品牌定位以及“尊贵、年轻、活力”的品牌风格，让其将目标受众定位在年轻或心理年轻、在生活和事业中充满动力并有一定知识背景和社会地位的人群，因此推出“悦”的品牌主张。结合这一主张，此次线下活动主要以现场愉悦体验为主导，突出“悦”的驾驶理念。

纵观“JOY 基因”的整个传播过程，既有线上个性的病毒测试，也有线下精彩的现场体验，不仅采用了全面而科学的新闻传播，更是实施了富有创意的视频营销，将多种营销策略巧妙整合。最终以果壳网活动专区 30 万左右的访问 PV、17 万人完成病毒测试和 80 633 次的视频曝光，实现了“1+1>2”的营销传播效果。

专家点评：

我国汽车领域的网络营销可以说刚刚起步，汽车行业也刚刚认识到网络对营销的价值，并且很多的营销方法还很落后，随着网络技术的不断提高，网络营销不断成熟。在宝马、奔驰、奥迪等高端车成功试水网络营销后，多数汽车品牌开始瞄准互联网，并通过整合线上、线下的营销资源打响市场争夺战。

以消费者为核心的整合营销传播正在被国内外各大企业采用，宝马将“一辆车的JOY基因”多种营销传播策略综合协调并整合，以统一的目标和统一的传播形象，成功地实现与消费者的双向沟通，迅速树立产品品牌在消费者心目中的地位，建立了品牌与消费者长期密切的关系，而“一辆车的JOY基因”也将成为整个汽车行业整合营销传播的值得借鉴的营销案例。

7．长安汽车："地球一小时"点亮绿色

近年来，环保已成为我国以及全世界的一个热点话题，随着美国电影大片《2012》的放映，又将这一话题炒作到极致。电影《2012》设想了世界末日的场景：即在2012年的某个时刻，"地球物质调整"开始，特大地震接二连三地发生，人类濒临毁灭。甚至还有传言说2012年太阳风暴袭击地球、2012年地球两极倒转，更有甚者预言，世界末日的具体时刻是2012年12月21日下午3时14分35秒……

因此在2012到来之际，无论在人人或者微博还是QQ论坛上，很多人都在调侃的话题之一便是"世界末日论"，有的人说，赶紧把钱都花了吧，别再存钱了，世界末日要来了；还有人说，你还在暗恋吗？赶紧表白吧，都是要走的人了还有什么可畏惧的？各种各样诙谐的言论满眼皆是，这也说明大家对世界末日论不能说完全不信，但还是有那么一些顾虑的。

尽管科学家对于这些所谓的预言进行了批驳，但这些耸人听闻的预言也确实让现代人的环保观念得到史无前例的提升。在网络上，越来越多的明星大腕带动着大家进行环保活动，并积极宣传环保意识。比如节约用水、爱惜能源、减少碳排放等。2012年终究将会过去，我们也应该看到"末日论"相对积极的一面，那就是使得大家更积极地关注环保，身体力行，因为没有人想眼睁睁地看着自己的地球母亲被毁灭。

CX30是长安汽车新一代低碳环保家用轿车，2011年初进行小改款并向市场推广。其实为了抑制汽车排放有害气体的产生，促使相关厂商注重产品技术的改进，已经有许多国家制定了相关汽车环保排放标准，我国也正在加快这方面的建设。长安汽车巧妙地利用了近年来很是火热的环保、节能、概念车等话题，并选择了合适的环保事件，进而通过传播环保理念吸引了大量的受众，成为了一次非常成功的营销案例。

低碳节能，绿色领跑

"低碳节能不止是一种行为方式，更是一种生活态度，是每个人和每个企业公民应尽的责任。"地球一小时，是世界自然基金会在2007年向全球发起的一起倡议，呼吁个人、社区、企业和政府在每年3月的最后一个星期六熄灯1小时，以此来激发人们对保护地球的责任感，以及对气候变化等环境问题的思考，表明对全球共同抵御气候变暖行动的支持。这是一项全球性的活动，世界自然基金会于2007年首次在悉尼倡导后，以惊人的速度席卷全球。这次的营销策略正是抓住"环保"这一社会焦点，通过凤凰网将客户需求与环保事件有效地结合在一起，精准地传递产品的环保理念，加深产品在消费者心中的品牌认知。

"事件营销"是指企业通过策划、组织和利用具有新闻价值、社会影响以及名人效应的人物或事件，吸引媒体、社会团体和消费者的兴趣与关注，以求提高企业或产品的知名度、美誉度，树立良好品牌形象，并最终促成产品或服务的销售手段和方式。由于这种营销方式具有受众面广、突发性强，在短时间内能使信息达到最大、最优传播的效果，为企业节约大量的宣传成本等特点，近年来越来越成为国内外流行的一种公关传播与市场推广手段。

2011年"地球一小时"的核心主题已不再仅仅是气候变化，而是更广泛的可持续环保行动。除了熄灯1小时外，地球一小时活动还从号召大家响应环保变为动员个人和社会团体自发为环保作出的行动改变。凤凰网正是巧妙运用了"地球一小时"这一全球性的环保事件来进行营销，使得积极参与公益活动的凤凰网受众快速地响应并参与进来。同时在凤凰网流量最高的首页、凤凰网视频播

放页以及手机凤凰网首页同时进行了页面关灯的活动，在网友点击“关灯”后，三个页面的底色均会变成黑色，从而取得了环保节能的效果。

这样简单可行的活动参与方式显然与2011“地球一小时”活动的核心主题非常一致，即举手投足间的一个动作，就能为环保事业贡献自己的一份力量，从一点一滴开始，自发为环保改变自己。

2010年8月，发改委确定在5省8市开展低碳产业建设试点工作，在可持续发展理念指导下，通过技术创新、制度创新、产业转型、新能源开发等多种手段，尽可能地减少煤炭、石油等高碳能源消耗，减少温室气体排放，力求达到经济社会发展与生态环境保护双赢。低碳经济已经成为未来发展的重要方向。作为能源消耗巨头的汽车行业，如果能准确地把握发展潮流，掌控市场脉搏，势必将获得更加长远的发展。长安汽车确立“新能源汽车为先锋，小排量汽车为基础”的低碳发展模式正是源于这一观念，在2008年成立新能源汽车公司，专业从事新能源汽车的研发生产。长安汽车在各种新能源车型研发上的投入，前后已经超过3亿元，掌握了多项混合动力轿车核心技术，并获得混合动力技术专利70余项，其中发明专利18项，达到国内一流、国际领先的新能源汽车研发水平。相关资料显示，未来几年内，长安新能源汽车研发及产业化将预计投资10亿元，打造成集新能源汽车研发、生产、试验、检测、评价为一体的创新型产业基地。这也极度符合活动的主题，即进行更加广泛的可持续环保活动。

亮点多多，加深互动

亮点一：为长安汽车贴心设计了碳排放量计算器，让网友通过这个小小的计算器了解交通、家居等各个方面碳排放量的程度，以便为环保事业作出相应的改变。

亮点二：一张绿色签名地图，吸引了大量的网友进行签名互动，并通过网友的签名让更多的人意识到地球妈妈的现实状况，也让更多的人参与进来，关注环保，从思想上到行动上为地球做出力所能及的事情；同时在这张地图上软性植入长安汽车的主打车型，使网友对长安汽车有更进一步的了解。

活动网站页面

亮点三：在签名地图上的签名可以上传到微博，与微博用户互动，形成了二次传播，从而扩大了活动范围，深化了活动效果。

专家点评：

在低碳、环保的大环境下，如何利用公益事件推广企业品牌，整合企业形象是汽车行业最为关注的话题。长安汽车此次借助“地球一小时”这一全球性的环保活动，将“更广泛的可持续环保行动”这一主题与企业一直以来的低碳环保的经营策略相结合，在多个平台和媒体大范围推广，借助活动本身具有的广泛认同度和影响力以及受众的积极性，品牌得到了最大效果的传播。长安汽车“地球一小时”活动仅当日就为长安汽车实现总曝光量1 500万之多，使得企业在受众心中的地位也得到了极大的提升。长安汽车在企业发展的策略上紧跟低碳经济的发展趋势，积极营造健康环保的企业形象，也势必将走得更远。

8. 南京依维柯：复合受众的互联网布局

有这样一辆车，它并不光芒四射，但许许多多的中国人一看到它就能亲切地叫出它的名字；它二十年如一日，奔驰在中国广袤大地的各个角落，悄然改变了国人的出行方式，服务于国计民生的各行各业。它，就是依维柯。

中国轻客的历史因它而改变。这个活跃在全球商用车行业的领导者，在中国的沃土上成熟壮大，用专业与专注缔造着一个又一个奇迹。

高速成长的复合受众带来甜蜜的烦恼

最初的轻客大多仿制日本丰田轻型商用车的“平头”造型，直至20世纪90年代，一款造型独特的短头轻客进入中国，打破僵局，这款让人眼前一亮的车就是来自欧洲的依维柯。漂亮的短头轻客彻底颠覆了“轻型客车＝日系平头”的传统，成为90年代轻客的典型车型。但是伴随着中国GDP的高速增长以及城市化进程的不断推进，轻客市场逐渐步入碎片化的时代。面对B2B加上B2C的复合受众，轻客这个相对小众的细分市场各种性质截然不同的受众散落在各行各业、四面八方。南京依维柯面对的复合受众既有企业高管又有城乡结合部客货运个体消费创业者，不论是出没场所，还是触媒习惯均相去甚远。如何高效地和目标消费者沟通，成了高增长低集中度下复合受众给南京依维柯出的一道难题。显然和乘用车企业竞争高价媒体资源或者投资扩充全国各地的渠道都不是最高效整合的手段。

科技领航，互联网精准布局破题

一直以科技领航市场的南京依维柯，同样看准了互联网这条串联消费者的科技桥梁。与传统媒体根据抽样调查或者发行量来估算影响力不同，互联网带给依维柯丰富的消费者行为数据分析。以搜索引擎为例，从自身需求出发的消费者更多的是对自身需求的了解。

因此，要根据消费者的搜索行为，准确地切入消费者的需求。互联网SEM不仅串联了各行各业的消费者，也能够精准高效地将产品信息推送到消费者面前。

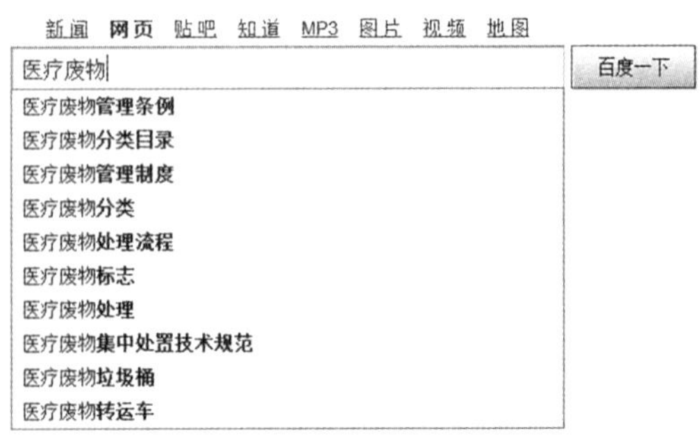

百度搜索页面

南京依维柯在互联网上进行深耕，结合消费者的互联网搜索工具的使用习惯将搜索行为分为：需求型、品牌型、消费型，并根据这些消费者在不同阶段的不同需求进行深度细分挖掘，借以提高对互联网消费群的转化率，如：需求型消费者会根据使用要求、行业特征等实际需求对信息流进行分类检索，而如载重量、载客量等针对那些对品牌认知不明确但对实际使用功能需求要求明确的消费者进行了外科手术式的精准投放。这类消费者往往是个体消费者，将产品作为生产资料进行购买的。而对于品牌型消费者，更多地会结合产品质量、安全、品牌附加值等方面进行考量。这类消费者大多数是企业级消费用户，针对这类消费者不仅需要精准地推送产品信息，企业形象的传播与提升也十分重要。南京依维柯准确地把握了这类消费者的品牌消费诉求，利用互联网搜索引擎平台搭建了自己在搜索引擎上的 minisite，大幅的专区布局和丰富的品牌内涵展示，有效地巩固了品牌在目标消费者心目中的形象。而消费型目标消费者，意向明确行动直接，针对这类消费者利用互联网工具缩短消费者和购买渠道之间的距离是最重要的。针对这些不同层次、不同行业和不同需求的消费者，南京依维柯有效地利用互联网搜索引擎串联起了众多消费者。

搜索设置 | 登录 注册

Baidu百度　新闻　网页　贴吧　知道　MP3　图片　视频　地图　更多▼

依维柯　百度一下

南京依维柯——建设国际一流商用车公司

南京依维柯汽车有限公司是上汽集团和依维柯股份公司共同投资的合资公司。作为中国轻型商用车领航者，南京依维柯凭借IVECO、跃进产品品牌和温馨360服务品牌，始终坚持科技、环保、人性化的造车和服务理念，立志创造一个高效、节能、安全的运输世界。

www.naveco.com.cn 2011-11 - 品牌推广

千万真情大回馈 你我共跃进

两大系列五款车型，跃进轻卡促销活动火热进行中！

依维柯新宝迪 打造高端商旅新形象

依维柯新宝迪：10-24座超大空间，高端商旅用车新选择！

依维柯参展第二届江苏新能源汽车展

绿色科技，创领未来，依维柯纯电动商用车发力新能源汽车领域。

关于依维柯　依维柯动态　特种车辆　底盘与部件　经销商查询

NAVECO 南京依维柯

科技 因你而有价值

Power Daily宝迪，全新上市！

依维柯在百度搜索上的推广

碎片化时代，品牌步入新世纪

随着碎片化时代代替 WEB2.0 成为互联网热词的同时，中国的网民已经达到 5 亿的规模。中国网民数量比城镇人口和农民工的总和还高，互联网工具对于企业而言已经不是用不用的问题，而是如何用、怎么用。对于南京依维柯这样拥有复合受众消费者的企业而言，在碎片化时代品牌的传播不仅要有精准性，还要有互动性。品牌和消费者的距离不再是遥不可及，而是可以相互之间侃侃而谈的亲密朋友。面对这样的时代背景企业将如何布局？

南京依维柯将这种串联复合受众的新媒体视为兵家必争之地，品牌布局早在 2011 年已经正式开始运营。目前南京依维柯的官方微博粉丝量已经突破 2 万，在目前商用车细分领域中，粉丝数及影响力优于江淮、全顺和福田等竞品。目前，每天的粉丝数及转发评论数都处于持续增长中)。

依维柯官方微博 1

南京依维柯针对不同的目标受众和不同时间跨度将品牌沟通内容进行了有效的区隔，并利用微博平台提供的标签化管理机制对传播内容进行有效地串联和归类。这种内容标签化归类的好处是能够方便消费者对感兴趣的内容进行快速分类筛选查询，优化了目标受众的信息获得渠道，并且将企业科技、严谨的形象得以从细微之处向外持续传递。这些标签主要有：商旅典范、物流标杆、轻客资讯、物流资讯、温馨 360、百变依维柯、依维柯箴言等 7 个。

其中针对企业高端客户沟通层面：# 商旅典范 # 旨在介绍新宝迪良好的驾乘体验、舒适性、安全性等商旅通勤中最重要的因素；将这类客户对产品的关注点与产品对应的高端属性相互结合，有的放矢。

针对物流行业消费者，# 轻客资讯 # 旨在介绍汽车行业的相关政策或者与消费者切身相关的信息以及介绍物流行业的一些政策、现象及能引起消费者注意力的信息；而 # 温馨 360# 主要针对现有车主将售后服务和用车养车等内容进行深度沟通的平台；# 依维柯箴言 # 的内容多为人生箴言、人生哲理，站在人性的角度和消费者分享一些人生感悟。

#商旅典范#新宝迪拥有欧洲依维柯的技术含金量，非承载式车身、SSR底盘系统及轿车级的空气悬架，将承载性和舒适性巧妙融合，NVH静音系统、人性化BCM车载电脑等多项领先科技配置，又充分保证了商务接待、通勤旅行的准确无误。

收起　查看大图　向左转　向右转

依维柯官方微博 2

#物流标杆#新得意搭载了依维柯最具代表性的索菲姆发动机，并采用了博世高压共轨技术，配合IVECO6级变速箱，使整个动力系统在国内同类车型中名列前茅。5.35米的最小转弯半径以及出众的通过性，也充分体现出依维柯车辆一贯以来在各种路况下良好的适应性，让其操控感足以媲美一般轿车。

依维柯官方微博 3

官方微博运营至今，每天的粉丝增长数基本维持在 300 左右，每篇微博的转发数在 30 左右，对于运营仅 2 个月的官方微博来说，这样的粉丝增长数及转发数远高于同类型微博。对于一些车型技术性亮点讲解的微博或者热点事件微博，还能引起新浪加 V 认证用户的转发，从而带来上千转发量的效果。

当然，除了文字的沟通之外，面对新媒体和消费者对于互动需求的不断提升，2011 年 12 月底，南京依维柯官方微博推出了 # 随手拍依维柯赢 IPAD# 活动。通过网友上传随手拍依维柯车型图片，同时关注依维柯官方微博，并通过 @ 好友的方式与消费者进行深度互动。而在这种看似简单的活动中通过网友间不断的碎片化传播和 UGC 内容的不断丰富，南京依维柯在社会上各行各业的产品谱系也逐步浮出水面。通过类似的活动，不仅能够向互联网上的复合受众展示产品特点，同时也扩大了品牌在互联网微博新媒体上的影响力。活动期间，每天有 200 余张车型图片上传至活动页面，每天粉丝增长数也涨至 800 多个，效果非常明显。微博活动是扩大微博影响力的最佳方式，同

老许2011款　已关注 | 取消

#随手拍依维柯赢IPAD#上周在巴萨的诺坎普停车场偶遇依维柯Massif，有点路虎卫士的感觉。这辆意大利厂商打造的Massif是来自依维柯家族的顶级配置，配备德国ZF的六速变速箱和3.0升双涡轮增压发动机，在配置上也相当强悍。@名车志赵航 @爱拍车 @依维柯IVECO

查看大图　向左转　向右转

微博推广活动页面

时也能为微博带来非常可观的粉丝数及转发评论数。

强敌环伺，如何伏笔未来

随着市场的不断增长和越来越开发，包括奔驰、上汽大通等商用车新军也开始加入分享市场增长的盛宴。作为细分市场行业领航者的南京依维柯始终保持着居安思危的态度，比尔·盖茨说过：“微软离破产永远只有 18 个月。”而随着 80 后消费者逐渐成为社会的中流砥柱，网络复合目标受众的手段不停地变化，南京依维柯如何为未来打下伏笔，是移动互联网还是更精准的互联网媒体运用？让我们持续关注南京依维柯！

专家点评：

整合是未来营销的大趋势，是“区域化、精准化、本土化”品牌整合营销的新利器。随着市场的不断成熟，中国正在形成一些具备独立个性的群体、区域，在这些“群”、“域”的人群在消费行为上存在共性，形成了一个较精准的营销目标。垂直数字营销这种高发展速度、高渗透率、丰富的营销运作形式，可以帮助企业及时获得反馈的信息，精确测量广告效果，准确瞄准受众群体。

南京依维柯通过网站升级、SEO 搜索引擎优化、重新定义底层数据库关键字密度、根细分目标人群的需求重新定位指定垂直营销传播策略以及微博社会化媒体 UGC 等的整合营销，将依维柯的“E”应用服务进程全面提升，不仅为消费者带来更强，不仅使依维柯的客户服务系统“与时俱进”，迈入更加科技化与人性化的数字营销新时代，更为消费者提供了更便捷的互动性与及时性信息。

9. 微电影时代一触即发，凯迪拉克“微”震四方！

这是一个“微”的时代，“微”似乎成了现代人的一种生活态度，从微博、微小说、微信，无处不彰显着微文化在人们生活方式中的重要地位。快节奏的现代化生活方式也让人们的时间被分得越来越散，注意力也很少能够长时间地集中在一件事上，于是“微”这一生活概念逐步受到人们的普遍欢迎和接受。

“微”时代

2010 年 12 月 27 日，百年豪华汽车品牌凯迪拉克与华人影坛魅力巨星吴彦祖携手，全球首映了具有划时代意义的首部微电影作品《一触即发》，成为了 2010 年末影坛的新热点。自此，一个新媒体网络化的营销手段——微电影广告就这样诞生了。

微风鼓浪，一部“动作微片”拉开微电影营销时代帷幕

以“信念、创造、拥有”为终极目标和价值使命的凯迪拉克，也堪称汽车界的“明星宠儿”。它特立独行，却魅力十足。没有人会记住平庸，在“微时代”的今天，凯迪拉克带着自己的魅力科技，与微电影一起，拉开了微电影营销时代的帷幕。

作为历史上第一部“微电影”，吴彦祖主演的《一触即发》是源自“微时代”的产物，其剧本来自微小说《一触即发》。剧情通过 90 秒的“微时间”讲述吴彦祖在一次高科技交易中遭遇敌手中途突袭，为了将新科技安然转送至安全地带，吴彦祖联手女主角 Lisa 施展调虎离山等计策，几经周折最终成功达成目标。

《一触即发》剧照

片中吴彦祖与凯迪拉克 SLS 赛威“两大明星主角”的精彩场面、跌宕起伏的故事情节、激烈的好莱坞式追车镜头堪称一部充满悬疑和火爆场景的“动作大片”，而仅仅 90 秒的播放时间又很难说上是一部“巨作”。但就在 2010 年 12 月 27 日晚上 8 点 30 分，微电影《一触即发》在凯迪拉克官方网站、官方微博、视频网站同步上映后，一小时内，“凯迪拉克”、“吴彦祖”、“一触即发”三大关键词，同时登录新浪微博最热话题榜。一周后，微电影《一触即发》进入优酷、土豆、奇艺、迅雷最热视频排行榜 TOP10。一个月后，该片总观影人次超过 1 亿。

在那个 2010 年底，凯迪拉克携手吴彦祖重磅推出微电影《一触即发》无疑是成功的，它不仅收获了超高的收视率和人气，开创了“微”世界中“微电影”的先河，更是在这股热潮的带动下，“微电影广告”的概念应运而生。2011 年 5 月 20 日，凯迪拉克的又一部微电影巨制《66 号公路》正式通过各种多媒体平台公映。这次电影的女主角莫文蔚本色出演一位女明星。她释放自我，从浮华

喧嚣的都市和众人的目光中解脱出来，开始了追逐自由、找寻真我的旅程。在象征自由与开拓的66号公路，她邂逅一位游历于此的年轻摄影师，与之共驾凯迪拉克SRX踏上自由之旅。一路翻山越岭，星夜兼程，他们亲身感受66号公路的壮美风光和独特人文情怀，旅途中一处处别样景致，让他们挣脱心中的枷锁，寻回最真实的自我。

又是在这短短的90秒片长中，莫文蔚完美演绎一段关于自由与自我实现的人文故事，塑造了一个至情至性、洒脱不羁的女性形象，这一切都透过充满张力和质感的镜头展现出来，令观者深有感触。这无疑是凯迪拉克继《一触即发》之后的又一次微电影营销。

《66号公路》剧照

微言大义，微电影营销≠长广告

忠于自由的凯迪拉克一马当先，向着广阔的未来疾驰而去，给我们留下的，是一座篆刻着“微电影”三个字的营销里程碑。

微电影究竟是什么？顾名思义就是微型电影。微电影是指专门运用在各种新媒体平台上播放的、适合在移动状态和短时休闲状态下观看的、具有完整策划和系统制作体系支持的具有完整故事情节的“微（超短）时”（30～300秒）放映、“微（超短）周期制作（1～7天或数周）”和“微（超小）规模投资（几千至数千/万元每部）”的视频（“类”电影）短片，内容融合了幽默搞怪、时尚潮流、公益教育、商业定制等主题，可以单独成篇，也可系列成剧。

微电影营销，采用了电影的拍摄手法和技巧，增加了广告信息的故事性，能够更深入地实现品牌形象、理念的渗透和推广，能够更好地实现“润物细无声”的境界。它是为企业而定的影视营销。这点与影视植入广告相同，只不过它没有采用广告那生硬的宣传方式，而是采用了一种更加柔和的方式，融入故事本身叙事风格中，使观众在潜移默化中接受企业品牌。由于受到时间限制，因此微电影以情节制胜，这与商业大片有些类似，而企业可以比较轻松而自然地将品牌信息融入到故事情节中，以通过故事主人公的“事与情”达到升华、突出表现或引发关注、情感共鸣等。

其次，微电影又不同于视频短片，它更偏向于商业化，更偏向于影视专业制作。微电影一定是一个故事，它的背后一定是商业驱动，一定是专业化的制作，一定能够起到商业电影一样的视觉与情感享受。微电影广告，仍然是电影，不同的是，产品成为了整个电影的第一角色或是线索，时间上微电影远远比电影短小精悍。它不是简单粗暴地追求商品形象、标志的曝光量，而是借助具有一定的故事情节的视听语言，把产品功能、品牌理念巧妙地渗透进去，达到润物细无声的效果，是一种更为高级的广告营销方式。

洞幽烛微，市场营销与微电影的完美结合

事实上，凯迪拉克的成功除了微电影本身，其洞幽烛微的营销形式也同样居功匪浅。在《一触即发》和《66号公路》这两部微电影初始阶段，凯迪拉克大面积搞宣传，高调行事，并采用全程电影营销模式，通过“明星竞猜”、“海报发布”、“片场探班”、“预告片发布”、“影评人抢先热议”、“全网首映”等多种形式，引爆消费者的关注，制造轰动效应。据了解，《一触即发》的网络点击量破亿，微博转发数8万多次，《66号公路》的网络点击量破2亿，微博转发数26万多次。如

此面面俱到的营销案例不仅加深了消费者对“凯迪拉克”这个品牌的好感度，而且带动了线下“凯迪拉克”汽车销量大幅提升。

市场营销的目的无非两个方面：提高产品市场销量，提升企业品牌文化。可以说，在这一点上，凯迪拉克的微电影营销方式取得了巨大的成功。凯迪拉克品牌总监刘震表示：“如果说在微电影Ⅰ《一触即发》中观众领略更多的是凯迪拉克赛威2.0T优异的产品性能，那么在微电影Ⅱ《66号公路》中，除了对于凯迪拉克SRX这款产品的关注，我们同样希望观众认识到凯迪拉克这个美国百年豪华品牌的精神。”

以《66号公路》为例，凯迪拉克SRX穿越驰骋在象征着自由、梦想和开拓的美国66号公路，在纵情徜徉和感受66号公路的人文风土之余，忠于内心的渴求，释放自己，最终实现自我价值。凯迪拉克能够将企业品牌融于故事情节，与观众情感共鸣，因而观众的参与深度更有利于传播。毫无做作痕迹，自然过渡，却深入人心，企业品牌也在故事情节中得到升华。

“自诞生之日起，凯迪拉克品牌在追寻自我的路上不断突破。为了体现‘豪华品牌’的诉求和‘信念创造拥有’的品牌文化，我们在拍摄每一部微电影时始终坚持‘微电影更要大制作’的标准，同时也会将这种精益求精的态度一直坚持下去。”凯迪拉克品牌总监刘震如是说。

专家点评：

“微”，传统理解应该是小或少的意思。然而现在似乎反了过来，小则小矣，少可就未必了。那亿万个“微”累计起来，已经充塞了我们的生活……总之一句话——这个时代“无微不至”！

凯迪拉克聪明地把握住了“微时代”的脉搏，微电影广告从一开始就携带着互联网时代的特性：题材贴近网民、作品时间短、适合网络观看、便于转发传播。一般只有三五分钟的时长，可是它却具备了完整的电影叙事结构、品质精良且强大的制作班底和明星主角出演等电影大片的基本要素，使观众在观看时仍有如同观看电影般的体验，同时又拥有无限的想象空间，可以让观众的情绪在短时间内集中释放。正是这些特点，让微电影瞬间成为营销领域新的蓝海。

毫无疑问，凯迪拉克成功地开创了微电影的新时代。那么同样作为营销人的我们，下一步又该“微什么”呢？

10. 不是所有的吉普都叫 Jeep

Jeep 网站纪念专题 1

2011 年是 Jeep 品牌诞生 70 周年，Jeep 借此进行了一系列主题为回溯历史的推广活动。在各个车展上为各条展品现推出了 70 周年纪念版车型的同时，国内的 Jeep 网站上线了 70 周年的纪念专题，以 Jeep 自身的历史故事作为切入点，召集用户与他们分享他们与 Jeep 的故事。推广活动中非常精彩的广告文案“不是所有的吉普都叫 Jeep”，完美地定义了 Jeep 在国内的市场和价值，同其他品牌和型号的吉普车区别开来，令人印象深刻。

工欲善其事，必先利其器：Jeep 定位

自 1972 年艾·里斯和杰克·特劳特在《广告时代》刊登文章，提出定位观念：产品在市场中定位、人物在组织中的定位之后，这一观点迅速为人们认可，并逐渐成为营销领域的标准，并成为营销战略的关键来源。随着商业竞争日益激烈，先在外部竞争中确立价值独特的定位，再引入企业内部作为战略核心，形成独具的运营活动系统，成为企业经营成功的关键。定位选择不仅决定企业将开展哪些运营活动、如何配置各项活动，而且还决定各项活动之间如何关联，形成战略匹配。可以说，定位已经成为了产品推广是否能够成功的关键。

吉普是 Chrysler 最初进入中国时对 Jeep 的一个音译，而后多个品牌的吉普出现在市场上，Jeep 或吉普逐渐演变成为了越野车的通用名。这些品牌良莠不齐，吉普一度成为低端越野车的代名词，给品牌带来了相当程度的困扰。克莱斯勒与菲亚特结成联盟之后，旗下各自品牌也进行了重新梳理，Jeep 在中国将主要以进口的方式进行销售。如何迅速实现自身品牌的定位，让消费者认同品牌价值，是 Jeep 刻不容缓的问题。

“不是所有的吉普都叫 Jeep”，吉普相当于是指代同类型车，后面的 Jeep 指 Chrysler 的品牌。这一广告语不但表示 Jeep 在越野车、SUV 领域具有的专业性和强大功能性，而且很清楚地说明了 Jeep 作为一个品牌的独立性。这一广告语完美实现了定位需求，重塑了品牌，化解了 Jeep 在国内市场上的尴尬局面，为将来 Jeep 销售高档产品奠定了基础。当然，仅仅凭借这样的广告语是不够的，还需要不断地在广告和促销活动中将主题传达给用户，力求加深用户对产品的印象。

没有故事，不成人生

时值 Jeep 品牌诞生 70 周年，在牧马人等各条产品线周年纪念版车型登录各大车展的同时，国内 Jeep 网站上线了周年纪念专题，以 Jeep 自身的历史故事出发，召集用户分享他们与 Jeep 的故事。

以分享故事为互动形式，不但能加深用户对品牌的归属感，还能借此吸引新的用户，是情感营销的一种常见形式。这样的推广活动被应用得非常之多，但如果自身的历史沉淀不足，活动期间策划力和引导性出现误区，则很容易出现冷场的尴尬局面。诞生于“二战”期间的 Jeep 距今已有 70 年的历史，在汽车界可谓源远流长，Jeep1983 年进入中国后有多款车型畅销，品牌沉淀可以说相当

a

b

真正的永恒
只有物质
Jeep

c

d

e

f

g

Jeep 在《时尚》杂志上刊登 5 连版的平面广告（a ~ g）

之浓厚。如果有足够精彩的策划对分享故事这一形式的推广活动进行引导，达到的效果是不言而喻的。

2011 年 3 月，在 TVC 广告中，Jeep 拍摄了“Jeep70：没有故事，不成人生”TVC，用平凡人的故事，讲述不平凡的传奇，吸引网友登录 Jeep 品牌 70 周年主页，参与网上故事征集活动。在 Jeep 官方网站推出的“没有故事，

Jeep 网站纪念专题 2

不成人生——分享你与Jeep的故事”线上活动中，无论是人车之间的非凡故事，还是中国最悠久的吉普车传奇，消费者均可至其官方网站活动页面，上传故事并参与评选。胜出者不仅能与全国同好分享自己的精彩人生，更可参与Jeep70周年广告大片的拍摄。

没有故事，不成人生。Jeep官方网站的活动文案非常精彩，这也得益于Jeep的品牌个性给了广告公司很大的发挥空间。一部好车也许是一个梦想的起源，也可以是最忠实的朋友和伙伴。台湾著名音乐人陈升曾经提前一年预售演唱会的门票，仅限情侣购买，一人的价格可以获得两个席位，一年后两张券合在一起才能奏效。这场演唱会的名字叫：明年你还爱我吗？到了第二年，空了好多位子。一辆好车能够伴随一个人的又岂止一年？漫长或一瞬，热烈奔放或寂静欢喜，绚烂或孤独，都是用户亲身的经历，深刻而久远。

4月11日晚，Jeep通过新浪微博发布了首支广告片《大切诺基篇：英雄的合影》，作为Jeep70周年网络推广的开篇之作。Jeep在长达4分钟的微电影里，讲述了一个执著追求的故事。广告片取材于“分享你与Jeep的故事”中的人气故事《老汤的故事》。故事主角汤辉本色演出，讲述他开着Jeep大切诺基去曾经“战斗”过的地方，“受过苦”的地方，“有故事”的地方——对于青春年少的小汤，生命是风中的雪花，自由、飘逸；而对于人到中年的老汤，生命则显得更加厚重。没有故事，不成人生。

通过“分享故事”的一系列活动，Jeep深刻挖掘了用户与产品的内在联系，基本实现了情感营销的要求。通过良好的引导，让用户主动地体会产品带来的改变，巧妙地引起了用户的共鸣。可以说，Jeep很好地讲述了这个故事。整个活动中，Jeep对自身品牌的定位，整体脉络的把握都可圈可点，值得借鉴。

极致之旅，非凡故事

Jeep 试驾汇 1

Jeep 试驾汇 2

Jeep一向是适应能力强、高通过性、大空间车型的代名词，第二次世界大战结束后，美国军队陆续自欧陆撤退。当地居民以使用Jeep为乐，于是开始将它应用在日常工作中，Jeep以其优异的耐用性及可靠性，让人们重新建立起自己的家园及版图。由于人们太享受Jeep所带来的宽广生活空间，因此Jeep很快便被用来作为营造生活乐趣的运输工具。如今不仅在军用领域，在像耕种和自然灾害救援等平凡领域，Jeep也始终占据主角地位。多年来，Jeep建立了粗犷、多功能和真正四轮驱动动力的良好声誉。那么，“极致之旅”这样一个富含冒险和探索精神的活动顺势而生，也是Jeep自身品牌推广题中应有之义。这样的活动自2009年开始已经持续了两年，时值70周年，Jeep将活动扩大，和《中国国家地理》杂志合作，选取了三条路线：穿越中尼公路、洛克之旅探秘、重走史迪威之路。Jeep此时也并没有忘记在前期活动遗留的巨大影响力，邀请了在“分享故事”这一活动中获得高人气的用户参加“极致之旅”，延续了前期的推广并将之推入了高潮。

可以看出，穿越中尼公路、洛克之旅探秘、重走史迪威之路，无一不是经过精心策划和挑选的路线，都拥有传奇般的历史色彩和神秘的故事背景。三条路线又各具特色，几乎完美地诠释了“战争创造了Jeep，Jeep创造了SUV”这一概念，让参与者和关者能够拥有不同的体验，讲述非凡故事。受邀参加极致之旅的主人公，是在前期活动中已经受到大量关注的用户，这些用户积累的大量人气，同时也为品牌带来了相当可观的传播效应和潜在的客户。

Jeep“70周年纪念”限量版主题车型

目前，中国已成为Jeep最大的海外市场，为Jeep品牌的发展提供了强大的市场根基。时值全球SUV领导品牌Jeep诞辰70周年，Jeep借机在第一时间引入了设计一新的70周年限量版车型。四款主题新车分别是：牧马人、指南者、全新大切诺基以及全新车型“自由客”。

新款牧马人

新款指南者

新款大切诺基

新车型“自由客”

定位这一观念已经成为当今世界企业扭转不利现状的有效手法。我们所熟悉的饮料品牌“七喜”，在诞生之初就备受艰难，受困于“可口可乐”和“百事可乐”已经占领的巨大市场份额，一向难以起色。经过细致的市场分析，七喜将自身定位于“不含咖啡因的非可乐”，避免了与两大可乐公司的冲突，开辟了一片新的战场，使七喜一跃成为仅次于可口可乐与百事可乐之后的第三品牌。“最”、“唯一”、“首”等词汇是品牌定位常用的关键词。作为最早进入中国的汽车品牌之一，SUV的缔造者与引领者，Jeep保持着众多“品牌之最”。

出于自身品牌重塑的需求，Jeep品牌通过70周年纪念这一主题进行的系列营销推广活动，取得了极大的市场响应。Jeep对于自身品牌的定位正是整个活动的关键之处，借助“不是所有的吉普都叫 Jeep”这一区隔，有效地同以往国内市场低端形象切割开来，帮助 Jeep 全力发展 SUV 业务。同时加以后续的活动，用适当的情感营销，发掘用户与产品之间的联系，让用户感受到品牌深刻的历史沉淀之余，更加深了对品牌的认同和归属感。

Jeep 硬广告

专家点评：

艾森豪威尔将军在“二战”结束后曾说：“Jeep、飞机和登陆艇是我们赢得战争的三大武器。”巴顿将军对于 Jeep 的评价则更高：“它是我见到过最坚韧、最顽强的机械。”今天，越野车品牌不计其数，但若论血统纯正，则是克莱斯勒旗下的 Jeep 品牌，作为越野车的鼻祖，只有 Jeep 生产的 Jeep 才是真正的 Jeep。Jeep 通过广告语“不是所有的吉普都叫 Jeep”将自己的品牌定位准确地传达出来。

如今，当年战场上飞驰的 Jeep 已经演化为 Jeep 牧马人，但 Jeep 狂野的风格毫无改变。Jeep 品牌旗下推出的 SUV 车型也都延续着 Jeep 一贯的奔放之风。在本次 Jeep70 周年的系列大型推广活动中，Jeep 通过“不是所有的吉普都叫 Jeep”系列广告、Jeep 极致之旅、Jeep70 周年限量版车型、我与 Jeep 的故事、Jeep70 年传奇等系列活动将 Jeep 的“狂野”、“卓尔不群”的风格诠释得淋漓尽致。

11. 看高端跑车保时捷如何升级数字营销

保时捷自 2001 年由捷成集团引进中国大陆市场以来，十年间取得了惊人的增长；目前，保时捷已在中国全国范围内建立了 36 家保时捷中心。上海浦西保时捷中心以优秀业绩，继 2010 年后再次荣获 2011 年度保时捷中国销售卓越奖（第一名），作为最早进驻中国大陆市场的保时捷中心之一，浦西中心希望通过全新的营销方式提升自身知名度，同时推广其官方微博，与目标消费者建立长期深度沟通渠道。

针对客户的推广目的，易传媒凭借平台优势，为上海浦西保时捷中心打造了移动互联网和传统互联网整合的数字营销解决方案，整合移动终端广告、LBS 整合营销以及互联网广告，通过精准的广告投放和高效的互动创意，有效提升品牌曝光度、微博知名度、活动现场人气。实现传播效果在广度和深度上的双赢，并成功吸引目标消费者前往上海浦西展厅。

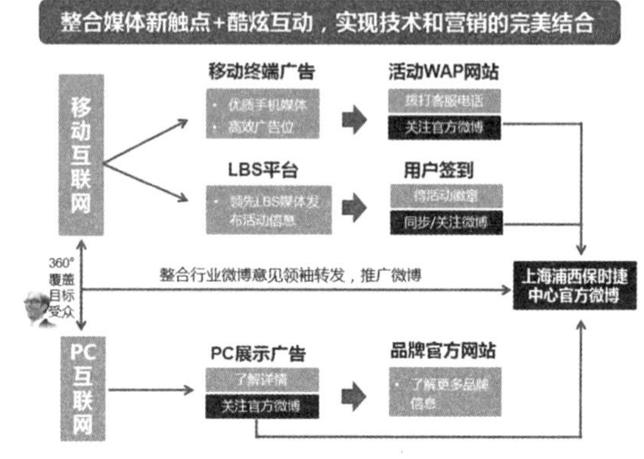

活动策略 1

整合媒体新触点，实现技术和营销的完美结合

融极致运动与奢华于一身的德国汽车品牌——保时捷，始终引领着跑车行业，作为高端汽车品牌，上海浦西保时捷中心的主要目标受众群为精英人士，他们也是高端智能手机用户，追求品质生活，使用手机办公、社交频繁，比较关注财经、奢侈、汽车类信息。针对这一特点，易传媒挑选高端及汽车相关媒体，通过移动终端和互联网广告全面曝光上海浦西保时捷中心。

① 移动终端广告多重定向，精准覆盖

在移动互联网平台，易传媒精选财经、奢侈等手机 Wap 及 APP 媒体，采取机型定向技术，锁定上海的 iPhone 和高端 Android 手机用户定向投放高关注度手机图片通栏广告，精准覆盖目标受众。

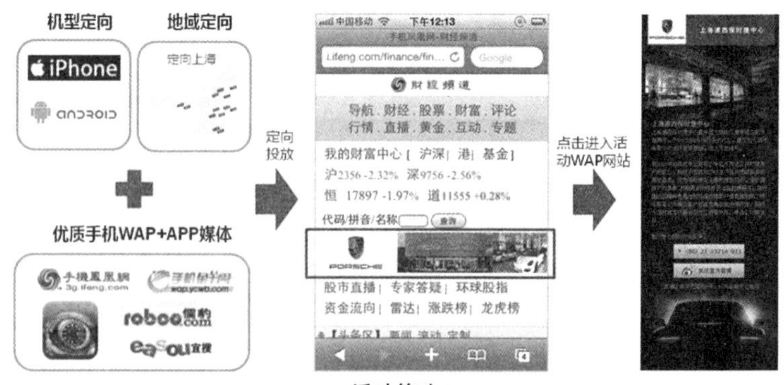

活动策略 2

此外，值得一提的是，在本次投放中，易传媒还创造性地定向投放 iPad 创意广告，覆盖使用 iPad 访问互联网的目标受众。

当前，使用平板电脑等移动设备访问互联网页面的比例越来越高，而多数互联网的富媒体广告在移动设备上并不兼容；因此，在这次广告投放中易传媒根据目标受众与 iPad 用户重合度很高的特点，针对 iPad 用户投放基于 HTML5 的专属广告形式，实现了人群和媒体的充分整合以及广告效果的最大化。

② 互联网广告多种技术手段，强势曝光

在互联网广告平台，结合内容、地域及用户行为定向技术投放广告。根据易传媒人群分析系统，深入洞察保时捷目标受众的网上行为特点，制定媒介策略，精选目标受众最常访问的互联网媒体，定向易传媒汽车、财经、新闻、体育类媒体，并结合地域定向，定向上海市，投放高冲击力的展示广告；强势吸引目标受众眼球，并吸引其关注广告并参与互动。

高冲击力广告，结合先进定向技术，最大化投放效率

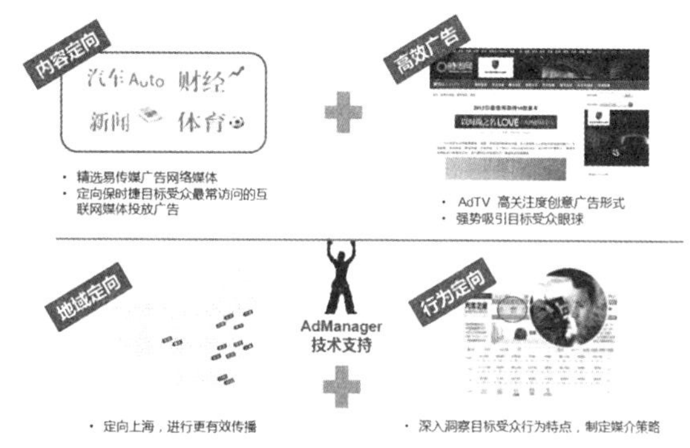

活动策略 3

高效 LBS 整合营销，有效链接线上线下

本次推广活动，上海浦西保时捷中心希望提升知名度与美誉度的同时，吸引目标消费者至上海浦西保时捷展厅。为了有效将用户从线上引导至线下，易传媒为保时捷打造时下热门的 LBS 整合营销。

首先，选择国内优质 LBS 媒体——玩转四方，借助 LBS 平台众多延伸平台，包括 LBS 媒体官方网站活动告知、玩转四方官方微博等，大力宣传活动，广泛吸引受众参与。同时，利用 LBS 签到机制配合特定奖品激励，有效引导用户至上海浦西保时捷展厅，拉动了保时捷展厅的人气。

活动告知　　签到　　获得徽章

活动网站页面

酷炫互动创意，打造高效微博营销

在精准广告曝光的同时，与用户有效的互动也是决定广告效果的重要因素。因此，本次推广，易传媒在手机活动网站、互联网广告位以及 LBS 整合营销各层面分别打造了有效的互动创意，多种推广渠道强强联手，都与上海浦西保时捷中心官方微博打通，同时，结合汽车行业意见领袖的微博转发进一步升级微博营销，最大化提升上海浦西保时捷中心官方微博知名度和粉丝数，助力品牌微博营销。

活动策略 4

① 移动终端广告平台：活动手机网站设置一键微博关注

在移动终端广告方面，用户点击移动终端广告即可进入活动官方手机网站，手机网站整合拨打客服电话和关注微博两种高效互动功能，用户不仅可以直接点击程序调用手机拨打客服电话了解更多详情，还可以一键关注上海浦西保时捷中心官方微博，适时追踪品牌信息。

② LBS 签到与微博营销有效融合

LBS 签到活动巧妙地设置了两种参与机制。规则一：用户签到上海浦西保时捷中心并同步至新浪微博即可获得徽章；规则二：用户关注上海浦西保时捷中心官方微博并 @ 一位微博好友并转发玩转四方活动微博也可获得徽章，参与赢取奖品。这样，将微博关注和转发加入活动参与规则中，实现微博病毒营销的同时，有效提升官方微博知名度和粉丝数。

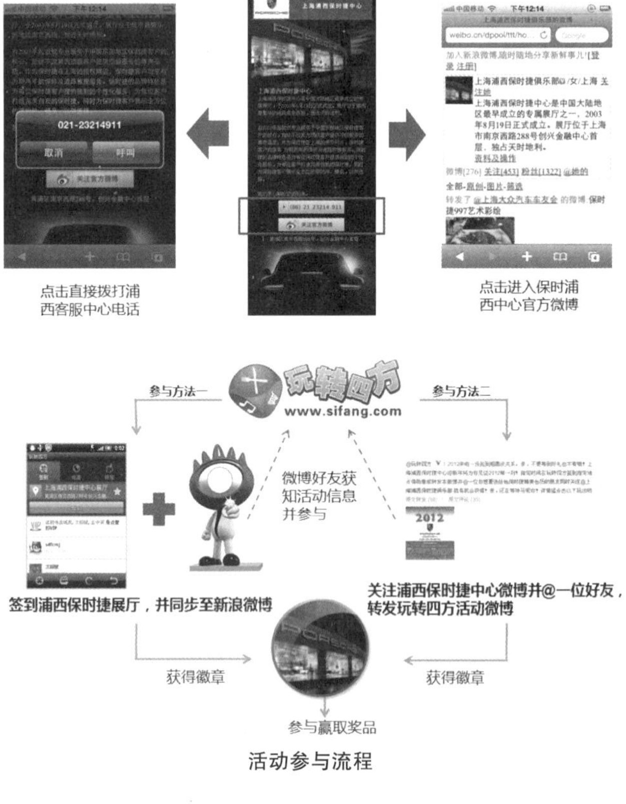

活动参与流程

活动硬广告

③互联网广告位高效互动

互联网广告方面，在互联网富媒体广告位上直接设置“关注官方微博”按钮；用户点击“了解详情”进入上海浦西保时捷中心官方网站，点击“关注官方微博”即可一键直接关注其微博。通过广告位和微博，实现品牌展示的同时，达到高效的微博营销。

④整合行业微博意见领袖的转发，加速微博信息的传播，高效曝光微博

为扩大微博信息的传播，易传媒同时整合新浪多个汽车行业内微博意见领袖，分阶段转发活动推广期间上海浦西保时捷中心官方微博发布的信息，加速其微博信息的传播，短时间内制造微博热门话题，最大化微博信息在微博平台曝光。

随着互联网技术的发展及其营销价值的日益显著，我们陆续看到众多的汽车品牌已将眼光转向数字营销。易传媒移动广告平台总经理蒯佳祺说：“我们很高兴与上海浦西保时捷中心有这次合作的机会，易传媒在汽车行业数字营销方面拥有相当丰富的经验，单就移动广告平台来说，已经成功服务过多家国际知名汽车品牌，在通过移动终端广告推广注册试驾、为汽车品牌开发并推广 APP 以及车展 LBS 营销等领域都有成功案例。相信这次尝试能为上海浦西保时捷中心日后的移动营销提供一些创新性的思路。”

上海浦西保时捷中心与易传媒携手共同打响的本轮整合数字营销战役，移动终端广告各项指标远超客户预期，LBS 签到在推广的半个月内，实现 5 000 多次签到数，近 6 000 条微博分享，进一步提升了上海浦西保时捷中心知名度和微博关注度。这也是上海浦西保时捷中心在中国尝试数字媒体平台推广开拓性的一步，引领了国内高端跑车品牌数字营销风潮。

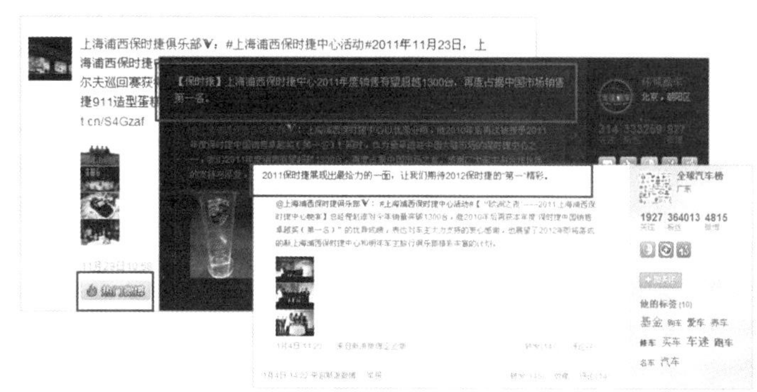

微博推广

专家点评：

本案例通过移动终端广告、互联网广告大范围曝光品牌，通过 LBS 引导人流到线下展厅，同时又创造性地将这三者打通，统一整合至品牌官方微博；结合了当前多个数字营销的手段和方式，也包含 HTML5 等一些全新广告形式，在策略、技术和创意上都有很不俗的表现。

首先，在对目标人群的抓取上很精准，基于深入的人群洞察，在广告投放中采取多种定向技术手段，实现了精准的人群锁定，有效地提升了广告投放的效率和效果的最大化。

其次，基于推广目的的广告创意和互动形式可圈可点，包括广告位的互动以及移动终端 Wap 网站的互动，一定程度上实现了人群和效果的高效整合。

第三，LBS 与微博的整合营销，将微博加入活动参与规则之中，为此设计两套参与方式，很好地实现了推广微博和引导人流至线下两大目的。LBS 如何与其他营销模式结合，也是我们日后可以深思和深入挖掘的重要方面。

总的来说，本案例作为国内高端跑车品牌领先移动营销的领先尝试，能为日后同类品牌开展移动营销提供有效的借鉴。

第六章
金融证券类

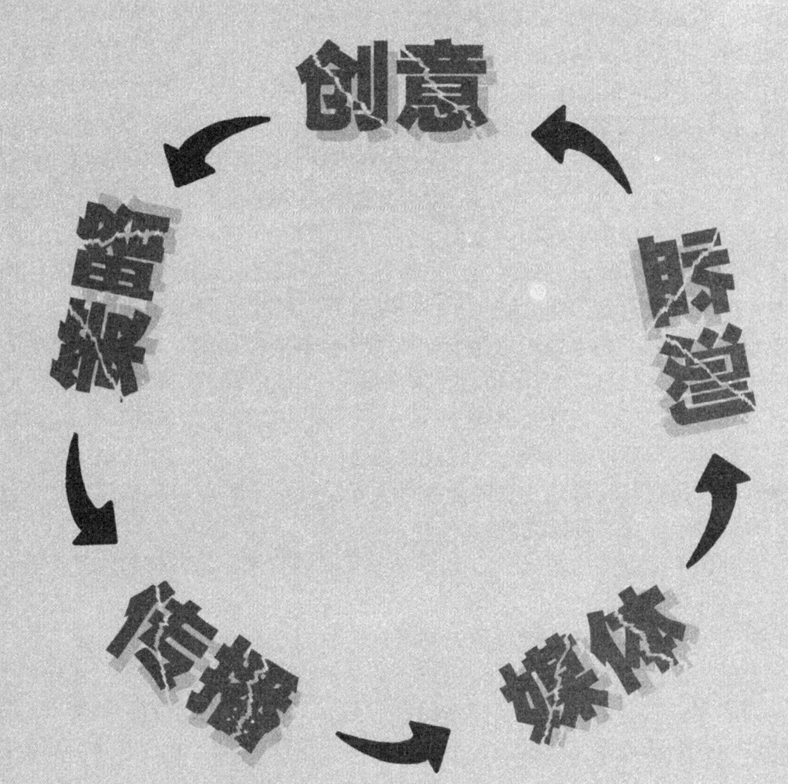

金融网络营销，亟待营销升级

银行、证券等金融行业属于专业性较强的行业，在传统营销时代基本是以理性、严肃和深奥形象示人，但是随着大众化消费时代向个性化消费时代的转轨，新鲜、创意、趣味、个性化的传播内容显然更容易吸引用户，获取用户认同。

随着国内金融用户的成长，网络在金融行业发挥着越来越重要的作用。调查发现，国内用户在金融信息的媒体接触习惯上，互联网是用户最经常接触，也是授信度最高的渠道。通常，目标用户主要浏览门户网站金融/财经板块（79%）、专业的金融/财经类论坛（78%）、财经垂直网站、搜索引擎网站（53%）和金融相关企业官方网站。而除了网络渠道，朋友之间的交流推荐（66%）、报刊上的文章（50%）和电视节目（42%）也是用户较常接触的渠道。这为金融企业进行网络营销提供了很好的数据支持。实际上，国内利用互联网营销的金融广告主和金融产品越来越多，也在尝试着各种新鲜、有趣的营销方式。

①跨界营销　基金跨界营销早有先例，像鹏华基金携手歌手伍佰宣传新基金，嘉实基金激情世界杯等。上投摩根联手快速消费品巨头，百事集团七喜品牌邀请“猫爸”常智韬，和“虎妈”蔡美儿分享儿童教育经验，推荐其基金定投类产品之储备子女教育金的理财产品，收到很好的市场回报。

②微博营销　相比国有大金融机构，新崛起的非国有商业银行和中小金融企业反而会更多地寻求创新和突破，比如招商银行、民生银行。招商银行一直是金融营销圈的佼佼者，在各类新鲜方式的尝试和创新营销方面都走在前列。招商银行作为大运会全球合作伙伴、唯一指定银行，围绕服务大运、参与大运举行了一系列活动：发行“大运会一卡通”，“招运金”系列贵金属产品推广，发行“大运通”IC卡，发售“大运金牌理财季”产品，举行“约会大运——七夕节，我与大运有个约会”的微博上墙活动，品牌代言人郎朗和大运会音乐大使王力宏出演招商银行举办的金葵花之夜——迎大运专场音乐会，举办“大运每日一猜”、“大运之旅”、“随手拍大运”、大运火炬传递直播等活动，通过各个层面、各个渠道的延展，将招商银行赞助大运会活动的价值最大化地传播。

③移动营销　农业银行借助手机微博发起“e指尖，赢时尚，‘掌尚’功夫秀出来”有奖活动，并结合微博调查，收集用户对农业银行网银的反馈数据。中国银行采用Web和Wap相结合的“中行手机银行、网银知识转奖大轮盘”有奖推广方式，吸引手机和Web网银用户。

④网络活动营销　为推广民生银行信用卡中心为年轻群体打造的专属信用卡产品——民生信用卡in卡，民生银行通过网络发起“中国银行首次全国公开寻找民间代言人网络选拔大赛”。当停车成为一种心痛，神马都是浮云。平安车险从刚需入手，推出“线上抢车位，线下享免费停车服务”的“免费博车位”活动，受到目标受众——白领车主的喜爱。

⑤搜索引擎营销　平安车险借助艾德思奇数字服务公司的“百度+Google双引擎、搜索关键词+网盟”策略，全方位投放，直达目标受众。

另外，像汇丰利用重定向广告技术以及LBS移动互联网营销，易传媒协助平安保险跨媒体整合投放等，都取得不错的营销汇报。

由于介入的时间比较晚，国内金融行业的网络营销尚处在比较初级阶段，多局限于帮助金融企业投放广告，或者是简单地通过网络向终端用户介绍一些政策性的常识和提供营业网点的信息，或者是进行一些名词解释，或者是进行一次网络促销活动等，新鲜、创新的营销案例不太多。相比国内，国外金融行业的网络营销则比较成熟，不乏优秀的营销案例，这里简单分享几个移动互联网营销的案例。

挪威 DNB 银行铃声营销：唱出来的客服，如同“天籁”

为提高银行在客户心中的认可度、美誉度，搭建起品牌与客户的桥梁，改变银行服务平稳、刻板、严肃的形象，挪威 DNB 银行竟在圣诞来临前在常规的客服热线上做起了“手脚”：让品牌所赞助的挪威广播男生合唱团用“歌唱”形式来录制客服电话内容。这种改变，让原本枯燥而生硬的服务接听等待过程变得悦耳动听，同时契合圣诞欢乐的主题，拨打客服电话甚至成了当时人们的新体验、新乐趣。

合唱团在录音

澳大利亚 NRMA 保险公司推特殊服务：不一样的保险服务

为充分传达其品牌广告语“体验与众不同”的内蕴，澳大利亚最大的保险公司 NRMA 配套推出了一项特殊的服务，即车主们可以为自己爱车的某一个配件，如车窗、座椅、前挡玻璃、轮胎等单独进行投保，只要它们在你的心中足够“特殊”、“重要”、“有价值”。

NRMA 特殊服务的传播更是别出心裁，其户外广告创意结合了二维码技术。在车站无聊等车的人们，只需根据广告牌的提示，利用手机二维码或输入链接，进入到指定网站选择自己喜欢的歌曲，广告牌上面的音响就会为用户播放这首歌曲，让舒缓的音乐告诉你：NRMA 能为你的汽车设备（这里指音响）投保了。

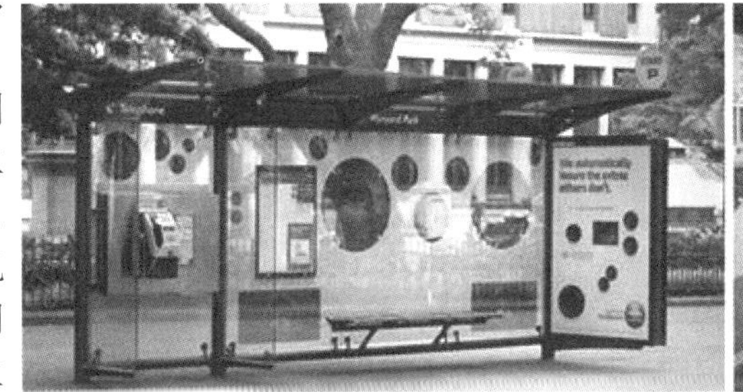

NRMA 的候车亭广告

新西兰 Westpac 银行 APP 营销：教你省钱的“理财师”

据数据报道，新西兰人每天花费在冲动消费上的金额高达 1 600 万美元，显然这在金融危机的大环境中，并不适用。Westpac 银行制作了一款有着大大的红色按钮的 APP，按一下按钮，即可节省 5 美元（当然，这个省钱额度你可自己设定），用户只需要将自己的银行账户和 APP 作出关联，在消费的时候，按下按钮便会提醒自己适度消费，冻结账户里相应额度的费用，这很好地传递了 Westpac 银行“理财好助手”的品牌特色。

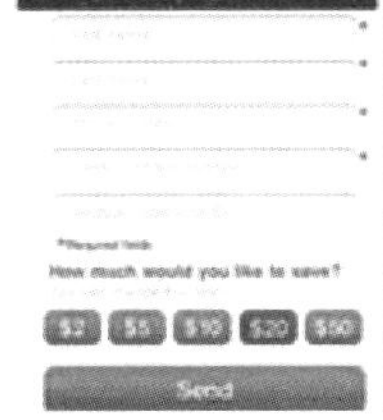

Westpac 银行制作的 APP

美国 Ing Direct 银行："卖萌"又互动的公益营销

为了让没有能力就学的儿童能有读书上课的机会，Ing Direct 银行和联合国儿童基金会共同合作了一款手机与电脑结合的 APP，连上 www.llevalosalaescuela.com 网站，会发现许多儿童孤独地站在那里，这时你可以帮助他们，只需要 0.79 欧元下载手机 APP，并将手机对准网站右下角的橘色区域，就可以看到孩子开始向前走，接着手机里就会出现一所学校，网站的孩子会穿入手机、拥抱学校。重点是 Ing Direct 会将此付费应用所得的款项赠与联合国儿童基金会的教育项目，这种公益行为不仅可爱有趣，还能真正帮助到这些想上课的孩子。

Ing Direct 银行和联合国儿童基金会共同制作的 APP

这几个是国外比较新鲜的金融类企业营销案例，我们看到金融企业正在尝试为消费者提供更为贴心、细腻、创新的服务，同时在营销表达上，更加注重营销创新，以及品牌、产品和用户的深度互动、沟通。

随着国内营销环境的成熟和消费者需求的升级，"如何创新营销方式、经营金融品牌，才能更好地为受众所接受，与用户深度沟通"成为国内金融企业和数字营销服务机构考虑的重点话题，金融网络营销存在巨大的提升空间。

1. “猫爸”、“虎妈”发威，上投摩根大手笔跨界营销

自2008年金融危机以来，新基金发行便陷入困境，老基金存量维护也举步维艰，这显示出传统营销模式对推动基金业发展的作用正快速减弱，寻找新的营销方式对于基金公司来说已经是迫在眉睫。尤其是近两年，新基金扎堆发行，拼创意已经成为基金公司营销突围的重要手段，而跨界营销则首当其冲！

与传统的基金营销模式相比，跨界营销更易于承担品牌发展的重任，给客户提供不一样的新鲜感受，激发客户的认同感和积极性。实际上，自鹏华基金携手歌手伍佰宣传新基金之后，基金业就打开了跨界营销的大门。此后，基金业跨界营销更是成为普遍现象。如嘉实基金成为中国网球公开赛举办以来首家基金类白金赞助商；富国基金为配合旗下全球顶级消费品股票型基金发行，启动了“全球奢侈品寻宝之旅”的活动；兴全基金赞助的“未来大师”音乐会，还有其他多家基金公司正开展不同规模的营销活动，涉及不同行业和领域……

在此背景下，上投摩根基金携手亲子教育名人“猫爸”、“虎妈”以及快速消费品巨头百事集团七喜品牌，从大众关注的亲子教育领域到生活必需的快消品，上投摩根展开了一系列轰轰烈烈的大手笔跨界营销，都取得了不错的成绩。这也标志着基金差异化营销和以品牌文化内涵构建的新营销时代悄然来临。

温柔“猫爸”，童启未来阳光行动

上海的“猫爸”常智韬先生采用个性化教育方式培养出“哈佛女儿”，他自认为教育也可以很温柔，他踩着轻松的步子和孩子跳一场圆舞曲，就像猫一样。他女儿坚持跳舞12年，经常因演出而翘课，却能在上海七宝中学年年获得奖学金，去年被哈佛大学录取。现在，“猫爸”成为针对自己子女采用个性化教育，因材施教的父亲的统称。他们宽容，善于和子女沟通。“猫爸”让女儿“跳舞进哈佛”的阳光教育模式发人深省。上投摩根正是瞄准了每个父母都希望孩子聪明成才的愿景，喊出了孩子的未来需要“亲子定投”累积财富，也需要“阳光定投”健康身心的口号，并展开子女教育问题大讨论的系列活动。

首先在“六一”之际，上投摩根携手凤凰网发起了为期1个月的“童启未来阳光行动”，并特别邀请了诸多知名专家、明星共同探讨阳光教育话题，其中包括《好妈妈胜过好老师》的作者尹建莉，著名教育专家、北京师范大学客座教授关鸿羽以及擅长早期儿童心理健康咨询的儿童教育专家牟娟等。

活动期间，网站会每周推出一个孩子教育的热点话题。网友们不仅可以通过上投摩根在凤凰网的活动专题页面向专家提问，获得来自儿童教育领域专家的帮助，还能参与“阳光定投测试”，获得专家指导，以及上传宝贝照片，参与“阳光宝贝”评选，角逐最高5 000元的“天天向上基金”。活动自推出以来，就吸引了众多网友对孩子成长教育的关注，并引发多家媒体的争相报道以及各大教育论坛的热烈讨论。

严厉“虎妈”，战歌鼓舞亲子定投

2011年初，一本自传性质的育儿著作《虎妈战歌》在美国出版，并在很短的时间内迅速成为畅

销书。书中，“虎妈”蔡美儿向大众描述了一种她对女儿近乎严苛的教育方式，她骂女儿垃圾，要求每科成绩拿 A，不准看电视，琴练不好就不准吃饭等，最终年仅 17 岁的女儿被哈佛和耶鲁同时录取。“虎妈”的教育方法轰动了美国教育界，并引起美国关于中美教育方法的大讨论。如今讨论随着《时代》周刊的参与几乎达到了一个高潮，“虎妈”的故事登上了最新一期《时代》周刊封面。

上投摩根自然也不甘落后，6 月下旬，由华夏时报主办，上投摩根协办（上海场）的“虎妈中国行”活动也拉开其豪华大幕。此次活动力邀“虎妈”蔡美儿与国内各界知名人士解读新时代的“中式教育”，探讨中西方文化差异，寻求构筑国家文化软实力的突围之道。还在活动开始前期，上投摩根就通过其新浪、腾讯的官方微博开展了索票活动，引发粉丝的强烈反响和讨论。活动当日，上海场的千人活动会场几乎座无虚席，来宾们不仅近距离领略了“虎妈”的风采，也被现场热烈的讨论气氛深深感染。不仅如此，上投摩根还向部分来宾赠送了由“虎妈”亲笔签名的《虎妈战歌》一书。而这所有的一切，上投摩根也通过其新浪、腾讯的官方微博进行了及时的微博直播，让更多无法亲身参与的网友能一同加入到此次活动中。

不少年轻父母都表示，通过此次系列活动，不仅感悟到教育要因材施教，顺应社会背景，同时更体会到了基金定投这一理财方式对储备子女教育金的意义。而上投摩根也通过该系列活动，不仅收获了较好的市场反响，也进一步巩固了其在市场营销以及亲子定投市场的领先地位。

超值七喜，金盖揭出市场基金

除了“猫爸”和“虎妈”，近期上投摩根与快消品巨头百事集团七喜品牌合作进行的“喝超值七喜，赢超爽基金”活动也获得了成功，这是上投摩根和百事集团首次跨界活动，也是基金业第一次和日常消费品行业携手宣传。

据介绍，全国范围内只要在活动期间买七喜“再来一瓶 / 再来一罐”促销装产品，揭开瓶盖印有“大奖”，即可获得上投摩根提供的价值人民币 4 999 元的货币市场基金份额。而且，还有部分七喜促销产品瓶身、海报、视频等会出现上投摩根的品牌标志，在活动期间也会进行基金介绍和宣传。

上投摩根的理念是始终致力于帮助投资人树立正确的理财观念，健康快乐地生活，并强调理财应从年轻做起；而七喜品牌拥有大量充满活力的年轻消费群，并且七喜的“超值才超爽”理念也与基金理财“授之以渔”的本意不谋而合。所以，通过类似的跨界合作，上投摩根大胆突破原有基金行业惯例，通过借力彼此品牌优势，深挖客户的价值需求，迈出了基金营销创新的一大步。

专家点评：

不管是“猫爸”、“虎妈”，还是七喜，这些活动都给上投摩根的营销带来了新鲜的血液，这既是基金公司营销的新气象展示，也是基金营销不断突破的象征。

然而上投摩根这几个案例虽然都获得了成功，却并不代表跨界营销简单易行。尽管目前基金业跨界营销理念已经渐成气候，但是我们也应该注意到，不少跨界营销手段仍然比较牵强，还没有完全找到基金业与其他行业的“最佳契合点”，往往是为了营销而营销，这样效果自然会大打折扣。不过我们相信，在竞争激烈的当下，跨界营销必将成为越来越重要的营销手段，未来也将会有更多更优秀的新创意涌现。

2. 招商银行：大运会主题季微博活动传播

体育营销就是以体育活动为载体来推广自己的产品和品牌的一种市场营销活动，比如联想成功签约IOC，成为奥运会全球合作伙伴；中石化独家冠名F1上海站比赛；杜蕾斯与2011年英超唯一全赛事网络转播商PPTV合作。体育赛事以其巨大的观赏性和广泛的影响力受到社会的关注，引起巨大的社会和经济效益。在全球市场，体育与明星推广成为大众认同率最高的两大市场推广策略，企业更是盯紧了各类体育赛事，将体育营销视为品牌建立的重要策略。

招行理念：营销不是一种开支，而是一种投资

在聊招商银行大运会微博营销之前，我们先花一点时间来了解一下这家中国第一家完全由企业法人持股的股份制商业银行。招商银行成立于1987年4月8日，总行设于中国深圳，自成立以来，先后进行了3次扩股增资，现在拥有股东106家，注册资本42亿元。2002年4月9日，招商银行在上海证券交易所挂牌交易，成为国内第四家上市银行。目前，招商银行拥有营业机构网点300多个，与世界60多个国家900多家银行建立了业务关系，初步形成了立足深圳、辐射全国、面向海外的全国性商业银行业务网络和机构体系。2001年度招商银行的总资产已逾3 000亿元，在英国杂志“世界1 000家大银行”排名中位居第276位，已经超过世界1 000家大银行的中等规模水平；在1999年度“亚洲最大100家银行”排名中，招商银行“股本回报率”居亚洲银行业首位；2000年，招商银行被美国《环球金融》杂志评为“中国本土最佳银行”；2001年，招商银行被《亚洲金融》杂志评为“中国本土最佳商业银行”。

与招商银行辉煌业绩同步的，是招行先走一步的战略预知和对营销的重视。招商银行的战略，是在每个阶段比别人早三五年，用招商银行自己的语言表示，就是“早一点、快一点、好一点”。对于招商银行来说，营销不是一种开支，而是一种投资。因此，从招行创立之初，就在不断作着创新营销的尝试。从“拥有才有价值”向“因您而变”，从郎朗“红动中国”到奥运会的“和”营销，从客户人生阶段细分的“一生金融计划”到“为梦想积分”的“忠诚计划”……招商银行的马式营销迎来一次次捷报。值得关注的是，招商银行一直以来对网络重视，通过成功运用网络资源，招商银行信用卡的品牌形象已经深入人心。数字显示，有30%～40%的信用卡用户会通过网络查询自己的交易和还款等账单信息。对信用卡老大招商银行来说，网络已经称为其打造成客户服务的核心平台。

招行营销：牵手大运会，招行展一流风采

2011年8月12日，第26届深圳世界大学生运动会在深圳召开。招商银行作为大运会全球合作伙伴、唯一指定银行，围绕服务大运、参与大运举行了一系列活动。

在业务层面，招行开展了一系列大运会的配合活动，包括发行“大运会一卡通”，“招运金”系列贵金属产品推广，发行“大运通”IC卡，发售“大运金牌理财季”产品等。

在品牌层面，大运会的主要辐射群体是在校大学生，招商银行借赞助大运、参与大运之机，占据年轻人这个客户群体，抢占银行业务拓展的制高点。在大运品牌传播活动中，招商银行突破传统赞助、冠名等常规模式，把大运会的青春、消费者的体验和自有品牌、业务有机地融合起来，展开了以激情大运、阳光大运、乐动大运、传递大运和财富大运等为核心精神的系列活动，最大限度地扩

大人们对大运会的关注、对招行的关注，促成招商银行与消费群体之间的互动，拉近招商银行与社会公众之间的情感距离，提高招商银行品牌的美誉度。

招行大运营销活动全方位整合互联网、地区纸媒、电视、网络、户外等线上、线下的各类资源，形成全方位渗透。特别是对互联网社会化媒体的新应用，如网易微博、新浪微博、人人网，充分调动目标消费群的社会关系网络，变被动传播为主动传播，以较少的资源模式达到较大的效果体现。下文主要分享招行微博营销经验。

招行微博：小微发力，全城热恋表白

招行充分发挥了2011年最受欢迎的社会化媒体——微博的潜力，与目标消费群形成了良好的互动和深度的沟通，充分发挥了社会化媒体的营销价值。包括巅峰梦想、大学生注册记者招募、志愿者形象大使选拔、金葵花之夜——招商银行迎大运专场音乐会等全部活动，均充分利用微博平台与网友亲切互动。在大运会期间上线“随手拍，为大运加U”活动，发布大运专栏资讯，大运会开幕前夕，举行“约会大运——七夕节，我与大运有个约会”的微博上墙活动，将线上与线下相结合。

① 金葵花之夜——招商银行迎大运专场音乐会

古典钢琴和流行音乐跨界钜献—8月9日，招商银行品牌代言人、2011世界大运会形象大使@郎朗，携手大运会音乐大使@王力宏，牵手世界，首次联袂钜献“金葵花之夜-招商银行迎大运专场音乐会”，奏响大运开幕前的华章。关注小招，转发+评论本条微博，@两位好友，10张音乐会门票等你来拿！

7月27日 18:37 来自 新浪微博　　转发（5235） | 收藏 | 评论（5906）

微博互动 1

向日葵是招商银行的品牌象征物，金葵花印在招商银行发行的每一张银行卡上，在中国，有5 500万的用户在使用印有金葵花的银行卡。“更无柳絮因风起，唯有葵花向日倾。”招行把客户比作太阳，而自己则是葵花。大运会开幕前夕，招商银行专门举办金葵花之夜——迎大运专场音乐会，由招商银行品牌代言人、2011世界大运会形象大使郎朗，携手大运会音乐大使王力宏，联袂巨献。本次音乐会从前期宣传，到音乐会现场宣传，再到二次传播，都利用了微博这一强有力的平台。除了作为音乐会更加广泛的传播外，更加获得网友的美誉。

A. 前期宣传。活动前，招行通过微博发布音乐会消息，并悄悄透漏可通过微博互动的方式获得音乐会门票的消息，网友反响强烈。

B. 音乐会现场，微博直播。由于音乐会现场座位有限，再加上时间、空间限制，许多歌迷、粉丝无法到达现场。为了实现网友愿望，招商银行通过微博直播进行全程直播，与网友分享音乐会盛况。

C. 二次传播，宛若余音绕梁。应网友要求，招商银行将音乐会现场经典视频在微博发布，并在随后的大运会相关微博活动中，随机赠送郎朗、

8月10日 00:05 来自 新浪微博　　转发（64） | 收藏 | 评论（44）

微博互动 2

匈牙利版《龙的传人》，@郎朗&@王力宏 的首度合作。可以高亢磅礴，可以明媚轻快，可以悠扬流畅，当然，也可以……郎迷宏迷们，请自觉在5分50秒找答案 @郎朗国际音乐基金会 @郎朗音乐世界 @王力宏全球后援团 @OurHome王力宏歌迷会 @王力宏吧官方微博 http://t.cn/anIT3M

收起 | 招行音乐会-郎朗王力宏E... 弹出

8月18日 19:53 来自 新浪微博　转发(7129) | 收藏 | 评论(874)

微博互动 3

王力宏的签名海报。让歌迷过了一把瘾。

D. 大运每日一猜。借鉴足彩的形式，抓住网友们的娱乐心理。

#大运每日一猜#16日晚18：00女子团体乒乓球决赛，中国、罗马尼亚、日本、中国台北，谁将赢得冠军？转发+评论，写对答案并@ 两位好友，就有机会获得纪念奖品。明天16：00截止答题。14日竞猜结果：女子排球，中国完胜比利时，3：0，恭喜中奖者@理想达人MARK 获得创意U盘一个！

@招商银行 V：#大运每日一猜#送@郎朗&@王力宏 亲笔签名海报和大运会创意U盘啦！8月13日至22日，小招每天19:00发出一道大运竞猜题，只要转发加评论，写对答案并@ 两位好友，就有机会获得大运会创意U盘（每天一个）或郎朗&王力宏亲笔签名海报（每六天一张）。还等什么，赶快来"猜"翻大运吧！第一题15分钟后出炉！
原文转发(753) | 原文评论(253)

8月15日 19:11 来自 新浪微博　转发(45) | 收藏 | 评论(66)

微博互动 4

E. 大运资讯——大运之旅。知识 + 典故 + 趣味解读，这样的资讯才是微博资讯！这才是网友要的微博报道！

#大运之旅#它的名字叫"虹"，被誉为"史上制作难度最高"的火炬，62个椭圆形切片，360度旋转造型百变；它的火焰能经受雨打风吹，燃烧后只产生二氧化碳和水，绝不污染环境，它色彩斑斓，青春炫丽。喂！它可不是烤土豆片，它是深圳大运会火炬。

5月24日 12:11 来自 新浪微博　转发(117) | 收藏 | 评论(60)

微博互动 5

#大运之旅#完美之中，总有一点遗憾。1983年，第12届世界大运会在加拿大埃德蒙顿举行，细心的加拿大人把这届大运会办得非常成功，广受好评，但却没有任何选手打破世界记录，这另加拿大人遗憾不已。在这届大运会上，第一次出现了大运吉祥物，一只长着鸟喙的棕熊，十分可爱。

6月16日 12:06 来自 新浪微博　转发(18) | 收藏 | 评论(20)

微博互动 6

F. 微博互动活动——随手拍，为大运加 U。拍下大运会或招商银行元素，即有机会获得招商银行赠送的精美礼品！

发微博，就能赢大运会门票？从现在起，1、拍下在公交站点按U投票的照片，或者与大运标志性建筑合照，上传到微博，@ 3位好友+@招商银行；2、直接转发+评论#随手拍一起为大运加U#微博，并@ 三个好友。任选一种参与方式，就有机会赢取大运会双人票！每天抽取一名幸运网友，和Ta去看大运吧！

7月29日 19:00 来自 新浪微博　转发(75) | 收藏 | 评论(35)

微博互动 7

发微博就能赢得大运会门票？从6月30日到7月24日，随手拍下招商银行任何户外广告，将照片上传到个人微博，同时@招商银行 @ 两位好友，我们将每天从中抽出1名幸运博友，赠送1张大运会门票。走过路过广告牌，不要错过大运会门票哦！

6月29日 20:44 来自 新浪微博　转发(150) | 收藏 | 评论(51)

微博互动 8

② 浪漫七夕节，我和大运有个约会

作为第 26 届大运会的全球独家银行合作伙伴，招商银行在华强北赛博广场打造了一场既牵手中国传统节日文化，又迎合时下网络最新鲜微博元素的"我和大运有个约会"七夕微博上墙活动，与广大市民共同迎接大运火炬传递，祝福大运，为大运助威。

碰巧 2011 年牛郎织女相会在大运会开幕前，也是深圳火炬传递的前一天，这是一个与浪漫有关、与大运有关的日子。深圳华强北赛博数码广场巨大的 LED 屏幕上，承载着甜蜜祝福、温暖问候的微博墙，吸引了众多行人的驻足观望。

活动期间，一段小插曲更加引起大规模围观。8 月 6 日 18 时左右，在赛博广场的 LED 电子屏幕上播放了一段感人的视频。男主角甜蜜而庄重的告白，使群众动容。视频中的男主角宫熹，是深圳某大学的一名大二学生，同时也是招商银行大运会志愿者形象大使。视频中，宫熹回忆起热恋的点点滴滴。从相识相知到相爱相守，姐弟恋并没有影响他们的感情，即便中间有很多坎坷，宫熹都一直坚持。这一段无怨无悔的爱的表白，让在场的女友潸然落泪。

#随手拍一起为大运加U#号外！号外！熊猫大侠阿宝和葵花宝宝空降招商银行，与大运志愿者一起为大运喝彩，加油！！！

8月6日 09:12 来自 新浪微博　　转发(17) | 收藏 | 评论(9)

微博互动 9

说甜言，话蜜语，想让Ta在广场大屏幕上看到你的告白吗？ 从现在起，发布微博#约会大运# + 你想对Ta说的话，8月6日七夕节，17:00—19:00，你的告白就可能出现在深圳华强北赛博广场电子大屏幕上，让众人见证你们的甜美爱情，还有机会赢取大运会双人门票哦。海量门票，机会不断，赶快来参与吧！

8月4日 16:01 来自 新浪微博　　转发(101) | 收藏 | 评论(30)

微博互动 10

李先杰小鬼★：#约会大运#我在你大屏幕下。 居然有人当街求婚！！ 期待大运会的来到

8月6日 18:02 来自iPhone客户端　　转发 | 收藏 | 评论

微博互动 11

据了解，宫熹制作这段视频告白的想法，源于网络上的求婚视频，也源于对女友的愧疚。2011 年暑假，宫熹报名参加了招商银行大运会志愿者形象大使的选拔活动，大部分时间都花在了服务大运上，没有时间去陪女友度过她大学最后的暑假。为弥补女友，他借鉴网络上的求婚视频，筹划了一场视频告白。在筹备过程中，宫熹遇到了很多困难，其中难中之难就是在告白地点的选择。其后，他得悉招商银行正在举办“我和大运有个约会”七夕 LED 屏幕微博墙活动，他马上联系了招行。招行也乐于成人之美，帮助宫熹完成告白计划。

视频告白后，宫熹与其女友接受了现场多家媒体的采访。宫熹女友几度落泪拥抱宫熹，而宫熹也在镜头前动容地感谢招商银行为他和女友送上了一份难忘的七夕大礼。宫熹在 320 平方米的广场 LED 大屏幕上的真情告白，吸引了上千市民驻足围观和拍照，欢呼声与尖叫声此起彼伏，引爆鹏城浪漫七夕！

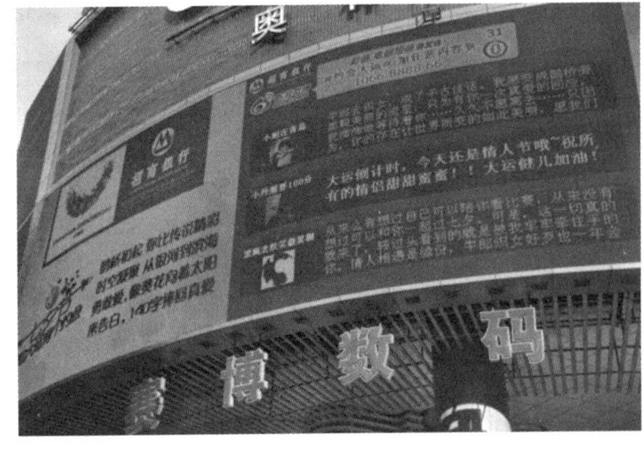

活动现场 1

活动现场 2

活动现场 3

微博的成功源于自由表达，是公众表达的重要工具。正是抓住了微博的这一特点，招商银行微博大运会宣言活动，才有了大学男生向师姐大胆告白的一幕。

附：博友大运会精彩表白选编

醉人的微笑，每一次心跳，虽然寂然无声，却胜过海誓山盟；真情的碰撞，灵魂的守护，或许不够浪漫，却胜过无力的承诺。情人节，我只愿与你携手到老。

想送你玫瑰，可惜价钱太贵；想给你安慰，可我还没学会；想给你下跪，可戒指还在保险柜；只能发个短信把你追，希望我们永不吹!

男友300㎡屏幕大求爱，妹纸，你是该有多幸福！http://t.cn/aRvwSj

8月8日 19:36　来自 新浪微博　　转发(287)　收藏　评论(109)

微博互动 12

无论这世界如何风雨，和你在一起就是最幸福的事情！和你在一起就会有美丽的心情！甜言蜜语不是爱的唯一表达方式。也许我不会每天都说爱你，但我每天都有坚定地和你在一起的想法和信心！牵手一生不言悔，都说细水长流，我相信的，所以我相信 @nala 菜一定会在一起很久，幸福很久。@ 招商银行

③ 火炬传递直播，小招精彩瞬间!

8 月 7 日深圳火炬传递现场，招商银行品牌代言人郎朗传递火炬，招商银行的展示花车出现在火炬传递最前端的花车队伍中。花车上演员跳着青春飞扬的舞蹈，车头上两名希腊女神装扮的女生头顶金葵花花环，手持金葵花，盛情邀请广大市民参与，亲切互动。

才子传圣火，美女迎风行，熊猫乐耍宝，葵花香满盈。大运嘉年华，招行给你不一样的精彩！

8月7日 13:30　来自 新浪微博　　转发(38263)　收藏　评论(3716)

微博互动 13

关注大运开幕现场报导，发现不一样的精彩 。大运加油，小招加油!

↑收起　↗查看大图　↶向左转　↷向右转

微博互动 14

中国代表团出场，全场欢呼！V587

↑收起　↗查看大图　↶向左转　↷向右转

微博互动 15

男友300㎡屏幕大求爱，妹纸，你是该有多幸福！http://t.cn/aRvwSj

8月8日 19:36　来自 新浪微博　　　　转发（287）｜ 收藏 ｜ 评论（109）

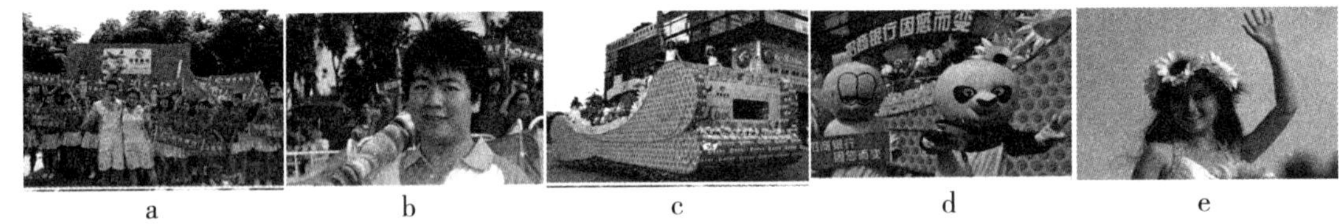

a　　b　　c　　d　　e

图 6-23　火炬传递活动现场组图（a ~ e）

招行微力：线上、线下联动，品牌活力四射

在招行大运会营销传播活动中，招行通过整合常规的广告曝光，借势媒体、公众对事件的高度关注，放大品牌传播效应。结合大事件进行平面媒体、现场活动的推广，形成以线下活动为基础，全媒体覆盖的品牌推广格局。其中微博活动成为链接线上、线下的重要桥梁。

① 核心内容转播。组织行领导参与访谈，中国青年报、南方都市报等媒体投放招行作为大运会唯一指定银行的形象广告。关键时间、重要媒体、核心版面的集中爆破式投放，广告内容和国家领导出席活动的新闻图片互相呼应。新闻报道媒体涵盖所有门户网站、主流新闻网站和深圳地区的主流报纸媒体。这些重要信息纷纷通过微博进行二次优化转播，彰显招行品牌势力。

② 优秀创意引爆。鹊桥初起，你比传说精彩；时空凝聚，从银河到滨海。勇敢爱，像葵花向着太阳；来告白，140 字捧回真爱。“七夕节，我和大运有个约会”户外大屏微博主题活动以及招行志愿者形象大使宫熹大屏幕浪漫告白事件，通过创意广告及事件传播等方式，借助微博、网络、视频等多形式传播，将活动推向高潮。

③ 传播优势互补。8 月 1 日至 14 日，《财经》杂志与 iPad 数字版杂志同步投放“金葵花之夜——我们迎大运专场音乐会”广告，在 iPad 数字版杂志的广告中，以晃动大运会吉祥物“优优”为按钮，吸引受众点击后播放视频广告。通过微博转播，扩大活动影响力。

④ 营造大运营销氛围。优化资源，全副武装，包括将远程银行中心、信用卡白金卡等 6 条线路、总行办公电话等接入电话调整为大运电话彩铃，号召总行员工贴“大运车贴”，总行接待用车全部贴上“大运车贴”等，充分利用微博等自由媒体传播，营造大运营销氛围。

专家点评：

《孙子兵法》云：“求其上，得其中；求其中，得其下；求其下，必败。”招商银行不仅法乎上，而且一直行其上。记得在开心网看过一篇网友恶搞招商银行推销员的文章《一个合格的招行营销少年》，看完之后不得不为招商银行无敌营销惊叹！这是一家把“完美”贯穿到自己的业务、管理、服务、营销等所有环节的银行，一切都那么一丝不苟，又那么润物细无声，就像招行服务窗口旁边的糖块。在本次大运会微博营销活动中，招行未雨绸缪，围绕大运会的核心群体，以“携手青春大运·共创深圳奇迹”的赞助宗旨和“大运金缘·与您随行”的服务理念，通过微博为主窗口，多元化的主题营销，丰富多彩的互动活动，捕获了自己未来的用户主力——大学生的芳心，也极大地提高了招行的品牌美誉度和社会影响力。

3. “掌尚”达人秀出来！农业银行借力微博营销畅赢 e 时代

微博、微信、微小说、微电影……今天，我们已经踏入“微时代”。“微”的力量正在逐渐地加深对我们生活方式的影响，改变着我们获取信息的方式。这其中，微博就是一个基于用户关系信息分享、传播以及获取的广阔平台。

2009 年 8 月，中国最大的门户网站新浪网推出“新浪微博”内测版，成为门户网站中第一家提供微博服务的网站，微博也从此正式进入中文上网主流人群视野。一批年轻化、高学历化的互联网资深用户首先接触到了这个代表“微时代”的新鲜事物，并迅速投入进来。据艾瑞咨询报告显示，从 2010 年 3 月 1 日至 5 月 23 日止，中国微博用户规模增长率为 128.3%，增长迅速。2011 年上半年，我国微博用户数从 6311 万暴涨到 1.95 亿，半年新增微博用户约 1.32 亿人，增长率达 208.9%。截至 2011 年年底，新浪微博注册用户 2.5 亿，每月新增用户超过 2 000 万；腾讯微博注册用户超过 3.1 亿，日活跃用户超过 5 000 万；搜狐、网易的注册用户数也超过数千万。同时，在互联网产业中拥有较深行业积累和用户资源的奇虎和百度也都已经涉足其中。

如此庞大的用户群，以及微博自身便捷、快速、广泛的传播特性，吸引了各大营销公司、企业以及个人的关注和研究。尤其对于企业来说，利用好微博营销，无论是了解市场需求，或是企业产品的推销都可以同时进行，极大地加快了产品信息的发布与反馈时间。

织围脖，抢粉丝，谁说银行不“亲民”？

微博是地球的“脉搏”——美国《时代》周刊如此评价微博强大的信息传播功能。的确，在这个信息爆炸的互联网时代，信息的传播和影响已经达到了一个前所未有的高度，而微博，便是其中重要的渠道之一。

“你的粉丝超过 100，你就好像是一本内刊；超过 1 000，你就是个布告栏；超过 1 万，你就是一本杂志；超过 10 万，你就是一份省市报；超过 100 万，你就是一份全国报纸；超过 1 000 万，你就是省市电视台；超过 1 亿，你就是 CCTV！”如今这段关于微博营销的评论在网络上被反复提起，吸引了越来越多的企业和个人，甚至连银行业也纷纷踏足其中。

自古以来，银行业就给人一种非常严谨的感觉。放在以前倒也没什么，但是在用户至上、竞争激烈的现代来说却有些不合时宜了。正是鉴于此，农业银行携手新浪开通微博，开始了织围脖、抢粉丝大计。

相比其他广告形式的被动关注，微博的关注则更显得主动。只要轻轻点一下“关注”，就表示你愿意接受某一用户的即时更新信息，从这个角度来说，微博营销对于商业推广、明星效应的传播更具有营销价值。简便的操作，超强的时效性，使得农行很快能够得到市场营销活动的反馈信息，从而及时调整活动内容和营销方式。而超强的互动性也是微博营销与传统网络营销差别最大的地方，由此而引申出来的人性化、多样化营销效果，也使得农行更容易将品牌文化和产品特性带入到微博营销的过程中，更容易被用户所认知和接受。

就是在短短几十个字的不断相互交流和传播过程中，农行逐渐摆脱严谨呆板的旧形象，开始真正走进了用户的心底。由此可见，只要用心织就“围脖”，谁还敢说银行不“亲民”?!

e指尖，赢时尚，“掌尚”功夫秀出来

实际上，微博作为炙手可热的互联网新应用，同时也改变了大量网民的网络使用习惯。最大的体现就是手机微博成为增长最快的移动互联网应用，产生了大量数据流量。于是各大银行也纷纷推出各自的手机银行服务平台来办理银行业务。手机银行不仅可以使人们在任何时间、任何地点处理多种金融业务，而且极大地丰富了银行服务的内涵，使银行能以便利、高效而又较为安全的方式为客户提供传统和创新的服务。

在当今各种银行产品、服务同质化严重，银行用户对自身品牌特性、产品认知严重不足的激烈市场竞争环境下，中国农业银行着重需要建立易于记忆并与自身品牌特性连接度高的核心概念，将农行手机银行品牌与其他品牌区隔开来，于是开始尝试充分利用微博平台的活跃度，打造全面调动用户参与性的微博活动，扩大活动影响力，建立品牌。

2011年9月1—30日，中国农业银行通过新浪微博举行了“e指尖，赢时尚，‘掌尚’功夫秀出来”有奖活动，通过两种玩法为手机用户提供了参与活动方式。

玩法一：在新浪微博中国农业银行官方微博活动首页图片上传区上传以“手”为主题的照片，根据页面提示完成操作，就可以获得三次抽奖机会！一等奖更是拿出了颇具诱惑力的iPad2数码产品。

活动页面1

玩法二：在“掌尚”功能评选页面投票选出最喜欢的“掌尚e达”手机银行功能，发布到微博也可获得1次抽奖机会，但不能角逐最终大奖。

活动页面2

就是通过这两种参与方式，在一个月的时间里，此次活动专题总流量达到1 583 008人次，活动专题总访问人数达到659 583人，活动参与人数517 573人，共收集作品221 738份，截至活动结束投票数共计3 643 740票，农行手机银行功能投票数共计221 310票。而此次中国农业银行的官方微博“农行金e顺”粉丝数更是达到42 373人。

不仅如此，在“掌尚”功能评选页面投票选出的最喜欢的“掌尚e达”手机银行功能，在很大程度上也反映了手机银行用户对产品功能的认知和接受程度。在每一个投票数后面，都是一个消费者，一个用户最真实的用户体验，也对于下一步自身产品功能及产品服务的提升，提供了详细的数据参考。

活动统计数据

农业银行“金e顺”借此次历时1个月的“掌尚”达人秀活动不仅提高了消费者对产品业务的认知，有效活跃了微博“农行金e顺”的粉丝数，还进一步提升了企业品牌形象的知名度，也通过此次活动，向消费者推送出了品牌的“轻松在线，拥有无限”的价值理念。可谓是在微博营销上一次大胆而又成功的尝试。

无独有偶，中国光大银行也推出了微博缴水电煤气费，用户只要发布一条微博“@V缴费”，就能收到一条带有缴费链接的评论，用户点击评论中的链接，即可跳转到水、电、燃气等缴费页面，完成缴费业务。

据介绍，“V缴费”应用是光大银行开放式金融服务平台的延伸，登录新浪微博，发布一条“@V缴费”，5秒钟后就能收到一条评论：光大银行#V缴费#，后面跟了缴费链接地址。点击评论链接，就可直接进入缴费页面。相比传统的缴费方式需到银行营业网点排队的费时费力，微博缴费这种创新形式，不仅让客户足不出户，轻松缴费，更是可以进一步加深银行的品牌形象，一举两得，果然“微”力无穷！

专家点评：

农业银行此次网络营销的成功，并不仅仅是一次简单的市场行动。营销目标人群定位及营销平台的选择才是此次活动之所以能够成功的最关键性保证。

微博用户普遍具有高学历、高收入、高消费的“三高”特性，手机银行这一新兴产品的快捷方式正符合他们的需求，而且他们对手机银行的认知程度及使用度更高。而在微博上，他们又乐于分享生活的点滴，更愿意与朋友互动，通过转发得到更多的关注，并且热衷于参与有趣的品牌互动活动。事实上，正是农行正确的目标人群定位，再加上奖品激励措施，才有最终高达数十万的微博粉丝参与进来。

通过这次案例我们不难发现，企业同微博的运营商共同进行策划，以微博为载体，多种活动方式为营销手段，形成针对新产品、新品牌等进行的主动网络营销，不仅是企业和媒体人十分有用的客户满意度测试工具，更是充分验证了“人人是媒体”这一观点。在未来，微博将会是一种更为有效的网络营销工具，使信息能够随时随地地进行“播报”，微博营销这条营销之道也将不断地被探索下去。

4. Web & Wap 双剑合璧，中银手机银行“掌上行”

作为全球领先的在线媒体及增值服务提供商，新浪始终引领着中国互联网行业的发展，其强大的内容资源让其他网站望尘莫及，强大的媒体资源优势更是奠定了新浪的网络媒体的品牌影响力。无论是公信力、聚合性还是用户黏性，新浪均居门户网首位。而新浪旗下的手机新浪网，又是中国的第一无线门户，具有超前的无线互联网门户意识，堪称免费 Wap 门户的领航者与业内标杆，尤其是相对于其他的无线门户，手机新浪网用户更以高学历、高个人收入、男性用户为主，其购买能力、消费水平、生活品质尤为显著。

中国银行，1912 年 2 月成立至今，是中国连续经营百年的老牌银行。中国银行作为民族金融业的旗帜，不仅是金融改革的创新先锋，还是促进我国对外经贸发展的主要银行。而如今随着电子商务市场的日趋完善和健全，人们越来越多地开始应用在线支付手段，并且追求最安全、最快捷、最便宜、最有效率的应用方式，促使中国银行也在不断地开发更迎合消费者需求的产品，电子银行就是现在中国银行乃至各大商业银行的发展重点以及发展的方向。而电子银行出身于网络，其营销自然也跟网络脱不了干系。

那么，当中国的百年商业银行与中国第一门户网站强强联手时，又会迸发出怎样精彩的火花呢？

3G 新时代，打造掌上银行新体验

随着通信技术的进一步发展，我们又迎来 3G 网络新时代。视频通话、无线上网、手机电视、手机钱包……3G 时代的种种手机新应用、新业务开始被广泛关注和热议。每一次信息技术的变革都会带来巨大的社会效益和经济效益，3G 不仅仅能够为用户带来生活新方式和新体验，对企业营销理念和方式的变革也具有深远的影响，它将无线通信与国际互联网等多媒体通信手段相结合，使得整合营销又有了新的内容和体验。

3G 网络技术的应用，改变了 2G 网络时代信息数据传输慢，产品图片、视频等不能在手机上达到应有的展示效果的现象，3G 内容使得网站和交易平台的访问速度、显示效果、交易安全性等得到极大改善，以往的交易限制将不复存在。而且通过 3G 网丰富的多媒体手段，企业可以将传统的报纸、电视、互联网营销延伸到手机媒介上来，打造 3G 在线企业多媒体平台。在手机网络上建立自己的移动主页，通过形象的活动页面、企业宣传视频等，展现企业和品牌形象，为客户带来新的体验。结合 3G 网络的营销方式也能容易通过品牌与客户产生互动，提升客户的品牌体验。

其实随着 3G 网络的不断发展和成熟，各大商业银行早已纷纷推出了 3G 手机银行，毕竟 2G 时代的手机银行早已无法满足客户的需求。3G 技术的出现，可以使得手机银行在功能上更多元化，在服务内容上更全面，上网速度更快，操作更加顺畅，操作页面设计更加人性化，在数据传输过程中更快更不容易掉线，用户体验更好。不仅可以满足银行用户查询、转账、缴费等传统银行服务，还可以提供黄金、基金、外汇、国债、卡内理财、第三方存管等投资理财服务。这些功能基本已经涵盖了常用的银行业务，客户可以随时随地利用手机完成金融业务，而不用再去银行排队办理。如今 3G 网络的手机银行已成为了各大商业银行对自身业务提升的争夺平台。

早在 2000 年，中国银行就推出了基于 STK 卡技术的手机银行，并在 2010 年推出基于 Wap方式的手机银行及使用客户端软件的手机银行，并给自己手机银行的品牌命名为“中银掌上行”。但随着各大商业银行纷纷推出自己的手机银行服务平台，各品牌产品、服务同质化严重，受众对品牌特性、产品认知严重不足。调查显示，银行用户中，只有33.2%表示自己使用过手机银行，在手机银行的实现方式中，短信银行是主流，使用比重高达65.4%，这就表示很多用户对手机银行的认识存在着误区。

鉴于网民对手机银行认知度及使用率不佳的情况，中国银行联合新浪，启动了一次Wap与Web结合、团购与移动支付结合的整合营销。

网银知识大轮盘，千万网友转起来

2010年9月25日—11月10日，中国银行电子银行知识大挑战在新浪门户网站拉开帷幕。活动期间，只要网民用户及手机用户进入指定网站指定页面，学习并回答有关中国银行电子银行"交易安全"、"功能齐全"、"操作便捷"、"服务优惠"、"市场活动"五个类别的知识问题，答对或分享微博就都有机会赢取奖品！

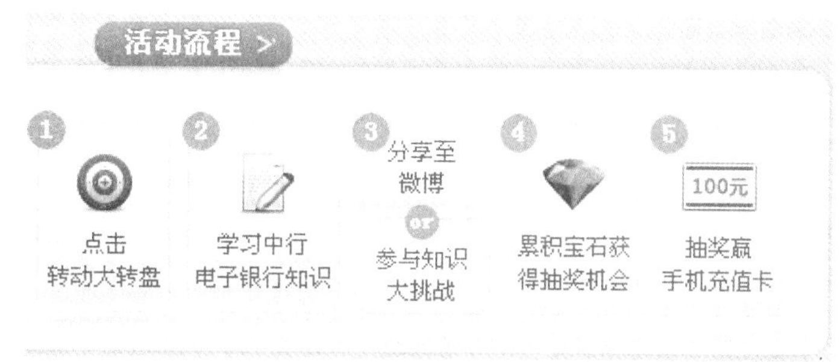

活动页面 1

活动页面 2

本次营销活动最大的特色和亮点应该是采用了Web和Wap相结合的"中行手机银行、网银知识转奖大轮盘"有奖推广方式。大轮盘活动在新浪互联网开展的同时，同步在手机新浪网展开，活动形式和机制基本相同。

在活动首页，在大轮盘上对中行手机银行及网银知识进行植入。网友进入首页点击大转盘，根据转盘指针指向的五大类知识项目其中一项弹出相应的学习知识。网友学习后可转发到自己的微博或者即时答题，回答正确后可获得相应颜色宝石一颗。通过正确回答问题和微博分享知识的方式来积累到不同颜色的宝石，然后通过消耗宝石的方式在个人中心进行抽奖。根据网友积累的不同颜色的宝石，网友可自行选择消耗的宝石数不同从而有机会中得不同的奖品。而在手机新浪网，受限于Wap网速和技术，抽奖方面将略有不同：网友每次分享或者正确回答就可以进行一次抽奖，每日设25个20元充值卡奖品。

另外，此次推广还利用中行手机银行新浪官方微博平台，第一时间进行活动发布，并开展中国银行手机银行知识竞赛等微博活动，吸引受众参与。在活动全程，新浪专门配备了公关支持、嘉宾访谈系列和各频道软文支持等，充分解读中行手机银行产品优势。

活动页面 3

在此次活动的最后，新浪更是通过手机新浪网上的各推广入口，大力推广专为中银掌上行的手机网友独享的团购页面，专门打造中银掌上行、欢乐团购季。在手机新浪网的团购页面，手机团购内容与新浪团购内容保持一致。同时，页面会接入中行手机银行支付功能，让手机网友认为这是中行手机银行网友专属的团购优惠价格。当用户点击商品进入购买页面，系统会提示网友需用中行手机银行进行支付，指导其进行线上及线下开通中行手机银行并进行支付。

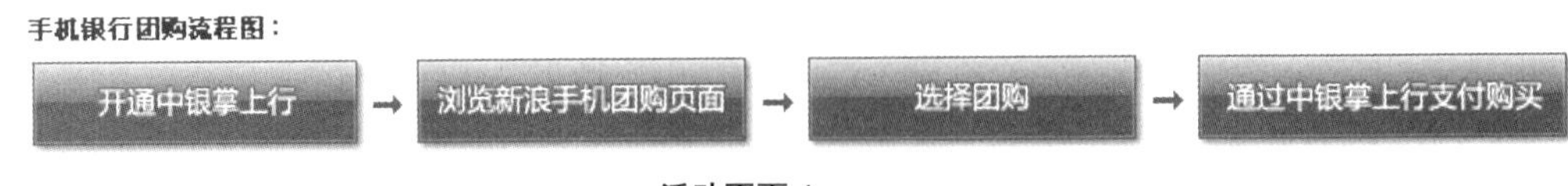

活动页面 4

此次中国银行电子银行产品推广活动分为品牌曝光、活动营销、公关炒作和内容炒作四个部分——在新浪互联网站及手机新浪网受众聚集的地方进行品牌集中曝光，通过互动活动的方式进行手机银行业务知识普及并提升开户数，利用新浪公关维护，有效提升品牌在行业中的权威地位，并通过微博、论坛、博客等口碑增强用户对中行手机银行的好感度和美誉度。网银知识转奖大轮盘用奖品和互动问答的方式在刺激网友积极参与的同时进行了相关产品知识的普及，在刺激网友积极参与的同时进行了相关知识普及。在为中银掌上行的手机网友独享的团购活动中，由于团购商品的强烈性价比，吸引了诸多网友开通中行手机业务并进行支付，从而又达到迅速积累中银掌上行用户的目的。

专家点评：

中国银行此次携手新浪，凭借新浪第一互联网新闻媒体的强大品牌影响力以及丰富及时的新闻内容，很大程度上满足了目前手机网民的需求，在形成比较稳定的手机网民受众的基础上，双方充分利用新产品、新资源、新形式，整合新浪互联网及手机新浪网进行跨媒体营销，将用户需求与客户需求切实结合起来，有效达成推广策略。在此次营销活动中，中国银行不仅普及了手机银行的概念，而且增强了网民对中银掌上行的品牌认知度，还迅速积累了手机银行用户，可谓一箭三雕。

在移动互联网势不可当地改变了人们的生活方式、消费方式的今天，传统的企业势必也要改变自身经营方式，银行业也面临着它所带来的机遇和挑战。只有结合自身产品及业务诉求方向，整合最新资源及营销模式，通过丰富的营销经验进行操作，才可使企业的品牌宣传效果、产品认知程度达到最大化，得到最广泛的口碑传递，在吸引受众参与营销互动的过程中，获得受众对企业产品的反馈信息，与目标客户人群建立良性沟通，为企业争取更多的潜在用户并提高用户的忠诚度，从而达到成功营销的目的。

5. “百万大选秀”，民生银行 in 卡炫出网络营销新风采

信用卡作为一种现代化的金融工具，它便捷、时尚、安全的特点正逐步被越来越多的人所接受。特别是随着我国市场经济的快速发展，人民生活水平的逐步提高，用卡环境也在不断改善，信用卡市场蕴含的发展空间也越发广阔。据统计，目前国内信用卡发卡量已突破 2 亿张。潜在优质客群成为各发卡机构竞争的焦点。易观国际的数据显示，18~30 岁的年轻持卡人在信用卡持卡用户中所占的比例已超过 70%。

而从另一方面来讲，这张小小的塑料卡片也是银行服务和品牌的代言人，因为它是赋予银行无形服务有形化的最佳形式，也是树立鲜明个性、区别其他品牌标志的重要载体。但随着各家商业银行都在发行各自品牌的信用卡，如何能在竞争激烈的金融市场中脱颖而出，吸引更多潜在优质客群，就成为每个商业银行所迫切关注的问题。

其实，在平时的工作生活中只要稍微留意，就会发现信用卡的营销推广已经无所不在。无论是在步行街或者商业街的街头，一张桌子、两个人、一叠申请表摆上摊子，进行当街拦截推广；还是一些高档住宅区、商业区的信箱推广；抑或是拿着一些小礼品去公司内部的拜访式营销。但这种产品及推广方式严重同质化的现状对准目标客户的吸引力大大打了折扣，虽然各商业银行在产品收费和促销力度上做尽了文章，但这种不顾及目标客户的需求和感受的营销方式根本就不能收到想要的效益。

与此同时，在信用卡的主流用户群中，18~30 岁的年轻持卡人在信用卡持卡用户中所占的比例猛超其他人群，达到 70%。而在此中的白领信用卡用户更具较强的信用卡消费能力，是信用卡的主流用户群，同时也是社会的中坚力量。相关报告也显示，他们日常消费能力强，消费活跃度高，消费项目也趋于多样化。于是，民生银行针对这一部分目标人群耍了一个“花招”，着实吸引了许多关注和效益。

in 卡，不走寻常路——网络选秀动起来

为庆祝中国民生银行成立 15 周年，民生信用卡中心于 2011 年重磅推出全新力作——民生信用卡 in 卡。民生信用卡 in 卡是全方位为年轻群体打造的专属信用卡产品，针对人群是热爱时尚和潮流的年轻一代，希望成为中国青年的首选信用卡品牌。该卡不仅享有最长 51 天的免息还款期以及根据客户信用情况灵活调整额度等金融功能，还具有卡片有效期内免年费、本行取现免手续费、自动分期等超值实用权益；让每一个 in 卡使用者，刷卡安心，还款省心。

作为中国民生银行 15 周年行庆的献礼之作，自 2011 年 1 月 1 日起，民生信用卡中心携手中国银联，大胆创新，面向全社会工、农、商、学、兵人群通过网络选拔形象代言人，更是拿出了 100 万元的形象代言费，鼓励时尚先锋们亮出精彩自我。在一场轰轰烈烈的网络选秀活动中，拉开了民生 in 卡炫酷登场的序曲。

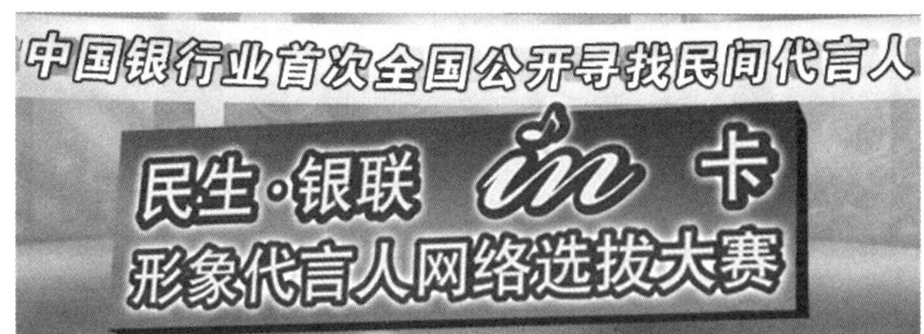

活动页面 1

活动页面 2

活动页面 3

民生银行此次选拔大赛赛程共分为报名海选、复赛、晋级、决赛及颁奖五个阶段，历时 6 个月时间。其间参赛选手将进行文采、才艺、表达力考核及综合素质展示，并接受综合网络投票和嘉宾投票。大赛最终将有 10 位选手进入决赛，共设立六大奖项，最终选拔男女各一名担任民生信用卡 in 卡形象代言人。除了提供每人 100 万的代言费（共两名）之外，只要成功报名还能参与 MINI COOPER 车的抽奖，入围还送 iPad，都是年轻人喜欢的时尚产品。

惊喜，一切皆有可能——一周七天礼不停

信用卡是一种快速循环贷款的金融产品，它不像卖饮料或者糖果一样推销出去就一定会带来收益，推动消费者开卡显然很重要，但如何刺激其使用信用卡，才是真正为银行带来价值的关键所在，而这两者都非常具有挑战性。回顾过去的信用卡网络营销大多只是重视销售通路的建设，以及发布广告和公共信息，在品牌和文化推广方面略显不足，特别是策划符合特定人群的互动营销还是缺乏更多的创新。而在当下年轻人的消费力正在快速提高，中国网民和信用卡持卡人“年轻化”特征日趋明显的形势下，国内各大商业银行也在不断地细分信用卡金融市场，“80 后”这一具有高学历、高收入、高消费力特征的人群已经成为信用卡发卡机构主流客群。这些年轻族群已经将网络作为必不可少的沟通工具和生活平台，他们既有网络个性化的消费需求，也有在现实生活中的各种消费需求，而这些消费需求就成为了互联网和信用卡行业间的合作桥梁。

鉴于此，民生银行与星巴克、丝芙兰、必胜客等众多企业携手合作，推出了“一周七天，天天有惊喜”活动，持民生 in 卡可享受周一星巴克咖啡双杯欢享；周二尚品网购物现金派送；周三丝芙兰购享好礼；周四电影院观影半价；周五支付宝付款红包发送；周六必胜客满百减 30；周日商场消费双倍积分。民生 in 卡让每一个时尚消费者天天有实惠，打造至 in 潮生活，将“in life，in card”进行到底。这也使得 in 卡权益消费更具有市场吸引力。而事实也的确证明，银行与商业品牌联合营销，形成强大的信用卡权益消费功能，受到众多青年、白领的钟爱，in 卡申请量也非常可观。

互动，让我们做得更好——品牌形象深入人心

毫无疑问，作为金融领域第一个以网络选秀为市场营销方式的民生银行打了一个漂亮仗。截至 2011 年 5 月，民生信用卡发卡超过 1 000 万张，活卡率达 65%，应收账款、卡均交易在业内名列前茅，不良率不到 1.8%。这次网络选秀盛事也博得全国亿万网民尤其是 80 后、90 后的一致关注和认可，而分析其最大秘诀其实只有两个字——“互动”！

“互动”，这是网络营销最能区别于其他营销方式的特点，也是最能打造粉丝团和忠诚客户的营销手法。中国民生银行信用卡 in 卡此次民间选秀活动，以时下最喜闻乐见、年轻人参与度最高的方式——海选入手，在目标群体中选择产品形象代言人，让每一个草根都有实现其梦想的机会，得到

了广大网友的大力支持，并且踊跃参与。在新浪微博#民生 in 卡百万寻草根代言#话题中，一个用户发表的内容即时被跟随者或好友看到并转发，而每个转发者的跟随者或好友又可以看到被转发的内容。因此，信息的扩散成为一乘以多再乘以多的链式反应，具有难以比拟的扩散优势。也使得此次选秀活动共有 14 000 多人报名参赛，活动官方网站访问量突破 5 千万，民生信用卡新浪微博粉丝突破 40 万，活动的影响力大大超乎业内人士的预测，以至于新浪网首席运营官杜红认为这个活动是“中国企业所做海选类营销活动中最成功的一个”。

专家点评：

此次中国民生银行信用卡的创新营销，其实也告诉我们在互联网的普及和发展速度迅猛发展的今天，随着网络信息安全的不断升级，以网络为依托的金融产品和金融服务将以其高度的便利性飞进寻常百姓家，深度渗透到百姓生活的衣、食、住、行和娱乐消遣当中，这也是信用卡市场的大势所趋。而银行则更要关注产品与互联网的关联性，从消费者了解、搜索以及比较产品信息的渠道入手，再到申请开卡、消费使用、账单查询、网络还贷、疑难解惑等方面，都必须要打造以客户为导向的愉悦体验，这才能使自身品牌区别于其他对手而赢得市场竞争。

另外，信用卡的营销方式也应当逐渐告别街头摆摊、随意拉人开卡的时代了。那种主观的、忽略消费者需求和认知的宣传方式已经不适合现在激烈的市场竞争环境，取而代之的应该是以互联网为基础的精细营销和互动营销，能够抢在竞争对手前面推出具有新功能的产品和抢先占据独特的销售概念，这样才能更精准地找到目标客户，与之保持沟通互动，把每一个客户变成口碑传播网络的每一个节点，由此扩散开的市场和品牌价值才能保证企业在市场竞争中占据先机。

6. 平安车险：抢车位，年度最给力真人网上活动

随着人们生活水平的提高，机动车数量迅猛增长，目前停车难已经和道路拥堵一样成为北京交通发展的瓶颈问题。据交通部门的统计，北京市的机动车保有量已经达到450万辆左右，而北京的全部停车位只有不到200万个。从这两个数字的对比上，我们不难看出，北京大概有一半以上的机动车没有停车位。而怎样给爱车找到一个合适的停车位，也成为车主的一件闹心事。

在北京，到各大医院就诊或者去商场云集的商业区购物，停车问题几乎无处不在。车位不足、费用昂贵，这都已经成为让车主极为头疼的问题。而由此引发的车位争夺矛盾、乱停车导致交通堵塞等已经成为影响人们出行、生活的社会问题。

当停车难成为一种普遍现象时，平安车险从中嗅到了商机。2011年3月，平安推出了微博“免费博车位”活动，车主只需动动手指，在平安网上车险新浪官方微博（http://t.sina.com.cn/1770607377）参与活动，就有机会“博”到车位的一周免费使用权，而且这些车位均位于京城商务繁华地区，具有极高的使用价值。

作为国内车险市场的领跑者，平安车险此次与知名社区网站以及微博平台合作推出的“免费博车位”微博活动，也彰显了其锐意进取的风格，受到了时尚车主的普遍欢迎。

患难见真情，实实在在的利益动人心

随着时代的进步，营销策略也在随之不断变化。如今那些空洞只做表面文章的“华丽”营销广告已经没有多少容身之地，真正能够打开用户心扉的，要么其营销方式迎合用户兴趣，要么就是拥有实实在在的好处，能够给用户带来切实利益。

事实上，在经历了过去几年机动车保有量的井喷增长后，相关配套设施一直都是十分紧张。各地的车位价格一路水涨船高，尤其是各大城市核心商业地区的车位费更是令人咂舌，如北京金融街地区一天的停车费就高达一两百元，即便是收入不菲的白领们也感到难堪重负。

正是针对这个用户关心的问题，平安车险特借助开心网、人人网以及新浪微博等在线平台，连续推出“转发”、“盖楼”等丰富多彩的趣味活动，向积极参与的车主们提供免费车位一周使用权。具体参与流程如下：每周一至周四针对活动项目进行公布并参与博车位，周五早上公布名单。中奖者在100小时以内需上活动官方网站通过中奖验证码领取车位，确认后，于隔周周二通过快递寄送停车凭证。

据悉，此次“博车位”活动一上线就受到了广大白领车主的欢迎，纷纷在微博上参与抢车位。其中北京中关村、三里屯、新世界三个闹市区的车位极为抢手，早早就被一抢而光。此外，为方便获奖的车主使用车位，平安车险将停车位固定安排在停车场的入口周遭处，并显著标志“平安车险博车位专用”字样，博得车位的车主可以于当周全程使用固定的车位。

神马游戏皆浮云，抢到真实车位才给力

曾经在开心网、人人网红极一时的“抢车位”游戏以简单的操作、提升自我满足等特色，受到了时下年轻人的热烈追捧，着实风靡了很长时间，也让开心网从一个不知名的网站一夜成名。游戏中，玩家千方百计找车位，将自己的车停在别人的车位上，以此赚得虚拟货币。

然而，游戏中神马都是浮云，抢到最多的车位，挣了最多的虚拟货币，在现实中却还得为停车

难大伤脑筋。那么，如果将游戏的娱乐性与现实的实用性结合在一起是不是能够满足人们的需求呢？平安车险果断出手，于是，2011 年度最给力真人版网上“抢车位”活动隆重登场！

不同于网上的抢车位游戏，平安车险微博“博车位”参与方式非常简单。网友只需发布含有“给我车位 @ 平安网上车险”的微博，即可参与抽奖。中奖网友将收到平安网上车险（t.sina.com.cn/1770607377/）官方微博发送的验证码，凭此验证码登录“博车位”官方页面（www.pingan.com/win）就可以在京城 11 个停车场选择自己需要的车位，免费停车一周。即使没有自己周边的车位，博到的车位使用权也可以转让或送给朋友，何乐而不为？

多管聚焦停车难，整合营销品牌现

光有趣味的参与方式、实用的奖励机制显然还不够，如何才能引起更多用户的关注？平安车险采用论坛、新闻等多种传播方式，将现实社会中一些与抢车位有关的事件展示在用户面前。例如一个高档小区的某位业主花数万元买了一个停车位，却被邻居抢用，这位业主一怒之下竟伙同他人将霸占自己车位的轿车给盗走，一股气开回老家藏了起来；再有某机关因停车纠纷，竟开车相撞，导致车辆报废……这些新鲜有趣的事件大家自然都爱看，传播也就在无形中展开。

除此之外，平安车险还采用了视频营销的方式：自行车抢车位，挤走小汽车广本。这是怎么回事？一辆广本欲停车，可一辆自行车却半路插了进去。司机下车理论，可人家拿出了一张纸片——平安车险临时停车证。平安车险活动专用车位认证不认人，只要在活动中占到车位，那么无论是自行车还是其他东西都可以使用，广本无奈只能离去……

平安车险整个“抢车位”活动中，微博互动、游戏娱乐、论坛新闻传播再加上视频营销等方式多管齐下，将整个活动炒得火热，而平安车险的品牌影响力也随之愈加扩散。

专家点评：

如今车险市场越来越规范，加之保监会对车险行业多次下发管束条例，各大保险公司的车险在险种结构、保险条款、费率折扣等方面日益同质化，一直以价格取胜的险企优势已经不再。在这种情况下，平安车险改变思路转向提升服务谋求新的竞争优势无疑是一大创举。

事实上，除了本次“抢车位”案例，平安车险还开办了免费“酒后代驾”服务，凡是平安电话车险和网上车险的续保优质客户，满足赠送条件的情况下，可以在保险期限内享受免费的酒后代驾服务 3 次。

虽然酒后驾车造成的车险损失，保险公司是免赔的，但对于那些在日常工作和生活中无法拒绝喝酒的车主，保险公司的“酒后代驾”服务却很“实用”。因为从 2009 年以来，交警部门严查“酒驾”，对酒驾司机实施重罚，“喝酒不开车，开车不喝酒”渐成大众共识。“酒后代驾”这一新兴服务项目虽然随之火透半边天，但许多车主对酒后代驾的服务水平和安全性还是心存疑虑。因为这个新兴行业良莠不齐，代驾的师傅是陌生人，如果发生意外，责任很难界定。

正是根据这种市场需求，平安车险推出的这项服务既避免了客户酒后驾车违法行为的发生，又以此增值服务吸引和维系了客户，可谓是一举两得。

由此可见，不管是“网上抢车位”，还是“免费酒后代驾”，这类从用户切实需求方面入手的营销案例无一不获得了成功。这正是我们需要学习的地方——广告营销，以人为本！

7. SEM双引擎投放，助力平安保险

中国平安保险（集团）股份有限公司的前身是成立于1988年3月21日的深圳平安保险公司；经过15年的风雨历程，2003年2月，完成分业重组，更名为中国平安保险（集团）股份有限公司。

如今，互联网搜索营销日益普及，已成为具有大量用户基础的广告投放平台；搜索营销平台通过关键词锁定目标受众群体，使广告主投放更加精准化，并实现了广告效果的统计和监测。下面是2011年Q3保险行业搜索指数。

个人保险行业Q3日均搜索指数76.41万，环比增长6.59%

百度数据显示：2011年Q3保险行业搜索指数环比2011年Q2增长6.59%，达到76.41万。从季度内变化看，8月行业日均搜索指数相对最高，车险及意外险搜索指数的快速增长是主要拉动因素。此外，受中秋假期影响，季度最低点出现在9月12日。

中国平安看到了搜索引擎营销的巨大魅力，希望借助这一平台吸引大批互联网用户的关注，及时将产品特色和投资优势发布到潜在的消费群体，扩大在线注册客户量，为线下销售提供大规模的、优质的客户资源。

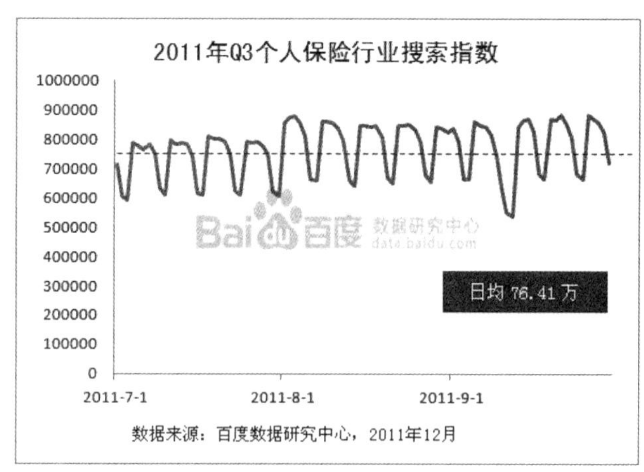

2011年Q3个人保险行业搜索指数

人群定向，习惯定向，行为定向，准确投放

平安保险的产品线广，细分种类繁多，面向的消费人群覆盖面广、地域行业等比较分散。团队针对平安保险的这些特点，制定了一系列的实施方案，各个击破。

针对潜在消费人群覆盖面广、地域行业分布分散的特点，团队提出了“双引擎”的策略，即：百度+Google双引擎、搜索关键词+网盟全方位投放，最大限度地覆盖潜在消费人群。

针对保险产品细分种类繁多，团队根据险种细分保险受众，精细选词、筛词，在关键词最大覆盖率的前提下，实现特色产品的人群精准定向投放，降低投放成本；adSage重点投放的车险表现最为突出。

通过搜索引擎关键字投放后，吸引用户的关注，之后能否成功引导用户注册就成为关键。团队在用户注册页的用户体验上下了一番工夫。

通过调研用户在线行为心理和习惯，调整注册页面的信息归类，将注册需求分页面、清晰、有序地表达呈现出来，使用户快速把握不同需求下的必填信息项，无须在需求无关的条目上浪费时间，缩短填报时间，达到注册数据完整性最高和有效性最高。

在推广过程中，团队及时跟踪和分析优质客户的消费行为，不断改进LP推广页面，强调关键信息，进一步提升点击－注册转化率，为线下销售提供优质注册信息资源。

高效搜索引擎营销执行，提升效果转化

① 合理规划 SEM 全过程

以 ROI 为导向，结合广告主的需求目标、行业特性和优质消费者行为习惯，合理规划 SEM 投放的各个环节，如：优化选词、筛词，海量关键词的搜索引擎投放同时覆盖到百度和 Google，其中包括品牌词、长尾词、通用词等。

充分利用网盟用户资源，通过优化的 Google 网盟策略，将平安车险的广告推广到多家网站，最高达到 50 000 家。

② 精研用户需求，凸显创意价值

重新设计广告推广创意，凸显“便捷”、“省钱”、“直销”、“奖励”等优惠措施。重申“理赔快速”、“品质”等企业传统的核心价值。使推广获得很高的点击量。精心设计注册信息页，通过注册流程和页面结构，清晰表达，诸如：

A. 新、老消费者注册差异；

B. 必要信息和特定产品相关扩展信息差异；

C. 注册流程逻辑和优惠、中奖条件等关键信息，使用户在最短停留时间和填报时间内，获得最大价值的信息量，完成最必要的流程。

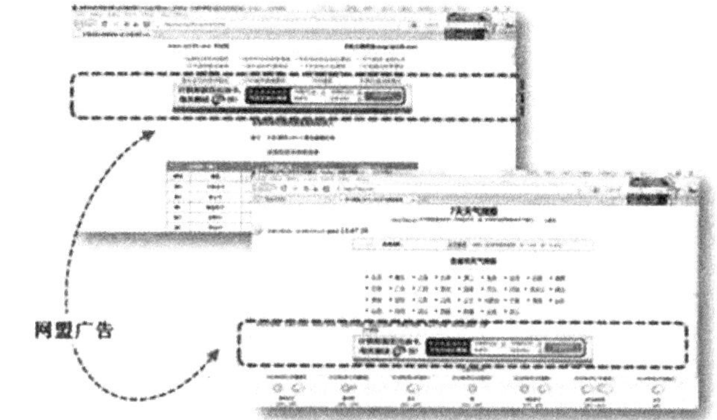

网盟广告位页面

图文并茂，以色彩鲜明的对比和简洁清晰的提示，突出平安保险的特色和优势，并分步引导用户快速完成关键信息填报。

搜索引擎推广页面和注册页面

夺人眼球的效果表现

媒体表现：核心关键词搜索，占据百度和 Google 的首页推广链接、首页和各页右侧推广位、自然排名三甲等主要位置。

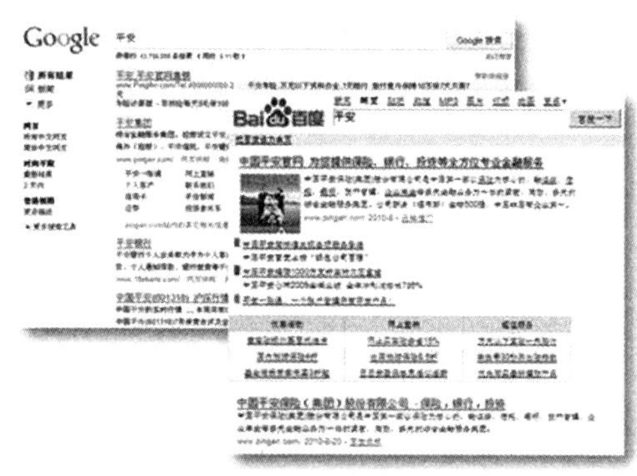

搜索引擎排名表现

百度数据中资保险公司关注度排行，平安领先优势更明显：2010 年 Q1 中资保险公司关注度排行 TOP10。值得一提的是，排行第一的平安保险的关注度有显著提升，达到 42.87%，比 2009 年提高了 15 个百分点，同时与排名第二的中国人寿差距进一步拉大。

百度数据汽车保险产品关注度排行榜，平安车险最受关注：2010 年 Q1 车险数据显示，平安车险以 44.72%的高关注度排行第一，其次是人保车险，关注度也接近三成。这两家保险公司的车险产品合计已经接近整个车险产品关注的八成份额，可见目前车险市场产品集中度十分高。

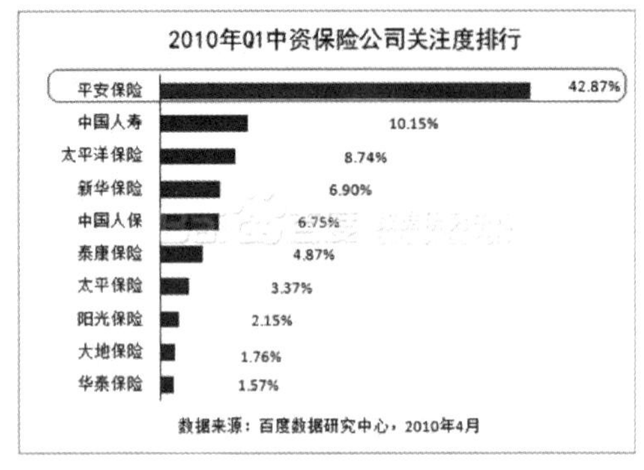

中资保险公司关注度排行

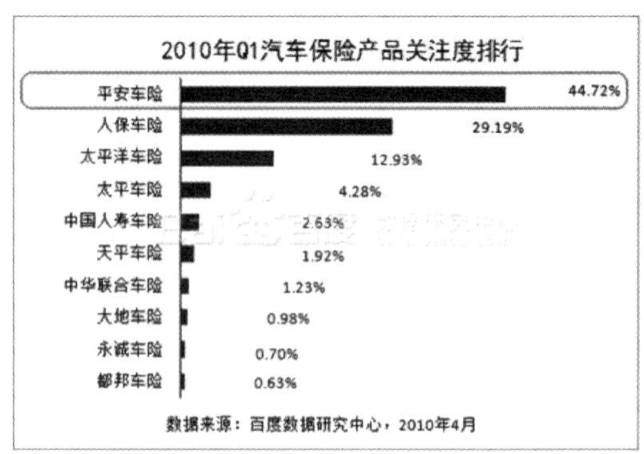

汽车保险产品关注度排行

平安客户规模上升、成交量上升、成本下降：客户数据显示，业务增长幅度、成本下降幅度，远大于投放费用增长幅度；以平安车险为例，在 2010 年 6—7 月连续 2 个月的投放周期里，投放费用累计增长 9%，业务单量增长 27%，PV 量增长 38%，同时，业务 CPA 下降 14%，总 CPA 下降了 21%。

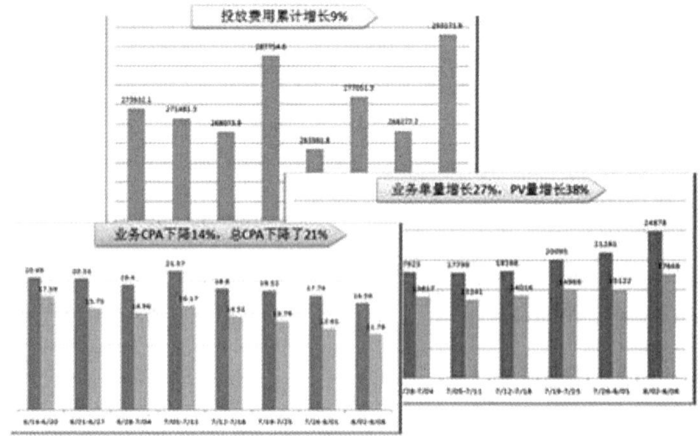

广告投放费用、业务单量、PV 量、业务 CPA 与总 CPA 变动示意图

专家点评：

搜索引擎作为用户搜索与获取互联网海量信息的一个入口，搜索引擎营销已经成为企业营销推广的利器之一。百度、Google 搜索引擎双管齐下，根据产品和受众对关键词进行合理的部署，能够最大限度上覆盖到用户入口。另外，配合网盟资源，又能够将广告投放到多家网站，成为一个补充。

仅仅覆盖到用户的入口还不够，精心设计的注册页面并配上好的创意，在重点突出产品特点的同时，带给用户良好的体验。这时候，用户只好“乖乖就范”了。

8. 有的放矢——LBS 移动广告让营销更精准

2011 年 10 月 8 日，由汇丰银行主办的每年一度“财富论坛”在上海举行，为了让更多对经济、文化感兴趣的人士参与此次活动，在论坛举办前期，汇丰银行携手 Vpon 的 LBS 移动广告平台定向对人群进行广告投放，以帮助参与者通过此次活动更为及时地了解中国经济发展动向及其对未来投资环境的影响，从而更好地通过平衡稳健的理财方式，实现资产的保值增值。

总部设在伦敦的汇丰银行是世界上最大的银行金融服务机构之一，在 76 个国家驻有 10 000 个办事处，在全球拥有超过一千万的顾客，它以“从本地到全球，满足您的银行业务需求”为其独有的特色，在众多同行业竞争者中脱颖而出。

而此次汇丰银行的合作伙伴 Vpon Inc.（上海有的放矢广告有限公司）成立于 2008 年，已成为亚洲地区领先的 LBS 移动广告运营商，凭借其在智能移动设备的独家研发技术与运营能力，Vpon LBS 移动广告平台自 2010 年 8 月推出至今快速成长为大中华区最大的移动广告平台之一，独立受众超过 4 000 万，覆盖北京、上海、广州、香港、台北等地区超过 700 多个城市，并已获得近千万美金风险投资。其主要客户涵盖麦当劳、可口可乐、美国运通、花旗银行等国内外知名品牌。Vpon 于上海、北京、香港和台北均设有分支机构，是亚洲地区最具潜力的移动广告媒体之一。

金融巨头与新生代广告运营商的紧密携手，且不管结果如何，其本身就是一桩盛举。

机遇与挑战，LBS 精准定位

LBS，英文全称为 Location Based Service（基于位置的服务），它包括两层含义：首先是确定移动设备或用户所在的地理位置；其次是提供与位置相关的各类信息服务。总结来说，它就是通过电信移动运营商的无线电通信网络（如 GSM 网、CDMA 网）或外部定位方式（如 GPS）获取移动终端用户的位置信息（地理坐标），在 GIS（Geographic Information System，地理信息系统）平台的支持下，为用户提供相应服务的一种增值业务。

相对于传统的广告媒体，LBS 移动广告以其独有的优势和价值体现，在 2011 年广告需求量快速增长，全年整体呈现快速增长的趋势，虽然在年中随着 LBS 应用整体的起伏出现过一些波动，但全年平均环比增速依然达到 43%，受众的接受程度不断提高。

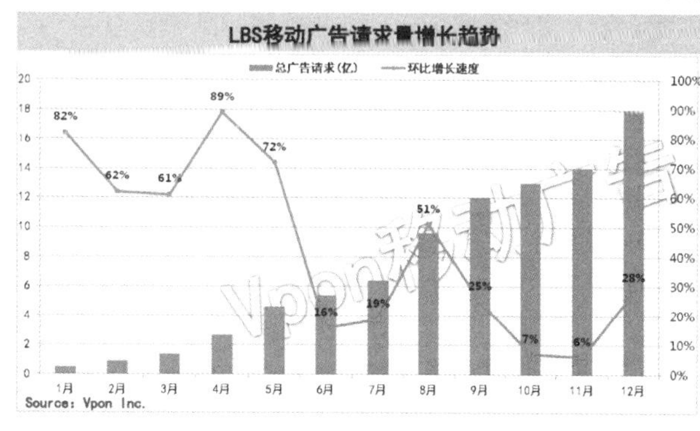

LBS 移动广告请求量增长趋势

LBS 移动广告的核心价值就在于其精准和互动的营销效果。在移动互联网广告营销时代，精准营销又有了新的升级和定义。建立在云计算和云存储技术基础上的移动营销，通过动态的在线数据库及时收集信息，以及有大量的 APP 资源给予丰富的类别与内容细分来支持人们基于兴趣的主动选择，就可通过消费能力、时空属性、行为轨迹、兴趣偏好四个维度来实现对广告受众的精准锁定，因而实现在正确的时间、正确的地点，以正确的方式向正确的人个性化提供其最需要的信息内容，实现广告投入产出最大化，真正做到了“因人而异”的精准行销，将广告投放提升到了个性化营销新时代。

在移动互联网迅猛发展的今天，手机等移动终端已成为现代人最常用的工作生活工具，甚至说在任何时间、任何地点，LBS都可以充分利用移动终端进行精准营销，相对于传统媒体广告资源，LBS移动广告更是整合了包含短信、彩信、Wap以及可观数量的媒体APP资源等多种广告形式体现其营销价值。用户可以自主地通过移动终端看广告，并将自己最感兴趣的信息转发和分享给自己的朋友，移动广告平台与短信、彩信、微博等社会类媒体的全面打通，确保了用户在碎片化的时间里，随时随地地参与互动，提高了广告的转化率和用户的活跃度，让品牌高度化认知。以前很多营销所不能实现的技术特征，在LBS移动广告中都可以实现，真正做到了广告主与消费者随时、随地、贴身的交流和对话，突破性的体验也将吸引消费者的高度关注，让移动营销价值有了更新延伸。

就移动互联网市场大环境来看，截止到2011年第三季度，国内移动互联网累计市场规模高达610亿元，整体市场的增长相对稳定。而市场规模的主要贡献来自于流量费和移动应用服务。另外值得关注的是，移动广告和移动购物在2011年Q2及Q3都有比较明显的增长，移动购物在第3季度规模达到21.9亿元，增速达31.14%，变化更为明显。另外，广告主在移动广告市场热情相比2010年有进一步的提高，移动广告市场规模有一定的改善。

所以，在面对机遇与挑战并存，增长与通胀兼有的经济形势下，为了让更多对经济、文化感兴趣的人士参与此次活动，以帮助参与者通过此次活动更为及时地了解中国经济发展动向及其对未来投资环境的影响，从而更好地通过平衡稳健的理财方式，实现资产的保值增值，汇丰银行携手Vpon LBS移动广告平台进行定向人群的广告投放，也是最佳的广告投放策略。

移动随身行，让广告获得最大效益

作为亚洲首家将LBS技术与移动应用广告模式相结合的创新移动广告服务提供商，Vpon Inc.拥有多项自主知识产权，基于LBS的虚拟实境的投放及广告呈现技术、高端的海量数据处理能力、精准的移动广告定向及匹配技术，可以为广告主提供多维度定向投放策略。也是作为中国首家采用HTML5技术来实现移动富媒体广告、互动广告的移动广告平台，更可以提供丰富的互动广告及富媒体广告形式，移动广告展现的效果更酷、更炫，使得移动广告呈现方式更加多元化，帮助广告主在移动设备上实现更多创意，创造更大的品牌效益。

LBS相比其他产品，有一个智能机的门槛，而LBS要想有良好的精度甚至要GPS的支持，iPhone和Android系统的智能手机无疑是LBS的最好载体。此次汇丰银行的广告案例在广告创意以及投放范围上都严格把控，在投放平台上，Vpon就选择了iPhone & Android双平台以支持该项广告的投放。为了让广告服务的信息传递更加精准，在以in-APP形式出现的Banner广告中又整合了“拨打垂询电话”的功能，以帮助用户更加快速地参与到此次广告活动中来。并且结合广告活动的属性，选择了高端财经类APP进行广告的定向投放，以匹配目标受众人群。而广告Banner上，更是没有使用过多修饰，只是用简洁明了的方式表达一个活动诉求，以便让访客能够对活动信息高度关注。

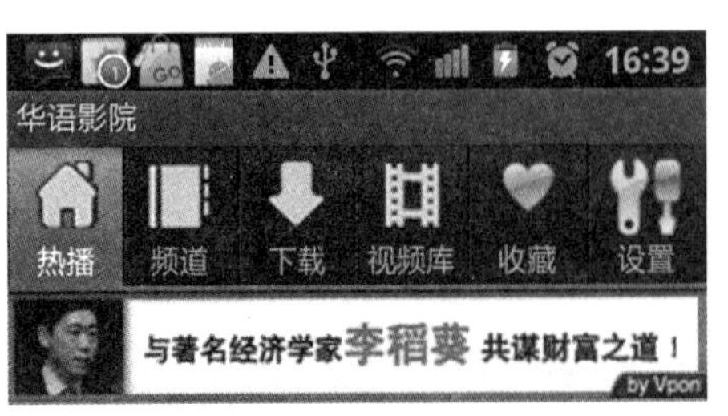

活动广告

最终，此次广告投放完成率以 108.08%圆满收尾。并且，广告最终平均点击率达到了 1.30%，刷新了此前同类广告的点击纪录。通过这些数据，我们可以看到此次广告投放的效果还是相当不错的。不仅如此，LBS 移动广告平台还可以监测到广告数据的实时变化，通过对广告费收支情况和广告效果监测进行分析、比较，广告主就更能清楚地掌握广告投放所产生的实时效果，为其根据效果和费用随时调整投放策略创造了条件。而且 LBS 移动广告与基于其他应用或者模式的广告相比，本地化更明显，也更有利于广告主精准投放。比如，通过此次广告数据，我们可以看出用户对于理财的关注度在时间轴上趋于平缓，综合来看，工作日略高于周末。再比如，以北京地区的数据为例，也可以看出，在朝阳区 CBD 地区的用户，明显对该类广告比较感兴趣。

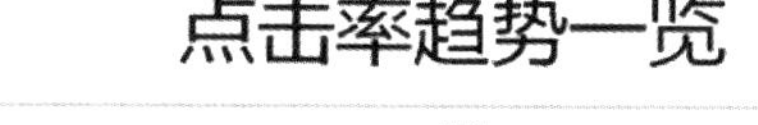

CTR

➢用户对于理财的关注度在时间轴上趋于平缓，综合来看，工作日略高于周末

广告点击率

用户区域分布

覆盖区域	效果占比
首都机场	10%
北京高铁车站	5%
朝阳区CBD	25%
王府井商圈	10%
西单商圈	11%
燕莎商圈	7%
中关村商圈	12%
亚奥商圈	4%
望京商圈	7%
东直门商圈	6%
五棵松商圈	3%

用户区域分布

对于汇丰银行来说，追求的无非就是效果。Vpon 通过 LBS 的广告投放技术让广告与用户的关联性变得更加密切，汇丰银行也愿意用更多的资源去换取更大的效益。本次广告投放再次印证了 LBS 移动广告平台的精准与高效。

专家点评：

长久以来，企业都希望自己能了解潜在客户群的组成情况，了解客户的需求，以便更好地改进或提升产品或服务质量，开展营销活动。LBS 移动广告就能够帮助企业更好地解决这些问题。作为一种新兴的应用，LBS 依托 GPS 定位等新技术，借助移动终端为平台，在帮助企业实现精准营销的同时，能够获取更多更细的信息，除了用户的个人信息、兴趣爱好，企业还可以通过 LBS 数据库信息研究用户的生活轨迹，对用户进行数据挖掘和行为分析，实现实体企业与社交网络的结合，从而提高或改进自己的产品、服务质量，并及时展开具有针对性的营销活动，提升客户群体忠诚度，实现精准营销的目的。

在更多移动互联网化的应用也正在慢慢渗透到我们生活服务的方方面面的同时，休闲娱乐及生活服务类的应用更是在每个移动终端比比皆是，LBS 移动广告针对此类的服务和功能也将会越来越多，越来越完善，而且任何广告的投放都是基于目标人群的基数，移动 LBS 的发展很大程度上也要依赖于其客户端的占有率，随着国内智能手机数的逐渐增多，iPhone 和 Android 系统也在逐步地普及和流行，APP 应用也越来越多，在未来的 LBS 广告业务上，市场竞争也会越来越激烈，相信 LBS 在中国未来的两三年内，将会迎来一个群雄并起的爆发期！

9. 汇丰借重定向广告“震撼舞台”

随着互联网应用的日益成熟，网络经济呈快速增长趋势，任何有商业存在的地方就会有广告的价值。据艾瑞数据统计显示，2011 年国内互联网广告市场规模达 511.9 亿元，较上年增长 57.3%，预计 2012 年达到 790.9 亿元，未来五年或成为继电子商务之后的第二大互联网经济体。

但在情感消费时代，消费者购物越来越理性化，他们不再为单调而令人厌烦的网络广告而买单，相反，企业的广告投入随着鼠标的点击流入广告代理商的口袋。为了使得广告投放更加精准、更有价值，网络广告的技术也在日益创新，从早期的文字链到现在的富媒体展示，每一个创意都是里程碑式的超越。2011 年初，汇丰银行就借助时下炙手可热的重定向技术（SmartMedia）为其赞助的“与恐龙同行、震撼舞台”舞台剧作了一次互联网定向广告投放，以恐龙为元素利用富媒体技术，生动形象地将恐龙呈现给消费者。

与恐龙同行，不仅是舞台剧

在网络化的金融时代，有人把传统意义上的银行比喻成 21 世纪的恐龙。言外之意，在新的物种进化中，它们将会成为历史的遗迹。近几年，受到经济危机不同程度的冲击，各大银行都在以降低总人数来控制成本。除此之外，如何提高银行自身的生存质量和竞争能力，已成为金融业亟待解决的主要矛盾。

对于来自香港的汇丰银行而言，同样面临着这样的问题。并且汇丰认识到，对于一家涉足世界各地、多个金融领域的国际性金融机构，建立一个全球统一的品牌，显得格外重要。

另外，汇丰所秉持的触觉敏锐（perceptive）、积极进取（progressive）、反应敏捷（responsive）、尊重差异（respectful）而又公平合理（fair）五大品牌价值，让其意识到，在这个科技引领未来的时代，银行规模上的庞大就如恐龙一样，最终会因为身体过于沉重而灭亡。

而科技进步将减少配置资本所需的人员数量，这与其他服务行业的情况一样。此外，人在交易撮合和交易中所扮演的角色会弱化，就像在登机或购买服装时一样。汇丰银行近几年大规模地裁员，是因为其高管关注到了科技企业的情况，并发现自己的银行就像一只恐龙，要么必须减肥，要么就走向灭亡。

如此看来，汇丰银行赞助的“与恐龙同行，震撼舞台”实质上是以恐龙从恐龙的进化、大自然和气候变化以及地动山摇，直至大部分恐龙品种灭亡的过程来凸显银行业所遇到的现状，以及通过对比来突出汇丰银行的与时俱进，关注科技的创新，提高品牌的竞争力。

借助富媒体，广告也震撼

为了能提炼出汇丰银行的品牌竞争力，2011 年 1 月，由汇丰赞助的“与恐龙同行、震撼舞台”超大型舞台剧在上海世博文化中心精彩上演。古生物学家赫斯尼带领观众一起与恐龙同行，并通过超强的舞台效果，使得观众穿越到 6 500 万年前的地球，将地球有史以来最大的行走生物在观众眼前重现。

作为这场大型舞台剧的赞助商汇丰银行，早在 2010 年底就开始为这场舞台剧的到来作足了准备，通过结合“与恐龙同行”的神秘感，借助于富媒体将舞台剧提前搬到了互联网上，以一种形象而富有创意性的互联网广告投放，作上演前的预热传播。并通过赞助关注度较高的“与恐龙同行”

广告页面

舞台剧的形式，吸引目标受众眼球，以此来提高汇丰银行的知名度以及促进已有用户的消费。

相比几年前的单纯的互联网 Banner 广告，随着技术的进步以及消费市场的成熟，目前出现的具备声音、图像、文字等多媒体组合的媒介形式更具优势，这些媒介形式的组合就是我们所说的富媒体（Rich Media）。富媒体时代，技术含量的高低决定了广告本身的传播穿透力有多大。

为了带给目标受众在视觉上更大的冲击力，这次汇丰借助于时下炙手可热的行为 SmartMedia 重定向广告技术，以恐龙为元素，生动形象地将恐龙呈现给消费者。并通过路障广告形式，“汇丰震撼您的世界”在 PIP 与通栏广告位的联动播出，给消费者以形象感官刺激。最后通过浮层出现生动的恐龙脚印，达到传播高潮，并通过恐龙个性铃声下载的互动元素加入，增强趣味性。而汇丰银行的大胆尝试正体现出其本身对于科技的关注，突出汇丰在银行恐龙时代的危机感和创新力。

行为重定向，网络广告新革命

在互联网媒体上投放广告已经成为大多数企业营销的重要策略之一。对于网络广告，企业都会想到它们的成本低廉、易于更新和无限到达潜力等优势。但随着消费者的购买行为日益成熟，原有网络广告也会遭遇心理抵触。当网民打开的网站都跳出一堆广告窗口，不断地“撞击”他们的眼球，这种扼杀网民意志的强制性广告，日益遭到网民的抵制。久而久之，就形成了所谓的“广告盲区”。

面对这样的困境，为了能将由其赞助的“与恐龙同行”舞台剧的宣传广告在不妨碍其他网民浏览网页的同时将其传播给目标受众，即高收入家庭的年轻父母，汇丰银行首次采用了最新的网络广告技术——重定向广告技术，通过钓鱼式吸引，实施精准营销，实现已投入产出比的最大化。

所谓行为重定向广告技术，主要是指当用户访问互联网上的不同类型的网站时，SmartMedia 将向用户展示与当前零售网站相关的广告。而且，即使离开并访问其他网站，用户仍然能看到刚才看过的广告。这种广告模式的转化率比标准显示广告要高出许多，因为它展示的正是顾客感兴趣的商品，形成了精准营销。相对于常见的 CPC（用户点击广告）、CPM（展现广告）、CPA（行动成本广告）等文字、图片的广告形式，行为重定向更具有优势，并且由于形象、生动和精准，这样的技术必将带来一场网络广告的创新革命。

实际上，SmartMedia 重定向广告是一种导向型传播，精准营销广告的一种形式。一般都是通过先进的广告管理系统对目标受众的互联网行为作详细的分析，投放时可按访问者的行业、地理区域、职务、兴趣、访问痕迹等条件选择不同的投放位置，并且也可根据用户所使用的操作系统或浏览器版本选择不同广告格式等，精确定位广告受众，提高广告效果。根据用户偏好对其投放感兴趣的广告。

汇丰银行在充分研究品牌以及活动的基础上，进行受众分析，其主要受众群体较为高端，在互联网上主要集中在财经、新闻类网站，同时由于活动本身特性更主要吸引的是小朋友，因此选择在亲子类网站进行广告投放。最终汇丰以人群导向结合活动导向，将投放媒体圈界定在新闻、财经、亲子媒体圈。

对于企业而言，如何评估广告投放的效果和 ROI 成为了最需要解决的难题，虽然现在已经有第三方数据中心或广告代理商的数据系统，但过低的 ROI 以及错误性的投放产生的真假数据给大多数企业带来了困扰。相比而言，利用重定向技术，通过前期投放积累，收集 cookies，后期针对重点兴趣受众进行再投放，更能有效地提升 CTR，提升 ROI。

专家点评：

银行作为金融行业的传统企业，实际上是最具历史的货币储蓄机构，而且数量规模庞大，这就好比几千万年前出现的恐龙，体积庞大但最终因为虚胖而走向灭亡。就像比尔·盖茨在《财富》杂志上公然宣称，未来 10 年，微软将用自己的应用软件系统取代银行的清算系统承担起全球的资金清算业务。并由此断言，在新世纪里，传统商业银行是将要灭绝的一群恐龙。

汇丰银行赞助“与恐龙同行”实质上有一语双关之意，不仅通过赞助活动、定向广告推广活动来传播品牌在高端人群中的知名度和美誉度，也是以“恐龙”为例，讲述目前国际上具有几万人规模的传统银行的发展现状，从另一角度突出汇丰近几年的大量裁员、技术创新、个性服务等举措背后的价值，即汇丰是一家关注科技、民生和创新的银行。

除了一语双关的营销意义，在广告的投放上更是值得关注，特别是金融行业以外的企业，减少对网民轰炸式广告的骚扰，提高广告投放的精准度，向正确的对象传递优质的价值，这将是未来网络广告不可逆转的趋势。

10．跨媒体整合投放助力平安保险

中国平安保险（集团）股份有限公司于1988年诞生于深圳蛇口，是中国第一家股份制保险企业，至今已发展成为融保险、银行、投资等金融业务为一体的整合、紧密、多元的综合金融服务集团。

中国平安作为综合金融服务集团，众多业务都处在行业的领先地位，其中保险业务是中国平安的最大盈利业务。中国平安财产保险股份有限公司经营业务范围涵盖车险、财产险、工程险、货运险、责任险及意外健康险等一切法定产险业务及国际再保险业务。而在车险领域中，平安车险的知名度位列行业第一，超过众多其他车险品牌。

中国平安通过调研机构的知名度调查数据了解到，平安车险与第二位的太平洋车险距离比较接近，平安车险与太平洋车险的知名度分别为45%及43%，为了维持行业领导者的地位，拉大与其他竞争对手的差距，平安车险在2011年精心策划了基于总传播主题“服务塑造承诺”之下的“新承诺”及“金秋派礼”活动。为了使这两个活动在互联网上实现高效传播，中国平安特别借助易传媒整合数字广告平台开展了有针对性地传播，一方面最大化告知受众“新承诺”和“金秋派礼”活动信息，另一方面最大化促进受众参与活动。利用“新承诺”和“金秋派礼”，塑造品牌，实现价值。

跨媒体整合投放，实现目标全覆盖

易传媒通过高覆盖、高精准、高转化率的整合数字广告平台，最大化覆盖目标受众，以高冲击力的广告形式来吸引受众，主动引导受众直接参与活动，应对受众日益碎片化，媒体之间用户重合度高，单一媒体覆盖有限的营销挑战，通过构建PC、移动、微博金三角，全方位打通沟通渠道，提升平安车险传播效率。

以PC互联网全面覆盖目标受众，快速提升品牌影响力。同时，结合移动互联网精准定向，全面促进活动参与。再加上微博阵地能够转发和评论活动信息，广度辐射更多受众。PC互联网与移动互联网合力推广，最大化传播效果。广告位微博一键转发，扩大活动声势与曝光，通过创意突出活动最大利益点和明星效应吸引受众，并且结合最热社交媒体——微博扩大活动影响力。

广告策略

易传媒通过先进定向技术，锁定汽车达人、中小企业主、白领精英、财经类资讯关注者。新承诺活动的推广，横跨了汽车、门户、IT、新闻、视频、体育类共19家媒体，受众可以邀请好友一起选择服务承诺，抒写感言，就可以抢12 000元油卡和7 500元话费卡活动。金秋派礼活动的推广，在PC互联网，横跨了汽车、数码、新闻、地方、时尚、财经、视频类共18家媒体，在移动互联网，则覆盖了新闻、风尚、体育、社交、财经在内的25家媒体及APP。受众通过活动官方网站、微博或手机参与“票选您最喜爱的服务承诺”，赢取iPhone、iPad、12万元话费卡等丰厚豪礼！

同时，实现广告位整合微博一键转发，让受众直接在广告位参与活动，转发信息分享给好友，每一个转发成功的受众，都是平安保险的免费且有力的自媒体，通过在微博平台传播，无限扩大品牌活动影响力。

广告效果

值得一提的是，中国平安也建立了健全的微博管理制度，使微博传播更加科学系统地开展。该制度用于规范集团、子公司及其下属各机构官方微博及员工个人认证微博的注册、认证、运营、管理工作，明确相关人员的职责、分工、工作流程。适用于集团、各专业公司及其各级分支机构，及员工注册的含有公司品牌、渠道、业务、服务品牌名或通过微博运营商身份认证的个人微博账号。

先进广告投放技术，确保沟通效果最佳

在有效覆盖目标受众和为品牌活动官方网站带去流量为目标的前提下，合理的广告曝光频次及用户点击是效果的保障，易传媒通过先进的实时优化和频次控制技术，对广告投放频次和效果进行控制，保证效果最优化。

在本次推广中，广告主设定广告某一阶段最有效曝光频次为 2～9 次，易传媒 AdManager 技术投放控制同一个消费者在网络内所有媒体看到广告的次数，使有限的预算覆盖更多消费者，通过频次控制，最大化单次广告看过 2～9 次的比例，使广告停留在最佳印象。易传媒 AdLab 研究发现，最有效的创意展示次数为 3～6 次。

传统 CPD 投放多数受众看过广告 10 次以上，存在大量的曝光浪费，易传媒通过有效频次控制，最大化看过广告 2～9 次的比例，并且大幅减少观看 10 次以上的曝光，使得整体频次投放更合理，提升了投放效率。

同时，实时监测创意、媒体点击表现。

根据创意点击分析，突出活动利益点，更加有效吸引受众参与活动。对于活动类的项目来说要求点击率一般都会较高，因为参与活动对受众来说确实有一些不错的利益点（如小样、各级奖品、折扣券等）。这时候，在创意制作中就要充分利用这些利益点做文章。通过对一些投放数据的实时梳理，项目组发现最直接有效的方法是把这部分信息提前，尽可能在广告起始阶段曝光，利用视图、文字等方式加强表现力。经过调整后，广告确实更能抓住受众关注活动，参与活动。

针对点击效果较好的媒体，在后续的投放过程中，就会适当地加大投放量。而表现较弱的媒体，则会被减少投放量。这样的投放中实时调整的方式，可以帮助中国平安更加合理地分配资源，使广告投放效果越来越理想。

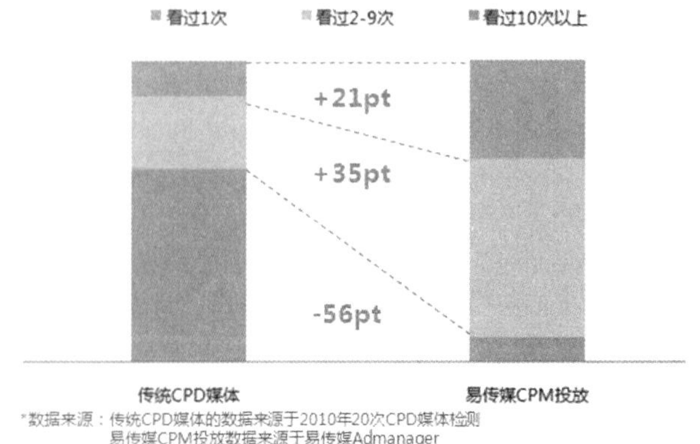

广告有效曝光对比

本次互联网推广超出预期目标，活动为新承诺活动官方网站带来的流量占总体流量的63.32%。整合微博一键转发的附加价值效果优秀，受众主动微博互动数占曝光总数的67.05%。易传媒为金秋派礼活动官方网站带来的流量占总体流量的53.12%。易传媒内容定向“新闻、风尚、财经、社交、体育”，配合智能机机型定向，发布活动投票报名信息。手机官方网站共获得4 531票，占整体（PC互联网与移动互联网）投票数的12%。

经过“新承诺”和“金秋派礼”活动，新浪微博平安车险从投放前的粉丝数为939急速提升到项目投放后的30 327；腾讯微博平安车险也从投放前的粉丝数为125攀升到项目投放后的20 739。

平安车险知名度有效保持在了行业的领先位置，品牌价值得到了有效的提升。

展望未来，全面升级互联网传播体系

在未来的日子里，中国平安将继续走在同行业的前列，将更广泛、更有效地开展互联网传播工作，具体将通过互动营销、网络公关与新媒介应用等三大层面打造专属的互联网传播体系。

① 互动营销

A. 病毒视频：综合金融客户经理专业形象塑造，配合年度主题，在网络形成病毒扩散。B. 互动活动：年度品牌主题、行销、品牌公益活动策划执行中，打通线上、线下联动，跨媒体应用，为业务系列创造获得客户机会。C. 重大事件推广：利用创新媒介形式，创造眼球效应，形成话题扩散。

② 网络公关

A. 新闻报道：利用高端论坛，针对热点话题，发表公司在各财经领域专业、独到、权威的意见并实现外部网站密集新闻报道，塑造平安形象。B. 微博运营：官方微博专业内容建设，打造定位。C. 口碑营销：从消费者体验角度切入策划热点事件口碑传播。D. 意见领袖关系管理：引导意见领袖发表正面、专业评价。E. 舆情管理：微博舆情监测管理，特别针对在线客户的咨询和投诉及时进行引导回应，维护服务形象。

③ 新媒介应用

A. 社会化媒体：探索微博营销模式为产品业务创造营销机会。B. 移动互联：与业务单位联动开发手机APP应用。C. 视频媒体：适当增加视频媒体投放比例。D. ROI：在创新媒体尝试的同时，高度关注媒介投产比，实现科学、高效的媒介投放管理，以及项目传播效果的测评体系。

专家点评：

在此案例中，易传媒作为整合数字广告平台，其技术核心引擎、强大的数据收集能力、经过不断调试逐步完善的数据分析模型、产品化的数据分析系统，是这一营销体系的动力来源。预计中国平安将进一步加强与易传媒的合作，运用易传媒为中国平安搭建的人群整合、沟通整合、数据整合营销体系更高效地开展互联网传播。在案例分享上，如果能有更多详细的故事情节就更好了。

第七章 酒店旅游类

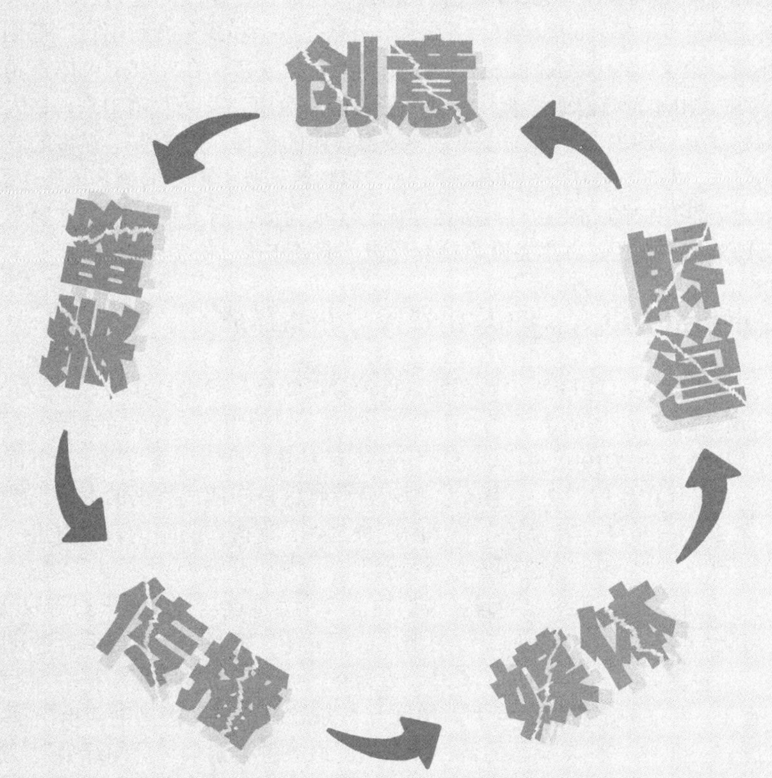

酒店旅游网络营销进入新纪元

触过网的人都明白，它所触及的不是技术也不是媒介，而是一种以信息为标志的生活方式，而消费者生活方式的变化必然导致市场营销手段的变化。对于和网络营销有着天然关系的旅游行业来说，2011 年双方更是向纵深发展。

旅游爱上新媒体，正如情人爱上情人节

旅游是一个跨地域、跨时空的时尚产业，它偏重信息性、体验度，没有物流需求，不少旅游企业对网络营销越来越重视，但仅仅以硬性广告推广来进行品牌营销，已然非明智之举。新媒体由于其方便快捷、受众群广泛、宣传的针对性和有效性等优势受到旅游业的青睐，视频、微电影、SNS、微博营销、社区口碑等新鲜媒体成了旅游企业营销推广的必点餐。

2011 年是小微发力的一年，微视频、微电影走红。自诩为“另类 5 星级”的桔子酒店创作了一系列精致且相当“有内涵”的星座微电影赢得无数眼球，并通过微电影设置互动环节，获得网友的互动参与。HolidayInn 假日酒店在上海戏剧学院演出的《你好假日》微电影，也为品牌作了有力的推广，也使得假日酒店的品牌为更多人所知。

微博无疑是 2011 年最耀眼的新媒体。2011 年王功权微博私奔事件引起全国媒体一片哗然，嗅觉灵敏的浙江天台山抓了机遇，通过微博组织 # 私奔天台山宣言 # 微博造句活动引来网友的热烈响应，“别和我谈恋爱，有本事和我私奔”、“万水千山总是情，和我私奔行不行”等创意句子激活了网友们的创作热情，大家纷纷参与，发表自己的私奔天台山宣言。在北京工人体育场附近一家名叫“三样菜”的餐馆中，由于行政总厨喜欢玩微博，便将微博运用到菜品营销中来，在大厅中设立显示屏并实时播放与粉丝互动的内容。通过这样一种新型媒体的传播，既节省了宣传的成本，又可以吸引更多人成为其粉丝，并随时给食客提供饮食参考，以特色来吸引更多的顾客来餐厅品菜。

正如情人节之于情侣们的重要性，网络新媒体已经成为旅游行业的标配。旅游企业不是正在从事社会化媒体营销工作，就是正在准备从事社会化媒体营销工作，必需的。

在线旅游市场潜力巨大，80 后消费能力开始释放

艾瑞咨询统计数据显示，2011 年中国在线旅行预订市场交易规模达 1 672.9 亿元，较 2010 年的 1 037.4 亿元增长 61.3%。其中酒店市场规模比重为 45.2%，机票市场规模比重为 40.8%，度假及其他市场规模比重为 14.0%。与 2010 年相比，酒店比重略有上升，机票比重下降 3.4 个百分点，度假等上升 2.5 个百分点。预计在今后的 2 ~ 3 年中，酒店营收将保持在四成略高的水平，机票营收的占比将进一步下降，在 2013—2014 年将趋近于整体的三分之一，度假产品等的营收将进一步上升，预计到 2012 年前后接近 20%，并逐步逼近四分之一的水平。

随着 80 后逐渐发展成为社会中坚力量，他们的消费能力也逐步释放出来。与 60 后、70 后不太一样的是，80 后已经养成了在线消费的良好习惯。数据显示，通过 QQ 旅游平台进行酒店和机票预定的用户中，24~32 岁之间的 80 后超过了 52%，成为在线旅游消费的主力人群。加上更加离不开网络的 90 后步入社会，网络的消费潜力巨大。2011 年广东省旅游局同网易创新推出了一款面向全球网友，以游戏的形式全面推广广东旅游的新一代大型网络旅游类游戏“勇闯绿界”！游戏是 80 后最热衷的大富翁系列游戏之一，不仅仅能够全面推广广东旅游，更提出了针对旅游营销的一种直接能

够同目标人群进行互动并能够让网友在娱乐的同时了解旅游资讯，到旅游景点去消费的新模式。

休闲度假、景区门票是在线旅游行业近两年来出现的新领域，进入门槛较低，但是发展门槛高，需要不断地对上游产品供应链进行介入和整合，优化用户的消费体验，以及扩大产品和服务在全国的网络覆盖，提升客户服务能力。新西兰旅游局通过微博女王姚晨代言活动，让喜欢新西兰的朋友跟着姚晨过了一把瘾，姚晨新西兰游的线路更是成了千万网友新西兰之旅的必备线路。

互联网带来个性游的新生，定制旅游成现实

网络营销具有以个性化迅速赢得数以百万计的用户的能力，这种能力正在创造出以前不能以快捷方式销售的产品以及巨大的商机。美国航空公司采用 Broda Vison 公司的一对一销售软件，加强其为经常坐飞机的人服务的站点。通过编制出发机场、航线、座舱和餐饮喜好以及他们自己和家人爱好的简介表，这些人员可以提高订票过程的效率。借助这些简介表和快速联系乘机人员的某种方式，在学校放假的几周时间里，美国航空公司为孩子的父母提供坐飞机到迪斯尼乐园的打折优惠机票，这是一种全新的销售方法。

加拿大 BC 省的 Kee 一直从事海钓和狩猎的私人定制旅行服务，每年要接待约 3 000 名来自欧洲的游客。他的服务团队负责与一些私人猎场签约，作为线路的目的地，同时，向政府申请野生动物狩猎配额，并将这些配额合理地分配在线路产品中，欧洲各大定制旅游销售商将其产品在欧洲销售。他为游客提供如阿拉斯加钓鲑鱼、北美野牛围猎等高端定制旅游产品，从培训到获取资格，再到实战，最后的猎物加工，整个产品流程一气呵成，精美，完整。

垂直搜索仍然是在线旅游重中之重，竞争更加激烈

调查显示，在线旅游预订用户了解旅游产品使用最多的途径是旅游预订类网站，如携程、艺龙，使用该类网站了解旅游产品的占比为 67.4%；使用旅游搜索引擎，如去哪儿、酷讯的占比为 53.4%；使用综合搜索引擎，如百度、谷歌的占比为 45.3%。

垂直旅游搜索仍是在线旅游重中之重，成为众家抢夺的香饽饽。2011 年中国在线旅游业“战事不断”，除了已上市的两大在线旅游电商大佬携程和艺龙，以及已经能与老资历一较高下的酷讯旅游网和去哪儿网之外，这个市场中又挤入了途牛、悠哉、驴妈妈等后起之秀，与此同时，互联网巨头新浪、腾讯、淘宝等也纷纷涉足此行业。

旅游企业意识到垂直搜索的重要性，纷纷加大在垂直搜索的投入。2010 年 12 月 20 日拉手网介入旅游行业，拉手网上线“酒店频道”功能板块，面向全国推出酒店订购的团购打折服务。2011 年拉手网与山东旅游局共同推出“拉手好客山东”活动，首期亮相的产品中，“原价 100 元、团购价 10 元的泰山门票”仅三天就抢购一空。2011 年 5 月，海南航空和去哪儿网合作推出特价机票团购活动，为旅客提供性价比更高的机票团购产品，通过团购活动获得大量旅客的实际乘机体验，从而得到了良好的推广效果。2011 年 8 月南非旅游局通过首页、机票、度假频道推广等方式与去哪儿展开合作，采取精准投放、文化传播等策略，有效地锁定了南非旅游局的目标受众。

酒店旅游发展关键词：扩张、分化、整合、创新

“扩张、分化”是连锁酒点关键词，2011 年经济型酒店仍然继续快速扩张的步伐：如家着手并购整合，2011 新增店 301 家；汉庭多品牌发展开始清晰，2011 年新增店 201 家；7 天继续加快脚步，2011 年新增店 376 家；老牌锦江之星逐渐被拉开距离，2011 年新增店 137 家。预计，2012 年将是确定中国经济型酒店寡头垄断地位的关键之年，终将鹿死谁手，我们拭目以待。

“整合、创新”是在线旅游关键词。自20世纪末以来，在全球范围内已经上演了无数次“小鱼吃大鱼”的成功实践。对于旅游服务这种资源分散，个性化要求高的行业，谁的资源整合能力强，对市场反应快，谁就掌握了竞争优势。中国的在线旅游市场正在酝酿资源整合：一方面，在线旅游企业与中上游产品供应商的合作日渐紧密和多元化，使得旅游企业能够更好地开发出丰富的旅游产品和服务；另一方面，在线旅游企业与平台、门户、社交媒体的合作日渐丰富，这种与平台、门户、社交媒体的合作能够给企业带来更大范围内的用户覆盖以及用户的无缝浏览和预订消费。天涯鸟人行动是宁夏沙湖生态区发起的一场“鸟人环保公益行动”，通过颇具争议的“鸟人”代名词，利用有趣的sns互动游戏和飞鸟异形广告与环保公益事业结合，很好地吸引了网友的关注，扩大了品牌影响力和景区消费转化。

在旅游创新上，随着智能手机的进一步普及，基于LBS的更深层次的旅游预订应用必将百花齐放，为消费者提供随时随地、个性化的预订体验。

1. 桔子酒店：抓住最 Fashion 方式进行创意营销

前一段时间，各大微博以及视频网站上有一组视频被广为流传，总播放量甚至高达 4 000 多万。这就是桔子酒店的星座系列视频，内容就是拍摄十二星座的人住宿桔子酒店的情景，从不同的侧面展现桔子酒店适应和满足各种需求的优势。其视频画面精致，根据每一个星座的特点，刻画出 12 个男人在酒店内发生的各种小故事，让人忍俊不禁的同时进行自我联想。

桔子酒店 12 星座男系列微电影以微博和视频网站作为核心传播阵地，并通过视频立体展示了客房的设施，包括浴缸放在落地窗前、高科技音响、绚丽的大堂以及优质的服务等。而新媒体时代的仔细研究与快速执行，使得星座电影系列在微博被网友自发进行疯狂病毒式传播，每周一集的播出频率也吊足了观众胃口，为桔子酒店吸引了无数潜在客户。

酒店广告页面

在 2011 年第四届网络营销大会上，桔子酒店凭借此次“桔子水晶酒店星座微电影”案例获得“今典”年度最佳创新营销大奖。此次案例充分发挥当下最时尚的微博优势，利用植入知名品牌的营销策略，再加上诸多与网友互动的有奖活动，使桔子酒店成为互联网病毒营销成功队伍中的一员。

“花最少的钱，获取最好的效果”

随着“微时代”的到来，营销嗅觉灵敏的各企业都紧紧抓住了微博这个全世界最便捷传播工具的营销机会：有大企业，如全球最大的电子消费品零售商百思买公司建立基于微博网站 Twitter 公司技术的营销团队；戴尔去年通过 twitter 的销售收入达到数百万美元；而其他知名企业，如星巴克和肯德基等，也都纷纷加入到 twitter 的企业营销中来。

微博的传播功能之强大是显而易见的，因此不光是大企业，一些中小企业也开始尝试微博营销，比如美国的一家名为 52tea 的茶叶公司，即通过微博实现销售翻番……

国外类似的实例数不胜数，但桔子酒店 Smart marketing 的业绩实现却是依赖于中国的微博自身的特征。

① 有 Facebook 的特征，有社交平台的特征。

② 微博最重要的，就是信息流，短、平、快。所有信息很快分享出来，很快被很多人看到。尤其是最近很热的话题，会影响很多人，很快裂变，并且改变了传统的信息流向。

③ 没有门槛和终端的限制，只要你有手机、PC、平板等，任何一个可以上网的终端都可以。终端的多样化和随时随地发送、接收信息，使微博成为病毒营销的首选。

酒店微博首页

④微博有 youTube 的功能，短视频直接上传、发布，发一条微博，相当于发一个视频。

⑤微博还有媒体门户的特征，因为微博媒体属性、信息流动的特性，所以被更多的人熟悉和了解。很多网络媒体、财经杂志，只要是能生产内容的媒体，都会为微博贡献有公信力的内容，所以微博作为媒体的力量非常强大。

正是基于这几点，结合微博、视频作微视频营销，操作起来非常方便，而且花费少，但效果却更为突出，这正符合桔子酒店营销的精髓所在。

“星座 + 爱情 + 奖品”，创意营销 Hold 不住

星座与爱情放在一起给人的第一感觉就是神秘、浪漫和温馨。事实上，以“星座”为主题的营销算不上什么新颖的创意，不过对于和星座几乎沾不上边的酒店企业来讲，应该就比较难得了。

桔子酒店营销团队在选题之前针对微博进行了大量的研究，比如什么样的话题是大家愿意看的，并且愿意转、愿意分享、愿意进行病毒式传播。最后发现，跟星座、爱情相关的话题是人们最热衷的，从这一点来切入无疑最为合适。而且无论是什么人，都会对应一个星座，因此桔子酒店系列视频能够针对所有受众。

以星座为表现形式，以爱情为传导主线，但内容方面表达的却都是桔子水晶酒店具有的各种设施及优势。不仅如此，桔子酒店还特别选择了几家知名品牌（奔驰、珂兰钻石、漫步者、麦包包等）一起进行植入营销，不仅避免了单一品牌的过多植入导致接受疲劳，同时还获取了多方品牌的传播资源，进一步扩大了传播力度。而另一方面，珂兰钻石提供了几十枚钻石吊坠，也买酒网提供了 1 000 多瓶拉菲等知名品牌红酒，漫步者提供了上百套支持苹果产品的音箱，而这些奖品赞助对网友来说也都充满了诱惑，进一步增加了活动的吸引力。

微视频营销，创意很重要。首先创意要出奇制胜，如果是千篇一律，那网友就会觉得没有意思，从而缺失关注的动力。但是光有创意也是不

白羊座：永动机

（只度过大内部暂时禁播）

星座日期 (03/21－04/20)

暂禁播

北京桔子水晶建国门酒店

北京桔子水晶建国门酒店

@桔子水晶

weibo.com/2024532373

#星座电影系列#第三季 http://t.cn/aKNB29 有奖问答：浴缸放在落地窗前的精选套房是哪家桔子水晶酒店？A北京；B杭州；C南京。规则：成为@桔子水晶 @也买酒 yesmywine 粉丝，并转发本微博。将送出也买酒提供的500瓶高档红酒。参加另类奥斯卡演员评选，中奖机会翻10倍。详情：http://t.cn/aKpvrf

微博页面 1

//@桔子水晶 微博投票：最佳男主角投票入口：http://t.cn/a1LYBi；最佳女主角投票入口 http://t.cn/a1Le8E。网站投票：http://t.cn/a1yvvP。投票可抢100份精美精油礼品。

@桔子水晶 V：桔子水晶#星座电影#大结局+大合集：星座专家点评12星座、导演曝光拍摄花絮，“白羊座”虽最终被禁播但仍予以适当体现。此刻虽有点伤感，但如果曾给您带来会心一笑，我们就会觉得所有努力没有白费。谢谢您了，下一部“女性系列电影”，再见！ http://t.cn/a1z0ML 原文转发 (14557) | 原文评论 (2064)

微博页面 2

查看大图 向左转 向右转

1、巨蟹座：被动是另一种主动 5月30日已播
2、天蝎座：怪叔叔都爱闷着骚 6月7日已播
3、双鱼座：气氛营造大师 6月13日正播出
4、双子座：大情圣爱耍小花招 6月20日播出
5、狮子座：气势是关键 6月27日播出
6、水瓶座：创新发明家 7月4日播出
7、天枰座：天使爱美丽 7月11日播出
8、摩羯座：一台精准的时钟 7月18日播出
9、射手座：不走寻常路 7月25日播出
10、金牛座：前戏大师 8月1日播出
11、处女座：细节强迫症 8月8日播出
12、白羊座：永动机 尺度过大暂禁播

关注@桔子水晶，别错过你关心的星座(*^__^*) 嘻嘻……

微博页面 3

够的，后期的制作更新调整也同样不可忽视。此次十二星座男微电影，以四个视频为一个系列，每一个系列拍完后，桔子酒店的创意团队都要搜集网友的反馈，然后根据网友反馈调整下一个视频的内容。最后属于白羊座的那一季由于尺度过大被“主动”禁播，成为了一个遗留的噱头，反而获得了更大关注，而还未面世的十二星座女微电影自然也成为以后的焦点。与此同时，桔子酒店与新浪、搜狐、优酷、土豆、六间房视频网站进行资源互换，以尽可能少的成本获取了最大的影响力。

把握微博特点，注重细节

桔子酒店十二星座男微电影从 5 月 31 日开播第一季以来，每周一季，每周一上午 10 点播出，连续 12 周，让网友形成了强烈期待。自星座爱情系列微电影上映至今，桔子酒店的官方微博粉丝数量增加了 10 万名，而目前上映的十一段视频共获得了 50 万次的转发。截至目前，视频传播超过 5 000 万次，微博转发累计超过 50 万次，百度搜索指数从 0 跃升到 1 000，客房入住率直逼 100%，甚至造成客人抱怨无法预订房间入住的尴尬局面。而在传播环节，通过资源互换与合作，奔驰、拉菲、珂兰钻石、漫步者音箱等十余家品牌植入视频，也起到了 1+1>2 的联合推广营销效果。

桔子酒店成功了！可是我们不得不反思，微博从开始兴起到现在，利用微博进行营销的例子就不曾间断过。可是为什么最终成功的却没有几个呢？答案其实很简单，微博营销不能仅仅建立个微博，发两句广告就 OK，而是要深入地研究微博的特点和优势，尤其还要注重细节的把握，也就是“细节决定成败”。

① 细节 1，桔子水晶酒店的微博，其账户名字并不叫桔子水晶酒店，而是桔子水晶。一方面字数越少的短语越容易记忆；另一方面，企业做微博都涉及与网友互动，因此，企业首先要把自己当做一个人。人和人之间才会有感情和共鸣，有沟通和交流。所以没有用桔子水晶酒店这样一个账号去发视频，减轻了桔子水晶酒店的商业化、广告化，从而更具亲和力。

② 细节 2，微博有一个先天的致命弱点，那就是不断更新的海量信息迅速覆盖先前发布的信息。而桔子酒店利用微博特有的传播方式把先前发布的信息再分发出去，覆盖了更多的受众，延续了信息内容的影响力。比如发起有奖活动，诸如“上一个视频中女主角的腿上有几个包”等滑稽搞笑的问题，激起受众的兴趣回头再看一遍。而桔子酒店提供的奖品很丰厚，也许是一台支持苹果产品的价值 3 000 元的音箱，也许是红酒、包，甚至是钻石吊坠等，完美克服了这一致命弱点。

专家点评：

桔子酒店的此次营销案例可谓是取得了相当不错的效果：从权威媒体传播来说，新浪、搜狐邀请分享桔子星座案例；从社交传播来说，微博这种先进传播方式达到了病毒营销的效果；从搜索引擎来说，星座电影已经成为网友热搜的关键词；从社区传播来说，全国各大论坛几乎都在自发传播每一季星座视频；从定性传播来说，目前已经有成功营销、21 世纪广告、广告主市场观察、新营销、广告门网站等媒体对星座电影营销进行了专题报道。

如此瞩目的成绩，谁又能想到，此次微电影营销计划的预算仅仅在百万元级别！桔子酒店通过微电影，巧妙地利用星座、爱情等公众热门话题宣扬酒店设施，并通过同知名品牌的合作，利用对方传播资源，成功地策划了一起微博病毒营销，堪称一大经典！

2. 沙湖景区携手天涯社区，打造虚拟生态鸟园

随着环境的急剧变化，全球气候变暖和环境的污染已经成为人们日益关注的问题。人类活动不断破坏着湿地鸟类的栖息地，外来物种的引入更是破坏了湿地原有的生态系统，对鸟类的生存造成了巨大威胁，使得许多稀有鸟类物种的濒临灭绝。

在这个前提下，以“环保生态”的社会热点为契机，结合沙湖位于西北宁夏沙漠化边缘的地理位置以及鸟类繁多的景区特点，沙湖景区在天涯社区发起一场“鸟人环保公益行动”，倡导更多的网友通过实际行动参与到西北的生态环保中来，献上自己的一份力！通过该活动，沙湖景区在全天涯社区宣传鸟类的可爱以及重要性，呼吁爱鸟之人皆应以实际行动保护鸟类，不伤害鸟类，更不能享用野生鸟类，提高大家的爱护鸟类和保护生态环境的意识，在突出景区生态环保的同时，也为沙湖景区在网友眼中塑造了良好的公益形象。

此次，天涯社区与沙湖景区联手倾情打造的虚拟生态鸟园景区，其意义在于鼓励天涯网友通过在网络上虚拟养鸟、救护伤鸟等一系列活动，以倡导天涯网友共同关爱大自然，保护生态环境的爱心举措。利用有趣的SNS互动游戏，将沙湖景区的特点巧妙植入，通过网友建立自己虚拟生态鸟园得沙湖生态区门票、现金大奖、免费旅游的有奖活动，加大了网友的参与性及活动的趣味性，突出沙湖的景观资源特色，加深网友对景区产品的印象。活动将游戏娱乐和公益事业巧妙地结合，扩大了品牌的影响力，也符合天涯网友的娱乐化特征。

活动页面 1

天涯第一“鸟人”+飞鸟异型广告+奖励=吸引力

① 天涯社区，创办于1999年3月，自创立以来，以其开放、包容、充满人文关怀的特色受到了全球华人网民的推崇，经过十年的发展，已经成为以论坛、部落、博客为基础交流方式，综合提供个人空间、相册、音乐盒子、分类信息、站内消息、虚拟商店、来吧、问答、企业品牌家园等一系列功能服务，并以人文情感为核心的综合性虚拟社区和大型网络社交平台。统计数据显示，截至目前，天涯社区注册用户超过3 000万，80%的社会热点话题出自天涯，是全球最大的中文话语场。活动主题首先引用具有争议的“鸟人”一词，引起“天涯”网友对“鸟人行动”的关注及兴趣，再而通过对“鸟人”的概念进行爱鸟环保者的角色定位，给活动注入公益的色彩，提升活动的意义，并巧妙地将沙湖拥有繁多鸟类的景区特色自然而有力地在传播中加强，为沙湖树立起一个公益环保的社会角色。

② “鸟人行动”在天涯社区上刊登了飞鸟异型广告。为吸引北京、上海、广州、重庆等经济发达地区高端旅游人群对沙湖的关注，进一步打破目前沙湖旅游只覆盖陕、甘、青等地方的地域格局。在媒介策略上以天涯旅游休闲版作为活动主要承载平台，重点覆盖天涯的旅游目标人群，同时发挥

天涯城市版的精准投放优势，以北京、上海、广州、重庆、成都等多个景区主要客源城市作扩散传播。广告创意执行上，选择在活动论坛的朴素页面投放飞鸟，引发网友的猎奇，“飞鸟异型广告”投放第一天就在整个天涯引起轰动，众多网友纷纷议论这次活动，“鸟人活动”得到了全面传播。

③ 网友参与 SNS 互动游戏及主帖回复，则有可能赢沙湖门票、现金大奖、免费旅游等奖励，增加了天涯网友们对活动的积极性，奖励同时与保护鸟类的公益活动相结合，塑造了沙湖良好的公益形象，扩大了品牌影响力。

“鸟人行动”小游戏——趣味性与公益性的统一，引爆网友积极性

天涯社区作为一个社交网站，其网友具有娱乐化的特征，因而 SNS 游戏有着独特的魅力和吸引力。天涯巧妙地通过游戏植入沙湖生态景区的特色，借游戏宣扬沙湖良好的公益形象，引发网友加入保护鸟类的行列。

① 活动规则

A. 点击以上图标进入小游戏，并用 ID 登录天涯社区。

B. 点击首页“领养雏鸟”按钮进入“我的鸟队”页面领养雏鸟，也可以在导航栏点击“我的鸟队”进入页面（每天限领 50 只）。

C. 在 10 种飞鸟中，选择要领养的飞鸟种类，领养的雏鸟，每隔 8 小时系统将自动成长到下一阶段，即经历从小到大的成长过程，24 小时后领养的雏鸟变为健硕的飞鸟。

D. 每领养 8 只雏鸟，就会吸引 1 只伤鸟降落到“飞鸟救护站”，你需为伤鸟进行救护。救护的过程为连续点击：“清洗伤口”、“敷药”、“喂养食物”、“搭建巢舍”四个按钮进行操作，即可救活一只受伤的鸟，救护成功的鸟将变成“我的鸟队”中的成员。剩下其余仍需要救护的鸟按以上过程操作进行救护，直至救护完所有的伤鸟。当所有的伤鸟全部救护完成，“飞鸟救护站”页面将呈现空白状态，这里伤鸟已全部变成“我的鸟队”中的成员。

E. 继续游戏，第二天继续领养雏鸟，救护伤鸟。

②评奖规则

A. 特等奖 3 名：拥有飞鸟数量最多的前 3 名网友可获得特等奖。出发地至银川双程机票，每名网友参与为期 3 天的“沙湖生态景区护鸟行动”，网友活动期间的吃、住由沙湖景区提供。活动内容：义工网友担任鸟岛救护站荣誉管理员，协同救护站管理员共同承担清洗巢舍、喂养伤鸟、为伤鸟清洗伤口、植树固沙等工作。活动结束后，由天涯社区和沙湖景区共同为参与护鸟行动的网友颁发《“鸟人”荣誉证书》。

B. 现金大奖 3 名：最先领养和收养达到 1 000 只飞鸟的前 3 名网友各获得 500 元奖金，中奖名单公布于活动公告帖中。获奖网友以站内信的形式将个人资料发送给楼主。

C. 幸运抽奖 480 名：沙湖景区门票一张。凡参与（领养，无数量规定）游戏的网友均可以到主帖内以回帖方式对沙湖或本次活动发表自己的祝福或者建议。我们将根据回帖的精彩程度每天随机抽取 4 位网友，于第二天早上在本活动主帖中公布。获奖网友以站内短信的形式将个人资料（真实姓名、联系电话、地址及邮编）发送给楼主。

活动页面 2

通过虚拟游戏让人们在游戏中爱护鸟类、救助鸟类，可以进一步号召人们在现实生活中也应当像游戏中一样去做，并且活动中的部分奖励也是让人们能够有机会实地到沙湖景区保护

救助鸟类，让爱护鸟类的意识更加深入人心。虚拟游戏符合网络宣传的风格，这种形式能够更容易被天涯社区的网友们接受，比简单地打出爱护鸟类的口号具有更好的宣传效果。

主帖效果相关数据：访问量 944 945；回复帖 807；活动整体宣传曝光量达到 321 114 801 次，整体点击量达 1 786 098 次，点击率为 0.6%。SNS 游戏一个月养鸟数量达到 839 209 只，救护鸟总数达到 20 871 只，参与游戏网友人数在 10 000 人以上。广告主对本次活动的效果极其满意，不但带动了景区的销售业绩，也提升了景区品牌的美誉度，实现了完美的活动营销。“鸟人活动”受到天涯众多网友的喜爱和支持，被大量转入个人博客，形成病毒传播态势，近 1 亿人次关注和了解本次活动。活动语“鸟人行动”成为了宁夏沙湖的宣传口号之一，再次扩大了活动的影响力，延续了良好的口碑传播效果。“鸟人活动”得到多家媒体的频繁转载，获得了二次曝光，创造了广度传播。

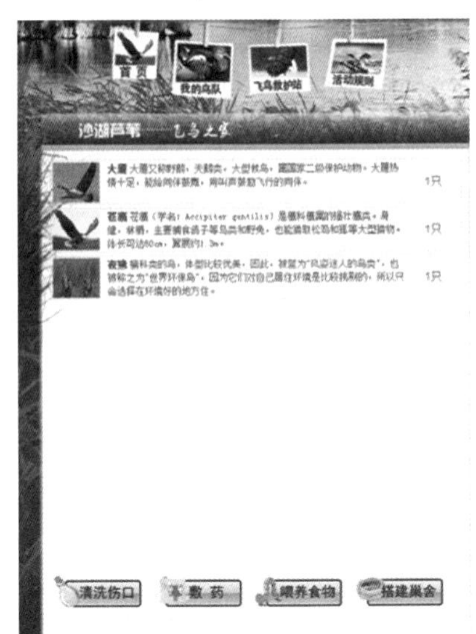

活动页面 3

同时，此次合作，标志着天涯社区正式进军西北旅游市场。当前，在全球范围内，社区类网站已经是公认的网络营销最新生产力的代表，甚至由此产生了“湿”营销的概念。湿的东西是具有活的特征、生命特征的东西，通过网络彼此联系的人也是鲜活生动的个体。天涯正是看准这一趋势，没有在传统方案式营销竞争中恋战，也没有沉迷于探索新兴的 SNS 植入广告，其“湿营销”平台能够帮助企业通过天涯这一独一无二的虚拟社区平台建筑自己的品牌，让企业话题匹配公众话题，切实做到精准地互动营销，将网友直接转化为用户或合作伙伴。统计数据显示，截至目前，天涯社区注册用户超过 3 000 万，80%的社会热点话题出自天涯，是全球最大的中文话语场。

专家点评：

旅游业涉水网络营销早已经不是什么稀罕的事了，但是将景区特色与游戏等虚拟互动活动结合在一起的案例却不多，这无疑是一个极佳的契合点。

沙湖景区携手天涯的鸟人行动以游戏场景的无限次刺激，增加了关爱生命、快乐环保的认知，再加上“鸟人”这个本身就备受网络用户关注的词语，配合天涯社区的广阔用户资源，使得沙湖景区此次活动最终获得成功。值得一提的是，天涯专门为沙湖景区设立了 BBS，通过活动直接把用户引流到天涯沙湖景区专区，引导大家分享、讨论，触发用户实地旅游的愿望、行动。

3. 海航携手“去哪儿”团购机票

2009—2010年，中国在线旅游渗透率从11%增至14%，2009年，航空公司在线B2C比例也已达到7%～10%。然而，中国是在线旅游渗透率最低的国家之一，落后于全球平均水平。根据市场研究公司PhocusWright公司的报告，美国在线旅游渗透率已达到70%，欧洲在线旅游渗透率为50%，印度的这一比例也达到30%。同时，发达国家航空公司在线B2C直销平均比例在30%以上，最佳比例在40%～60%之间。

作为2010年的热词，“团购”成为网民们在互联网上的一大热点。2010年以来，以百度数据为例，团购搜索指数呈猛增态势，2010年上半年日均搜索量为8.53万次，至2011年同期日均搜索量为833.1万次，增长幅度近百倍。同时团购网站的数量从最初的十几家至2011年上半年已超过千家。团购产品涵盖衣、食、住、行、游、购、娱等各个方面。

2010年6月，海南航空与去哪儿团购网站合作开设了“海航－去哪儿”旗舰店，获得了成功；之后在2011年5月，他们又合作推出了特价机票团购活动，为旅客提供性价比更高的机票团购产品，通过团购活动获得大量旅客的实际乘机体验，从而得到了良好的推广效果。

如今随着互联网的发展，国航、海航等各大航空公司已经开始着手建设自有电子商务平台，而航空公司被外界评价为大胆尝试这一直销举措，使得航空公司拓宽了销售渠道和模式，更具竞争力。海南航空在航空公司中率先开创定制化推广模式，通过团购活动引导旅客参与体验式营销，打破了航空公司传统的销售模式和市场推广模式，真正做到了以高性价比的机票销售吸引旅客参与；以互联网作为市场推广载体；以实际购买体验为口碑传递手段；实现了品牌宣传和机票销售同时完成、同时火爆的效果。

不同行业合作，优势互补显奇效

海南航空是融合了中华传统文化和西方先进科学技术的新锐航空公司，正在向着世界级航空企业和航空品牌的目标迈进，而对于市场风向的敏感性和客户需求变化的探究程度，海航更可谓是中国内地航空公司中之翘楚。

去哪儿网是中国领先的旅游搜索引擎，目前全球最大的中文在线旅行网站。去哪儿网自成立起便以为广大互联网用户的休闲出行需求打破信息壁垒，通过先进的垂直搜索技术，将真实与高性价比的机票产品展现给客户为最终目标。作为一家创新的技术公司，去哪儿网致力于为中国旅游消费者提供全面、准确的旅游信息服务，促进中国旅游行业在线化发展、移动化发展，为消费者提供机票、酒店、度假产品的实时搜索，并提供旅游产品团购以及其他旅游信息服务，为旅游行业合作伙伴提供在线技术、移动技术解决方案等。通过几年的高速发展，去哪儿网的垂直搜索，已成为最契合互联网用户出行需求的服务模式，并为业内所公认。

去哪儿网自2011年1月开始启动旅游团购项目，发展迅猛，至今每日有数百款产品在线过万用户参与团购活动，得到了用户的好评和良好的市场反响。

由此，在航空公司直销的发展中，适时开展团购业务，借助团购市场的火爆现状吸引互联网用户的眼球，将对航空公司直销业务的发展起到事半功倍的效果。

“海航－去哪儿”旗舰店三大主打

①第一主打：开设旗舰店与品牌专区

首先，使用“海航－去哪儿”旗舰店命名搜索结果，引导互联网用户查询并选择海航提供的各种机票和出行产品。

其次，海航向去哪儿网开放数据和内部订单技术接口，率先开创定制化的在线搜索服务模式，利用去哪儿网多年的技术积累和网络优化经验，实现了零时差跳转，使用户购买过程更加简单便捷。在此订票模式下，旅客只需三个步骤即可完成所有订票流程，并可以实时链接至海航官方网站完成自助值机等优质增值服务。这同时使得海航得以减少基础设施和硬件投入，符合绿色低碳等可持续发展原则。

最后，去哪儿网以商务、白领为主的优质用户与海航目标客户完全吻合，为海航在线航空产品销售带来了优质客源。海南航空在去哪儿网开设品牌专区，使销售量和品牌影响力都有显著提升，也提高了海航官方网站的浏览量。

②第二主打：线上线下互动

“海航－去哪儿”旗舰店不定期举行各种市场调查和推广活动，邀请用户参与。在活动中用户畅所欲言，通过网络表达自己的喜好和服务体验。海航和去哪儿网则积极搜集信息，细分客户种类，有针对性地调整产品和策略，使得用户的需求得到了真正的尊重与满足。这种互动平台的搭建，拉近了客户与消费者的距离，使营销立体化，并拓宽了思路。

③第三主打：技术优化效果

首先，去哪儿网定期根据“海航－去哪儿”旗舰店的产品销售数据，向海航反馈市场最新变化，帮助海航及时调整营销策略，满足用户需求。

“海航－去哪儿”旗舰店 1

其次，去哪儿网利用自身全面真实的数据信息，为海航提供独家分析报表，帮助用户根据市场变化及时调整营销策略。

之后，海航推出了3G手机应用终端，移动电子商务的推进加快了海航服务升级，新技术应用。

“海航－去哪儿”旗舰店运营以来，点击量翻了8.4倍，曝光数900 000，登录用户30 000，出票3 000多张，销售量提高的同时，也取得了显著的品牌宣传效果。

搭乘团购顺风船，通往成功彼岸

紧紧抓住社会时尚走向是市场营销所必须具备的特点，所以与当前极热的团购挂钩，自然也是一大趋势。团购网引起消费者热衷的原因，不外乎是一句话：“花更少的钱办更多的事。”上至百元左右的保暖内衣，下至几元钱的电影票，且不说质量如何，毕竟每款产品的价格都能够让人眼前一亮。

团购网站抢占先机很重要，去哪儿网自2011年1月开始启动旅游团购项目，发展迅猛，通过先进的垂直搜索技术，将真实与高性价比的机票产品展现给客户。如今其垂直搜索已成为最契合互联网用户出行需求的服务模式，并为业内所公认，所以去哪儿拥有自己优质的用户资源。

在线机票团购活动本着以人为本的理念作为创新原动力，每一个购买流程都是经过精心设计，最大限度地减少了用户的操作步骤。绝大部分用户都可以通过在线自助的方式完成订票流程，而无需人工运作，这样就使得海航得以减少基础设施和硬件投入，符合绿色低碳等可持续发展原则。

机票团购结合了海南航空和去哪儿网各自的专业优势，独树一帜的“海航－去哪儿”机票团购活动在目前航空业在线直销推广领域闯出了一条新路，方案独特新颖，必将对行业的发展产生深远的影响。特价机票团购活动也贴合了互联网用户休闲出行的需求，并且通过不断的策略调整，去哪儿推出了一大批超值的特价机票产品，保持了对用户需求最大的尊重和满足。特价机票针对的就是以休闲度假为目的的旅游者，特价机票的出现无疑为大量的消费者提供了出行的最大支持，让消费者休闲度假的想法更多地转化为实际行动，而且机票的团购跟普通购买相比，规模上是一个优势，对于旅游目的地的影响显而易见。这一举措不仅促进休闲度假产业的发展，也带动了旅游目的地经济文化事业的发展。

“海航－去哪儿”旗舰店 2

专家点评：

海南航空与去哪儿网的一系列合作，包括旗舰店的开设和团购特价机票的在线直销方式，都是航空公司在电子商务方面的创新。海南航空利用去哪儿网拓宽了自己的销售渠道和模式，而去哪儿网要成为客户心中首选的在线旅游服务提供商，就必须需要像海南航空一样的世界一流航空公司为其提供高品质航空产品和服务，所以海南航空和去哪儿网通过共赢成长，共同分享了互联网带来的良好机遇。

网民“冬藏火”2011 年 7 月 31 日在微博发帖爆料，“云南一景区被洋情侣写真裸游；保安上前递遮羞布制止，被洋情侣拒绝；游客从两洋老外中间走过，洋性侣神情很从容，裸游被淡定！

4. 姚晨的100%新西兰旅·晨：唤醒之旅

旅游业是新西兰十分重要的产业，每10个新西兰人中就有1人是直接或间接从事旅游行业。每年有250万国际游客到新西兰度假，而新西兰全国的人口仅为400万，其最大的客源国是澳大利亚。中国是新西兰旅游增长最快的市场之一，增长速度几乎达到40%，为了保证游客的持续增长，中国成了澳大利亚之外，新西兰旅游最重视的市场。

活动页面

2011年8月中旬，“微博女王”姚晨受邀成为新西兰旅游局的最新代言人。随后新西兰旅游局开启了“100%新西兰旅·晨”100小时唤醒行动，姚晨奔赴新西兰，将自己的游历经历与感受分享出来，让更多的人了解新西兰这个旅游国家。

100小时的新奇旅程，“五味”陈杂

五天的行程中姚晨在新西兰先后到Auckland（奥克兰）、北岛东北部村镇Waitangi（怀唐伊）、Cane Reinga（雷因格海角）、Queenstown（皇后镇）旅行观光了各地风格迥异的自然风光，体验了当地各具特色的旅游活动，陆续收获了“悠”、“乐”、“爱”、“狂”和“忘返”五种不同的游历心情。

① 第一天“悠”。行程：北部地区岛屿湾

姚晨从奥克兰驱车出发前往岛屿湾。岛屿湾位于新西兰的北部地区，这里是新西兰阳光最为充沛的地区之一，温暖的阳光和秀丽的岛屿风光使这里成为奥克兰人度周末的好去处。在怀唐伊（Waitangi）体验毛利文化，告别了毛利友人后，姚晨搭上摆渡船前往对岸的拉塞尔（Russell）。在码头廊桥与优雅可人的海鸥嬉戏一番之后，姚晨来到了历史悠久的马尔堡，然后到达公爵酒店（Duke of Marlborough Hotel）——新西兰历史上第一家获得营业执照的酒店，点上一杯热巧克力，静静地坐着，望着岸边快乐的孩子、恬静的小狗、自在的海鸥，悠然自得。

② 第二天“乐”。行程：雷因格海角

姚晨登上了萨特航空公司（Salt Air）运营的直升机，飞赴新西兰北部末端的塔斯曼海与太平洋的交汇处——雷因格海角（Cape Reinga），饱览了沿途风景，绵延海滩。下午，姚晨在奥普阿码头（Opua）登上了Ipipiri过夜邮轮，与这里的海豚们初次邂逅，还得到了Ipipiri邮轮为她准备的一份惊喜：生蚝大餐。

③ 第三天“爱”。行程：奥克兰

回到奥克兰时，在途经的马塔卡纳小镇（Matakana）稍作休息并享用午餐，马塔卡纳农夫市集中充满创意的陶瓷工艺品让人爱不释手，于是她爽快地为自己和朋友买下多件纪念品。回到奥克兰后步行来到奥克兰维亚达克特港（Viaduct Harbour），穿上救生衣后，姚晨和朋友们登上了曾经参加过2000年美洲杯帆船赛的NZL68，亲自体验扬帆出海的豪迈。

④ 第四天“狂”。行程：皇后镇

直升机带领姚晨在皇后镇上空飞行之后，降落在白雪覆盖的塞西尔峰（Cecil Peak）上俯瞰皇后镇摄人心魄的风光。下午，姚晨从雪山之巅转战雪山脚下，来到了水流清澈的沙特欧瓦河边，体验新西兰人最引以为豪的发明创造之一——喷射快艇。沙特欧瓦喷射快艇始于1970年，至今已经为超过300多万来自世界各地的游客带去了欢乐体验。就像不到长城非好汉一样，新西兰人说来到皇后镇不尝试一下喷射快艇，会让新西兰旅程留下缺憾。

⑤ 第五天“忘返”。行程：皇后镇

想到就要离开美轮美奂的皇后镇，清晨，一股浓浓的不舍之情萦绕姚晨的心头。这一天，姚晨选择放慢脚步，细细体会皇后镇的美好。上午，怀着这份依恋，姚晨踏上了皇后镇天空缆车（Skyline Gondola）这一必游项目，俯瞰皇后镇的全貌，欣赏了瓦卡蒂普湖。

姚晨在新西兰各地的旅游视频和感受都分享在官方活动网页，网友在观看了解的同时留下自己的愿望和感受。作为著名演员和微博女王，拥有接近1 700万粉丝的她具有强大的号召力和非凡的影响力，提升了新西兰旅游的名气和商业价值。

姚晨微博首页

选择姚晨作为形象大使，是成功的第一步

在注意力经济蓬勃发展的时代，人们更易于用“眼球”感官去消费产品，认识品牌。采用明星代言人打开品牌知名度和提升品牌形象早已不是什么新鲜事，然而，成功地选择一位代言人却不容易。姚晨作为中国内地第一批开微博的明星，凭借频繁的更新以及幽默风趣的内容，其粉丝数量不断上升。在经过与前大凌潇肃的离婚事件，以及在泰国的公益活动之后，她的微博粉丝数量更是迅速激增，接近1 700万人。2011年8月16日，新西兰旅游局宣布著名演员姚晨成为其在中国大陆地区品牌形象大使，在新西兰开启了“晨·唤醒之旅——100小时唤醒行动”的市场推广活动。

① 良好形象与新西兰旅游契合度100%

姚晨自出道以来，以其活泼风趣的表演和个人清新的气质给观众们留下了深刻的印象，她标志性的灿烂笑容更是印在人们的心里。新西兰旅游局长期以来使用的“100%纯净的新西兰”的营销口号，更新为“100%纯净的你”，将游客的独特经历置于宣传的核心。姚晨的气质的确与新西兰旅游业着力打造的清新自然、百分百纯净的形象十分地吻合，她的笑容更是“唤醒”一词的最好的代言。

②“微博女王”不可忽视的曝光度，1 700万粉丝后盾

作为一位不折不扣的微博女王，姚晨的每一个举动都备受关注，其号召力和影响力可见一斑，在百度中搜索“姚晨”这一关键词，单次搜索量高达194 086，对于个人来说，这个数字着实令人惊诧！姚晨的个人影响力和走红指数也随着其微博粉丝数和百度指数一路上扬。她在微博上与网友互动，获得了极高的关注，身价也随之倍增。姚晨表示，自从在电视上看到新西兰旅游宣传片后，就对新西兰产生了浓厚的兴趣，而此次能成为旅游局的形象大使，并可以切身体验和感受新西兰的美景非常荣幸，也希望能将自己游历的感受传递给国内的朋友们。姚晨通过生动化的信息传播和人性化的交流互动，让用户在转发、评论中，间接体验了一把新西兰，“唤醒”了大家对新西兰的新认识。朋友们通过分享姚晨的唤醒之旅让更多中国游客了解这一旅游目的地的美好！

姚晨亲身体验旅游实时微博，是成功的保障

宣布姚晨作为新西兰旅游局中国大陆地区品牌代言人后，新西兰旅游局并没有依靠电视、报刊、网站进行简单的广告营销，而是充分地发挥代言人姚晨“微博女王”的优势，让姚晨在新西兰快乐体验，并通过微博去分享自己的所见所想，在唤醒自我的同时唤醒其他人对新西兰旅游的美好愿望。

姚晨抵达雷因格海角

在短短五天的实地旅行中，新西兰各地迥异的自然风光和各具特色的旅游活动，让代言人姚晨从不同层面体验到“悠”、“乐”、“爱”、“狂”和“忘返”五种不同的游历心情，同时也生动地反映出新西兰旅游观光地各自的特色所在，在不知不觉中为新西兰的旅游资源进行了宣传，去广告化和商业化，更具亲和力、感染力。

① 代言人亲身体验，提高可信度

传统的广告存在一个缺陷，产品的代言人只能凭空侃侃而谈，介绍自己代言的产品如何之好，然而产品质量究竟如何是观众无法得知的，有许多明星因为代言虚假产品而使名声受损。新西兰旅游局让自己的代言人在新西兰进行了100小时切身旅游，姚晨在新西兰多个著名的景点游玩，实地体验新西兰旅游地各具特色的自然和人文景观，让有意向去新西兰旅游的朋友预先随着姚晨一起领略新西兰各地特色，增强了信息体验和真实感。

② 微博宣传，及时且新颖，扩大了宣传范围

姚晨接近1 700万的粉丝可以说相当于一个小小的电视台了，更重要的是这些粉丝遍布中国各地区的小喇叭，在向自己周围的朋友进行转播。微博是一个具有文字、图片、视频、Flash等多项功能的社交平台，姚晨在旅途中或是简单地发布一些文字表达心情，或是发布一张拍摄的景区图片，或是将拍摄的录像视频与粉丝们及时分享，让新西兰旅游通过微博的粉丝们宣传到中国各地，极大地扩大了宣传范围，充分发挥了“微博女王”的优势。

“榜样的力量无穷，口碑的力量无尽!”微博营销作为信任度高、成本低廉的传播方式，重点在于对口碑的传播与打造。相对于传统的只传递资讯的营销而言，“微博营销”更讲究用户参与、用户体验，这种参与和体验是贯穿始终的。微博的三大功能（@、转发、评论）除了满足大众自我参与、自我认同的需求外，同时也让更多的用户有了“近距离”接触明星、体验明星生活的机会。此次姚晨与新西兰旅游局的合作，亦如她平日里拍摄的种种时尚大片，在展现个人魅力的同时，将新西兰的美好风光轻松带出，妙趣天成。

此次拍摄新西兰旅游宣传片，旅游局租了两架直升机，而实际上，直升机环行是当地的一个旅游项目，票价不高，相当于咱们的火车卧铺价格。

2011-8-21 11:17 来自S60客户端 转发(2194) 收藏 评论(2181)

姚晨微博1

新西兰，它是地球上每天第一个得到阳光亲吻的国家。

姚晨微博2

专家点评：

《潜伏》是2010年最红的电视剧，姚晨是2010年最红女星之一，同时，姚晨也是2011年最具争议的女星之一。正处在事业、爱情双丰收喜悦中的姚晨，2011年春节后送给大家的礼物却是与凌潇肃的离婚，震爆媒体，粉丝们更是无法接受，因此姚晨离婚后的一举一动牵动着媒体和大众的心弦。在眼球经济的现代社会，借助代言人提升品牌知名度和影响力已经成为企业增强竞争力的重要手段。新西兰旅游局的成功之处在于，选对了代言人，用好了代言人，做好了推广。

姚晨在观众心目中是清新靓丽的乐观派，在新浪微博是微博女王，拥有千万粉丝拥护，恰恰符合了代言人选择的“匹配、可靠、精品、系统、保障”十字方针。与大部分企业选好代言人，拍完宣传片就终结的做法不同，新西兰旅游局不但充分利用新媒体，挖掘姚晨的微博影响力，还针对姚晨代言新西兰旅游事件进行了新闻、视频、社区等多渠道的全网传播，做足了覆盖面！

5. 运城 8 号公馆全明星营销，榨取明星剩余价值

运城的一场演唱会，周杰伦、赵雅芝、潘玮柏、许慧欣等巨星纷纷登台，高兴的不仅是一睹明星风采的歌迷影迷，还有借此红透半边天的运城 8 号公馆。

开篇必读，明星营销心理学

广告心理学中指出，顾客在选择产品的时候，会有一种“从尊心理”，这种心理与“从众心理”相对。在“从尊心理”的指引下，顾客会认同他们所喜欢和尊重的人的行为和言论，并愿意模仿和接受这些人的选择。

明星营销正是顺应了消费者的这一心理，通过明星代言品牌或者产品，对顾客产生一定的号召力和示范作用。四川大学李蔚教授则将明星广告的作用归纳为四个方面，即记忆迁移作用、品质认证作用、实力反证作用以及记忆唤醒作用。记忆迁移作用即明星具有极高的知名度，当他们成为某个品牌的广告代言人时，会迅速将他（她）与这个品牌形成记忆联结，从而把明星的知名度迁移到品牌上，实现消费者的记忆迁移；品质认证作用即消费者会把明星作为产品质量的一种认证方式，相信明星的选择就是自己的产品选择；实力反证作用、记忆唤醒作用即明星广告证实了企业实力，而企业实力间接证实了产品品质以及其对消费者的记忆唤醒作用等。

明星通过长期的努力和出镜积累了知名度、美誉度、吸引力，用明星代言产品可以将他们的号召力、好感度转移到产品上，在社会上起到一种示范效应，就像我们看到葛优就会想起“神州行，我看行”。因此，用明星代言的方式可以实现产品上市的短期市场要求，比如短期渠道建立要求，短期消费者尝试产品的要求，使得短期销量提升。

常用的明星营销方式是请明星为品牌或者产品代言，现在营销头脑越来越灵活，很多明星遭遇被代言。

山西运城演唱会，全明星阵容

运城作为全国魅力城市，这几年的文化名片和经济发展都有了长足的进步。明星光临的次数显著增多，这几年每年都会有类如《同一首歌》、《星光大道》等的演出。2011 年 10 月 15 日，名曰“王者归来　万众瞩目　唱响魅力运城　天王巨星”演唱会的晚会在运城第三届运动会开幕之际演出，嘉宾阵容确实是天王巨星级别的：流星天王周杰伦、香港影后赵雅芝、嘻哈天王潘玮柏、亚洲舞后萧亚轩、盲人歌手杨光、金马影帝万梓良、雪白歌姬许慧欣以及袁咏琳、纪佳松、程艺辉、玛丽亚群星献唱。

作为山西省首家室外温泉高端会所，运城 8 号公馆在山西早已是闻名遐迩，明星接待经验更是得天独厚，像歌唱家宋祖英、姜育恒，名主持人李咏，国学大师翟鸿森等众星都曾结缘 8 号公馆。本次演唱会，8 号公馆成为运城演唱会明星们的指定下榻地点和票务总代理。

演唱会海报

运城8号公馆是山西最高端的会所俱乐部，占地3万多平方米，投资1.5亿元，是集娱乐、洗浴、餐饮、健身、保健、美容等于一体的高级休闲娱乐会所。8号公馆将传统元素、中国文化与国际流行时尚元素巧妙融合，打造山西商务休闲头等舱，成为运城款待贵宾名流的首选。8号公馆室外温泉度假村位于风景秀丽、依山傍水的安邑水库之郊，海豚湾水城，百乐湖嬉戏池，绿野竹轩美食，各色精品汤池，SPA养生阁，SPA温泉御池，皇家温泉别苑，温泉石板SPA浴……充满了浓郁东南亚异域情调，潜入温暖水流，倾听《心的低语》，奢华享受不言而喻。

运城8号公馆，全明星借势营销

作为演唱会明星们的下榻会所，DM网络整合营销机构帮助8号公馆巧妙地利用了这个身份，在演唱会尚未开始便精心策划了针对每个明星的特别接待方案：因为周董每曲都有中国风作品，所以专门定制了8888号套房，备置百万红木家具和青花瓷；“白娘子”赵雅芝8号公馆的套房特意安排在水边，水中画，推窗见湖，美不胜收，所谓伊人，在水一方；潘玮柏喜爱运动，准备了温泉侧畔壁虎漫步；许慧欣清纯可人，准备了百合花瓣芬芳满床等。各种用尽心思的奇思妙想，充分地调动起媒体对于明星的好奇心，为后边的明星传播做好充分的准备。

通常的会议营销都会分为会议前、会议中、会议后三个步骤。本案例执行周期为2011年9月26日至2011年10月31日约一个月，营销背景是运城8号公馆刚刚运营一年多，在当地知名度不错，但是外界知名度不高。希望借助周杰伦、潘玮柏等明星要到山西运城，下榻8号公馆的机遇提高知名度和影响力。营销策略依然是按照三个阶段执行，众星运城献唱，本身就是娱乐热点，借助娱乐热点带出8号公馆，低调传播8号公馆，打造8号公馆运城第一娱乐休闲会所的地位。

①第一阶段，会前营销，事件营销聚集大众的焦点

演唱会、明星本身就是关注热点，借助演唱会、明星延展事件影响力，吸引大众的注意，增加山西运城8号公馆的关注度，为后续的营销起到很好的铺垫和宣传作用。明星新闻“周杰伦、赵雅芝、萧亚轩唱响运城，8号公馆群星闪耀”、“赵雅芝空降8号公馆，白娘子运城寻法海”（真实的历史人物法海老家就是山西运城，故有此一文）、“商务休闲头等舱运城8号公馆召开周杰伦等巨星接待研讨会”等主题的策划设置分流用户注意力，同时在论坛吧发起“网爆周杰伦、赵雅芝、萧亚轩等巨星运城演唱会节目单”、“周杰伦、潘玮柏、萧亚轩等要来运城了，大家要hold住啊”、“天天在运城8号公馆蹲点，没准能碰到×××呢”、“×××运城演唱会VIP门票特价转让”等话题讨论，在知道平台为用户关心问题详细解答“运城运动会开幕式明星演唱会的票哪里有卖”、“10月要到运城看周杰伦演唱会，住在什么地方好啊”、“求真相，赵雅芝10月15日是要来运城吗”、“听说10月15日好多明星要来运城，都有谁啊？求鉴定，求住所，求退票”等，同时网络视频、贴吧、百科等进行演唱会信息预告。

②第二阶段，会中营销，事件高峰期加大曝光量

演唱会开播随时抓取热点，并且引导销售。“周杰伦包专机带70保镖入住运城8号公馆”、“团购集结号，周杰伦山西下

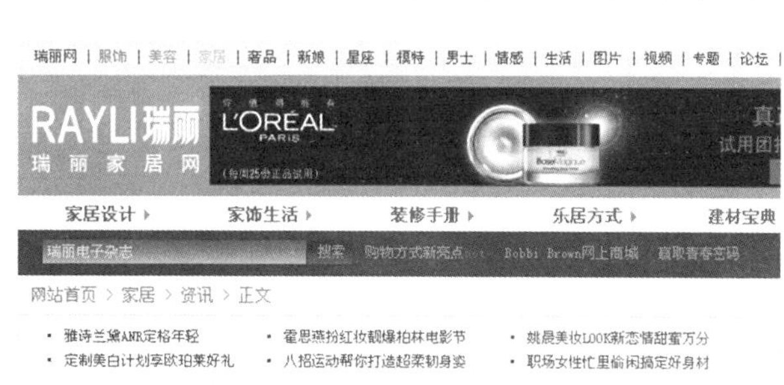

运城8号公馆召开周杰伦等巨星接待会

[来源：瑞丽女性网] 2011-10-10 14:09:18 编辑：沙鸥

2011年10月15号运城第三届运动会的临近，流星天王周杰伦、香港影后赵雅芝、嘻哈天王潘玮柏、亚洲舞后萧亚轩、盲人歌手杨光、金马影帝万梓良、雪白歌姬许慧欣以及袁咏琳、纪佳松、程艺辉、玛丽亚群星熠熠，整个运城都沾染了群星的喜悦，准备工作紧锣密鼓地进行着！作为群星指定的明星酒店，山西商务休闲头等舱——运城8号公馆，隆重召开了周杰伦等巨星接待研讨会，接待方运城8号公馆详细考察了众星喜好，集思广益，以投其所爱，对众星接待工作可用尽了心思。

媒体报道1

榻酒店遭疯抢”、“潘玮柏壁虎漫步运城8号公馆室外温泉”、“周杰伦下榻山西8号公馆，8位美女管家贴身服务”等热点新闻和引导销售的新闻从不同角度推出；“周杰伦8号山西公馆总统套房大曝光，中国风味十足”、“天王巨星10月运城演唱会，牛人爆粉丝追星必备地图”、“贴身服务周杰伦，鼻血ing”、“8号公馆艳遇赵雅芝，0距离接触”等明星味十足的帖子，从品牌提升和员工幸福感提升等角度设定，引得网友们鼻血不断，明星帖吧跟帖都在几十层以上；知道问答还是直奔主题“急！运城有什么比较好的酒店吗？要去看演唱会”、“求运城8号公馆预订电话”等转化销售。随着演唱会的推进，采集现场视频和图片，结合8号公馆的特色在线上发布，“赵雅芝入住运城8号公馆，芝麻，千年一等白娘子”、“周杰伦下榻8号公馆，疯狂粉丝包围”、“赵雅芝入住运城8号公馆，唱响运城演唱会高清”等视频第一时间发布，入口处截流用户。

china.com　首页 | 新闻 | 军事 | 科技 | 游戏 | 汽车 | 娱乐 | 论坛 | 食品 | 健康 | 文化 | 财经

神奇关卡，挑战全球破坏王！你敢应战吗？

新闻频道　国内 | 国际 | 社会 | 财经 | 文史 | 新闻图库 | 老照片 | 专题

当前位置：新闻 > 自动发布新闻 > 正文

商务休闲头等舱运城8号公馆开周杰伦等接待研讨会

2011-10-10 12:27:18 【大 中 小】

2011年10月15号运城第三届运动会的临近，流星天王周杰伦、香港影后赵雅芝、嘻哈天王潘玮柏、亚洲舞后萧亚轩、盲人歌手杨光、金马影帝万梓良、雪白歌姬许慧欣以及袁咏琳、纪佳松、程艺辉、玛丽亚群星熠熠，整个运城都沾染了群星的喜悦，准备工作紧锣密鼓地进行着！作为群星指定的明星酒店，山西商务休闲头等舱--运城8号公馆，隆重召开了周杰伦等巨星接待研讨会，接待方运城8号公馆详细考察了众星喜好，集思广益，以投其所爱，对众星接待工作可用尽了

媒体报道2

周杰伦官方网站转载相关新闻报道

③第三阶段，会后营销，后期分享，维持余热

演唱会后期暴热点、晒看点，分享感受，持续升温，满足不能现场参与用户的信息需求。“杨光8号公馆当励志哥，鼓励员工永远阳光”、“潘玮柏壁虎漫步运城8号公馆室外温泉”、“运城群星璀璨周杰伦住进中国风套房”等新闻持续曝光热点、看点，社区上引导网友讨论“周杰伦、赵雅芝、萧亚轩等明星住酒店癖好大曝光”、“周杰伦住过的十大顶级奢华酒店曝光”、“周杰伦纯情小师妹袁咏琳，太迷人了”、“这回来山西玩竟然跟大明星住一个宾馆”、“潘玮柏大哥好亲切，我和天王合影啦”等切合网友口吻的帖子推出受到网友的热烈呼应，问答、百科等带入8号公馆的咨询、销售电话，引导销售的同时提高8号公馆的品牌影响力。

运城8号公馆围绕演唱会、明星进行360度延展，以最少的投入，引发了无数病毒式的传播，不知不觉中8号公馆也名声大振。

尤其是热点抓取的话题，借用了明星们的一些热点新闻并与8号公馆结合，例如周杰伦包专机携70保镖入住8号公馆，赵雅芝温情面对围堵粉丝，巨星运城演唱会节目单曝光，粉丝运城演唱会追星绝密地图等消息一传到网上立即被各网站转载，

21CN新闻

首页　新闻　社会　军事　财经　汽车　房产　家居　手机　体育　娱乐

值 4000元 的“微单”

首页 > 新闻中心 > 滚动新闻 > 正文

赵雅芝现身运城8号公馆遭芝迷埋伏，典雅依旧(图)

2011-10-21 16:37:31 | 我来说两句

摘自云网

近日，运城明星演唱会完美落幕，来自港台的周杰伦，潘玮柏，萧亚轩等明星的精彩演出给大家带来欢乐与激情。昔日《戏说乾隆中英姿焕发的“盐帮帮主”程淮秀又来到了“盐运之城”运城！虽然这里早已经没有了“盐帮帮众”，可是运城人民依然让赵雅芝感受到了阳光般的温暖，而赵雅芝也用她一贯的亲切典雅，打动了无数运城人民的心！阳光下的美丽天使，最美是那回眸一笑赵雅芝抵达运城8号公馆时，正值风和日丽、阳光明媚

媒体报道3

并引发无数网友和粉丝争论热议。

据统计，仅仅是这一轮传播，“运城 8 号公馆演唱会”百度收录数据就达到约 126 万个，“运城 8 号公馆”网络总曝光量更是达到了 200 余万人次。借助巨星演唱会，8 号公馆此次营销获得了巨大成功!

专家点评：

运城 8 号公馆全明星营销是典型的明星借势营销案例，以最少的投入撬动明星整合营销的杠杆，大获全胜。周杰伦、赵雅芝、潘玮柏、萧亚轩、杨光、万梓良、许慧欣、玛利亚等天王天后级人物的加入，为 8 号公馆品牌增注明星基因，巧妙借势，取得了需要花费高昂的明星代言费才能取得的明星营销效果，可谓一箭双雕。不仅树立了 8 号公馆山西商务休闲头等舱的老大哥地位，塑造了名流聚会的高端形象，玛利亚的加入也为 8 号公馆走出运城，走向全国以至全球注入了国际基因。

6. “去哪儿”超越平凡，旅游南非改变人生

南非是非洲的旅游大国，据南非旅游局统计，2010 年到访南非的游客总数超过了 800 万（8 073 552），与 2009 年同期数据相比增长了 15.1%。其中，中国去南非旅游人数不断增加，自 2002 年以来，去南非旅游的中国人年均增长 3.2%，人数最高的 2004 年达 5.12 万，2006 年为 4.19 万。2010 年，中国游客的数量为 68 309 人，与 2009 年同期数据相比有了 62.3%的显著增长，成为其亚洲地区增长最快的旅游来源国。截至目前，中国游客数量已经又增长了 25.6%。

继 2010 年中国游客到访南非的数量出现了大幅的增长之后，南非旅游局对中国旅游市场显示出了更大的决心，已把开拓中国游客市场纳入其开拓国际市场的一个重要战略环节。为此，南非旅游局制订了中长期的战略规划，以期大量吸引中国游客进入南非。

去哪儿网作为中国目前全球领先的中文在线旅行网站，为旅游者提供国内外机票、酒店、度假和签证服务的深度搜索，能够帮助中国旅游者作出更好的旅行选择。根据 2011 年 3 月艾瑞监测数据显示，旅行网站月度访问次数统计中，去哪儿网以 5 106 万人次高居榜首。去哪儿网可搜索超过 700 家机票和酒店供应商网站，向消费者提供包括实时价格和产品信息在内的搜索结果，搜索范围超过 100 000 家酒店和 12 000 条国内、国际机票航线以及 40 000 条度假线路、25 000 个旅游景点。

为将南非打造成更受中国游客欢迎的出行目的地，进一步开拓中国市场，推广南非旅游，2011 年南非旅游局启动了新一轮的推广活动。2011 年初，南非旅游局招募了一对中国夫妇作为南非旅游推广大使，拉开了南非一系列宣传活动的序幕。这对夫妇赴南非深度旅行，并通过图片与视频全程记录了这次快乐的旅程，他们将作为南非旅游推广大使参与到接下来的一系列推广活动中，并与对南非感兴趣的朋友们分享他们南非之行的精彩经历与感受。同时南非旅游局与目前全球领先的中文在线旅行网站去哪儿网携手合作，基于去哪儿网在中国深厚的用户基础和优质的用户人群，选择去哪儿网作为此次推广重要的旅游类线上推广媒体，在去哪儿展开了长达 5 个月的网上宣传和市场教育，为进一步渗透中国市场打下了坚实基础。

全面覆盖去哪儿网各频道，超大曝光展示南非

去哪儿网与南非旅游局的合作主要是首页、机票、度假频道的推广，整个传播活动从 2011 年 8 月 1 日—12 月 31 日。本次传播超大广告位、投放频道组合、时间策略、定向策略，加上去哪儿极高的广告占有率，使南非旅游局的这组广告不仅非常吸引眼球，同时实现了高效率的传播，在全面覆盖的同时，有效地锁定了南非旅游局的目标受众。

去哪儿网广告页面 1

①全面的广告投放

A. 去哪儿网首页顶部通栏投放广告

去哪儿的用户是具有高收入、高学历的城市精英，他们频繁出

行，并热爱旅游。针对去哪儿用户的这一属性，南非旅游局选择在去哪儿网首页首屏顶部通栏进行广告投放，使登录去哪儿的用户都能有机会看到“超越平凡·南非”的广告，实现了对南非旅游潜在消费者的全面覆盖。本位置的传播效果非常理想，广告点击率达到了0.52%。

B. 去哪儿度假频道投放超大幻灯片

去哪儿网度假频道用户是具有高收入、喜欢旅行，并正计划出行旅游的用户。南非旅游局选择度假频道的超大幻灯片，一方面精准锁定了目标用户，使有出行旅游计划的用户关注南非，把南非作为度假的计划目的地，实现南非“超越平凡”旅游产品的销售；同时高品质、超大的幻灯片展示将南非此次传播信息用图片完美呈现，吸引了目标受众，显示出此南非旅游产品的实力和品位。

去哪儿网广告页面2

C. 去哪儿机票频道对联

去哪儿网机票频道聚集了高收入、出行频繁的城市精英，他们中大部分出过国或者有出国计划，因此成为南非旅游局最重要的目标用户。在机票频道首屏采用对联，形式新颖，容易吸引用户眼球，实现了对目标用户的有效传播。

去哪儿网广告页面3

② 精准定向，锁定有能力国际出行人群

除了超大曝光树立南非旅游局旅游品牌，提升用户对南非旅游产品的认知，同时本次传播活动也意图在短期内吸引到一批目标用户，影响他们正在进行的旅游计划，使他们将南非作为旅游目的地。本次传播活动还采用了国际目的地定向，锁定有出境计划的人群，促进南非“超越平凡”旅行产品的销售。

本次传播对机票搜索结果页进行了国际目的地定向（国际目的地定向即只有在机票首页输入国际目的地，机票搜索结果页才会出现南非旅游局的广告），有效地锁定了有境外出行计划的目标用户，他们是有经济实力，并喜欢境外旅游的人群。

跨文化宣传的本土化策略

① 传播元素的本土化

广告离不开文化，尤其是民族文化。南非旅游局在推广南非旅游产品的广告投放战略中，充分考虑到在进行南非异域的跨文化传播时要能被中国受众接受、认可，就要充分把握中国受众心

一对中国夫妇在南非旅游体验

理，把握中国文化。首先以招募一对中国夫妇作为南非旅游宣传大使，使南非和中国形成某种联系和契合点，然后以这对夫妇的赴南非深度旅行，通过图片与视频将他们快乐的南非旅程作为接下来一系列的推广活动中的本土化素材进行传播。

② 广告发布时机的本土化

广告的发布时机也体现了南非旅游局广告的本土化策略，南非旅游局选择在中国节日密集的 8—12 月进行广告推广，利用中国旅游旺季进行品牌推广和旅游产品销售促进。纵观近年来中国市场的国际广告传播案例，节庆传播策略是提升品牌好感度和推进销售的有效传播手段。南非旅游局旅游产品推广方案充分把握了节庆传播策略思想，整个传播活动从 2011 年 8 月 1 日持续到 2011 年 12 月 31 日，充分利用 8—12 月底中国旅游旺季，将暑假、中秋、国庆节、圣诞节、元旦前夕等节日最为密集的时段作为传播时机，一方面，是旅游用户最为活跃的关注期；另一方面，用户有节日假期出行的时间，持续的传播使得用户能够在这么多的假日节点中考虑南非作为旅游出行地，促进了南非“超越平凡”旅游产品的线下销售。

③ 国际品牌传播的本土化

南非旅游局为南非旅游产品进行了中国本土化的传播，以一对中国夫妇为南非旅游大使，进行南非旅游与中国受众情感的传递，吸引用户关注南非，并通过切身经历告诉中国人在南非可以玩什么、体验什么，南非旅游怎么样，让这个陌生的非洲立马变得熟悉和可以亲近。

活动广告

去哪儿网精准的定位技术，让南非旅游局实现了国际化精英人群的捕捉，实现了传播价值的最大化，让国际旅游品牌除了全面的品牌提升和认知深化，更加有效地实现了短期促进销售的目的，使得整个传播活动既符合南非旅游长远在中国开拓市场，奠定口碑的目的，同时也确确实实地实现了经济效益，得到了广告回报。

去哪儿网与南非旅游局的合作是促进休闲度假的一个典型案例，南非旅游的大力推广，让旅游者有更多更好的度假目的地的选择。2011 年 8 月 30 日，除了斩获“年度最佳休闲旅游目的地”大奖外，南非还被提名“年度最佳会奖旅游目的地（长途）”。此外，南非著名的葡萄酒胜地斯泰伦博斯获得“年度最佳葡萄酒旅游目的地”的提名。南非让更多的中国朋友能够亲自到南非体验“超越平凡”的旅程，与去哪儿网的合作也显示出了南非旅游局将南非打造成更受中国游客欢迎的出行目的地的决心，此举无疑是对休闲度假旅游的发展产生了一个良好的示范效应）。

专家点评：

本案例有两个最大的特点：第一，精准投放、针对性强。不管是首页广告还是超大幻灯片，乃至后面的机票搜索，目标全部都是具有高收入、喜欢旅行，并正计划出行旅游的用户人群，再加上精准的定位技术，让此次营销取得了最大的效果。

第二，文化传播、口碑铸造。从一对中国夫妇的南非深度旅行体验，让用户认知和了解了南非，而随后深具中国本土化特色的营销发布时机，更是加深了用户对于南非旅游的好感度，让南非旅游的文化以及口碑在中国用户之间得以进一步推广。

2008 年的电影《功夫熊猫》，虽然是美国制造，却在中国引起了火爆浪潮。其原因就在于影片中无处不在的中国元素，背景、服装、食物等都充满了中国本土化的特色，自然受到广大国人的喜爱和热捧，成功也就成为必然。

7. 广东旅游与网易携手"勇闯绿界"

2010 年 9 月 27 日，"2010 年世界旅游日全球主会场庆典暨广东国际旅游文化节"在中国广东隆重举办。在这次中国有史以来举办的最大旅游盛会期间，广东省旅游局同网易紧密合作，共同推出了大型网络生态游戏"绿动全球"，第一次将旅游同网络游戏结合起来，在 3 个月左右的推广时间内，取得了全球参与人数超过 257 万，总点击次数更是超过 3 000 万的骄人战绩，获得了世界旅游组织、国家旅游局等多位领导的高度评价。

"勇闯绿界"游戏图片 1

在 2010 年合作模式的基础上，2011 年广东省旅游局同网易继续创新，充分吸收之前的成功经验，不断完善和提升网友体验，收集广东著名旅游信息，在国家旅游局和广东省旅游局领导的高度关注下，经过超过半年的研发，成功推出了一款面向全球网友，以游戏的形式全面推广广东旅游的新一代大型网络旅游类游戏——"勇闯绿界"!

事实上，该游戏不仅仅能够全面推广广东旅游，更提出了针对旅游营销的一种直接能够同目标人群进行互动并能够让网友在娱乐的同时了解旅游资讯，到旅游景点去消费的新模式。

"勇闯绿界"游戏图片 2

大富翁，新创意，旅游与游戏巧妙结合

旅游信息和网络游戏，似乎是不搭边的两种东西，两者基本不存在什么交集。因此，找到一种合适的游戏模式将两者完美地融合在一起才是关键。最终，休闲游戏大富翁给了广东旅游局与网易营销部门很大启示，双方一致认为这两者混搭在一起显然是可行的。

大富翁 Online 游戏图片

大富翁系列游戏是玩家在不同特色的背景地图中，以掷骰点数前进，并有多种道具、卡片使用，另触发一些"特别事件"和一些小游戏，主要通过购买房产，收取对方的路费、租金，导致对手破产以达到胜利。所以背景地图可以转换成广东旅游地图，不同的房产也可以用广东的旅游目的地来代替，而其中的道具、卡片和小游

戏的内容也可以变成介绍广东旅游的信息，因此两者可以得到完美的结合。

游戏很简单，网友登录后即可参与，通过摇动骰子的形式，从广州出发陆续走过 21 个城市，完成 21 个城市任务，不仅可以通过虚拟场景浏览广东 21 个市的旅游资源，同时还可以赚取“粤币”，用以兑换丰厚的礼品。

小游戏，大作用，了解广东资讯第一站

游戏虽小，其作用却是巨大的！因为该游戏已经不仅仅是一款游戏，而是要成为全球网民了解广东资讯的第一站，难度自然相当的大。

为了让游戏与广东旅游信息更好地融合，在游戏中主要作出了三大部分的独特设计。

① 游戏的构造：将广东省 21 个城市融入一条封闭线路上，共分为 100 个左右的格子，每两个城市之间有 4 个左右的空格，外场景以绿色为主，突出 10 个左右广东的标志性景点或建筑。包括：广州，广州塔、白云山、北京路、上下九；深圳，大梅沙；珠海，渔女；韶关，丹霞山；中山，孙中山故居；肇庆，七星岩；清远，温泉；惠州，罗浮山、道教文化等。

② 地图设计：地图以广东省地图为蓝本，行走的线路为：广州，中山，珠海，深圳，东莞，惠州，汕尾，汕头，揭阳，潮州，梅州，河源，韶关，清远，肇庆，云浮，茂名，湛江，阳江，江门，佛山，广州。根据广东省地形特点，在珠海和深圳之间采用水路，格子可以增加到 7 个，这 7 个格子上都设置为粤币格，每个格子都有一定的积分奖励。当网友刚好才到这 7 个格子中的某一个时可以按照格子上规定的数额给予一定的粤币奖励。

③ 游戏方式：网友在参与的时候可以以虚拟人物的形式参与，前期先设置 2 种虚拟人物，男女各一名。网友登录后可以选择一个虚拟人物，通过撒骰子 1 枚的形式向前行走。每一点表示一格。网友通过行走的形式完成整个游戏，在游戏中的 21 个城市，如果网友刚好走到某一个城市上方，就能够获得一张城市卡片，城市卡片中包含的内容：城市名称、城市地标、城市编号等。当网友全部收齐一套后，才能进行第二轮收集。网友的游戏界面只显示一定的区域，网友可实现地图的放大和缩小。页面上各地点可设置直接弹出目前该点虚拟玩家及参与数，如“正有 580 人前往汕尾红海湾观看最美日落”，背景上的云、鸟、热气球、树等背景为动态。在页面上能够看到个人相关信息，如：粤币、卡片、用户名等。部分建筑物点击可以弹出窗口，包括：简单文字介绍、了解详情按钮，点击可链接到相关的介绍页面。在一些重要的节日可实现积分的多倍累计，如“十一”期间等。在特定的城市格子上，网友刚好路过（经过或者刚好踩上）的时候，即可进行城市任务，城市任务是 flash 小游戏，包括：找不同、老虎机、接宝游戏等。

在游戏中，形象地体现了广东“岭南文化、黄金海岸、活力商都和美食天堂”四大旅游品牌，绿道旅游、中医药养生文化旅游等专项旅游产品，在旅游产业博览会和旅游文化节等大型活动的重要时间点通过“虚拟广告牌”等形式体现活动信息，能灵活地对游戏内容根据实时广东旅游动态进行调整，为虚拟游客提供实时的旅游信息，具有时效性特点。

深发掘，巧嵌入，加深旅游与商业合作机会

我们都知道，旅游业存在着大量的商机，对当地商业影响是显著的，而且良好的商业合作伙伴也能够成为自己的旅游特色，为自己增加吸引旅客的砝码，提升自己的品牌知名度与良好形象。所以旅游营销不能单单对自己的特色旅游资源进行详尽的介绍，还应当对本地的商业合作伙伴进行宣传。广东旅游局与网易合作的“勇闯绿界”的网络游戏中，充分发掘了游戏场景和任务环节中存在的机遇进行商业合作。

① 收集城市卡片：城市卡片体现一个城市的旅游特色，也是提升旅游相关企业品牌影响力的非

常好的一种形式，游戏中每个走到当地城市的网友都能够获得一张城市卡片。也就是说每个在游戏中到达某一个城市的网友都能够看到包含商家信息的城市卡片，并能够在卡片专区永久保存。通过卡片中对商家企业的介绍，不但很好地宣传与广东旅游局合作的企业，具有良好品牌影响力的企业也能够为旅游业锦上添花，实现双赢，推动整个地区经济全面发展。

游戏图片——城市卡片

游戏图片——找不同

② 找不同：目前的景点推荐图片数以亿计，如何能够提升景点图片在网友心目中的印象，找不同是一种非常好的形式，作为游戏中的一个小游戏组成，能够将景点的美景让网友去细细体味，在心中形成良好的印象，进而促使网友到当地去旅游。真实感受当地美景，能够大幅提升营销效果。在玩家津津有味地仔细寻找不同点的同时，宣传了与广东旅游局合作的景区、商家，实现了一箭双雕。

③ 老虎机：老虎机是一种简单易玩的互动游戏，将商家的信息以图片的形式将其代表性的人物或者图片或者 Logo 等植入到游戏中，同时结合商家提供的奖品，网友在获取幸运奖励的同时不断升级对商家品牌及产品的认识，从心理的角度不断地影响网友，进而大幅提升品牌或产品在网友心目中的知名度和美誉度。

游戏图片——老虎机

“勇闯绿界”游戏自 9 月 25 日开始面向全体网友公测，上线不久即获得广大网友的关注，仅前 10 天就有超过 30 万网友的参与，截至 11 月 17 日，参与人数更是已经超过 130 万。同时广大网友以及业内的人士也都为该游戏提供了众多宝贵的意见和建议，已有多家企业对游戏表示出了合作意向，甚至还有一些非旅游行业客户也为游戏提供了大量的奖品，目前征集到的奖品总价值已经超过了 30 万。

专家点评：

广东旅游局和网易利用一个游戏为基础作为旅游营销平台，这样的创意相当的新颖而且具有很大的吸引力。但是我们也要注意到，游戏与其他营销方式不同，它并不是一成不变的。所以在这个案例中，后面的措施同样至关重要。首先，需要实时提升游戏的可玩性和网友的体验，不断地完善广东旅游信息，将虚拟游戏与真实场景结合，并在游戏内加入全省的旅游活动推荐以及即时景区资讯，向网友即时传达最新的活动以及促销信息；其次，积极吸纳各个旅游企业的宝贵资源，通过奖品刺激等形式将活动推向高潮，吸引网友不断地参与到游戏中，提升游戏的流量和影响力；最后，也要反过来增加商家的合作价值，不断吸引更多的商家加入，实现整体游戏的良性循环。

8. 旅游团购拉手网，组团自由任我行！

如今，传统的组团出游已经越来越不能满足消费者的需求，自由行开始成为旅游者的首选。根据国家旅游局的统计数据显示，目前我国的散客比例已达到70%，而且还会逐年上升，如何满足散客需求，为散客提供更优质的服务，尤其是解决散客出行费用高等问题，已经成为旅游业未来发展的一大课题。

专业机构统计，作为网购大军里的后起之秀，目前旅游产品占到整个国内网购市场份额的20%。2010年12月20日拉手网介入旅游行业，拉手网上线“酒店频道”功能板块，面向全国推出酒店订购的团购打折服务，也是继大洋彼岸的living social推出酒店服务后，国内首家推出此服务的团购网站。利用团购价格上的优势、自己的品牌资源以及采用的消费链多重智能匹配技术，为用户提供了一站式的智能匹配型的旅游、酒店、餐饮、娱乐一体化选择，用户可以在一个旅游产品页面找到和本次旅游出行相关的景点团购、酒店团购及餐饮团购产品以让用户的出行变得丰富多彩。

目前国内做旅游产品的团购网站不在少数，可真正能做到保证产品质量和用户体验的却寥寥无几。拉手网凭借已在团购行业打下的用户基础和良好的口碑，继续秉承低价优质服务的理念，在旅游团购产品的选择上精雕细琢，坚持提供高品质零购物的旅游产品。让用户既能享受到团购的实惠又能放心地体验高品质的旅游享受，实现了旅游业中商家赢、用户赢、拉手也赢的多赢局面，为旅游业注入了新的血液。

拉手网酒店旅游频道

智能匹配技术，激活整个旅游消费链

拉手网在推出团购旅游产品的同时会推荐相关的团购消费产品拉动用户在目的地的消费，促进当地经济的全面提升。而旅游产品和相关消费产品的智能匹配是拉手网推出的一项高端智能技术。计算机通过用户的行为模式，在选择旅游产品的同时，为用户智能推荐与此次出行相关的团购和消费产品。让用户在选择旅游出行的同时，可以方便地购买到其他与旅程相关的景点、住宿和餐饮的团购产品。这种NB2B2C模式（消费链多重智能匹配）能够智能匹配多个商家，在用户旅游消费整个过程中，提供吃、喝、住、行、玩等各个需求点的服务，是拉手网推出的全新旅游电子商

团购页面1

务模式。

拉手网通过和供应商（包括机票代理人、酒店、租车公司、旅行社等）进行系统直连，对各供应商产品进行自动择优选择，然后通过拉手网这个平台把更优惠，更有竞争力的产品提供给客户，发挥智能系统功能，查看并全面监控服务商中转时间、消费者接受率和合同执行情况等，满足了旅游城市整体信息化与销售渠道拓展的需求，又通过拉手网这个平台统一了服务，为用户提供了方便的同时，保障了客户的权益。

以前在传统旅游模式下，用户过度依赖旅行社，旅客的衣、食、住、行都由旅行社打包安排，商家没有话语权，却又无可奈何。现在有了旅游团购这一平台，通过智能匹配和推荐，引导用户选择景点、住宿和餐饮，凭借与团购网站的合作，各类商家可以方便地对即将前来商家所在城市的用户作更有针对性的营销，开创旅游服务的新纪元。

以人为本的服务理念，顾客是永恒的财产

其他超值酒店

仅售158元！酒店门市价688元的深圳小梅沙彩悦红星海岸酒店入住一晚

233人购买　去看看

仅售128元！酒店门市价249元的深圳如家快捷酒店入住一晚！

433人购买　去看看

其他超值旅游

仅售190元！原价240元的深圳东部华侨城双谷景区一日游一人次

717人购买

仅售208元！原价960元的深圳南澳柚柑湾度假村海景双人房2天1夜双人行套组一份

117人购买

团购页面2

团购旅游毕竟才刚刚兴起，会有越来越多的消费者加入进来。但是团购网站如不能为消费者提供完善的服务，会让越来越多的会员流失。拉手网推出了以人为本的用户评价体系，所有的团购产品均需要受到此系统的监控，用户每次的满意或不满意评价，都将作为合作商家的信用记录，满意度高的商家，拉手网会继续与其长期合作，满意度低的则会被淘汰。拉手网首先会评估旅游产品的风险性及用户感受度，甚至细化到景点距离酒店的路程、用户需要步行的时间为依据等指标，来深挖和预测用户可能对产品的反应及满意度。

其次，拉手网旅游产品绝不允许带有强制购物的产品上线，严格保证会员权利，开创至今，以人为本一直是拉手网服务的最高宗旨。实际上，拉手网深谙团购网站的短板，因此一直比较专注用户体验，像曾在业内推出“五星级服务”标准（即服务本地化、服务保障化、服务优质化、服务定制化、服务便利化）等。目前，拉手网酒店旅游频道已经实现国内100多个城市的站点覆盖，市场份额增速显著。

拉手网团购三包

拉手网为您的消费全程保驾护航

1 7天无条件，退款真方便
一键式退款，简单快捷！

2 消费不满意，拉手就免单
服务不打折，消费全程有保障！

3 过期自动退，不需手续费
消费券已过期？拉手自动退还消费金额至您的拉手账户！

拉手网三包服务

可持续发展原则，多方共赢共荣

多赢模式是拉手网和整个产品链达成的共识。在国外很多团购网站会要求商家提供非常高的利润空间，而拉手则秉承多赢持续发展原则，做到薄利多销的方式，让商家在免费推广的同时，依然有一定的利润空间。拉手网凭借其雄厚的实力，在全国500个城市开展业务。庞大的销售团队可以

通过拉手平台优势和各地旅游公司、景区、酒店等直接洽谈合作，同时旅游酒店事业总部也通过和航空公司、旅行社达成大框架战略合作，实现“海陆空”全方位团购营销体系，为合作共赢打下基础。

就在拉手网上线“酒店频道”功能板块时，拉手网与山东旅游局共同推出“拉手好客山东”活动。政府推出旅游团购产品，山东在全国是头一个“吃螃蟹”的，首期亮相的产品中，“原价 100 元、团购价 10 元的泰山门票”仅三天就抢购一空。山东省旅游局通过整合全省景区、餐饮、住宿、交通等资源，形成一系列超低价位的团购产品，联手“拉手网”策划建立了“拉手好客山东”团购产品信息平台，使山东旅游产品有了更广阔的推广平台和更便捷的销售渠道。

合作签约仪式现场

山东省旅游局与拉手网的战略合作重在营销，双方均进行了让利，拉手网未收取中介费用。拉手网的目的是通过筛选品牌客户，借助团购客户或产品品牌知名度来增强网站的信誉度。山东省旅游局内设团购小组相关负责人表示，选择团购，主要看重的是其极强的市场引爆效应和可观的销售数量。尤其是在旅游淡季，借用团购平台，不仅能实现良好的事件营销，强化贺年会、节庆品牌，还可以通过景区门票的让利，大幅增加来鲁旅游人数，拓展住、食、行、购、娱等其他要素的空间，实现行业联动效应。

专家点评：

旅游行业是一个淡旺季明显的行业，团购模式恰恰可以填补旅游在淡季时的需求，让整个产业做到淡季不淡，旺季更旺，飞机满满，空房不空的行业胜景。按照世界旅游业发展的一般规律，当一个国家或地区人均 GDP 超过 3 000 美元时，度假旅游需求将进入大众化时期，旅游度假市场将呈快速增长趋势。拉手网也正是瞄准了这一潜在的契机，与国内信誉好、实力强的旅行社合作，结合自身的网络平台优势，把过去旅行社产品多、渠道少的局面改变过来，从真正意义上协同整个旅游行业做到共赢及不断向长期持续发展迈进。

第八章 网站网游类

网站网游网络营销，从美女营销到理性营销

网站的网络营销主要是媒体网站和电子商务网站，如搜狐、网易、新浪、京东、当当、卓越亚马逊、淘宝等。对于网站、网游类的网络营销来说，电子邮件营销是天然优势，网站本身积累了大量的注册用户，网游通过多期网游的推广也积累了大量会员信息。

网游营销：Q币、点卡、美女？什么更吸引玩家眼球？

从中国玩家最早接触到的图形化MUD游戏“网络创世纪”、“万王之王”，一直发展到现在年营业额可以达到十几亿元的MMORPG产品“魔兽争霸”、“征途”，网络游戏产品发生了翻天覆地的变化。

网络游戏营销也从最初在门户网站上贴一个简单的通栏广告，到今天全方位地整合营销计划，中国网络游戏行业的营销方式也随着营业额的提升，客户群的不断增长而逐渐趋于多元化、成熟化。

2005年4月，魔兽与可口可乐合作，开启了“饮料+网游”这一跨行业合作营销模式的先河。

2005年11月，盛大宣布旗下几款主力游戏采取免费模式，同时通过游戏增值服务，使20%的高消费玩家创造80%的收入。

一女子对着电脑狂笑不止，最后来了个画外音——“征——途”，爆笑版“征途网络”形象广告在央视亮相。2006年史玉柱率领征途网络在行业内掀起了一股旋风，地推、免费发工资等模式赢得无数的眼光和媒体炒作。

“五官端正”、“身材匀称”、“沉鱼落雁”、“羞花闭月”、“倾国倾城”是2008年3月业内曝光率最高的词，巨人首创美女系统。

2009年4月16日，天台山龙穿峡景区与盛大达成合作，将时下最火的网络游戏《Aion》中最经典的建筑物“永恒之塔”落地在天台山龙穿峡景区，创造了一个虚拟世界与现实世界结合的奇迹。

2010年盛大游戏宣布启动玩家以任意废弃点卡换取现金或盛大游戏点数的活动，这是继九城Q币营销，巨人回购旧账号之后，业界新添的一项营销方式。

……

对于网络游戏而言，游戏玩家逃避不了当前网络营销的影响，好的营销玩家会拍手称快，能让玩家更好地了解游戏，不好的营销也会误导玩家，偏离宣传推广的轨道。当Q币、点卡、美女、颜色营销等方式的边际效应越来越小，玩家越来越难

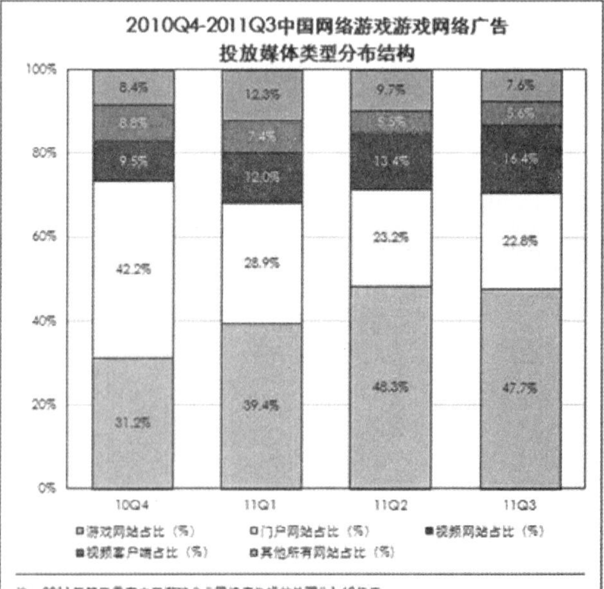

中国网络游戏网络广告投放媒体类型分布结构图

攻克时，2011年游戏网络营销开始寻求新鲜创意，营销趋于多元化、理性化、个性化、成熟化、垂直化。

创意，营销，品质——2011年网游营销求回归

① 代言人

代言人

兽兽、凤姐、苍老师逐步退出江湖，网游代言在选择上更考虑与游戏的契合度，寻求内在拨动玩家心弦，而不是单纯地靠美女来吸引眼球。像新游戏主打PK、国战，因此男性明星更多地回到了网游舞台，凸显阳刚之气，如任贤齐与《神魔大陆》合作主题曲，许嵩代言《天龙八部》，吴克群代言《星辰变》，严宽代言《汉武大帝》等。

美女低俗营销止步，美女营销还是必不可少的。2011年，刘亦菲代言《倩女幽魂》，杨幂代言《天下3》、《诛仙前传》、《倚天屠龙记OL》都采用美女COS的形式，让美女与游戏人物完美结合，美女营销更有穿透力。

② 微博营销

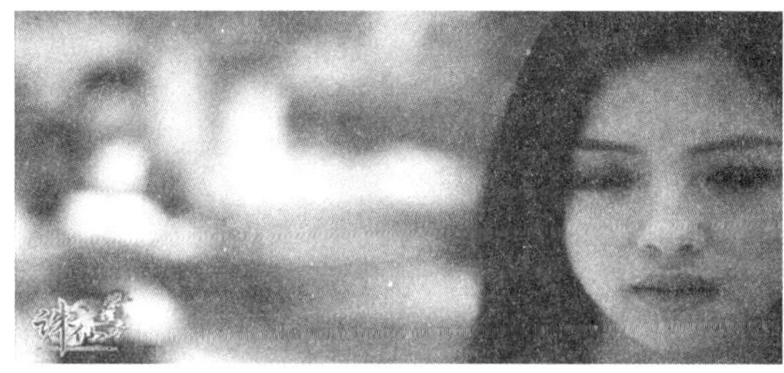
微电影《肆水年华》

微电影《玩大的》

或许网游习惯于大手笔的砸钱运动，还不习惯微博这种小工具，进行微博营销的网游产品不少，但多数停留在仅仅是利用这个渠道，把传统方式搬到微博上，没有融入渠道的创意和新意，转发送奖品、关注送奖品，以致遭网友呼脑残。不过微电影却是个例外。2011年，“师傅，我们去取精吧”广告退避三舍，以《诛仙2》的微电影《肆水年华》为代表的一系列微电影通过打通80后的情感营销，引起了很多80后玩家的共鸣；巨人《玩大的》微电影是网游从情色营销转移到情感营销的先锋；另外，网易《倩女幽魂》、盛大《星辰变》都有相当质量的微电影推出，从不同层面打动了玩家和观看者，树立了网游的正面形象。

③ 地铁营销

几何起，地铁成为中国厂家最爱做宣传炒作的地点。完美世界的《圣斗士星矢OL》之雅典娜利用2011年的穿越元素盛行，《征途2》的清源女、武神世纪的《水浒无双》之李师师，嫦娥姐姐、楼兰女都横空出世。与通过穿越元素抓取眼球的方式不同，《诛仙前传》在2011年9月包下北京地铁1号线，精心打造了史无前例的“诛仙专列”，同时有160块电子广告大屏同时覆盖北京1号、2号、5号、10号线站台走廊。之后《完美国际》在新资料片《黑夜传说》上线前，同样采取了地铁

专列的营销方式，北京地铁4号线成为黑夜传说的领域。一时间，一幅虚拟画面穿梭在城市中，让人不禁感叹其强大的气场。

④ ××体

××体起源于凡客体，是一种万能造句的营销方式，2011年最为著名的是“诛仙体”营销，诛仙体的句式点为“昨天……今天……原来而已”，多以感叹人生转折起伏、最后一切原因却是如此啼笑皆非为主题。在网友纷纷造句的时候，网游已经悄悄渗透进网友思维。

地铁广告

“诛仙体”

⑤ 电影营销

贴片营销一直是商家最爱用的宣传方式，而电影贴片更是效果惊人，在热播大片里贴片营销，展示量可以达到上亿的数量。2011年，《倚天屠龙记》在《变形金刚3》热映时，独家赞助其抢票活动；《诛仙前传》在热播电影《失恋33天》里贴片，都是成功的电影营销案例。

电影营销1

电影营销2

⑥ 事件营销

2010年一句“贾君鹏，你妈妈喊你回家吃放”火遍线上线下。2011年仍然不乏闪眼事件：《九阴阵营》开创了卖码先河，史玉柱推“网游下乡”。

2011年网游在营销上不仅回归理性，而且创意频出，可圈可点。唯一的遗憾就是市场上还是缺少有创新的产品，国产网游甚至没有突破在线人数40万的产品。这也从另一个侧面说明：即使营销再给力，产品质量上不去，也是徒劳。

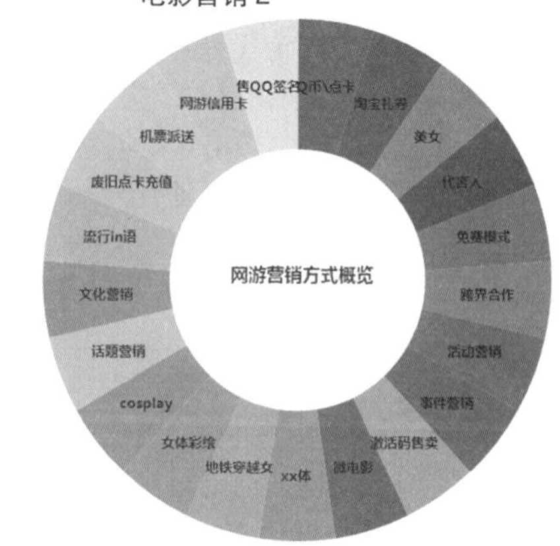

网络游戏营销图谱

网站发力拼市场，花样百出创新不断

这一年是网站不甘寂寞的一年，不管是媒体平台站点，还是电子商务站点，都在推陈出新，花样百变，欲与对手较高低。

团购网站疯狂烧钱后，微博奋起直追，腾讯微博“与其在别处仰望，不如在这里并肩”在各大TVC播出，新浪微博“随时随地分享身边的新鲜事儿”在公交车轮番播出，搜狐微博“来搜狐微博看我”长期霸占公交车厢……

与此同时，两大搜索巨头不甘落后，“度娘”意外走红为百度带来无数眼球。百度问答“变形金刚”互动硬广告，百度首页“2012春节”富媒体广告，百度网页“2012世界末日”震撼互动广告……让大家相信百度原来也如此的富于想象力，也是百度正从平台向科技转型的信号。同样，Google一向以创新著称，在2012年清明节期间，用Google浏览器Google“清明节”即可听见悠扬的牧笛，一蹦一跳的小鱼，还有眨着眼睛的大黄牛，随风而舞的杨柳，一下子把用户带进新春意境中，春意盎然。

百度“2012世界末日”广告

电商网站开始更加注意烧钱的技巧，把钱烧在风头上。自20世纪末电子商务新模式兴起后，电子商务就成为一个炙手可热的行业，政府鼓励，风向投资涌入。由于发展过速，超过了经济、技术、政策各方面的现实状况，直接导致在过度烧钱之后，2001年电子商务泡沫破碎，进入了行业发展严冬期。然而，电子商务并没有停止前进的步伐，近年电子商务规模日益壮大，传统企业或主动或被动，正在加快向网络渠道进军步伐。尤其是传统零售业、连锁企业等，纷纷加快了裂变的进程。这让已经取得一席之地的电商企业不得不居安思危，思谋快速抢占行业领头羊，站稳脚跟的创新之道。

京东在开启大京东策略后，从3C产品扩展成为综合商城，甚至抢占当当网市场份额，当起了书店老板。但是让京东不能舒心的依然是物流之痛，所以京东自建物流，刘强东亲自当起快递员，并通过微博直播昭告世界，京东是如此重视消费者购物体验，重视物流发展。同时，大打娱乐营销牌，携手男人帮搞起京东帮，影视剧植入搞得热火朝天。相比较来讲，当当网的应对就比较弱势。Hold住姐走红，当当顺势引入，邀请Hold住姐当品牌代言人，并通过各大渠道释放Hold住姐夸张的代言广告，着实让观众有些Hold不住了，纷纷吐血。一号店的超市上墙二维码营销、淘宝全民光棍节疯狂营销则做得有声有色，不但赚足了眼球，更获得切实的实惠。

看准了移动互联网的巨大前景，腾讯迅速调整战略，将未来的核心锁定在移动互联网。微信就是腾讯移动互联网的重要棋子。为了推广微信，腾讯联手百事发起“摇一摇微信，点亮亚洲第一高楼”活动，噱头十足，更难得的是切合产品特色，抓住了目标受众的心理需求。

总体来看，网站、网游类网络广告的投放向来是互联网广告市场的重头戏，占据网络广告市场大约50%的份额，这也是与网站、网游行业巨大的市场占有率相呼应的。

1. 人魔出手，人人发抖

人魔网堪称2011年最成功的悬念营销案例之一。从伊始的“人魔出手，人人发抖”，大有与人人网宣战的架势；其后到“社交化游戏，游戏化社交”，更是吸引了众多SNS爱好者及关注者的眼球。然而最终事实证明了这只是个互联网恶作剧，一切都是为了宣传《地下城守护者OL》。

在这期间，人魔网大力宣扬的“邪恶的社交网络”有如一枚重磅炸弹，引发了SNS社区的动荡，成功地吸引了大量的“邪恶”粉丝，而到真相彻底揭开之时，很多中招的网友大呼上当，表示失望和愤怒。当然也有不少网游爱好者认为非常过瘾，表示将继续投身人魔的世界。至此，营销推广算是达成目的，将《地下城守护者OL》推入高潮。

从2011年10月6日开始，到10月20日，短短十几天内，人魔网在线上、线下掀起了高潮，引发了用户的高度关注。网站上线仅4天，人魔网CTO在新浪的微博粉丝已经突破数万；10月13日，人魔网的百度指数达到最高峰8 000点，用户关注度和媒体关注度还在以平均600%的速度攀升，令无数SEO人士汗颜；10月14日，人魔网CTO一条微博转发破5 000条，各个平台对此事进行争相报道，人魔网凭借其邪恶基因再次取得阶段性胜利。此次营销期间，人魔网通过制造悬念、采取“病毒式”营销的手法，并未花费太多的成本就达到了扩大知名度、推广产品的目的，无疑是相当成功的。

悬念迭出，弄巧成拙

“人魔出手，人人发抖”，一语双关的广告语成功借助了人人网的影响力。在人魔网上线之初，业内就有很多有关人魔网的传言——该网站将完全颠覆目前国内的社交网站模型，加入邪恶社交的元素。根据新浪微博的实名认证显示，@人魔网CTO_Demon微博的主人乃人魔网技术总监，而这个账号几乎也是目前人魔网对外宣传的唯一官方窗口。有记者曾对博主进行过问询，得到的答复是“由于老总要玩神秘，一切都要求20号以后与媒体朋友见面”。但网站的全貌究竟如何，人魔网始终不肯透露，大家只能通过概念视频和网站上的功能视频了解一二。

从人魔网制造悬念开始，用户受到“人魔出手，人人发抖”，“社交化游戏，游戏化社交”的影响，不可避免地将人魔网看做一个新的充满悬念的社交网站。其中人们最期待的应该是“邪恶社交”这个元素，这个元素可以说完全颠覆了一直以来温文尔雅的社交模式，提倡更加个性随意，释放潜在自我的社交方式。人人网、开心网作为主流的线上社交网站，虽说也不停地推出各种新的玩法和交友模式，但归根结底还是靠人气吸引人气，久而久之让用户感觉形式陈旧，缺乏新意，SNS社区几成一潭死水。此时出现的“邪恶社交”无疑立刻吸引了人们的眼球，引发了关注。

人魔网揭开谜底之后，用户的反应不一，虽然有不少网游爱好者表示非常过瘾，表示将继续投身人魔的世界，但也有很多中招的网友大呼上当，表示失望和愤怒。可以说，结果并没有很好地把握到聚集的人气。人魔网上线之初是否想到会出现这样的情况，我们不得而知。但如果能把握如此汹涌的人气，在解开谜底之时，以社交为主，游戏为辅，毫无疑问将改变当前SNS社区的格局，吸引大量的用户加入。而通过人魔网这样一起邪恶的营销活动，是否给人人网、开心网等社交群落带来启发，给用户以新的社交体验，我们还需拭目以待。

病原感染，防不胜防

病毒式营销，也可称为病毒性营销，是一种常用的网络营销方法，常用于进行网站推广、品牌推广等，病毒式营销利用的是用户口碑传播的原理，在互联网上，这种“口碑传播”更为方便，可以像病毒一样迅速蔓延，因此病毒式营销（病毒性营销）成为一种高效的信息传播方式，而且，由于这种传播是用户之间自发进行的，因此几乎是不需要费用的网络营销手段。

在人魔网解开谜底之前，一系列的猜想和预测已经蜂拥而来——人魔网的邪恶基因正成为网友讨论的热点之一，人魔网的出现能够颠覆人人网、开心网带给人们的线上社交模式吗？这样的社交模式能否打破中国现有的社交网站格局？相关业内人士认为，人魔网上线后一系列的动作不仅表明人魔网自身拥有强大的实力，配合的户外广告也宣告了人魔网与人人网正面交锋的开始。而人魔网提出的社交游戏化、游戏社交化最终效果如何，将有待时间的考验。

随着互联网的普及，网络广告业也随之发展壮大，厂商在线上广告的投入比重已经达到了一个相当可观的数字，用户对线上广告的免疫力也越来越强，不再盲目相信厂商的自吹自擂。如何能让广告深入人心，达到广告传播的最佳效果？病毒式营销作为一种新模式，拥有深入肌体、快速繁殖、广泛传播和迅速扩散的特点，主要通过口碑传播来向受众扩散，意图实现“杠杆营销”的效果。人魔网制造的“人魔出手，人人发抖”、“邪恶社交”都可以看做“病原体”，通过用户口碑传播，利用病毒传播原理快速复制、扩散开来，利用用户的主动传播实现了网络营销信息的传递。

病毒式营销的效果也需要进行跟踪和管理。当病毒式营销方案设计完成并开始实施之后（包括信息传递的形式、信息源、信息渠道、原始信息发布），对于病毒式营销的最终效果实际上自己是无法控制的，但并不是说就不需要进行这种营销效果的跟踪和管理。实际上，对于病毒式营销的效果分析是非常重要的，不仅可以及时掌握营销信息传播所带来的反应（例如对于网站访问量的增长），也可以从中发现这项病毒式营销计划可能存在的问题，以及可能的改进思路，将这些经验积累为下一次病毒式营销计划提供参考。

人魔网此次推广中出现的一些问题也很明显，就是没有把握好重点，让主题偏离，虽然更好地扩大了传播效果，但也产生了一些负面效果，需要我们引以为戒。在受到关注，推广取得初步成功后，人魔网先开通了 hr.renmo.com 的官方网站招募页面，在全国招募 20 名游戏化体验兼职测试员，日薪 3 000 元，还有种种赚人眼球的招募条件。而作为主要喉舌的人魔网 CTO 也不止一次在新浪微博中提出“游戏社交化、社交游戏化”，暗示人魔网的游戏本质。可惜“人魔出手，人人发抖”的广告词，视频广告中“让人人都认识你的另一面”等，被看做是向传统社交网络社区挑衅的行为，让人魔网盖上了深刻的新兴 SNS 社区烙印。以至于谜底揭开之时，人魔网以游戏为重心的营销推广，让许多原本关注和期待的用户失望，产生了一定的负面影响。如何在营销中把握火候，不至于矫枉过正，值得大家深思。

专家点评：

用“邪恶”的手段推广“邪恶”的网站，给市场的冲击力肯定超出了预期。面对诸多恶评，始作俑者不必内疚，反而应该得意。所谓的道德，在互联网上的深层娱乐中没有绝对地位，也不具有评断优劣的标尺功能。在法律许可内，新网站的立足需要这样的胆略，但可一不可二。用这样的招式吸引注意力很好，扩大影响力勉强，建立公信力就不能指望了。要知道，任何事情发展起来之后，终究要面对社会舆论。

2. 购物也疯狂，全民狂欢“光棍节”

如今，互联网已经普及到了千家万户，越来越多的人开始加入网民这一行列。而互联网在方便了人们的生活之余，也带给了我们一些意想不到的变化。例如，越来越多的节日通过互联网开始为人们所知，其中甚至包括网民自己创造的一些独特的节日。这些节日有的源于地方习俗，被网友在网上推广；有的是来自小说当中，被粉丝推崇；还有一些则是因为谐音和形似被当选。这些节日除了带给人们快乐之外，也给广大商家带来了更多的商机，国内知名电商淘宝、京东商城、当当、凡客、苏宁易购等巨头网纷纷抓住机遇，开展各种打折促销活动，其中战绩最为辉煌的莫过于淘宝商城“光棍节”促销。根据淘宝官方数据显示，仅“光棍节”一天便实现了33.6亿元支付宝交易额，产生了2 000万个订单，共有近500家店铺销售过百万元，约占总参与店铺的1/4，是前年这一天的67.2倍，规模相当于整个香港9月日均消费品零售总额的4倍，令人瞠目结舌。

活动页面1

天猫下凡，喵星人来袭

从规模上来看，淘宝可以说是目前亚洲最大的线上购物网站，其整合了数千家品牌和生产商，为厂商和消费者提供了一站式服务；从消费体验来看，淘宝承诺提供100%品质保证的商品，七天无条件退货的售后服务，以及购物返积分等活动也大大加强了用户黏度。不得不承认，实际上淘宝已经坐拥B2C的半壁江山，那为何还要花费巨大成本做这样的活动，这样的活动是否有必要呢?

2011年11月1日，淘宝启动了独立域名www.tmall.com，表示将在整体平台化运营的同时，打造细分行业的垂直市场，根据各行业特点制定物流和售后方面服务的垂直化标准。是的，自淘宝诞生以来，买家和卖家因为商品信息售后问题产生的纠纷就从未停息过，甚至一度影响到了平台的整体声誉，作为一个服务平台来说，这是致命的。而淘宝在处理纠纷的时候，必须要同时顾及双方的利益。此次新域名平台的建立，是淘宝整体战略的一个大动作，希望借此将购物流程中的所有细节规范化，将行业细分，区别对待，减少用户在购物体验中产生的种种问题。

启动新域名后，淘宝试图尽快扩大新平台的知名度和影响力，为此运用了多重手段。例如将域名谐音为“天猫”，卖家在与顾客的交谈中将自己定位于“喵星人”，幽默之中拉近了与顾客之间的距离。另外，淘宝也大力通过微博制作话题，力争将新域名的影响力扩大。从这些点来看，11月11日推出“光棍节”的活动就不足为奇了。毕竟淘宝网虽然能够在初

活动页面2

期带给它一些可观的流量，但如果没有及时打响品牌，扩大知名度，长此以往，“天猫”将失去脱身于淘宝的独特优势，沦为一家毫无特色的普通新兴网店。在拥有独立域名后迎来的就是淘宝一年一度的“光棍节”，借此进行大规模的宣传和营销活动顺理成章。

活动页面 3

其实，“光棍节”是一种流传于年轻人的娱乐性节日，以庆祝自己仍是单身一族为傲。“光棍节”产生于校园，并通过网络等媒介传播，逐渐形成了一种“光棍节”专属的文化。而大量的年轻人、上班一族和校园学生正是网上购物的主力军，淘宝选择在这一天进行促销，毫无疑问能够引起这个群体的共鸣，获得更好的效果。同时，选择 11 月 11 日这样的一天也避开了传统节日例如圣诞节、情人节等大众促销活动，从而将影响力扩展到最大化。

两亿投入，发力三月

在新域名上线后的未来三个月内，淘宝投入了两亿元人民币用于品牌宣传，力求覆盖全国和多种媒体，“光棍节”促销活动就是其中最重要的一环。

线上营销是题中应有之义，在官方网站和商城的醒目位置，淘宝用大篇幅描述了活动详情，务必让用户一打开网站首页就能看到醒目的活动介绍，而“全场 5 折，全国包邮”的活动标题更是对消费者产生了巨大的吸引力。同时，除了在各大门户和论坛的广告投入之外，还有一些例如“光棍节你咋过”等充满热点的话题被发起。面对如此铺天盖地的广告宣传再加五折包邮的诱惑，恐怕不仅是单身的朋友，连情侣们也禁不住诱惑吧？

活动页面 4

互联网公司在电视媒体投放广告并不是新鲜事了，而淘宝此次更是大手笔出击，活动前一天在中央电视台一套节目新闻联播后投放了大幅广告。央视的影响力自然首屈一指，相对的价格之高更是尽人皆知。

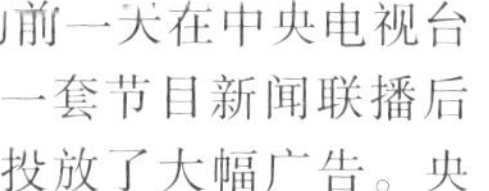

活动页面 5

这并不算完，在活动前期，淘宝还投放了大量的户外广告，针对用户群密集的人群集散区如地铁、公交站等都设立了户外广告牌，上下班的人很难不注意到那些大幅的鲜红色块。更加值得一提的是，淘宝还通过移动终端推送了活动广告，众多的手机报，手机注册会员都是淘宝投放的平台……

活动页面 6

诸多手段皆齐备，此次不遗余力的宣传营销令人咂舌！淘宝此次可谓真正做到了覆盖式营销的真谛，迅速将产品覆盖到了市场当中。通过主要的线上推广，传统媒体的巨额广告，以及户外和手机终端的补充，完美覆盖了所有的媒体，将“光棍节”的广告推送到了每一位潜在用户视线之内，完美实现了尽人皆知的目标。

半价包邮，仅此一天

半价包邮，这可以说是电商有史以来最有力的诱惑了。面对一件心仪已久的商品，限于囊中羞涩而不敢出手的经历，恐怕人人都曾有过；而和卖家因为几块钱邮费争论半个小时的朋友也不在少数。那么，当淘宝商城打出“半价包邮”的大条幅之时，你还能保持冷静吗？

如此具有鼓动性的广告语有效地刺激了用户的购物神经，激发了购买欲望，使用户处于一种不理性的购买状态。本来不在购买计划中的商品，因为半价的缘故，那也得毫不犹豫地拿下了。可以说，淘宝花费大精力和大手笔展开的战略，因为“半价包邮”取得了决定性的成功。而“限购一天”，又将目标人群的购买时限成功地集中起来，和“秒杀”非常的相似。

活动页面 7

实际上，淘宝在大手笔投放广告的同时，针对目标人群也作了非常详尽的调查。从淘宝的首页可以看出，淘宝将女性锁定为主要购买力。纯粹以性别区分的品牌中，男女比例达到了 6：4，服饰类和鞋类的品牌占到了 80%，瞄准女性的购买特点，以利润空间较大的服饰类产品作为主题，是淘宝此次促销的又一成功之处。

此次营销的活动总体上相当成功，但其中的问题也为后来的营销计划提供了借鉴：第一，售后，不堪重负的物流，尽管此前淘宝已经对可能到来的物流顶峰有所估计，但是当天参与购物的消费者还是使得物流方几乎限于停滞；第二就是出自淘宝这次战略活动力求改变的地方，部分商家仍然存在欺诈行为，让消费者兴致高涨的劲头转化为愤怒的火焰，影响了网购的体验和淘宝的形象。

专家点评：

《三国演义》中有一段脍炙人口的“借东风”故事。本案例中淘宝天猫商城就很好地借了 2011 年 11 月 11 日“光棍节”的东风，凭借巧妙的促销策略（半价包邮、限时抢购）、周密的实施计划（特殊日期、前期充分铺垫、紧抓热点、结合目标人群）、广泛的网络传播效应（结合线下强势覆盖，线上全网覆盖，主推品牌），收获了巨大的营销效果和市场效益。同时其中暴露出的物流预计不足、部分商家存在欺诈行为等问题也为淘宝敲响了警钟，淘宝必须要加强物流配套服务和商家监管，为日后提升营销活动的影响力打下坚实基础。

通过这次案例，我们要学习以下几点：第一，整合营销推广，线下强势覆盖，线上全网覆盖；第二，多种营销策略，多方位刺激消费者；第三，淘宝购物以女性为主要的营销对象；第四，选择服装作为主推品类；第五，重视家纺产品的推广。

3. Hold住姐代言当当，你还能Hold住吗？

Hold住姐，本名谢依霖，就读于中国台湾文化大学表演专业。2011年8月9日，在中国台湾综艺节目《大学生了没》节目中，一位名叫Miss Lin的网友以雷人的造型呼啸登场：以俗艳夸张的造型、嗲声嗲气的英文、扭捏作态的姿势……向大学生们介绍什么是Fashion。因其扮丑搞怪，加上爱卖弄中英文夹杂的拽调风格，影视频发布在youTube短短11天，视频点击率就破101万人，被网友封为“Hold姐”。

Hold住姐Hold住，观众Hold不住

Miss Lin的表演有7分钟左右，高潮是“一秒之内变格格”片段。这天，Miss Lin穿着性感的比基尼去参加时尚海滩派对，结果发现是清朝Party。Miss Lin瞬间内心混乱，但是她告诉自己要“Hold住”、不能慌，于是她便突发奇想把比基尼反过来罩在头发上，造型一下就变成了清朝格格。更令人捧腹的是，她还不断大喊“尔康”，全场的观众瞬间笑得前仰后合。

表演结束后，Miss Lin自信地说了一句：“就算我搞错Party，整个场面我要Hold住！”由于她在表演时把比基尼穿在了衣服外面，加之其各种搞笑技艺让人笑到疯狂，整个画面十分喜感，便被网友称作“Hold住姐”。

定位喜剧丑女，Hold住姐接班小S

自从小S之后，台湾综艺节目一直缺乏亮眼女谐星。“Hold住姐”走红后，被很多人拿来和小S比较，并认为是下一个小S。

其实，Hold住姐谐星有道，首先是如花怂装吓死人，却要教大家什么是时尚。惊悚的装束与其卖弄中英文夹杂的拽调风格，形成巨大反差“笑”果。其次是潮语不断，敢秀敢言，其口头禅“Hold住”如今已是网络流行语。

漫画Hold住姐

当当牵手Hold住姐，拉开12周店庆大幕

“所有的行业都是娱乐业”——斯科特·麦克凯恩在全球畅销书《商业秀》中的一句经典台词，如今不仅在传统行业被屡屡印证，在风生水起的电子商务行业也同样如此。众所周知，消费者注意力集中的地方，也往往是商家的品牌秀场，娱乐营销则是能够抓取消费者眼球最直接有效的途径。

2011年11月1日，适逢当当网12周年，“Hold住姐”担纲的当当网店庆平面广告在各大城市的写字楼、公交站牌等广告位迅速铺开，引起了很多时尚潮人的关注和热议。对于当当网这种娱乐化的广告风格，显然网友们还不是非常适应。有些网友调侃：“当当网走娱乐路线了？这口味也忒重了点。”

打开当当网首页，巨幅背投充满整个屏幕，视觉冲击力相当强劲。当当网此次的广告是为了打破习惯认识，其负责人解释说：“过去当当网在消费者心目中一直都是一个‘乖孩子’的形象。这次请Hold姐代言就是为了打破习惯认识，她本身也作为一个草根明星更加贴合消费者。人人是明星，人人都能当明星，也是当当网传递的讯息。”

Hold 住姐代言当当网

当当网此举很是大胆。另外，当当网也在通过一系列的户外广告打造自己的品牌内涵和品牌精神，“想当就当”的理念还是非常前卫的。“想当就当”倒是与“Hold 住姐”张扬大胆的言行举止十分契合。只是“想当就当”这种以尖锐态度为核心的概念，距离当当网以往的品牌形象相去甚远，突然转身让大家有些不适。

电商娱乐营销背后的价格大战

表面风光无限，内心冷暖自知。经过十余年的发展，电商搞得红红火火。同时，2011 年，电商冬天真的来了？风投不疯了！裁员了！拖欠广告费了！人去楼空了！——“电商寒冬论”充斥市面，电商企业也都感到了寒意，纷纷筹谋备战寒冬。

随着中国网购市场规模的增长和主消费军的年轻化，电商的营销方式也从传统走向创新，娱乐营销成为电商企业御寒新术。京东商城牵手《男人帮》，植入广告和主题营销有声有色；凡客诚品签下李宇春为最新代言人，口号升级“我们是凡客”；同时梦芭莎请范冰冰代言，走秀网请杨幂代言；YOHO！有货玩转“轻营销”，与明星实现共赢；乐淘“品牌调性”剑走偏锋，“猩猩偷鞋”引争议；姚晨担纲赶集网；麦考林力邀 Angelababy；聚美优品请韩庚……电商企业打响了新一轮的娱乐大战。

当当网是个很有雄心壮志的企业，一直谋求模式创新，早在 2005 年当当网就曾提出要“启动 C2C 交易平台，打造一个全新的、C2C 和 B2C 融合的交易平台，为广大消费者提供一站式的电子商务服务”。只是战略提出 4 天后当当网的 C2C 战略就以失败宣告停止，而在 6 年后的今天，当当网的 B2C 也被京东商城打得稀里哗啦，赖以生存的图书长尾被刘强东通过一番价格战割成了短尾。

平台模式创新后继乏力，在宣传上就会多些花样创新。京东商城牵手《男人帮》大炒娱乐营销路线，当当网自然也不甘示弱，拉着 Hold 住姐玩娱乐营销，不同于《男人帮》的小资情调，当当走的是怪诞、搞笑的亲民路线，Hold 住姐的 Hold 住配合着当当网 12 周年店庆，“想买就买，想当就当”、“平时上网 Hold 的住，当当店庆 Hold 不住”让人感受到当当网店庆的价格攻势。活动期间，除了当当主动让利降价，当当网上数千平台商家也将通过集体降价的方式参与到当当网的 12 周年店庆活动中。让利幅度上，图书甚至“买 100 返 200，买 200 返 400”，商家们则打出了“全场 49 折”的口号。

Hold 住姐代言当当是当当网上市以来的首次店庆活动，当当网希望借助此次活动稳住自己的电商地位，提升销量，扩大平台影响力。其实，通过各种节庆搞价格战早已是电商企业的家常，像苏宁易购图书频道上线即打出“0 元售书 72 小时”、“全场 1.5 折起开抢”的低价大旗，并且放豪言“除了不卖生鲜其他什么都卖”！京东商城推畅销书 1 ~ 3 折限时抢购、音像满额立减等优惠活动。淘宝商城更是借助天猫更名、双“11”大推光棍节半价大促销。

当当Hold住姐代言双刃剑

需求决定市场，竞争导致“求人”，“注意力经济”是广告代言人存在的理论基础。企业请名人做广告，都是为了由名人效应转换成品牌效应。明星对品牌的影响力是不言而喻的，但是一旦选择不当，搞不好会伤害企业，甚至名誉扫地。

当当Hold住姐代言广告一出，引起哗然一片。对于当当的重口味，大家褒贬不一，有人称“被雷到了”、“Hold不住了”，也有人认为挂靠了社会关注热点，走草根化、平民化的路线，也不错。不少网友在微博上批评当当网的广告脑残，在这里引用微博网友@圆達微微笑的原话：感觉凡客还是行如其言，比较“有态度”的，至少每次传播的“病毒”都比较有营养。相比之下，京东的孙红雷摆谱和男人装植入，当当的Hold住姐出镜，“传染性”是要略低一些的。

估计当当网聘请Hold住姐，一是为了挂靠热点吸引眼球，另一个是为了表达当当网的口味转变——娱乐化，平民化路线。只是让大家猜不透的是，Hold住姐走的是谐星路线——靠糟蹋自己、出位来博眼球的，这样一个文化类型，用在商业之中，实在体现不出什么正面的企业形象，而令人恶心的拍摄和剧本，更是让人反胃，又如何激起消费者的购买欲望？对于当当网的品牌形象也无任何补益，甚至还有反作用。另外，当当网没有考虑到不同媒体的受众特点，把雷人广告贴满了大街、公交、地铁，然而线下群众知道“Hold住姐”的有几多？

专家点评：

随着当今电子商务的竞争进入白热化，几家电商巨头纷纷八仙过海，各显神通。当当网邀请Hold姐做的这套以她为主视觉的系列广告，推广其“想当就当”的全新品牌口号，走的是电商娱乐营销的路子。Hold住姐和“想当就当”的口号吻合度很高，传播力度也不错，只是当当网整个案子的推广有两点没有考虑到：第一，Hold住姐的品牌形象和当当网的形象联系，毕竟Hold住姐是一个不走常规路线的谐星，在大众的心里是恶搞、卖丑的形象，这与当当网一直以来在大众心目中的正面形象相去甚远；第二，没有顾及不同渠道的传播特点和媒体受众的接收习惯，Hold住姐是一个网络流行人物，其口头禅“Hold住”是网络流行语，当当网在包括路牌、地铁、公交等线下渠道大推，不但会让不知道Hold住姐的用户反胃，还可能导致用户对当当网品牌形象的错误认知。建议企业在走明星娱乐明星的路线时，考虑以下三点：第一，人气是基础，匹配是前提；第二，看竞争对手；第三，避免代言品牌之间的竞争；第四，代言的价值要看企业发展趋势；第五，明星选择除了关注人气、气质、价码，还要注意时机和其成长力；第六，创意要做好，传播力度要到位。

4. 嫦娥现身街头卖煎饼，《神仙传》测试造势

经过十余年的发展，网络游戏已经由最初的图形化 MUD 游戏《网络创世纪》、《万王之王》，发展到今天年营业额可以达到十几亿元的 MMORPG 产品《魔兽争霸》、《征途》。网络游戏产品发生了翻天覆地的变化，网游网络营销广告也从最初的在门户网站上贴一个简单的通栏广告，发展到今天的全方位的整合营销，中国网络游戏的营销方式随着营业额的提升，客户群的不断增长，逐渐趋于多元化、成熟化。

《神仙传》首款中国人的神话史诗网游

《神仙传》是由第九城市投资的杭州火雨网络科技有限公司开发的一款大型多人在线 2.5DMMORPG 网络游戏。游戏以中国上古神话为背景，创造出一个庞大唯美的中土修仙世界。游戏世界观建立在盘古开天辟地，女娲造万物后，圣精佛仙、妖魔鬼怪通过不断的修真、修炼进行二次封神的故事。在这个透着浓郁中国古风的世界里，玩家将与华夏众神一同冒险，共续缥缈上古神话。

网游《神仙传》与葛洪

《神仙传》由第九城市旗下火雨网络历时三年，耗资千万制作，极致的画面效果、深厚的文化底蕴，多样系统玩法一网打尽。本款网游取材于中国神话题材古籍《神仙传》一书。《神仙传》是一本中国古代志怪小说集，由东晋葛洪撰，书中收录了古代传说中的 92 位仙人的事迹。玩家在游戏《神仙传》可以与精卫一起填海，与愚公一起移山，与后羿一起射日，与女娲一起补天。如果玩家运气好的话，还可以与嫦娥一起奔月。最吸引玩家的部分就要属八仙过海了。

中国有着太多玩家耳熟能详的神话故事，只不过缺乏系统完整性，相对独立。《神仙传》力图重建一套传承连贯、系统完整的中国神话史诗，让玩家在玩游戏的同时，能了解中国上古神话之间的承接关系。

《神仙传》人物之一

《神仙传》人物之二

于是，美丽的嫦娥姐姐下凡了。

嫦娥姐姐摊煎饼，上海九城的非常规营销

“煎饼嫦娥”

2011 年 9 月 7 日上午 7 点半左右，位于张江高科技园区碧波路 690 号惊现一古代女子在微电子港园区对面的一个路边摆摊卖煎饼。女子身着古装，留着嫦娥一般的盘头，面容秀美，眉间还点缀着一点朱红。此女子不紧不慢地做着蛋饼，舀面糊、摊饼、裹油条等步骤一个不差，手法十分熟练，因其靓丽的古典气质与煎饼摊形成强烈反差，因当时正值上班高峰期，上班族见状纷纷驻足猎奇，不少人掏出手机、相机拍个不停，引无数路人围观，照片被微博曝光后，一时间红遍网络，被网友戏称为“煎饼嫦娥”。“嫦娥姐姐”自称从天宫下凡而来，因为天宫房贷压力太大，又值中秋佳节，想卖月饼但又要上高额的月饼税，不得已而改卖煎饼，从而减轻自己的房贷压力！有网友微博表示：“今天上午发了个嫦娥摊煎饼的围脖，中午打开围脖，收到两千多 @，几百评论……”网络火爆程度可见一斑。短短一天之内，新浪微博，宽带山、猫扑、19 楼等论坛纷纷转载，累积浏览量超过百万。

B 互动

中秋近，“嫦娥”下凡张江卖煎饼

家长论坛上送礼讨论帖猛增

媒体报道“煎饼嫦娥”

记者第一时间采访，现场围观群众回忆，9 月 7 日早晨 8 点多，路过煎饼摊时看见了这位“嫦娥妹妹”，当时围观的人并不多，有几个人排队等候买煎饼，也有不少人拍了张照片后就离开了。“我们都是游戏行业的，对这个确实是习以为常了。”一位游戏热爱者观众称，之前看过不少类似通过 COSPLAY 进行的造势行为，套路雷同，又因为始发地周边遍布游戏公司，所以她非常笃定地认为，这是游戏公司的策划。

嫦娥上海街头卖煎饼事件一经曝光，网友评论如潮。“这年头生意不好做啊，卖煎饼都要 COSPLAY。”“中秋月饼要交税，嫦娥煎饼不要税。”“了解用户群体特点是第一位的，张江男喜欢这种。”“穿越了啊！快到八月十五了，嫦娥都亲自给我们做饼饼了啊，不过不是放了很多稳定剂的月饼，而是现做的，这个新鲜好吃哦亲!”

凭借对网络游戏的了解，一名游戏爱好者判断出这位“嫦娥妹妹”的造型酷似上海第九城市信息技术有限公司一款游戏中的角色，一部以该款游戏为题材的神话穿越剧即将上映，其中女主角的定妆照造型与卖煎饼的“嫦娥妹妹”十分相似，而在该款游戏的宣传照片中也不难找出这款造型。

新浪网友木凝欢将煎饼嫦娥与此前《神仙传》官方网站公布的吕瑶定妆照进行对比之后，将该事件的幕后策划锁定九城《神仙传》。登录《神仙传》游戏可发现，煎饼嫦娥与游戏中 NPC 嫦娥的装扮相似度达到 90%以上，唯一的区别在于前额没有发带。

网友微博“煎饼嫦娥”与吕瑶对比照

《神仙传》游戏里的嫦娥造型

嫦娥姐姐爆红，九城《神仙传》浮出水面

《神仙传》海报

“中秋近，嫦娥下凡张江卖煎饼”、“原创啊 ~~ 我拍到神马了？嫦娥现身上海街头卖煎饼”、“我真心觉得卖煎饼的那个嫦娥姐姐长得美”、“玩家上街拍到嫦娥姐姐卖煎饼，围观众多阻塞交通”、“亲爱的嫦娥姐姐，您改行卖煎饼了？”……一时间官方新闻、网友自发讨论铺天盖地，嫦娥姐姐开始走红网络。

实际上，九城潜心三年研发的首款神话史诗大作《神仙传》在 7 月 22 日就开启了 VIP 限量不删档测试，因此自然会抢在国庆档推出新玩法或新测试等产品更新。《神仙传》天灾系统也已 9 月中旬推出，首个副本地图陨仙台正式登场。嫦娥姐姐走红网络后，九城正式作出回应，“煎饼嫦娥”事件就是为 2011 年 9 月 16 日即将开启的《神仙传》PVP 测试造势。至此事件告一段落，嫦娥姐姐的关注热度依然不减。

2011 年 11 月又一位“嫦娥姐姐”下凡在上海浦东，与中秋卖煎饼不同，这次嫦娥走运动路线玩起了滑板，为《神仙传》新服开启造势，不少外滩游客围观、拍照，外国友人也排队抢着来和嫦娥合影留念，顿时成为上海滩一大看点。

事件营销领航网游网络营销

从明星代言到艳星涉足，从媒体新闻到视频传播，从太阳旗到铜须门，从大佬名言到内部爆料，从后宫优雅到贾君鹏你妈妈喊你回家吃饭，从平面广告到微博推广，网游营销的方式逐步衍生出各种各样的方式，网游营销跟随着产品的更新，可以成为一个独立的发展史，其中事件营销亮点多多。

“势”是事件炒作的重心之一。网游事件营销要借势，同样是分两种方法：顺应时势或自己造势。“贾君鹏”、“后宫优雅”等事件是造势，“春哥”、“曾哥”等是借势。嫦娥姐姐摊煎饼是造势营销，其营销传播的五个阶段比较明确：第一，明确目标和需求（推广新上线的游戏《神仙传》）；第二，事件炒作的规划（一个好的 idea，嫦娥姐姐）；第三，细节安排（设计整个过程的每一个细节）；第四，执行应变（找好引爆点，做好突发事件的应对储备）；第五，收尾总结（总结经验，延伸事件营销力，嫦娥姐姐持续推出滑板版）。

不过随着事件营销策划的增多，网民免疫力增强，事件营销的难度也越来越大，一旦策划不当，执行不力，节外生枝或者被别人借势，就可能使营销效果大打折扣，甚至出现不利影响。

专家点评：

地铁上的雅典娜、白娘子寻许仙、嫦娥下凡、李师师穿越等，众多COSPLAY变种推广游戏事件营销轮番上演，这些事件背后需要丰富的游戏内涵和后续内容，时空转换是一个噱头，一时吸引眼球的行为要达到持续效果，还需要整体的方案创意加执行力保障。嫦娥姐姐走出网游营销美女、血战、恶搞等低俗营销，网游主角来到现实生活，不仅很好地契合了网游《神仙传》的内容，更难能可贵的是嫦娥姐姐热度不减，推出嫦娥玩滑板为《神仙传》新服开启造势等系列持续事件，不断将《神仙传》推向新的营销境界，吸引、转化用户。

5. 微信联手百事，点亮亚洲第一高楼

在2011年年底，从12月22日到31日，百事可乐联手腾讯微信在广州举行了一系列活动，借跨年时机进行品牌宣传。其间广大微信用户互动参与活动之中，同时通过广州新闻媒体的实时报道，收到了十分理想的效果。

微信：2012，#微信#联手百事可乐，点亮亚洲第一高楼广州塔！打开微信，摇一摇到百事可乐官方微信号“祝你百事可乐”并与之互动，即可100%中奖赢取百事明星新年倒数入场券、千元网购现金券。只有你想不到，没有你摇不到，12月31日晚期待与你在现场点亮广州塔哟！

2011年12月22日 16:31 来自腾讯微博　　转播｜评论｜更多

腾讯微博活动公告

2011年12月31日晚，微信携手百事可乐共同在广州举办“点亮广州塔”活动。新年倒数时，微信邀请广州全城的微信用户在城市里任何角落一同摇动手机，通过微信摇一摇功能，成为“点灯者”。随着参与人数和摇动次数的增加，广州塔将被一格一格点亮。同时，广州电视台四个频道还对此进行了现场直播。此次活动无论是对于微信，还是对于百事可乐，这次合作都是一个大胆创新的尝试，并且十分契合微信本身的创新气质和倡导生活方式的理念，是一次典型的成功之举。

微信“摇一摇”，多重活动奖励贯穿其中

百事联手微信的活动主要由三个部分组成，而且在每个部分都设置了丰厚的奖励给参与微信互动的用户，这无疑成为一种巨大的诱惑，吸引了大量的微信用户积极参与。

① 第一部分是为期10天的大规模抽奖活动。12月22日至31日，只要安装了微信的手机，在广州任何一个角落，使用微信“摇一摇”功能，就有可能摇到百事可乐的官方号“祝你百事可乐”。用户只需跟其打招呼，并发送“百事可乐”，就可100%中奖。

奖项设置：

一等奖：2012广州海心沙跨年盛典门票

二等奖：广州塔2012祝你百事可乐新年倒数嘉年华门票

三等奖：1 000元QQ网购现金券

参与奖：欢乐美食优惠券（100%中奖）

② 第二部分是24日平安夜和31日跨年夜在海心沙举办的群星专场演唱会。超大的明星阵容，参加演出的明星有李克勤、谢安琪、Boy'z、洪卓立、陈伟霆、林忆莲、黎明等，再加上超炫的舞台特效，让到场观众大呼过瘾。此外，现场通过微信“摇一摇”的方式，向现场的观众送出iPad2，更加引爆全场气氛。

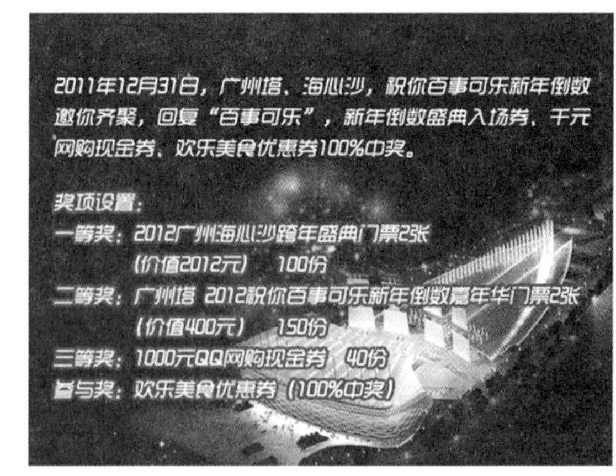

活动海报1

③第三部分是 31 日晚“点亮广州塔”活动。微信用户只要于 12 月 31 日在广州市任何角落使用摇一摇的功能，都可以成为“点灯者”，现场观众更能见证广州塔一格一格被点亮，成为整个活动最大的亮点。最后根据统计，参加“点亮广州塔”活动的微信用户达到了 30 155 人，可见其宣传效果之明显。

活动海报 2

百事借力微信，强强联合

微信是腾讯公司于 2011 年初推出的一个为智能手机提供即时通信服务的免费应用程序。微信支持跨通信运营商、跨操作系统平台通过网络快速发送免费（需消耗少量网络流量）语音短信、视频、图片和文字，支持多人群聊的手机聊天软件。用户可以通过微信与好友进行形式上更加丰富的类似于短信、彩信等方式的联系。微信软件本身完全免费，使用任何功能都不会收取费用，微信时产生的上网流量费由网络运营商收取。因为是通过网络传送，因此微信不存在距离的限制，即使是在国外的好友，也可以使用微信对讲。2011 年被称为“微信年”，面世一年，微信获得众多媒体和用户的认可。据悉，光是摇一摇功能的日启动率就已经达到 1 亿次，用户数破 5 000 万。

百事公司是世界最成功的消费品公司之一，为全球第四大食品和饮料公司，是美国的一家享誉全球的跨国公司。百事品牌的理念是“渴望无限”，倡导年轻人积极进取的生活态度，寓意是对年轻人来说，机会和理想有着无限多的空间，他们可以尽情地遐想和追求。为了推广这一理念，百事选择足球和音乐作为品牌基础和企业文化载体，使百事的“新一代的选择”和推崇“快乐自由”的风格广泛地被人们尤其是青年人理解和接受。这样，很多人就明白了，为什么“百事”的产品从简单的包装到向运动系列、功能系列拓展都刻意体现一种动感和欢快的格调，从而使许多青年人成为“百事”忠实和热心的消费者。作为世界知名品牌，百事不仅是全球最成功的消费品公司之一，在网络营销领域也是领先的创新实践者，他组织的每一次活动都吸引了广大网民的踊跃参加，影响空前。

腾讯是中国互联网最具号召力的品牌之一，这个网络平台聚集了 3 亿多最具创造力的网络用户，在年青一代中拥有绝对的领导地位。随着腾讯多年来的发展，其高黏性的用户群体也逐渐成长为社会主流力量，成为经济、文化等各领域不可忽视的庞大先锋力量，与百事的目标群体形成了精准对接。作为互联网营销的先驱者，以及多年来在数字营销方面的经验积累，百事深知一个好的创意是品牌营销活动的基础，而一个富有活力、与品牌内涵高度契合的平台是决定全盘成败的关键。微信正在成为青年人的新宠，因此，腾讯的微信成为百事的首选。而强强联合带来的效应，让整个活动的成功举办变得轻而易举。

点亮象征性高塔迎新年，吸引眼球

此次活动的亮点——广州塔位于广州市中心，城市新中轴线与珠江景观轴交汇处，与海心沙岛和广州市 21 世纪 CBD 区珠江新城隔江相望。2010 年 9 月 28 日，广州市城投集团举行新闻发布会，正式公布广州新电视塔的名字为广州塔，整体高 600 米，为国内第一高塔，而“小蛮腰”的最细处在 66 层。

作为广州标志性建筑物的广州塔更是拥有多项世界之最：

第一，最长的空中云梯：设于 160 多米高处，旋转上升，由 1 000 多个台阶组成；

第二，最高的旋转餐厅：424 米高的旋转餐厅可容纳 400 人就餐，享受中外美食；

第三，最高的4D影院：身处百米高空看有香味的电影；

第四，最高的商品店：432米高的广州塔纪念品零售商店，让您可以把广州塔精美的模型带回家；

第五，最高的横向摩天轮：在450米露天观景平台外围，增设一个横向的摩天轮，可以乘坐摩天轮一览广州美景。

广州塔

所以在广州民众众人皆知的广州塔上进行活动，就足够吸引广州民众的注意力了，而和时下流行的微信联系起来，增加了活动的时尚感，吸引了更多的年轻人参加到活动中来。通过利用微信参与人数与广州塔上亮灯数的创新性相联系，参与者通过自己手中的手机来控制标志性建筑上的灯光，很愿意用这样一种特别的方式迎接意义非凡的2012年，让人在感到新奇的同时，引发更多的微信用户参与其中，直到整个广州塔被点亮。这对于参与民众来说可能只是在好奇有趣的心理驱动下参与的，而这正是百事可乐公司事前所期盼的，正是此次活动的精妙之处，减轻了此次活动的商业化、广告画，更加具有亲和力。

微信作为一种新兴的交流平台，在年轻人中具有相当大的号召力，而百事作为年轻人的代表品牌，一直致力于扩大在年轻人中的影响力，巩固百事品牌在中国市场的凝聚力，所以此次是他们一次精准的针对性合作，志在得到年轻人的响应。百事可乐作为一个著名的国际品牌，腾讯作为中国国内最大的互联网品牌之一，他们之间的合作不单单是强强之间的联合，更是国际品牌在中国市场进行宣传的一种方式。利用中国民众认可的交流平台，通过合作的方式，百事发挥自己大品牌的优势，腾讯发挥自己在国内良好的号召力水平，两者的合作实现了双赢的局面，不仅将百事可乐在中国进行了广泛的宣传，也给腾讯提高了自己的品牌价值。

灯火辉煌的广州塔

专家点评：

创意、跨界、互动是本案例的三大亮点，活动创意、可口可乐微信跨界合作、互动参与，使得移动互联网的营销妙趣横生。移动互联网营销，创意价值无限，异业合作一石三鸟，而且往往人类越是最简单最原始的动作越能够激发更多梦想。

本案例中时尚的品牌、时尚的人群、时尚的玩法、时尚的传播，这个活动不仅没有偏离“时尚”这个焦点，而且还环环相扣，抓得很牢。最终效果参与各方都叫好，套用一句广告就是：大家好，才是真的好。

6. 二维码营销助 1 号店超市上墙

2011 年 8 月，一种新的购物方式在北京、上海、广州等大城市悄悄流行起来，当行走在地铁站或在公交站台等车时，你会发现一种墙体超市正在流行。只要你的手机安装了二维码识别软件，拿起手机拍下“墙体超市”中所需商品的二维码，然后经过简单的操作，你选购的商品就会很快送到你指定的地点，而且商品应有尽有，让“上班买菜，下班做饭”成为了可能。这便是被誉为“网上沃尔玛”的 1 号店推出的“无限 1 号店”，从将超市搬到网上，再到移动终端，1 号店正在利用二维码应用技术改变人们一贯的消费方式，聚合碎片时间，带给用户超前的购物体验。

沟通无处不在，二维码成互动营销新通道

二维码，又被称为二维条码，是用特定的几何图形按一定规律在平面（二维方向上）分布的黑白相间的矩形方阵记录数据符号信息的新一代条码技术，由一个二维码矩阵图形和一个二维码号，以及下方的说明文字组成。将需要访问的信息编码到二维码中，利用手机的摄像头识读。二维码最早出现在日本，被应用在通信运营商的业务数据输入上，因为数据输入和读取的便捷性，二维码逐渐被应用到各个行业，同时也在韩国、美国等国家得到大力的推广。

(a) Code one

(b) Data Matrix

(c) Maxicode

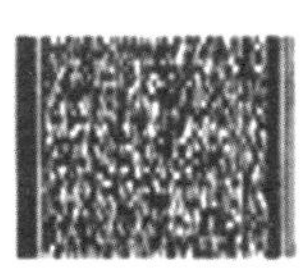

(d) 四一七条码

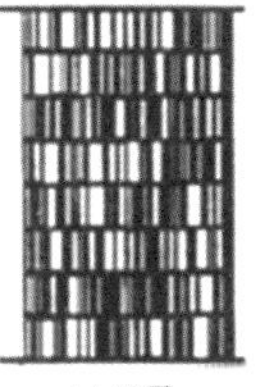

(e) 49码

(f) 16k码

各种二维码

二维码在中国的应用始于 2006 年中国移动推出的手机二维码业务，因为二维码可以容纳图文、音乐、视频等多种形态的信息，一些企业开始将二维码印制到企业宣传册、产品和户外广告上，用户可以直接用手机拍摄通过应用软件识读更加详细的信息。近几年，随着智能手机在中国的普及，以及新媒体营销的创新，二维码商用呈多形态发展。从单一的产品信息读取，到多形式的活动参与，二维码应用正在从信息展示向互动营销衍生，同时二维码也成了互动营销的通道。

互动营销的实质在于多角色的参与，相比传统广告展示，通过手机拍摄识读墙体二维码并登录网站浏览图文、视频等信息更有营销优势。社会化媒体大环境下，用户更有主动权，被动接受变为主动参与是互动营销的核心，参与是营销动作的反馈，分享是营销的效果边际。

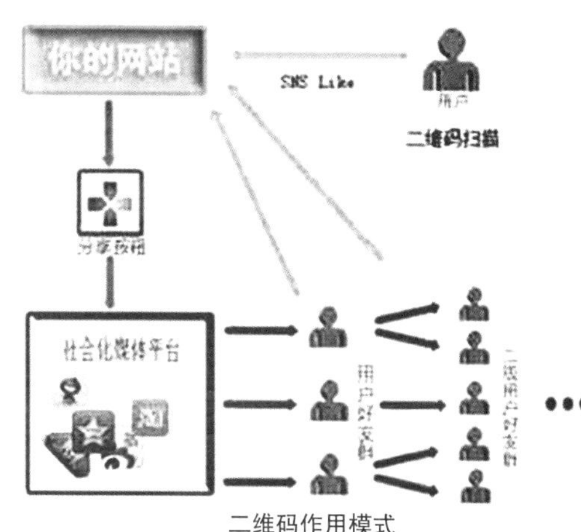

二维码作用模式

除了移动互联网的技术创新以外，将二维码与 SMO（SNS Like）按钮关联并通过按钮作深度传播也是未来的趋势。当有人通过手机扫描线下墙体或者电脑屏幕里的二维码时，页面会主动弹出一个点击“Like 分享”的页面，提醒用户分享到各个包括微博、SNS 社区等在内的网站上，在他的 SNS 社区跟最新动态上就会有显示。这样的关联应用在传统的网络营销活动中已被广泛使用，但在移动互联网中还处于发展初期。这种 SMO 按钮关联可以实现企业营销信息与社会化媒体互通，让信息无处不在。

边走边扫货，1 号店墙体扫货成时尚

一块巨大的广告牌，更像是商品目录牌，画面里布满了各种商品图片，每张图片下面还标有对应的手机二维码。想买下墙上的玉兰油新生塑颜修护精华露，于是拿出你的手机，对准该商品的二维码拍照，简单操作后就等着送货上门。这是中国最大的网上超市 1 号店目前带给消费者的最新购物体验，消费者无须电脑，只需手机就能完成整个购物流程。

2011 年 7 月，1 号店的董事长于刚受到韩国乐购连锁超市 Home Plus 地铁站虚拟超市的启发，首次在中国推出“无限 1 号店”项目，这是比通过 PC 网上购物更加时尚，一种你从未见过的购物模式，不需要电脑和网银，你只需要用智能手机拍下你所需商品的二维码，然后把它们放进虚拟购物车并通过手机结算，商品就会在 24 小时内送达客户指定的地点。

墙体超市

1 号店推出这样的购物方式主要是为了方便广大的顾客，让他们把地铁、公交等待的碎片时间充分利用起来，享受便利，享受乐趣，不用去超市排队和来回挤车或开车，1 号店直接送货上门。相对于传统的网购，这种边走边扫货的购买形式成了购物新时尚。

①新创意，超市上墙

无限 1 号店借助于二维码应用技术，以移动互联网为媒介，将平面广告墙上的商品信息传输到消费者的手机里，通过手机直接登录 1 号店网站，选购所需商品，简便的购物流程和货到付款的支付方式，让消费者在等车的时候就能购买到所需的生活用品。

将网络超市搬上广告墙，是信息科技与移动终端迅速发展下的必然趋势，二维码催生了各种创意性的商业应用，有优惠券获取、电影票预订、LBS 等，但将日用百货编制成二维码带给用户便捷时尚的购物体验是 1 号店 2011 年最具有价值的创意。

②易操作，趣味购物

相比传统的网络购物，无限 1 号店操作更加简单便捷，更具有趣味性，用户只需免费下载 1 号店自己开发的掌上 1 号店客户端（目前支持 iPhone 和 Android 系统）就可以享受走到哪扫到哪的快感。

整个购物流程十分简单明了，用户只需打开客户端，点击“扫描”按钮，对准虚拟商品下方的二维码，自动扫描之后，手机会出现商品详情页，然后点击购买，商品就会进入购物车，随后再进入结算中心，输入收货地址和联系电话，接下来商品的配送和收货流程与 PC 端是一致的。目前无限

1号店在一线城市，支持半日达，上午下单，下午就可以收货。由于手机二维码购物在国内比较新颖，因此备受时尚都市白领的欢迎。

③易触发，贴近用户

在墙体超市推广方面，1号店前期选择了北京近500个公交站点的候车亭以及上海70多个重点地铁站，辐射了北京和上海重点的商圈；这些商圈都是目标用户聚集地，可以让用户随时随地体验无限1号店的乐趣。

同时，1号店后台系统也对每一个虚拟货架进行“跟踪”，IT后台可以很快统计出北京公交、上海地铁的使用率各是多少，每个站点的人流量使用率，取得墙体超市的第一手数据，优化布局，更便于分析数据与用户信息匹配，更准确地把握用户的喜好。

移动互联网营销掘金终端应用

“墙体超市”是1号店移动互联网营销实施的重要体现，随着移动互联网技术的高速发展，以终端应用为核心的移动互联网营销将成为未来10年的掘金点，而二维码营销将成为企业实施移动营销的第一选择。一般来说，移动营销实施分为三个层次：

第一，信息传播层。这是移动营销初级层，企业大多数通过移动互联网和移动终端设备，向目标用户传播产品和活动信息，与传统营销广告形式相似，都是单向的信息传播，目前我们常常接触到的短信、彩信都是处于这个层面。

第二，营销互动层。这是基于人的营销模式，实现双向对话，鼓励用户参与企业的营销活动，碎片化的时间和成熟的移动终端是互动营销的基础，创意性的活动和产品展示是成功与否的关键。通过拍摄识读二维码，并查看新品更多信息就是比较有代表性的移动互联网互动营销的方式之一。

第三，移动交易层。这是营销的结果，也是企业实施移动营销的目的，通过移动互联网营销直接促成交易，但对企业品牌、产品以及购物体验要求过高，所以目前大多数企业还仅处于营销互动这个层面。而1号店的“墙体超市”为中国未来移动互联网营销起到了开拓引导作用。

无论企业的移动互联网营销处于哪个层面，可以肯定的是，移动技术的发展和庞大的时间碎片推动着移动营销的发展，社会化媒体结合移动互联网也将成为2012年发展新趋势。

专家点评：

在科技新时代，随着智能手机的普及，互联网PC终端逐渐被人们手中的通信设备所取代。移动数字技术推动着传统企业营销和电子商务走向移动化。在强大的数据库支持下移动营销开始绽放着生命力，企业可以利用手机通过无线广告把个性化即时信息精确有效地传递给消费者个人，达到“一对一”的互动营销目的。

二维码是移动营销的新生物，但由于特定的几何图形里可蕴藏着多形态、个性化的内容，近几年越来越受到企业的关注。1号店作为中国最大的网上超市，借助于二维码技术带给消费者多种购物体验，其“墙体超市”不仅是对营销新渠道的开拓和尝试，更是一次商业形态上的探索，它改变了以往的营销模式，培育了消费者的移动购物行为，无论是对中国移动互联网营销还是移动电子商务，均起到了巨大的推动作用。

7. “度娘”身后迷雾重重，步步营销步步惊心

互联网的发展，无疑将人们带入了信息化时代。借助于互联网平台，越来越多的信息被网民在第一时间获知。百度作为中国第一大搜索引擎，它的一举一动，势必会在同行和中国网民中激起不一样的涟漪，而当下“度娘”的出现，更是溅起了好大一片浪花。

“度娘”意外走红，营销第一步等待升温

2011 年百度北京总部年终会上，身为百度 HR 的刘冬身着一袭浅色纱质长裙，风姿摇曳地在年会的 T 台上秀了一把。之后，刘冬在新浪微博上晒出了自己年会中的照片，很多网友看到后惊呼“天人”，纷纷转发。短短几个小时之后，刘冬的粉丝已经增长到 148 845 人，并且还在不断增加。该照片被网友冠以长相甜美、神似林志玲、身形苗条、明星范儿十足、性感火辣等高度评价。由于长期以来网友都习惯戏称百度为“度娘”，此次刘冬的出现，自然就水到渠成地被给予“度娘”的称号。就这样，借助于微博平台，借助于广大的微博用户，“度娘”一夜之间爆红成为不争的事实。

刘冬 Jocelin 的新浪微博瞬间爆发，粉丝数爆棚。从寥寥几千人，猛增到后来的 15 万粉丝，成为互联网界 IT 程序员的焦点。

热搜榜 TOP

1 刘冬jocelin (43590)

2 度娘 (32790)

3 曲线回家 (27460)

4 百度hr (25130)

5 鼠标手 (18080)

6 刘东 (16300)

7 杨幂刘恺威 (15400)

8 重庆啤酒 (14020)

9 华为闪耀ces201.. (7200)

10 奇闻录 (5680)

百度热搜榜

截至 2012 年 2 月 24 日，仅仅两个月的时间百度“度娘”刘冬的搜索就达 230 000 个，可见网络的曝光率不容小觑。

两位“度娘”回应，营销第二步适时出击

针对网上疯传的“度娘”一事，当事人以及百度方面并没有及时作出过多的反应或是哗众取宠，这在名利熏天、信息瞬变的网络中，可以说是保持了一份难得的神秘感和持续性，于是之后两方作出简单回应时，获取的关注度之高也就变得理所当然。

“度娘”刘冬

有点受宠若惊的感觉是真的 很多话找不到合适的方式表达 那么 谢谢大家了 祝新年快乐

1月9日03:11　来自新浪微博　转发(37147)　收藏　评论(15262)

打开微博就看到不认识的同学帮忙拍的年会照片 开心

1月8日21:56　来自新浪微博　转发(3383)　收藏　评论(1538)

"度娘"刘冬微博

在"度娘"走红之后，因为刘冬的HR身份，着实引来了不少"冲着'度娘'，也要去百度面试"的火爆口号，甚至还有无数IT死宅争相表示：众里寻她签百度，纷纷准备瞄准百度跳槽。

如此盛况自然也引来了业内众多大鳄的视线。目前，国内HR和电子商务行业的智联招聘、当当网、世纪淘商城等都已经向她发出邀请，欲聘请她为形象代言人，而且代言费用更是开到了7位数的天价！不过相对于各方对"度娘"HR身份的激烈反应，百度官方微博的回应显得理智且从容。

在此次事件发展的最佳时期，百度的官方微博进行了回应，而且还不失时机地利用这个回应做了一个真正的招聘广告。这让人不由想起数年前风靡足坛的一段话：在这一刻，"度娘"不是一个人在爆红，她不是一个人！百度的发言，成功地将百度融入这场火热的走红中。不过耐人寻味的是，在简易的官方回应之后，百度仿佛又将自己置身事外，似营销却又似非营销，让人忍不住想要一探究竟。

我的幸运是 在刚好的时机选择了对的公司 身边还有一群可爱的同学 对我来说弥足珍贵 ~往后的日子 和百度一起加油 虽然俗气但还是想说谢谢~

@百度 V：无数粉丝的关注给当事人带来了很大压力，希望大家能尊重和保护她的隐私。其实这样的她就在你我身边，简单和真诚永远可以和美丽为伴，百度校园招聘组的@刘冬jocelin，她每天的主要工作就是寻找最优秀的毕业生加入百度。众里寻她签百度，2012，我们欢迎更多简单可依赖的同学加盟 http://t.cn/h4WeMf

1月9日 20:10　来自新浪微博　转发(3938)｜评论(1190)

1月9日23:18　来自新浪微博专业版　转发(1439)　收藏　评论(1740)

百度官方微博回应"度娘"事件与刘冬的回复和转发

"度娘"再次现身，营销第三步炒热余温

瞬息变化的网络世界，新鲜事儿层出不穷。在"度娘"这个词渐渐将要淡出人们视线时，"度娘"的真人现身，刘冬受邀参加湖南脱口秀节目《天天向上》。终于见到"度娘"真身，却让不少人当场吓傻了眼，直呼："差的不止一点啊！"甚至很多网友经不起落差的悬殊开始狂批"度娘"。于是，"度娘"轻而易举地再次回到了风口浪尖，重新成为各媒体和网络的焦点。

"度娘"刘冬走秀照与参加《天天向上》节目现场照

“度娘”的“复出”成为了具有争议性的话题

争议引起火爆是互联网一条不成文的规律。往往具有争议性的事件反而能够在网络中引起比较大的风波，像罗玉凤因一系列雷人言论在网络上走红，被人称为“凤姐”一样。她自称懂诗画，会弹琴，精通古汉语，自称“9岁起博览群书，20岁达到顶峰，智商前300年后300年无人能及”，现主要研读经济类和《知音》、《故事会》等人文社科类书籍。这些话不仅有争议，而且将相当一大部分人的神经给狠狠刺激了一把。虽然因此引起了大量网友的炮轰，但是随之带来的就是“凤姐”的名号在网络上无人不晓。

此次刘冬的素颜照被网友们挖掘出来，自然也引发了网友们的热烈争议。有人将她的美艳照片归功于PS，还有人质疑她曾经整过容。网友“许愿E-CHO”说：“度娘脸太假了，又整容又动刀，有必要吗？”更有毒舌网友留言表示：“原来百度美女只是比较会化妆嘛！”而对于这些质疑，“度娘”都未给予正面回答，只是在微博中经验老到地写道：“能被那么多人喜欢着，是我的荣幸。你简单了，世界就变得简单。”

“凤姐”罗玉凤（左）与“度娘”刘冬（右）

甭管怎么说，借助于直观的电视节目，“度娘”成功地将自己又送入了公众的视线内。即使这个出现是受争议的，但不可否认“度娘”二次走红的事实。

“度娘”引出众多“娘”，营销第四步放任自流

继“度娘”走红后，网络上各种真假娘纷纷现身，有的网友甚至发挥聪明才智为互联网企业们的各种“娘”分别取好了名字：【互联网，拼爹不如拼娘!】百度叫“度娘”，网易叫“易娘”，新浪则有些纠结该叫“新娘”还是“浪娘”；谷歌叫“姑娘”，盛大叫“大娘”，搜狗跺跺脚，“不要娘”；腾讯叫“额娘”，豆瓣叫“伴娘”，凤凰网是“皇后娘娘”；来个占便宜的，淘宝说叫“亲娘”，猫扑表示，要娘不如要“猫粮”；华为叫“伪娘”，这不算狠，最狠的是12306，让人很难见到“娘”。因此，有人说互联网进入了拼“娘”时代。

事实也正如此，受不了“度娘”红了又红的诱惑，各IT行业现学现卖，也纷纷开始展示自己年会中的美女职员。例如网易娱乐频道主编陈志亮、走秀网社会化媒体营销总监李宏宇等都秀出了自己公司年会上的美女同事。

“度娘”刘冬

当然，在这个“拼娘时代”的背后，真正互相

比拼角逐的，其实还是各大 IT 企业公司，这也算是一种另类的营销竞争吧，谁让百度依靠“度娘”狠狠火了一把呢？

女神之名鹿死谁手，是丰胸小清新“度娘”，还是文艺气质的“易娘”？拼娘仍在继续中……

专家点评：

刘冬的一夜爆红是偶然还是必然？如果这是一次精心策划的营销或者炒作的话，很显然最大的利益获得者是百度。仅仅只是几张照片，再借助微博的力量顺利地将事件推得汹涌澎湃，然后就成功地将所有 IT 行业从业者的视线吸引到自己身上，并适时地作出“众里寻他签百度”的回应；最后更是在事件快要被遗忘时，借助电视平台再次成功将余温炒沸腾，且事态还在持续发展，这对于百度的好处是显而易见的。与“芙蓉姐姐”和“凤姐”相比，无论刘冬本人的回应还是百度公司的回应，都成功地展示出了一个大企业的智慧风范。

反过来说，如果这只是一次意外的“走红”，那么百度就是被苹果砸到的牛顿，巧妙地抓住并利用此次“意外”达到获利，那就更加让人佩服了。这也告诉我们，网络营销机会无处不在，关键看怎样去想，怎样去用。

8. 创新营销：会变形的百度知道

在21世纪的今天，技术创新革命的迅猛发展，推动着知识社会的形成及人们对技术创新的深入认识。技术创新不仅是一个科技与经济一体化过程，更是技术进步与应用创新共同作用催生的产物，并且在知识社会条件下，以需求为导向、以人为本的创新2.0模式进一步得到关注。创新2.0带给人们的不仅仅是对新生事物的感知，更是改变思维方式的深度体验。2011年7月，全球最大中文互动问答平台百度知道在互联网中作了一次突破性创新，将搜索结果数据页“变形”，上演了“变形金刚数据版”，带给用户全新的搜索体验，深度传播百度的创新精神。

网络病毒，实为技术创新

2011年7月，就在电影《变形金刚3》上映的前一天，当网民在全球最大中文互动问答平台百度知道上搜索“变形金刚”时，会发现神奇的一幕，搜索结果中原本的文字链接会组合成一个“变形金刚”出现在百度知道页面右方并动态向中间移动，伴随其行进的脚步，页面也会随之震动，最后机器人变形分解成搜索结果，并对撞组合成正常搜索结果，撞击屏幕左侧回复原始状态。

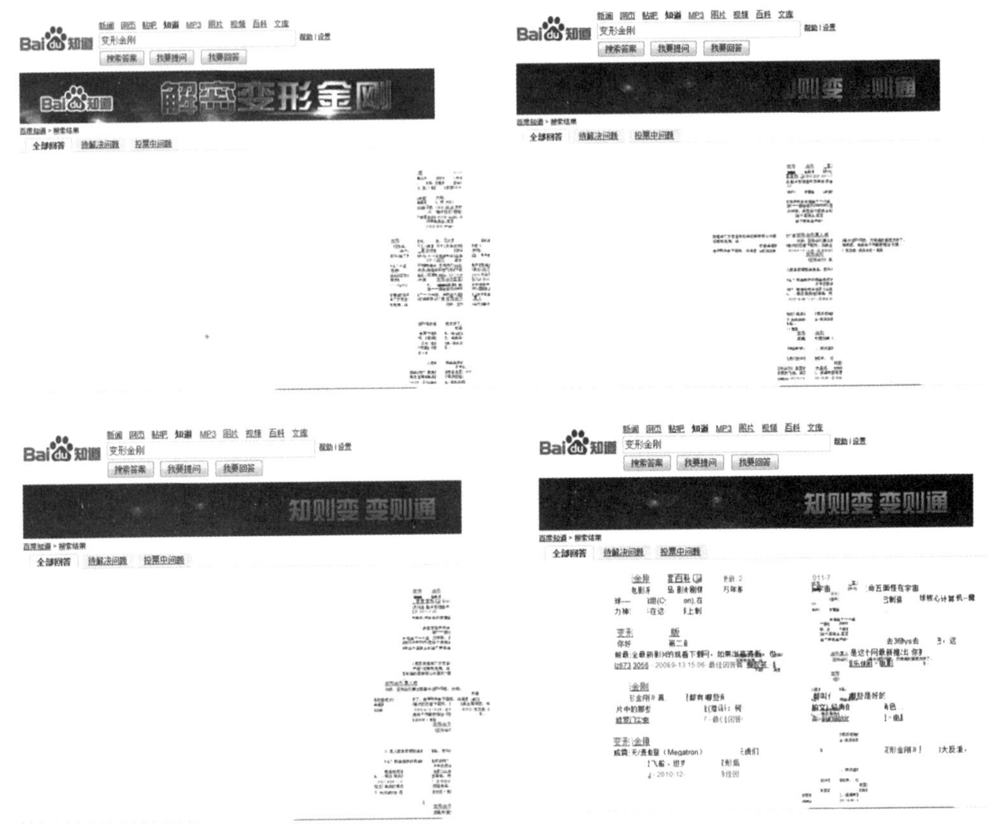

百度知道搜索结果化身变形金刚

刚开始很多用户都以为是网络病毒，但在百度官方解释这一神奇事件后，大家才明白原来这是百度知道推出了一个极具趣味和应景的“变形金刚”特效，利用其创新技术演绎知道变形记。从技术角度解释这一事件，图片画面动态可以通过ASCII字符来呈现，此次百度“变形金刚”的创意是最好的实例。工程师首先将“变形金刚”的动作进行分解，再将饱满的动作形象转化成可以在技术上控制的点阵，最后用JavaScript代码来完美实现。会变形的百度知道上线后，引起了网民的一阵哗然。

技术衍生，创意来自生活

其实网民所见到的这种神奇的一幕，是来自百度的一位“刚粉”工程师利用周末1天的时间完成开发的创意。创意的亮点在于当用户在百度知道搜索“变形金刚”或“变形金刚3”时，搜索结果中原本的文字链接就会化身为变形金刚。

和大多数70后一样，“变形金刚”承载了这位工程师很多难忘的童年记忆，在《变形金刚3》上映之际，为了做一个酷的东西献给自己和那些同为“刚粉”的朋友，他突发奇想使用JavaScript代码写一段代码，让搜索结果化身为变形金刚，并通过手绘的40多张草图，描了不计其数的点阵，保障了最终变形金刚变身的时候，动态效果更加逼真。

神奇代码，震撼千万“刚粉”

百度知道借助于JavaScript代码上演了变形记，其实现原理是用JavaScript操作页面中的html元素通过一定的算法来计算，将相关的dom元素进行移位，形成变形金刚最初的效果，然后再计算每个区域的元素随着时间变化的移动位置，从而形成金刚移动的效果。

除了代码的神奇以外，更值得关注的是，百度知道的检索结果以变形金刚的形态行走于页面上的事实震撼了千万名“刚粉”。由于“刚粉”绝大多数是70后、80后，这些也都是百度知道用户的主力军，他们平时会利用知道平台寻找答案。对于在情感上有许多共鸣之处的“刚粉”们而言，在百度知道平台上看到这神奇的一幕也是必然的，无论是用户特性还是行为轨迹，为用户自发关注和转载打下了基础。

在“变形金刚3”百度贴吧里，有“刚粉”直接用“太炫了，太意外，太激动”三个“太”来表达对收到这份来自百度大礼的感受。还有“刚粉”表示，“很有搜索的特色呀！没想到在网页上，用编程可以让搜索结果组成变形金刚，会走动、会跺脚。最神奇的是连带着屏幕都能一起震动，非常好玩。”

云随风动，把控传播基调

在中国古代智慧语言里，“借鸡生蛋”、“借船出海”、“借网捕鱼”、“借刀杀人”、“借东风”，卓越的管理者要善于借身外之物，所以努力到借力就成为角色转换的关键内容。荀子曰：“君子生非异也，善假于物也。”郑梦九将韩国现代带向巅峰时代，正是“借”的结果。

选择在《变形金刚3》上映前夕，上线会变形的百度知道引发了无数网友的热烈关注。据统计，当日百度知道首页流量环比增长24%，单一关键词日均最高搜索量提升了84倍；上线5天内微博发布及转发数量超过340万条，影响人群超过3 000万，并且连续两天停留在微博转发评论榜前十。此外，扬子晚报、新闻晨报、新快报、法制晚报等媒体主动提出采访邀请，并作了大幅报道，最终相关新闻报道超过2 000篇。变形事件之所以有如此大的反响，除了百度本身的技术创新以外，正确地把控营销传播基调也起到了关键作用，让整个事件传播循序渐进地演变，使其更具有穿透力。

第一，结合热点，引爆关注。当中国所有“刚粉”们将目光都集中在7月21日即将在中国上映的《变形金刚3》时，百度知道的“变形金刚”搜索结果数据以机器人变形的动态呈现，给所有的“刚粉”乃至整个互联网意外的惊喜。百度知道以技术创新为主导，巧妙地结合《变形金刚3》上映的热点事件，引爆互联网关注度。

第二，神奇变形，病毒传播。神奇的变形猎取了大多数人的好奇心，让百度知道的用户奔走相告，从IM即时工具到以微博为代表的新媒体推动引导用户关注及访问。各种猜测言论和惊奇感叹像病毒一样瞬间散播到整个互联网，并且引起了多家媒体对其进行跟踪报道，将百度知道变形事件的关注度和传播再次推到顶峰。

第三，揭开迷雾，加深品牌。所有的猜疑最终都会有一个权威的答案，当所有的言论和报道都发布后，随后百度官方对媒体和用户解释了“变形”迷雾的缘由，再一次向用户呈现了百度知道产品创新理念以及百度品牌持续创新的技术实力及品牌特性，突出百度知道产品特性，增强用户黏性。

百家争鸣，引发营销革命

我们用百家争鸣形容春秋战国时期知识分子中不同学派的涌现及各流派争芳斗艳的局面。当今市场经济下，大多数企业都在对产品工艺、市场营销和商业模式作相应的创新，以此来提高核心竞争力。

当然，创新不仅仅是技术上的，更重要的是“市场价值”的创造，这种市场价值传递需要营销的推动力，而企业真正的考验在于满足用户的能力，以及用户是否会用实际的行动展现其支持的决心。相比传统营销，创新营销绽放着生命力，它带给企业的不仅是未来，更是驱动未来的精神动力。

会变形的百度知道并非是百度第一次将技术与营销整合，早在兔年春节期间，百度就利用其领先的框计算技术，联合众多行业进行了一场盛大的跨界营销，在春节期间掀起了一股网络“搜红包”风潮，造就了网络史上最大规模的“群众运动”。

除此之外，2011年中秋节，百度百科也推出了创新的“月亮”词条，该词条可根据用户的IP地址及服务器时间展现实时月相和天气，点击“实时月相”后还将显示一个以月亮、太阳、地球为主角的宇宙空间，为用户详细介绍月相成像原理等专业的天文知识。百度百科这次打破了长久以来“文字+图片”的传统网络百科形式，引得网友盛赞“今年赏月有新意”。

无论是百度知道“变形金刚”，还是百度“春节搜红包”，背后的原始驱动都是技术和创新的不断提升。作为中国互联网的领导企业，百度经过多年搜索研发的积累，奠定了行业领先的技术实力，而会变形的百度知道，不仅说明了创新已经成为百度发展中的基本元素，更带来了一场营销界的创新革命。

专家点评：

随着现代传媒技术的高速发展，广告传播迅速普及到人们生活的各个方面，其影响之一就是消费者产生视觉疲劳，营销创新成为各个企业拉动品牌影响力的新举措。

创新需要打破旧有思维、经验、偏见的束缚，将“死知识”转化为“活智慧”，发挥想象力，将营销传播推向新的高度，最终让人们对产品或服务产生充分的信任和信心，从而激励他们去购买，最终为企业带来利润，任何创新都必须达到吸引和留住消费者的效果。会变形的百度知道可以说是互联网中的一次突破性创新，变化复杂的搜索结果页数据，呈献给用户全新的搜索体验，突出百度知道产品特性及百度强大的技术实力。

第九章 医疗保健类

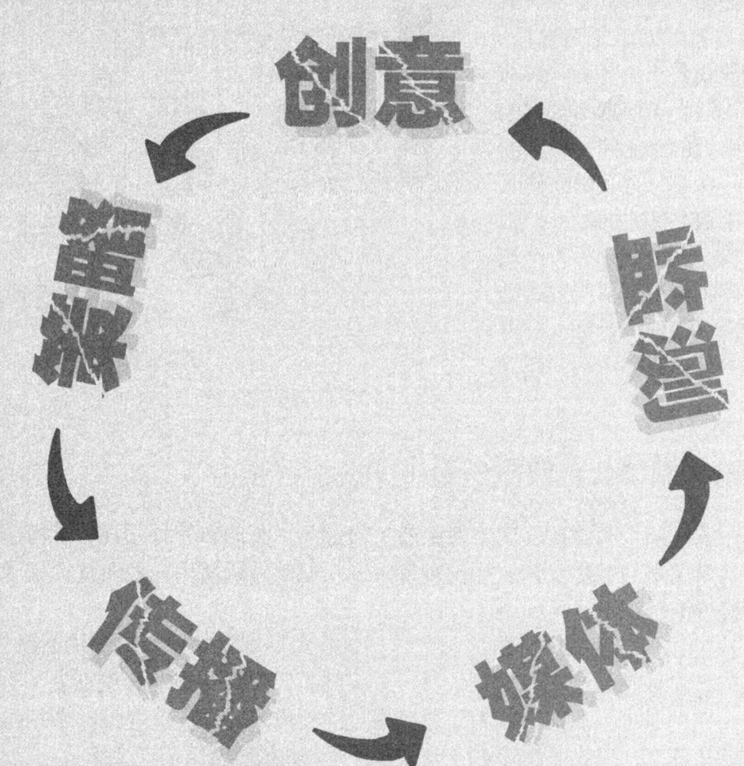

医药网络营销，从功能告知到情感互通

医疗服务的关键是医患沟通，现代医疗服务的突出特点是加强医疗服务质量。网络营销作为更具互动性和更贴近医疗营销的方式，其优势主要来自以数据营销为基础，在每个环节逐步总结和分析，并影响下一环节的效果，打破了传统营销方式中死投入、等产出的被动局面。随着新商业模式中竞争的不断激化，制药公司将对网络表现出前所未有的依赖。

对于医药保健类行业的网络营销来说，要解决三大问题：找得到；信得过；可依赖。过去几年的医疗保健网络营销把更多的精力放在转化率上，一切从销售出发，追求短期效益，忽视口碑积累和品牌塑造。随着网络营销的不断深入，医药保健网络营销也开始从销量转化、基础信息铺设逐步导向品牌提升，口碑积累和消费者的深度沟通，赢得长久的利益。

打造医药立体网络营销模式

立体网络营销模式并不是单纯的纵向和横向营销模式的替代方式，而是一种补充，一种对营销渠道进行综合分析和整合的结果。立体网络营销模式根据不同渠道的优点来决定营销的差异化选择，其最大的贡献是为企业提供了全面提升产品曝光率的思路，有助于产品在目标市场实现最大限度的渗透和新的市场定位。

思维的清晰更加有利于营销手段的创新，使营销策略始终处于领先地位。立体式网络营销方式基于消费者洞察和产品的深入分析，适合于信息不对称的产品、实力比较强大的企业和强有力的执行力。“紫竹毓婷紧急避孕的立体式用户教育”就是采取立体式的网络营销模式，认识到目标受众的认知障碍，从不同层面、不同网络渠道、不同方式进行用户立体式教育，以加深目标人群对毓婷品牌的认知，从而放心用药，建立起品牌区隔。

避孕知识漫画

医药网络营销情感化，四两拨千斤

为规范医药、保健品广告宣传，国家对医药、保健品不断颁布管理法规，工商部门对广告的审批也日趋严格，各种法规对保健品广告作出种种限制，保健品所惯用的经典宣传模式英雄无用武之地，广告宣传已经逐渐趋于正规化。

另一方面，长期以来的虚假、夸大广告宣传，虽在短期内招徕了一定的消费者，但从长远看，名不副实的产品营销已使消费者产生信任危机，对保健品广告具备一定的免疫力，不再像以前那样盲从，而是具有一定的辨别是非能力。为了适应用户的新需求，医药、保健品营销模式必须进行变革，于是，营销就从证言、疗效等基础功能沟通方面提升到情感营销层面上来。

情感是人类共同行为的重要基础，很大程度影响和左右人类的思想行为，尤其是在今天物质产品极大丰富、竞争白热化、情感愈发淡薄的社会里，情感因素必定成为营销中重要而独特的元素。古人云："攻心为上，""感人心者，莫先乎情。"因此，营销行为如能从"情"切入，寻求其经营产品和服务对应消费者的情感中枢的相应部分与层次，借助一定的艺术形式，使"情"的投射穿过消费者的情感障碍，再赋予在包装、服务、公关、设计等有关精神方面的内涵和灵性，会使消费者强烈地受到感染或被冲击，激发消费者潜在朦胧的购买意识，达到"润物细无声"、"四两拨千斤"的巧妙作用。

《小V日记》

达克宁在推广新品妇科达克宁栓剂时，通过《小V日记》崭新的创意与消费者之间建立更紧密的情感纽带，将"小V"赋予了生命力，而"小V"也成了达克宁与女性之间的情感桥梁。从女性爱自己的情感诉求出发，唤起和激起消费者的情感需求，诱导女性心灵上的共鸣，寓情感于营销之中，可以说是一次大胆的营销创新和突破。

医药诚信营销将成市场主流之一

短期的市场投机行为，直接导致医药保健品行业信任危机的出现，可信度成为医药保健品营销面临的一个重大的市场障碍，品牌不诚信、产品不诚信、服务不诚信、营销不诚信、企业不诚信等严重阻碍了医药保健品市场的良性发展，使医药保健品的市场进入了营销的怪圈，"骗销"屡屡得法，诚信营销举步维艰，诚信成为医药保健品市场最为稀缺的市场资源。要扭转这种不良的市场局面，除了需要政府职能部门去规范和要求外，更多的需要行业众多企业共同努力，打造优质品牌。

在过去竞争激烈的医药保健品市场中，谁坚持诚信营销，谁就将付出更多的市场教育成本和市场竞争成本，所以，即使有坚持诚信营销的想法，却很少有企业持续做下去。如今医药保健品诚信营销环境逐渐形成，诚信营销也必将成为医药保健品市场营销的主流。树立网络品牌影响力和累积网络口碑就是营造网络诚信环境的有效策略。杜蕾斯不断刷新网络创新营销的纪录，也积累了优秀的网络口碑，2011年杜蕾斯更是借势赞助英超，打出"速度与激情"的系列推广，火热的创意和惹火的文案，加上名人效应的发酵，收获了优秀的口碑效应。

杜蕾斯广告

医药保健行业恋上社交媒体

社交网络工具是目前市场营销的热点话题之一，随着医药网络营销从Web1.0到Web2.0的发展，在未来的几年中，社交媒体所带给医药、保健行业的最大影响是医药、保健企业和患者之间的互动，而业界与医生之间的网络（在线）关系将紧随其后。在医药公司奋力追求生产力和效率的同时，社会化媒体也有可能成为驱动制药公司内部重大变革的不稳定因素。

Kevin Harrington 博士经营一家“Harrington Family Chiropractic”（家庭脊柱按摩）诊所，他通过在线发布信息与客户交流，交流方式多种多样：一个网站，一个博客以及 Twitter 账户；还制作视频，同时也活跃在 Facebook 上。2004 年他首先在一家网站建立自己的在线业务，之后，他开始在患者过来看病后向他们发送指向相关文章的链接。病人很喜欢这种方式，其开始成为人们获得信息的重要渠道，于是他开设专业的博客以公布更多的原创信息。一个工作繁忙的按摩治疗师如何挤出时间来撰写这些实用信息同时不耽误工作呢？Harrington 的方法是每天抽出半小时浏览健康类网站，寻找读者可能感兴趣的话题，同时还努力做到每周更新几篇博客。Harrington 的博客会包含“看电视会影响孩子的语言发育”、“过度锻炼膝盖会导致髋痛吗？”等，他将日志链接添加到 Facebook，并通过微博来发布给他的跟随者。在收集病人的社会化媒体账户上，Harrington 也做出一些创新之举：为了与患者保持联系，他们会问：我们使用一些社会化媒体，你经常使用 Twitter、Facebook 或者其他的吗？一旦患者离开，其就会将他们加为好友，患者都会觉得很惊讶，之后他会去访问他们的 Facebook 页面，并尝试作一些评论。如果诊所有什么新的活动，可以通过社会化媒体更新传播给用户。自从他使用社会化媒体以来，其诊所已经增加 40%的患者。

本章收录的马应龙斗“痔”昂扬创新营销、三九胃泰微博娱乐营销、盘龙云海视频 UGC 营销等都是社会化媒体营销的代表。

个性化客户服务和数据管理

与传统时代繁杂、粗放的客户关系管理不同，网络时代，个性化、智能化、精准化的客户服务成为可能。比如网站可以通过提供众多的免费服务建立完整的用户数据库，包括用户的地域分布、年龄、性别、收入、职业、婚姻状况、爱好等。这些资料可帮助企业分析市场，根据潜在用户的特点，有针对性地发布信息并跟踪分析，对网络营销效果作出客观准确的评价。另外，不同的网站或者同一网站不同的栏目所提供的信息和服务不同，可以针对网络营销目标用户的需要进行分类，使企业能够更好地结合用户的需求展开一对一的销售与服务，提高用户的满意度。企业可以通过鼓励用户利用互联网直接参与产品设计和产品活动，使用户个性化的需要得到充分满足。

药房网通过搭建开放式的电子商务平台提供医药信息和交易的在线服务，属于典型的 B2C 企业。以往，药厂会联合药房网做一些让利消费者或会员优惠的活动，同时，还会邀请专家开展病情讲座或者定期培训，在过去没有“无线网络”沟通的情况下，这些事情的操作是非常麻烦的：会员的信息是手工记录，只能逐个打电话询问是否有空前来参加讲座；药厂还会经常要求药品零售商提供一百份或一千份顾客用药中提出的一些要求、建议，为了获取这些高价值的信息，操作起来非常繁琐。譬如说，“感谢您成为药房网的注册会员，主治高血压的某某药邀请三位心血管专家将于本周六于某医院礼堂举行专题讲座，如有相关问题可以现场咨询。”在移动营销的 CRM 系统里，所有会员及其交易的信息，都被归类整理。比方说年龄在 50 到 60 岁的有多少人，男女比例是多少，其中有多少人使用过网上购药，还有多少人只是会员，在还没有采用网上购药的会员中，有多少人是肿瘤病人，有多少人是糖尿病或者高血压，如此等等，都一一“凝聚”在 CRM 系统中。当然这还没结束，在病人用药期间还需要通过移动 CRM 保持多次持续深度沟通。“感谢您购买主治高血压的某某药，在此提醒您每日饭前按时吃药，祝您早日康复。”“药房网问候您：最近的血压是否降低了一些，您对某某药的服用感受如何，如有问题请使用 www.yaofang.cn 的免费咨询热线，我们会给您详细解答。”

医药公益营销，攻心为上

公益营销以关心消费者、关心社会的实际行动来引起消费者的共鸣，借助公益活动与消费者沟通，以树立良好的企业形象，并借以良好的企业形象影响消费者，使其对该企业的产品产生偏好，在作购买决策时优先选择该企业产品的一种营销行为。

并非所有的公益营销都是灵丹妙药，公益营销的运用必须以消费者利益为先导，以企业的社会责任感为前提，并与产品及企业形象相结合。如果单纯以营销为目的并不能收到如期的效果。试想，一个制造假药的企业开展义卖活动效果会是怎样呢？运用公益营销还须把握适当的市场机会，有的放矢。《2010 中国网络营销年鉴（案例卷）》中收录的 GE 医疗粉红十月女性免费健康检查活动是公益营销的成功案例。

医药电子商务，痛并快乐着

医药电子商务发展到今天可谓九曲十八弯，从基础设施、消费环境、准入门槛、国家政策、盈利模式等多个环节都面临不少问题。然而，医药领域引进电子商务，是国际、国内的大趋势，目前国内电子商务处于发展初期，其中蕴藏了巨大的商机。医药电子商务的繁荣必然带来医药网络营销的昌盛，我们拭目以待！

1. 达克宁打破传统，创作《小V日记》

当提到药品广告时，多数消费者都会联想到电视里面“狂轰滥炸”的镜头，这些广告有一些共同特征，一是都用名人代言广告，二是内容都是清一色地描述药品功能，三是传播路径主要通过电视媒体反复播放。虽然观众记住了这个药品或者广告，但是多数人对其抱有厌烦情绪。当药品宣传的功能性诉求已经达到临界点，情感诉求的品牌策略顺势而出，妇科达克宁推出的《小V日记》可以说是一次大胆的创新和突破。

打破传统，达克宁出奇招

一直以来，药品在维护我们的身体健康中起着不可替代的作用。我们的身体一旦受到疾病的侵扰，小到身体不适，大到身体重大疾患，都必须使用药品予以调节或治疗，才能恢复健康。因此，健康离不开药品，我们的生活离不开药品。我国药品行业也以15%增加值同比增长，越来越多的企业进入这一行业，并以创新的配方研制更加细致的药物，满足不同人群的健康需求。

但是随着近几年药品行业爆出的黑幕越来越多，再加上轰炸式的广告和打猎式的营销模式，让人们对于药品营销有了一定免疫力。目前药品行业的传统营销方式主要以会议、关系、数据库、广告、临床等方式为主，主要以终端销售为目的。但往往由于过度营销而无法获得人们的好感度。

为此，达克宁在推广新品妇科达克宁栓剂时，打破了打猎式的营销模式，借用新媒体营销的优势，在形式和内容上作出了很大的突破。虽然在市场上的品牌知名度较高，但在上市10年之后，随着竞争对手的追赶以及品牌形象的日渐陈旧，达克宁首次通过崭新的创意与消费者之间建立更紧密的情感纽带，并从理解消费者的角度出发，从中国人难以启齿的阴道的视角写一本关于女人的生活札记——《小V日记》，传播涉及阴道疾病的健康话题，巧妙地将新品融入日记中，使其更容易被认知和接受。

唯美视频，听小V独白

“我不属于你的外表，我爱在你的深处，我们形影不离，却似远隔千里。在你眼里，我是如此简单，又是如此复杂；是你的魅力之源，也是你的罪恶之渊；我有时让你骄傲，有时让你难堪；有时温柔可爱，有时野性难驯；就这样，我们一起经历人生的欢乐与痛楚，我是你的小V，给我多一份爱，你就多一份幸福快乐。”

《小V日记》宣传片

这是达克宁为《小V日记》制作的主题为“听小V独白，和你的小V说话”的广告宣传片，并因为画面凸显唯美意境而在优酷、土豆等各大视频网站上传播开了。该视频主要以小V的视角与女性对话，描述了女性的私密部位与女人之间的亲密关系，并用唯美的画面和音乐诠释了这一过程。

为了尊重依然固执的避讳，也为了鼓励女性学会倾听自己身体的声音，尊重并爱护自己，达克宁在视频中造出了“小 V”这一新代名词，象征着女性下体两条优美曲线的隐秘交会处，避讳了难以启齿的尴尬，为女性搭建了一个对话自我身体，敞开心扉了解阴道健康知识的深度空间。

更值得关注的是，这段约 2 分钟的视频如果不是在最后出现达克宁的 LOGO，观众很难看出这是一则药品广告，更让人疑惑的是，这则药品广告并没有打出药品形象，而是引出了一本书《小 V 日记》，接下来这本《小 V 日记》代替药品成了整个传播的核心所在。

品牌美化，创作《小 V 日记》

如果说《听小 V 独白，和你的小 V 说话》这段具有欣赏性的视频是预热，那《小 V 日记》则是整个营销传播的创意亮点。这是一本达克宁为女性受众精心创作的关于如何护理和保养女性私密部位的书，这本长达 30 页的日记涵盖了女性着装、旅游、性、健身、出差、恋爱等生活的方方面面，以故事描述的形式，将阴道与女人之间“既爱又恨”的微妙情感关系娓娓道来，并将达克宁栓剂的产品信息以及阴道的护理常识巧妙地植入其中。而拟人化的“小 V”则代表着女人身上的“另一个女人”——这恰好从另一个角度将一个难以启齿的话题自然地讲述了出来。

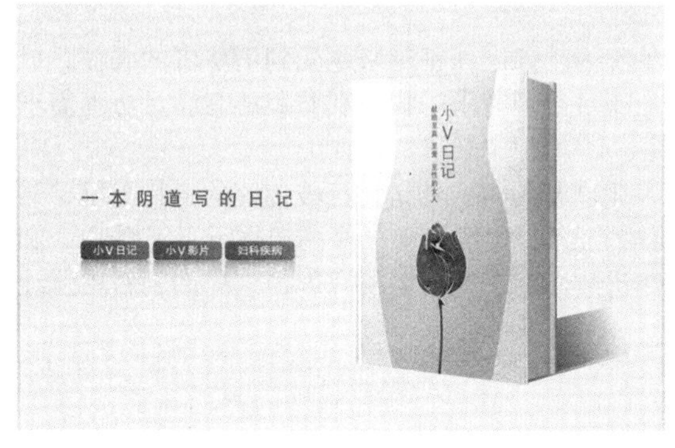

《小 V 日记》

另外，日记中的“小 V”就像一位女性闺蜜那样，低声絮絮而语，分享自己的快乐，道出自己的烦恼。并且在日记中，她一直强调“我是小 V”这一概念，给中国女性难以启齿的私密部位一个新的代名词。“小 V”这个新名词的出现无疑是前所未有的社会新现象，同时借用“一本阴道写的日记”的形式，瞬间引爆达克宁“懂你，爱你”的品牌理念。

由于文体的特色，达克宁的《小 V 日记》很快成了女性健康的百科词典，并且以温馨而不带羞涩的语句受到女性欢迎。相比其他同行业的产品，达克宁卖的不是药，更是书和健康。

传播裂变，性病毒引发争议

除了营销形式上的创新以外，达克宁此次成功还在于话题的策划和内容的美化，利用含蓄的言语阐述了女性私密部位的健康知识，利用“性”话题展开了病毒式传播，在传播范围和深度上占据了天时地利。

病毒性营销并非真的以传播病毒的方式开展营销，而是通过用户的口碑宣传网络，信息像病毒一样传播和扩散，利用快速复制的方式传向数以千计、数以百万计的受众。一直以来，人们对于“性”都抱以若即若离的态度，并从心理和生理上都有本能的好感度，以这样的话题为营销内容的本源，使得达克宁的《小 V 日记》在传播上更具有穿透力。

相比病毒性营销，大众媒体投放广告有一些包括信息干扰强烈、接收环境复杂、受众戒备抵触心理严重等难以克服的缺陷。大范围的广告投放，大大减少了受众的接受效率。而对于“病毒”营销而言，是受众从熟悉的人那里获得或是主动搜索而来的，在接受过程中自然会有积极的心态；接收渠道也比较私人化。这也正好符合妇科达克宁栓剂的产品特性，在传播上更加贴近消费者的心理。

在《小 V 日记》的传播上，达克宁也很好地掌握了传播基调。除了在地铁站的灯箱和楼宇的 LED 显示屏、杂志的副刊等传统媒体上宣传《小 V 日记》，在优酷、土豆等视频网站，《听小 V 独白，和你的小 V 对话》的 15 秒和 2 分钟版本的种子视频，激发消费者的兴趣，他们主动在百度上搜索相关关键词，只要在搜索“小 V 日记、小 V”等关键词，百度首页就会出现《小 V 日记》的官方网站以及《小 V 日记》的下载信息和视频信息。

情感营销，攻破内心防线

综观整个案例，达克宁的《小 V 日记》实质上采用了情感营销，从以往的功能诉求转变为情感诉求，将“小 V”赋予了生命，而“小 V”也成了达克宁与女性之间的情感桥梁。在情感消费时代，消费者购买商品所看重的已不是商品数量的多少、价钱的高低，而是一种感情上的满足，一种心理上的认同。达克宁从女性爱自己的情感诉求出发，唤起和激起消费者的情感需求，诱导女性心灵上的共鸣，寓情感于营销之中。

随着市场经济的繁荣，人们生活水平的提高，品牌的感性层面正越来越受到消费者的关注，成为他们评价商品的依据。商品提供给人们的不仅仅是满足生理需求的物质利益，还有满足心理需求的精神利益。精神利益可以使消费者找到情感的寄托、心灵的归宿。

以情感诉求为核心，以视频和日记为传播形式，凭借着大胆的创新，打破传统的宣传思维，达克宁实现了百度搜索“小 V 日记”、“小 V”关键词 42 万条，优酷、土豆等视频《听小 V 独白，和你的小 V 说话》播放 247 万次，相比明星代言，一味讲述药品功能的电视广告，这样的创新更能让品牌深入人心。

专家点评：

药品行业在中国已经有了比较长的发展历史，过去的宣传多以“自我叫卖”为主，大多时候是唱独台戏。而随着市场环境以及信息技术的日益成熟，以互联网营销为代表的新营销模式正在成为药品企业的竞争点。

达克宁的这次创新营销更是走在了前列，无论是那本精致的《小 V 日记》，还是这部情感细腻的视频，对于女性消费者来说显然都有着不小的吸引力，而视频在土豆网上线仅一周更是获得了超过 10 万次播放的成绩。但在认真看过之后也许你会发现，在两者的内容中我们几乎看不到“妇科达克宁”产品的影子，更不用提所谓的“治疗效果”，对于药类产品来说，这简直是很难想象的事情。

2. 斗"痔"昂扬，新创意成就马应龙新蓝图

马应龙是一家经商务部首批认定的中华老字号企业，创始于1582年。长久以来，马应龙致力于医药产业的专业化发展，坚持以肛肠治痔领域为核心定位，经过多年持续快速健康的发展，如今已成长为一家涉足于药品制造、药品研发、药品批发零售、连锁医院等多个领域的专业化多功能国际化的上市公司。

毫无疑问，马应龙这个品牌在中老年消费群体中的认知度和美誉度都是非常的高，但是在年轻的青年一代的消费群体中影响力却偏弱。所以为拉近与年轻群体的距离，马应龙选择了当下年轻人最为常用的互联网作为广告的最大支持点，携手土豆网，突破以往固守陈规的传统媒体推广形式，大胆尝试新媒体的病毒营销模式，开创了营销新蓝图。创新是企业得以长久发展的生命力，对于一个百年老字号来说，这是一次创新也是一次冒险。

携手土豆，斗"痔"昂扬

相比传统电视媒体的线性传播，视频网站具有传播速度快、传播范围广、互动性强的优势。基于视频网站灵活快速的营销特征，土豆网为马应龙麝香痔疮膏量身打造了全方位的推广方案。

抓住流行并制造流行是当下病毒视频最大的卖点。由土豆网知名豆角儿"叫兽"、"nono熊"、"小夕"等时下网络红人为马应龙麝香痔疮膏倾力打造了"叫兽不得不说的秘密"、"nono小剧场：马应龙特别篇"、"地雷战被删减片段"等共计6部幽默诙谐的搞笑病毒视频，视频刚一上线就引爆了十几万的播放量。其中，"nono小剧场：马应龙特别篇"描写一只可爱的卡通熊猫因为患上痔疮而烦恼，看到它受痔疮折磨的样子让人忍俊不禁，甚至以狼牙棒插入菊花来模拟它所遭受的痛苦。最后，可爱的熊猫因为用了马应龙痔疮膏而得到解脱。

视频"叫兽不得不说的秘密"

六部幽默诙谐的搞笑病毒视频每一部都凝聚了目标族群最感兴趣的内容和最容易引起讨论和关注的话题，投入网络传播之后迅速得到网友大规模关注，激发起受众热烈的讨论和参与，并不断地被复制、转载和再创造。在逗乐网友的同时也让网友牢牢地记住了马应龙麝香痔疮膏"四百年好配方、见效快、价格低、能报销"的产品特性。同时，只要点击播放器下方的"一键转帖"，就能轻松地将视频同步分享到人人、开心、新浪微博、QQ空间、搜狐微博、豆瓣、I贴吧、网易微博、139说客和飞信等网络平台，实现快速的病毒式传播。

此外，为增进网友的互动性，土豆网还专门建立"斗'痔'昂扬轻松创意"马应龙麝香痔疮膏创意视频征集活动专区。网友可围绕"无痔更自在，生活更轻松"的主题，任意发挥创意思维，将自身与痔疮的难言之隐，或是发现身边与痔疮相关的趣事拍成视频上传参与活动。需要特别提醒的是，视频片尾需要到专区下载使用统一的片尾内容，这样才能保障获奖资格。根据上传视频被"挖"的次数决定最终名次，挖数排名前16的将获得由主办方提供的高档数码产品大奖。同时将视频转发和参与有奖调查的网友同样有机会获得精彩的纪念奖品。活动上线几周内，马应龙收到了117部视

频作品，其中 7 部成为最后的赢家，这些视频一共播放了近 2 000 万次。不少网友留言表示“太有意思了”；“非常棒的创意”；“太搞笑了”……

毫无疑问，这一次的配合天衣无缝，土豆为马应龙带来了极大的宣传和流量，同时也为产品做了很好的宣传！

视频“none 小剧场：马应龙特别篇”

微电影画龙点睛，总有一种感动，在你未曾留意的地方

2011 年土豆网联手中国本土知名药业品牌马应龙，更是倾力打造了都市温情微电影《漂》。本部微电影是 2011 年度两家企业全年传播合作中的点睛之作，亦是马应龙作为四百年老字号的药业品牌与土豆网在微电影营销方式上的一次全新尝试。微电影《漂》讲述北漂小东的父母来京探亲，作为餐厅服务员的小东没能陪伴父母去鸟巢观光。父母出门迷路，而小东上班受尽委屈。他给父母发短信寻求安慰，父母将一张与鸟巢合影照片通过彩信发给小东，小东看到照片，心中的压抑得到了释然。几天后，小东偶然拿起当时父母用过的手机，发现自己看到的彩信只是父母为了让自己安心，而与一张鸟巢路牌广告画的合影，小东顿时热泪盈眶。影片最后以“总有一种感动，在你未曾留意的地方”点题，其真挚亲情催人泪下，传递了马应龙“细微之处，无限关爱”的品牌理念。

土豆网启用专业的制片、表演团队，按电影大片的标准打造微电影《漂》。电影以优质感人的内容引起了极大的反响，一经上映就好评如潮。该片公映三天播放量突破 10 万，目前播放量近 60 万。诸多类似于“很感人！看得我眼眶都红了”、“坐在办公室哭得稀里哗啦，没有真切经历的人是体会不到”、“父母永远是最疼爱和支持我们的人”的评论不绝于耳。据土豆网透露，实际上该微电影还未进入推广期，这样的播放量完全来自于网友的主动传播，足见该影片内容精彩。

精心策划 + 精良内容，打造营销“伊甸园”

本次活动总计品牌站内推广总曝光量超过 1.9 亿次，专区页面访问量超过 102 万，独立访问用户超过 45 万，获得了巨大成功。而之所以取得如此好的效果，与活动的精心策划和精良内容是分不开的。

在本案例中，首先 6 部幽默诙谐的搞笑病毒视频均由土豆网旗下拥有大量粉丝的知名豆角倾力打造，本身就具有很大的吸引力。而在推广过程中也经过了周密策划，每周投放 1 部豆角作品推广，保持新鲜感的同时也保证了传播的连贯性。如此双管齐下，6 部病毒视频迅速得到广大网友的关注和转载，播放量总计接近 1 940 万，平均单部视频播放数达到土豆热门视频标准的 18 倍；其次，多方位的推广方式也是成功的一大原因。第一，集中优势的硬广、符合受众口味的内容资源推广此次活动，为专区引流。第二，不定期更换活动的广告创意，保持网友的新鲜感和持续的关注度。第三，配备专员负责活动专区的日常运营维护，对视频、广告、内容位等环节更新多达 10 次以上，最大限度地保证各执行环节安全、顺利、高质量地完成。第四，也是最重要的一点，视频本身幽默有趣的内容也都获得了网友的认可与好评。因为精良的内容本身就是良好传播的前提，这些原创内容实现了人与内容、人与人之间的沟通，这种沟通对广告主来说，是一个与用户接触的新“伊甸园”，它拉近了产品与受众间的距离，提升了产品认知度，并最终形成良好的口碑。

专家点评：

不管怎么说，这一次冒险，马应龙成功地将自己从一个传统行业传统广告的平台上，拉到了现实中来！创新是永久的生命力，墨守成规是最大的问题，在这样大的互联网时局下，突破自我，改革创新是很不容易的，但是如果不能顺应时事，那么早晚有一天会被淘汰。

相比传统电视媒体，网络视频具有制作成本低、传播速度快、传播范围广、互动性强等优势，土豆网的系列病毒视频很好地发挥了网络视频的优势，同时借助视频分享平台土豆网的用户力量和动漫明星 none 熊的影响力，把病毒营销信息撒向全网。创意内容在逗乐、感动网友的同时也让网友牢牢地记住了马应龙麝香痔疮膏“四百年好配方、见效快、价格低、能报销”的产品特性。

马应龙的创意病毒营销给我们一个启示：有梦就去追，有胆就去闯！

3. 紫竹毓婷：紧急避孕的“立体式”用户教育

打开百度检索，输入“毓婷”、“毓婷、避孕药”，我们发现关联搜索关键词是“毓婷的副作用、毓婷的危害、毓婷多少钱、毓婷怎么吃、金毓婷的副作用、毓婷避孕药、金毓婷紧急避孕药、喝了避孕药会怀孕吗、毓婷会不会导致怀孕、毓婷紧急避孕药价格”等。从关键词可探知消费者对毓婷的最关心的几个问题：毓婷紧急避孕药的价格、用法和副作用。

消费者认知障碍，用户立体教育势在必行

“紫竹毓婷”作为国内紧急避孕药领导品牌，无论在市场知名度及销量份额上都处于领先地位，但是目前我国的紧急避孕药市场仍存在一些局限性。数据表明，有97%的女性在乱吃药，不了解紧急避孕药的正确服用方法，有近13%的女性把紧急避孕药作为常规避孕手段。而对于毓婷品牌本身，消费者对用药仍有一定担忧，如药品副作用、避免失败率等安全性问题，消费者不知什么情况下用药，不清楚用药方法，潜在消费者对“紧急避孕”与“毓婷”的认知不深形成消费障碍。

进行用户教育提升品牌认识势在必行，紫竹毓婷与作为我国第一健康门户网站的39健康网合作开展其用户教育活动，基于互联网的传播力与内容力，借权威健康平台之力来影响最主要的避孕需求人群——年轻的青年一代。

立足知识营销，毓婷打造立体化用户教育传播策略

为了加深目标人群对毓婷品牌的认知，从而放心用药，建立起品牌区隔，毓婷联手39健康网从2011年1月12日至3月8日开展了立体化的用户教育及品牌传播。

借助39健康网——在线健康知识传播源头和中心的优势平台，通过四阶段的“专题”深入探讨紧急安全避孕、符合用户诉求的“避孕知识调查”等，建立“立体式的用户教育传播模式”。

并通过39健康网站内的广告传播资源以及39健康网在网络健康领域的影响力带动其他网络媒体对“毓婷紧急避孕”主题的关注，并通过39健康网的高权重优势及专题内容页的SEO优化进行搜索引擎的站外用户拦截，全面打造毓婷的网络宣传阵地，建立品牌区隔，加深用户对毓婷的品牌认知。

三维立体化地进行用户教育及品牌传播

①第一维

紧急避孕专题——深入、全面、多元的内容表现。

为沉积和教育用户的主阵地，毓婷通过四个阶段不同主题层层深入推进，“专家观点”、“案例展示”、“互动调查”、“在线解答”与“幽默漫画”的多元化表现，让消费者全面认识、了解紧急避孕的各个方面，使用户将“紧急避孕”与“毓婷”直接建立关联，形成深刻的品牌印象，建立起品牌区隔。

专题按时间维度分四个阶段层层递进：

第一阶段：“守护爱，要负责”——紧急避孕现状话题吸引关注。

第二阶段：“我安心，你放心”——用药安全性探讨提升消费信心。

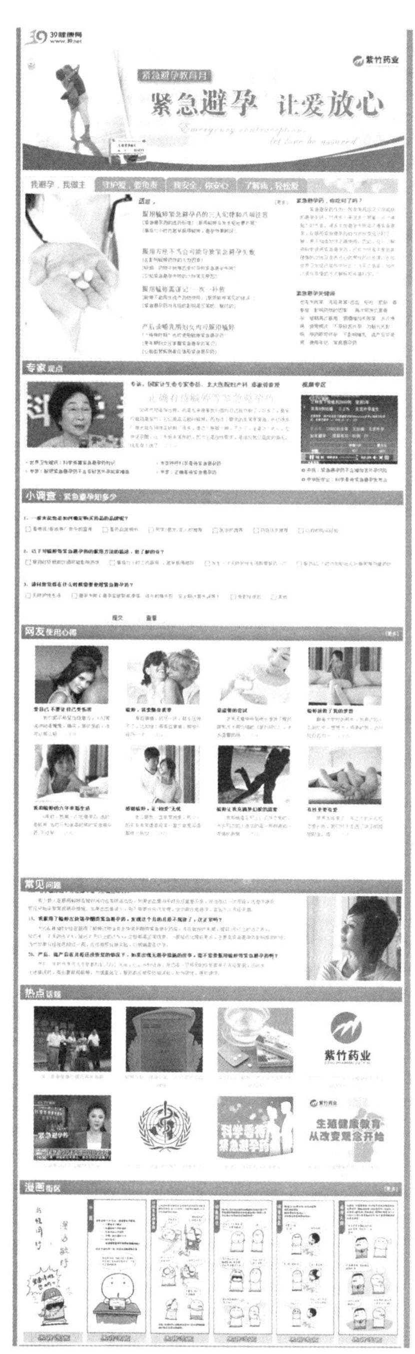

“毓婷紧急避孕”专题页面

第三阶段：“了解我，轻松爱”——分析紧急避孕误区，引起用户重视。

第四阶段：“我避孕，我做主”——正确用药教育及注意事项。

栏目设计：空间维度步步深化

第一栏：四阶段不同内容转换传播，实现消费者对产品及紧急避孕概念的深度教育。

第二栏：专家、权威声音，在线调查，实现消费观念的影响。

第三栏：案例展示，通过第三者证言，建立品牌亲和感，加强可信度教育。

第四栏：常见问题解答，热点话题，为消费者解答产品疑虑，完善品牌形象。

第五栏：漫画和网友互动，加深消费者的产品印象，实现品牌区隔。

②第二维

紧急避孕知识问卷调查——互动调查促进知识传播，获取用户第一手数据。

避孕人群缺乏对避孕常识的了解，尤其是紧急避孕的知识教育，受众需求比较迫切，参与的积极性较高，通过网络调查与受众群体形成良好的互动，将用户教育内容与问卷调查结合提升品牌认知，并获得第一手的客户问卷数据，为下一步的营销推广工作提供

紧急避孕药调查

您在选择避孕方法时都从哪些方面考虑？（多选）

□使用方法简单 □避孕成功率高 □不影响性生活 □有效防止性病及艾滋病 □购买方便

您觉得在什么时候需要使用紧急避孕药？（多选）

□无防护性同房 □避孕失败（避孕套破裂或滑落、体外射精失控、安全期计算失误） □受到性侵犯 □非意愿妊娠

当您发现自己可能出现避孕失败时，您会首先想到使用紧急避孕药吗？

○会 ○不会

您认为紧急避孕药和流产药是一回事吗？

○是 ○不是

您对紧急避孕药的作用和效果相信吗？

○非常相信 ○比较相信 ○不太肯定 ○不相信

您认为紧急避孕药可以经常服用吗？

○可以 ○不可以

您是通过什么途径知道紧急避孕药的？（多选）

□自己的经验 □亲戚、朋友介绍 □医生介绍 □网站 □报纸 □杂志 □电视 □路牌 □路牌、灯箱等户外媒体

关于下列紧急避孕药的品牌，您知道哪些？（多选）

□毓婷 □安婷 □惠婷 □后定诺 □保仕婷 □诺爽 □司米安 □弗内尔 □记不住

您最近一次使用的紧急避孕药是什么品牌（多选）

□毓婷 □安婷 □惠婷 □后定诺 □保仕婷 □诺爽 □司米安 □弗内尔 □记不住

您为什么会选择这个品牌呢？（多选）

□知名品牌 □服用方便 □购买方便 □包装方便 □售后服务好 □质量可靠 □避孕效果好 □朋友、亲属推荐 □药店推荐

对于您最近一次使用的紧急避孕药不满意的地方是：（多选）

□避孕效果 □服用方式 □副作用 □包装 □售后服务 □购买方便性 □没有

在您使用紧急避孕药的过程中，都出现过哪些问题？（多选）

□未按时服用 □呕吐 □服药间隔超过12小时 □补服 □月经提前 □月经延迟 □一个月经周期超过一次服药 □与其他药物同时服用 □从未有问题

您服用紧急避孕药的频率是：

○偶尔服用（一年服用一两次） ○连续服用（连续三个月以上，一个月服用一次） ○经常服用（一个月服用两次以上） ○从未服用过

在购买紧急避孕药时，有哪些因素会影响您的购买决定？（多选）

○店员推荐 ○医生推荐 ○朋友推荐 ○自己的使用经验 ○药品广告

在您的生活中一般由谁去购买紧急避孕药？

○女方 ○男方

提交　取消

“毓婷紧急避孕”调查页面

参考。

调查结果显示，消费者对紧急避孕有认知，但仍然不够清晰；对避孕常识教育的需求明显，希望得到详细的答案；对毓婷的认识较浅，副作用的担心较为明显；网络是较好了解避孕知识及产品的渠道，了解产品后能促动去药店购买的需求。

③第三维

39 健康网站内站外传播——精准全面覆盖。

通过对目标用户在 39 健康网的浏览行为分析，在“女性频道”、“性爱频道”、“健康问答——生活”、“妇科频道”通过有感召力的图片广告、新颖有趣的文字链，如“紧急避孕——让他的子弹白飞”等广告的精准投放，吸引用户关注教育专题的同时有效地进行品牌曝光。

请问您都使用过什么避孕方式？（可多选）

序号	选项	投票数	图例
1	A.避孕套	13689	48.44%
2	B.安全期避孕法	4576	16.19%
3	C.短效避孕药	897	3.17%
4	D.紧急避孕药	6409	22.68%
5	E.宫内节育器	1482	5.24%
6	F.其他	1209	4.28%

请问出现避孕套破裂或短效避孕药漏服等避孕失败情况时，您会怎么办？

序号	选项	投票数	图例
1	A.立即清洗阴道后不再采取其他措施	2938	18.71%
2	B.去医院带铜宫内节育器	611	3.89%
3	C.去药店买毓婷等紧急避孕药	10764	68.54%
4	D.不采取任何措施	1391	8.86%

3、请问您是否了解人工流产可能对身体造成的伤害？

序号	选项	投票数	图例
1	A.非常了解	4004	25.16%
2	B.知道一些	9295	58.42%
3	C.不清楚	2613	16.42%

“毓婷紧急避孕”调查结果统计

39 性爱频道品牌图形广告和文字链广告

同时，借 39 健康网在网络健康领域的影响力带动其他网络媒体对“毓婷紧急避孕”主题的关注，并通过 39 健康网的高权重优势及专题内容页的 SEO 优化进行搜索引擎的站外用户拦截，形成 39 健康网站外的传播，全面打造毓婷的网络宣传阵地。

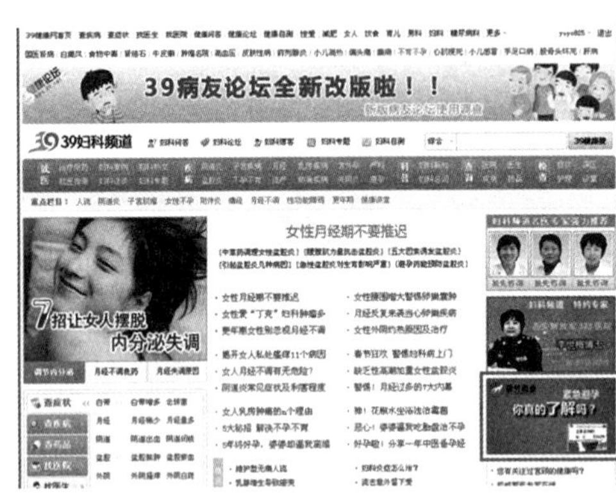

39 健康网上的广告

毓婷深度教育，赢得用户深度品牌认知

全面立体式专题传播，实现了用户对毓婷品牌的深度认知，通过调查、漫画等多种形式的互动，让网民主动寻求知识点。同时 39 健康网对于“紫竹毓婷”的传播引发了其他媒体的自发关注，如搜

狐、网易、中国青年网等大型门户，同时对搜索引擎的优化进行目标用户拦截，提升了产品的广度。

此次的推广合作投放集中在硬广资源作为入口结合专题活动，在 CPC（每次点击付费）和 CTR（广告点击率）上具有明显优势，而 0.56%的 CTR）更是说明了广告创意的成功。结果显示，2 个月的立体式传播共获得曝光量 98 871 927 次、广告点击量 555 387 次、CPM（每千人成本）2.02 元、CPC　0.36 元、CTR 0.56%，调查问卷参与人数 22 608。专题以及铺设的所有信息沉淀到互联网，长期留存，持续影响受众，为需求用户提供有效信息。

专家点评：

十几年前，毓婷填补了国内紧急避孕药市场的空白；十几年后，毓婷成为划时代的标杆品牌，这得益于毓婷不断的产品改进、品牌提升和营销创新。今天避孕仍然是一个较为敏感的话题，除了自己的亲密闺友，用户还是更愿意向网络求教，这就为避孕药的网络营销种下了天然基因。当广告演变为消费者需求的信息时，广告的意味逐渐褪去，其营销力得到充分发挥。本案例和 2010 年的妈富隆百度知道健康避孕中心异曲同工，都是立足知识营销，从提供用户需求的信息出发。只是时隔一年，毓婷的立体式用户教育在专题设置、形式拓展、整合推广、持续教育、用户转化等方面都有了很大提升。

4. 娱乐营销新创举，三九相约将爱情进行到底

2010年，让人最难忘的电影莫过于姜文的《让子弹飞》和冯小刚的《非诚勿扰2》，这两部大戏不仅票房成功突破10亿大关，同时观众的评价也是有口皆碑。而值得一提的是，十年前国内的第一部青春偶像剧《将爱情进行到底》（以下简称《将爱》）也将重新登上荧幕，成为2011年第一部火爆电影。

同样的人，同样的爱情，演绎的却是不一样的故事。2011年徐静蕾、李亚鹏出演的《将爱》情人节隆重上映，利用原来电视剧所带来的一群剧迷，结合浪漫剧情，再次进行翻新和后续，影片还没上映便吸引了大量关注。而作为医药行业，三九胃泰突破传统营销方式，借助电影《将爱》的火爆趋势在网络上发起了声势浩大的宣传，尤其是三九胃泰官方微博上发起的“三行情书”大赛，在网络上参与人数众多，其互动性及好评率也获得新高，真正实现了品牌与电影合作双赢的新营销模式。

普及品牌知名度，大家一起来“找茬”

以气质美女著称的徐静蕾近日在荧幕前的曝光率可谓是“节节高升”，由此也为情人节上映的电影《将爱》起到推波助澜的作用。然而在电影大卖的同时，也有部分观众对剧情提出了一些小小疑问。

电影《将爱》分国内外三个地点取景，有网友提问：为什么在《将爱》里，法国的波尔多也看见了三九胃泰？难道三九胃泰卖到国外去了？这引起了网民的好奇，并且驱使大家通过网络或各种途径来寻找答案。

而据了解，三九胃泰自1987年面世至今已经有21年的品牌历史，被誉为“胃药之王”。作为三九集团的支柱品牌，曾创下很多个第一：是第一个在美国时代广场刊登广告牌的中国品牌；是第一个在香港维多利亚广场刊登广告牌的中国品牌；是中国最早使用名人代言的品牌；是首都机场高速第一块广告牌……迄今为止，三九胃泰在胃药品类中的知名

电影《将爱》活动现场1

与影片中现身的三九胃泰

纽约时代广场的三九广告牌

度一直处于行业之首。

由此看来，三九胃泰在国外的“现身”早已不是第一次了。我们都知道，美国有很多的华人居住，并且有唐人街的存在，其实法国也是一样的。那么，作为国内知名度最高的胃药产品，在国外有人使用是一件非常正常的事情。电影宣传与三九胃泰品牌紧密结合，而随后的搜索提升了三九胃泰知名度的同时，也通过搜索普及了大家对三九胃泰的认识。

线下爱情进行式，三九胃泰三行情书大赛

三九胃泰的这一次新创举当然不是简单地搜索“找茬”就完事了，公司还与《将爱》联合推出一场别开生面的“三九胃泰三行情书大赛”活动。此次活动一经推出就受到广大网民的热情参与，截止到3月11日，共吸引了500多万人次关注，上传40多万封三行情书，成为2011年互联网上最受欢迎的网络互动活动。当然，活动的火爆程度也为电影《将爱》加了一把力，很多网友受活动影响纷纷涌入电影院观看《将爱》。据最新统计，《将爱》电影上映4周后票房突破2亿大关，导演张一白也成为内地“两亿俱乐部”的第九位会员。

三九胃泰三行情书大赛能在短时间内成为互联网上最为火爆的互动活动是有原因的。

首先，三九胃泰三行情书大赛是《将爱》电影情节在线下的一种延续，这样的模式是一种新的创造，三九胃泰用活动来延续《将爱》电影的情节，同时将参与活动的粉丝带到电影场景中进行互动，这样的方式不仅贴近观众的生活，更可以全方位地与观众展开互动，彻底地“将爱情进行到底”。

其次，三行情书的句子富含深刻的意义，写起来并不需要耗费太大的精力。其通俗简单的内容可以在短时间内被大众所接受，以至于网友在各大门户网站、论坛、微博上将三行情书的段子进行疯狂地传播与转载。这种十几二十个字组成的情书，也在短时间内成为一种时尚。短小精悍的文字，催人泪下的语句，这种以简洁、内涵、深刻为主的文字也被网友称为“简爱”。

最后，那就是这次活动的两位主角全都是魅力非凡的主儿。《将爱》作为国内第一部青春偶像剧本身就十分吸引眼球，更是早在十多年前就火遍大江南北，如今重新搬上荧幕，火爆自然不在话下；而拥有21年品牌历史的三九胃泰显然也不是省油的灯，作为三九集团的支柱品牌和成名作，再加上中国最早使用名人代言的品牌以及我国首个在美国时代广场刊登广告牌的中国品牌，其影响力自然不同凡响。1+1＞2，无论是电影还是品牌都有一段辉煌的历史，都深深地沉淀在一代人的心里，这样的黄金组合所推出的活动在短时间内风靡互联网，并不是一件奇怪的事。

电影《将爱》活动现场2

三九胃泰三行情书大赛评选出的最佳情书大奖由QQ网友97xx获得：“无论多晚，我都会让家里的灯亮着，只要你还回来。”情书从侧面表达了一种对爱人的关切，做的只是平凡的事，但平凡事中却包含了不平凡的爱。这封情书所获得的奖品是“三九胃泰波尔多将爱温暖之旅”，三句话的爱意加上《将爱》电影拍摄地波尔多的温暖，就是三九胃泰三行情书大赛的最终诠释。

娱乐营销新创举，将品牌文化无限延伸

三九胃泰针对这一次别出心裁的活动以及配合制造的许多有趣话题，发起了铺天盖地的网络推广，成为了各大门户焦点，品牌活动信息全面覆盖数千家论坛、上百家新闻媒体、主流 SNS 社区人人网、博客、搜索引擎等。其中三行情书大赛主题活动得到网友积极参与，三九胃泰新浪微博粉丝突破 6 万，微博上传三行情书超过 7 万封，同时进行的一次史上最透明微博有奖活动也备受网友好评。

@三九胃泰V：#三九胃泰三行情书大赛#今日起正式启动！只要你是三九胃泰的粉丝，转发本条消息并@三九胃泰 和你的两位好友，就可参与抽取iPad大奖！每周一位！三九胃泰三行情书大赛网址：http://t.cn/hG49Cg　原文转发(78169)　原文评论(68757)

收起　查看大图　向左转　向右转

三九胃泰官方微博

此次活动的影响也是深远的：感恩社会，回报患者，“三九医药”用最真挚的情感诠释着“爱”的意义，用各种方式演绎着企业的“爱”文化为世人所称道，将爱延伸至每一个角落，让人感到“暖暖的，很贴心”。由此我们也可以知道，娱乐不仅仅是一份产业，它更是一份可持续发展的新的营销模式，关键是看你怎样出招，如何配合，是否运用得当！将爱情进行到底，将三九不断创新！这不仅仅是一次营销，更是一份贴心的暖流，相信它将温暖每一颗懂得感恩懂得回报懂得分享的心，这就是营销的最大价值体现！

专家点评：

创意里，可以没有搞怪，也不一定非要用出位来吸引眼球，但是对消费者感同身受的认知必须要有。广告制作的每一个环节都需要主动与消费者进行有效的互动沟通，而这种互动也应该是一个贯穿始终的长期过程。本次案例抓住了如何与消费者沟通的核心，在针对三九胃泰进行市场调查的基础上，与消费者进行有效沟通，通过借助娱乐影视方法推出“三九胃泰专治小胃病”的概念，得到了目标消费者的认同。而产品背后的乐观主义和人文关怀，也拉近了与消费者的距离，让创意得到完美演绎，从而稳固了产品在目标消费者心中的地位。

5. 盘龙云海："娱乐营销"开辟医药客户营销新战地

"每个人都是生活的导演"是土豆网的精神内核，从内容层面，属于用户生成内容（UGC）的"原创豆角"、鼓励原创、挖掘创作人才的"土豆映像节"，到最新的"橙色盒子"自制剧计划、"六号仓库"人才储备计划，土豆网的战略性规划无不和原创以及"创造力"紧密相关。

作为传统药业巨头，盘龙云海药业以振兴中医药文化为己任，开创并发展了"排毒养生理论"，并在行业内创下了诸多辉煌纪录，其主营产品排毒养颜胶囊16年畅销国内外市场，销售总额累计已逾70亿元，产品的功能属性决定产品的受众以女性为主，全国已有近亿人次选择服用，在消费者中树立了良好的品牌形象。

盘龙云海牵手土豆网，找到网络营销突破口

2011年年初，土豆网提出"CATCH娱乐营销"五部曲的创新理念，提倡视频网站不再作为单纯的平台向用户传达信息，而是实现多样化、多维度的推广方式，通过深层次的认可和共鸣实现高含金量的传播和品牌精神传递。Creative idea、Audience Engagement、Technology Innovation、Content Is Marketing、High Brand Exposure，这五个首字母组合为"CATCH"的词组分别代表了创意、互动、创新、内容和高效。

视频网站突破传统的定型框架，以精彩的营销创意来表现客户品牌的内涵——客户品牌深度融入，用户全方位深度参与——技术创新实现全新互动方式——原创内容结合营销活动，内容营销捆绑——富媒体互动广告、整合传播，提升品牌效应。"CATCH娱乐营销"理念和视频营销差异化道路，以及土豆网在网络视频和新媒体领域的领先规模和地位，成为中国药业老大盘龙云海药业初试网络营销的首选，也是达成此次深度合作的重要基础。

盘龙云海期望借助视频网站土豆网的网络传播优势，找到网络营销突破口，进行品牌优化，从而提升更多目标人群关注"排毒养颜胶囊"系列产品，带动产品的终端销售。

土豆网挖掘自身的用户特征，即趣味、个性、好奇的人群，与盘龙云海共同策划"盘龙云海美丽三重奏"推广计划。计划分三个阶段"无毒美女争霸赛"、"健康美女海选"、"女主角征集网络海选"，借助"万元奖金"、"新媒体代言人"、"2012土豆自制开年大戏女主角"等网络噱头打造目标受众的吸引点，配合全程线上与线下的咬合式运营，为盘龙云海品牌提供新的诠释点。

盘龙云海"娱乐营销"全盘解析

第一季：无毒美女争霸赛

通过"豆角"+当红明星+街头抓拍的娱乐形式，推动更时尚、更年轻的潜在消费用户关注盘龙云海品牌及"排毒养颜胶囊"产品，同时启动两场线下发布会，以强大的媒体效应提升盘龙云海的品牌影响力。结合土豆网精准频道+剧场开放的方式进行网络推广。

第一阶段，启动发布会。土豆网举办"畅享轻松人生，网赢无限未来"——盘龙云海药业与土豆网战略合作暨"美丽三重奏"启动发布会。发布会邀请众多高端网络及平面媒体90多家，传达盘龙云海"美丽、健康、时尚、自信"品牌形象，提升盘龙云海品牌的行业影响力。

第二阶段，医药行业与网络媒体的“新联姻”。线上：2011年4月7日至5月3日上传无敌创意排毒秘籍，以“晒一晒自己的独家排毒秘方”为主题进行网民大征集，借助土豆网知名“豆角”发布创意视频，提升用户关注黏性，增加用户对盘龙云海品牌的新形象记忆。

线下：土豆网摄制组寻找街头时尚排毒达人，现场采访中不断爆料各种排毒爆笑话题。同时采访24位当红明星艺人，发表自己的排毒秘方，通过各种娱乐元素，贴合用户喜好，深化用户对“排毒养颜胶囊”产品的认知度，树立“全民排毒”理念。

盘龙云海与土豆网战略合作启动发布会

网友参与活动上传视频

“无毒美女争霸赛”官方网站1

“无毒美女争霸赛”官方网站2

街头时尚排毒达人采访

明星采访排毒心得

第三阶段，颁奖发布会。土豆网举办盛大的“无毒美女争霸赛”颁奖发布会，邀请薛之谦和江映蓉作为嘉宾，增加娱乐性元素，引爆“健康排毒，全民排毒”理念。现场众多娱乐媒体的布置，推动了品牌的时尚化、年轻化。

第二季：新媒体代言人

第一阶段，海选。网友上传美丽视频，进行自我介绍，展示健康活力形象。根据投票评选TOP 20晋级。

第二阶段，复赛＋决赛拉票。晋级选手上传才艺视频，展现自身独特才艺，进一步体现“健康活力”。网友投票与评委意见相结合，评选出TOP 5晋级决赛。5名选手各自拍一部拉票视频宣传自我。

“无毒美女争霸赛”颁奖发布会

第三阶段，5名选手现场才艺比赛大比拼。评选规则：嘉宾评委现场点评与网友投票数相结合，评选出获胜选手。

第四阶段，新媒体代言人发布会和新媒体代言人TVC上线。

新媒体代言人选评页面1

新媒体代言人选评页面2

盘龙云海娱乐视频营销全媒体整合营销

盘龙云海选择与土豆网合作，一是土豆网的“CATCH 娱乐营销”理念；二是根据数据显示，在目前土豆网的常驻用户中，约有 70%的用户年龄在 30 岁以下，近 80%的用户拥有大学以上学历，其中女性用户的比例占到 53%，因此对于盘龙云海药业所倡导的“排毒养生”理念的传达，是一个高度匹配的新媒体平台。同时土豆网本身具备丰富的用户积累以及 Web2.0 分享，利于用户 ugc 内容创作以及广泛分享。

盘龙云海除了借助土豆 Web2.0 分享平台发起主题活动外，还针对不同主题、不同活动阶段量身定制五大剧场。

第一，懒女人的排毒心经。从饮品排毒、泡澡泡脚排毒、按摩排毒、女性精彩专区、女性频道主页、女性频道等几个模块，从各个方面为女性排毒提供咨询分享。

第二，养生百招，调理出健康生活。专区邀请贺娟春、姜良铎等知名养生专家，分享养生知识，提供视频分享功能，并直接在相关养生栏目旁边推荐盘龙云海的相关产品。

懒女人的排毒心经

网络 + 平面媒体强力推荐

在活动进行的一个半月中，活动专区 PV 达到 762 465，招募视频播放数 6 531 585 次。参与网络上传的选手有校园校花、平民模特，用户上传视频 636 部，超出预计 112%，关注活动的人群（发布会现场与报道 + 硬广投放 +PR 关注）高达 7.9 亿人次。

腾讯娱乐

组图：江映蓉出席活动显温婉 交流排毒养颜秘籍

中网资讯中心 霸赛落幕 薛之谦江映蓉助阵大曝养颜秘籍

活动现场

专家点评：

十几年来，盘龙云海药业运用电视和平面等传统营销渠道影响了众多用户，此次与土豆网的战略合作是盘龙云海首次涉足网络视频媒体营销。借助互联网媒体实现品牌年轻化是盘龙云海近年转型的主要思路，互联网媒体作为年轻用户的主要聚集和交流平台，是盘龙云海实施新战略布局的重要舞台。本次牵手土豆网新媒体的品牌年轻化营销活动，不仅为更多年轻用户提供排毒养生权威方案，更让广大年轻群体记住了“盘龙云海”这个不太熟悉的“陌生人”。这是盘龙云海品牌年轻化运动的重大尝试，也是新战略布局的重要一步。我们期待盘龙云海的更多新动作。

6. Lumi：3个月让Lumi销售呈8倍增长细分品类No.1

每个女人都爱美，每个女人都有属于自己的臭美方法。

你的梳妆台上堆满了瓶瓶罐罐的各种护肤品，可是皮肤的吸收力变差，使用效果也越来越不明显？

你每天、每周花费大把时间按部就班地涂抹一道道保养品，雷打不动地去美容院做脸、做SPA？

你还在犹豫不决，下不了狠心给自己脸上来一针玻尿酸或是羊胎素？

你换了几个频道，但美容节目里十有八九的保养达人都在分享口服美容的经验？

你随便问一个在意美容保养的人平时吃什么营养品，95%的答案跑不出胶原蛋白？

那就不用麻烦了，让Lumi将美丽化繁为简，叫你吃吃喝喝就变美丽！

忙碌的Office Ladies现在只消动动嘴：口不停，美不停，口服美容爱不停！

……

没错，上边这段“引诱”极强的文案就是Lumi的营销软文。口服美容品，有没有听错?！没错，这就是Lumi胶原蛋白。将胶原蛋白开发为美容产品已经有十余年的历史，进入国内也有七余年的时间了。

胶原蛋白市场的前世今生

说到胶原蛋白就不能不追溯美的历史。爱美是人类的天性，早在殷商时期，有人用“燕支”捣汁凝结做脂来饰面，这是最早的胭脂。在国外，人们涂抹香油及油质软膏防暴晒和皮肤干燥。公元前，埃及艳后克里奥帕特拉用驴乳沐浴，使皮肤白皙滋润。欧洲文艺复兴时期，化妆品工业受到了与化学工业同等的重视。20世纪30年代，中国开始有小量的雪花膏生产（相信70后、80后们还用过友谊牌雪花膏吧，现在已经很少见了）。到80年代，美国的化妆品公司与红十字会合作，将介于化妆品与药品之间的药妆引进欧洲。2000年欧洲有近八成的女性通过口服产品美容，中国台湾地区近60%的女性常年服用胶原蛋白。今天，口服美容产品在欧美、日韩等市场已形成规模，美容保养品与食品间的区隔日益模糊，美容保养品食品化，食品美容化已成新趋势。

在中国大陆，很多女性对胶原蛋白加入化妆品用于保湿、抗皱非常认可，但说到口服却知之甚少，其实，中国人对胶原蛋白的认知已长达两千年。东汉医圣张仲景《伤寒论》中的“猪肤方”说猪皮有“和血脉，润肌肤”的作用，史料还记载“武则天喜食燕窝、肉皮”，所以两千年来，中国女性都知道吃猪蹄、猪皮这些含胶原蛋白的食物美容。但遗憾的是，食物中的胶原蛋白分子量大，吸收的极少，再说鱼翅、燕窝价格昂贵，一般人消费不起，而猪蹄、肉皮属高脂肪食品，长期食用令渴望身材苗条的女性望而生畏。

最先在国内推广胶原蛋白美容产品的企业，是日本Fancl（1996年），其后有水芝澳（2002年）等，形态均为口服液。它们以国际化的形象，率先向潮人招式，胶原蛋白来了！Fancl完成了胶原蛋白的市场初级教育。那时，胶原蛋白是毫无疑问的奢侈护肤品，298元/10支的售价，每月消费近900元，让众多爱美女性望而却步，胶原蛋白成为富人的专利，更成为女性护肤的渴望。

随着国内企业不断加入市场竞争，胶原蛋白产品类型逐渐丰富，消费者的腰包越来越鼓，胶原蛋白的市场逐步打开。2007年，Lumi于上海成立，它是一家以直复营销为核心模式的外资企业，致力于打造“DHC”式的轻公司。

Lumi 直复营销：价格屠夫 VS 品牌黑马

从前，胶原蛋白的消费者以江、浙、沪一带高收入的女性白领为主，是日本资生堂、Fancl 等进口品牌胶原蛋白产品的粉丝，有优秀的皮肤保养观念并舍得为胶原蛋白这种高端产品买单。胶原蛋白已经被她们视为美白皮肤的代表性高端产品之一，消费高端品牌在乎的更是享受奢华的内心感觉，对于价格明显更具有亲和力的 Lumi 产生排斥，认为 Lumi “将阳春白雪的胶原蛋白变成了下里巴人”，称其为“价格屠夫”。

而在大部分中青年女性看来，则更愿意称 Lumi 为“品牌黑马”。传统美容业的销售推广，不外乎设立品牌专卖店、聘请明星代言等宣传手段，成本高，直接导致产品售价居高不下，而显然不是每一位女性消费者都能为此买账。Lumi 康魄专注于网络和电话售卖，并依靠几乎是免费的网民之间的口碑相传另辟蹊径，打开知名度与销量，在上市短短半年内已经占据了江、浙、沪一带同类市场的半壁江山。在日本、中国香港与东南亚，胶原蛋白已成为深入每个家庭非常普遍的美白方式，Lumi 正在努力把自己的产品变为中国大陆女性都能够长期使用的日常必需品。

Lumi 淘宝战：3 个月销售呈 8 倍增长细分品类 No.1

在 2008 年年底，Lumi 所有产品的销量仅在十万级水平。2009 年 2 月开始，Lumi 围绕“女性常规护肤品”的定位策略，在北京、上海、广州、成都以及网络等重点市场上，发动了 Lumi 胶原蛋白的传播攻势。通过有力度、有深度、有阶段的传播，迅速打开 Lumi 胶原蛋白的销量。2010 年 3 月，Lumi 登录淘宝商城。

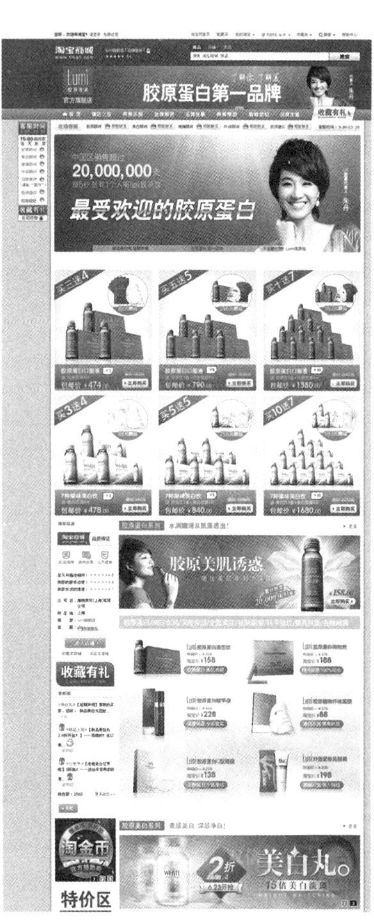

Lumi 淘宝商城官方店

2011 年 Lumi 商城遇到一系列挑战和问题：全年首购销售目标 8 倍增长；店铺扣分严重，马上面临短期关店风险；对于电商的核心命脉——流量而言，Lumi 无硬广宣传投放，钻石展位、P4P 投放不稳定；Lumi 线下无疑已经是胶原蛋白第一品牌，但网上消费者对其认知度很低，甚至连淘宝小二对其认知也很弱；Lumi 淘宝 P4P 搜索屏蔽；客服专业度弱，客诉严重。

带着这些挑战和问题，2011 年 4 月到 6 月，Lumi 淘宝商城从整体营销规划、流量传播、产品规划、后台数据、店铺梳理、品牌定位及传播、组织架构、KPI 制定、人员培训等方面入手，开始大刀阔斧的调整和学习。

① 店铺转换率优化：对店铺整体架构进行优化，包括产品价格、产品销售量、产品评价、产品与店面定位、店面整体规划、产品的摄影、制作和排版、产品描述等，从而有效提升了店铺整体转化率，人均访问页数 5 页，人均店内停留时间 510 秒。

② 销量及品牌。通过对产品、供应链、营销、运营、品牌的 360 度电子商务解决方案和实际执行，Lumi 销售及品牌迅速登上了淘宝传统滋补品排行榜，品牌销售迅速提升到全行业第 5 名，淘宝胶原蛋白销售第一名，成为淘宝胶原蛋白第一品牌。实现了 8 倍销售增长。

选择时间： 昨天 最近7天 最近30天 上个月 上季度 2011-04-01至 2011-06-23

品牌热卖TOP榜 品牌热卖飙升榜

每页显示 25 条 搜索:

序号	热门品牌	成交金额(¥)	成交占比	成交商品数	成交人数	品牌详情
1	康比特	7,639,790	0.84%	45,536	24,412	查看详情
2	国珍	7,359,649	0.81%	79,187	11,962	查看详情
3	Comvita/康维他	7,082,268	0.78%	39,749	20,810	查看详情
4	lumi	6,077,593	0.67%	37,890	8,780	查看详情
5	中宁枸杞	5,186,491	0.57%	150,879	63,104	查看详情
6	纤纤	4,130,625	0.45%	83,701	24,825	查看详情
7	BSN	3,958,279	0.43%	74,674	9,387	查看详情
8	嘉康利	3,911,321	0.43%	8,614	2,047	查看详情
9	姿美堂	3,888,266	0.43%	43,572	20,822	查看详情
10	汪氏	3,532,317	0.39%	68,298	22,927	查看详情

Lumi 在品牌排行榜的表现

③ 搜索排名：

A. “胶原蛋白口服液”关键词所搜销量：排名第一。

Lumi 关键词搜索的销售排名 1

B. “胶原蛋白”关键词自然搜索：排名第一。

Lumi 关键词搜索的销售排名 2

C. “美白饮”关键词自然搜索：排名第一、第二。

Lumi 关键词搜索的销售排名 3

④ 避免短期关店风险，店铺评分整体上升。

Lumi 的店铺评分情况

⑤ 钻石展位、P4P 效果整体转换率提升：钻石展位、P4P 稳定投放，流量提升 3.5 倍以上，店铺转化率由 2010 年的 0.8%提升到平均 1.5%以上。

淘宝推广包括：硬广、钻石展位、超级卖霸、直通车和淘宝客。在 Lumi 的本次推广活动中，主要用到的是钻石展位和 P4P，下边主要介绍这两种推广方式。

A. 钻展小百科：即淘宝钻石展位，是淘宝的一种付费推广方式，按展现收费，就是每千次展现扣一定的费用，其优势在于，除直接引入流量达成销售之外，还有广告理念灌输的作用。这种意识催眠类似于电视广告，报纸、杂志广告等，长期、有规律的投放，可以将自己品牌的概念很好地灌输给消费者，从而形成一种视觉洗脑的累积效应，打响品牌。

B. P4P 小百科：P4P 是英文 Pay for Performance 的简写，中文含义是按效果付费，也就是说，让广告主不是按照广告投放时间来付费，而是按照广告投放后带来的实际效果，也就是实际的用户数量来付费。淘宝直通车就是 P4P 产品，它采取广告位点击，按点击付费。不同广告位 P4P 效果、价格不同，同一展位，不同设计、不同创意实现的效果也不一样。

钻展、直通车和淘宝客是卖家最常使用的推广方式。在给淘宝带来的收入中，P4P 是最大的，分别是淘宝客、钻石展位两个产品带来的收入的百倍。在投入上，淘宝卖家参与 P4P 的投入是最多的，其次是淘宝客和钻石展位。在投资回报率上，淘宝卖家参与三个产品的投资回报率，其中淘宝客是最高的，其次是直通车和钻石展位。预算充裕的卖家会三个产品一起选择，也有卖家选择双组合或者单品。

本次 Lumi 的淘宝商城推广，围绕着“提高销量”的核心目标，也舍得下血本，包括硬性的搜索购买、广告位购买等，配上软性的搜索内容优化，取得不菲的成绩。

专家点评：

所谓“话说天下大势，分久必合，合久必分”，胶原蛋白市场正处于市场竞争的初级阶段。从百度检索“胶原蛋白”出现最多的是“胶原蛋白10强品牌”、“胶原蛋白品牌排行榜”等相关检索，我们可以窥测这尚是一片水草肥沃的处女地，还处在诸家纷争抢夺市场的阶段，市场尚未定局。Lumi本次的淘宝推广定位在打造销量第一品牌，以销量带品牌，取得很不错的成绩。淘内推广做得很棒，需要加强的是，淘外推广。我们看到百度检索“Lumi胶原蛋白”，出现“Lumi胶原蛋白怎么样”、“Lumi胶原蛋白好不好”、“Lumi胶原蛋白好吗”等消费者确认的关联检索，甚至Lumi本身也已经意识到这一问题，购买了“Lumi胶原蛋白怎么样”的百度推广关键词。这说明，淘内推广一旦起来，有购买意向的买家就会到淘外进行相关考察，确认之后才会下单。因此，淘内推销量，淘外推品牌，淘内淘外的推广必须双剑合璧，才能有效提升转化率，打响品牌。

7. 借势英超战火起，杜蕾斯“射”“超”英雄传

提起杜蕾斯，许多成年人往往会会心一笑。可以说，杜蕾斯是全球最著名的安全套领先品牌，在世界上150多个国家均有销售，并在40多个国家和地区占据领导地位。在中国，杜蕾斯占据了安全套市场上超越30%的市场份额。而随着社会环境和消费者态度的日渐宽松，杜蕾斯虽然在中国迎来了比较好的发展机会，但依然面临着政策限制、创新和活力不足、缺少强大事件营销带来的品牌影响力等诸多问题，这成为了杜蕾斯升华品牌高度的瓶颈。

如何借助大事件提高自身？2011年夏季，杜蕾斯开创了新的营销历史。正值英超赛事阶段，杜蕾斯很好地将产品特性和赛事的特点相结合，在英超赛事独家播放的PPTV网络电视的网络平台上进行了精准投放，使产品得到了很好的推广。并在网页端开设杜蕾斯英超赛事专区，使用户产生了极强的视觉效果，让产品进一步深入用户的同时，也做到了人群定向的投放，效果极佳。

杜蕾斯VS英超，速度与激情的碰撞！

其实真正说起来，将成人用品与足球紧密结合的想法可并非杜蕾斯首创。很早之前网上就流传了一个故事：说国足兵败后，“××丸”找了国家队队员做广告：该队员左手抱一个足球，右手指着屏幕说：“谁能90多分钟不射，我能！”

保险套厂家看了广告后，深受启发，于是也从国家队里找了一群队员做了个广告：所有队员对着球门轰炸，广告语：“不管射多少次，射不进去就是射不进去！”

生产避孕药的厂家也想跟这个广告的风，可避孕药主要是给女人用的，怎么办？好说！让一裁判身穿黑衣，哨子一吹，手一挥，傲气凛然地说：“不管射进去多少，统统不算！”

当然，这只是一个笑话。杜蕾斯这次却是要玩真的了，而且英超也跟国足不一样，那么该怎么去结合呢？

看到杜蕾斯，人们的第一联想是什么？毫无疑问，激情是必需的。而英超，众所周知是以速度快闻名足坛。“速度”与“激情”，完美地展现了英超与杜蕾斯的默契关联。

于是，此次营销案例，杜蕾斯紧握热点事件，充分抓住了英超赛事的绝佳时机，以“激情与速度的碰撞”为切入点将产品特点与英超比赛相结合，同时借助名人效应更好地推广产品，在由周亮等著名主持人解说的英超赛事中，通过创意性的产品植入（如标版、口播、角标等），植入广告场次高达20场，在给观众留下深刻印象的同时，也有效诠释了杜蕾斯的产品卖点，使杜蕾斯品牌影响力在目标人群中深深扎根！

巧妙契合足球元素：有我杜蕾斯，射门守得住！

将自身的品牌特色融入到热点事件中，可以最大限度地调动人们对于品牌的关注，拓展其影响力。事实上早在2003年，统一润滑油就曾经做过类似的案例。

当时正逢伊拉克战争爆发，中央电视台进行了前所未有的大规模直播报道。统一润滑油迅速作出了反应，在战争开始的当天，停掉了正热播的“众人篇”，而改为播放一则五秒的广告片。广告片没有任何画面，只有一行字并配以雄浑的画外音：“多一些润滑，少一些摩擦。”这则广告紧贴在《伊拉克战争报道》之后，和新闻浑然一体，非常有震撼力。

“统一”为这则广告每天投入25万元，共播出10天。这次事件营销对统一石油化工有限公司提

高企业形象起到了绝佳的效果。广告播出后，各大媒体纷纷对这次营销事件发表评论，认为统一“多一些润滑，少一些摩擦”的广告，创造了小预算、大效果的神话（制作这个广告仅花1.8万元）；统一石油化工有限公司的网站点击率提高了4倍；而且还经常有人打公司的服务电话与统一公司讨论战争进展的情况和战争与和平的话题，统一润滑油的品牌影响已经远远超出了产品销售和使用的范围。

而杜蕾斯显然也是丝毫不落下风，先是在PPTV平台上搭建了“杜蕾斯 & 英超专区”：首先对专区的感性基调进行了细致包装，在不乏体现英超强悍的一面同时，合理融入杜蕾斯的产品元素，实现了极佳的视觉效果；同时，在英超专区中，通过创意互动广告，完美地将杜蕾斯产品特点和足球元素相结合（如射门、守住啊!），生动形象且契合得天衣无缝，让广大网民狠狠地过了一把瘾！甚至事后有网友将画面抓拍上传到论坛，不少人看到后在赞叹之余居然以为是通过PS制作的，由此可见杜蕾斯的这次创意确实是绝了!

“蟹黄粥”摇旗呐喊，名人效应更high

在由国内顶级体育主播黄健翔、素有“中国贝克汉姆”之称的谢晖，以及沪上人气体育主播周亮组成的“蟹黄粥”英超评球节目及赛事中，杜蕾斯效仿传统电视媒体的植入形式，将品牌形象数次植入到演播室及比赛过程中。如进球后左下弹出角标“杜蕾斯 & 射的爽”，够默契、够吻合；演播室摆放大LED灯箱，杜蕾斯品牌露出；比赛数据展示，杜蕾斯Logo植入以及每场比赛结束后，巧妙安置“杜蕾斯精彩射门榜”统计该场比赛结果，利用一语双关形式引发消费者兴趣等。连续20场英超比赛植入，每场数次品牌展示，让球迷观看英超就会想到“杜蕾斯”！产生出“杜蕾斯，你懂的!”品牌隐性文化的传播。

PPTV多元化硬广爆发，万众聚焦

除此之外，PPTV网络电视还为杜蕾斯制定了详细的广告投放策略，如前贴片、暂停、浮层等广告位，精准锁定PPTV网络电视英超专区投放，有效覆盖了狂热的球迷网民；同时锁定热门影视剧频道，聚焦热点，网罗海量目标人群，给杜蕾斯在2个月时间内带来了极高关注。

总的来说，此次营销不论是在覆盖广度、合作深度还是投放效果上都有优异的表现！此次营销活动投资回报率高于普通常规合作10倍，以极少的成本获得了近2亿人次曝光，覆盖到了3 000万目标人群，千人成本仅为行业常规视频硬广投放的十分之一。在百度上的搜索达42 000条，在Google上的搜索达143 000条。在新浪微博上更是一度成为热门话题，关于杜蕾斯和英超的微博共计1 260条，引起了受众的广泛关注和讨论，获得了良好的口碑效应!

专家点评：

鉴于国家政策对安全套类产品的严格限制，因此相比其他产品，杜蕾斯很难用电视、杂志、户外等关注度高、更为公开性的大众媒体传播其媒体声音。而此次利用互联网借助英超热点进行品牌口碑传播则不失为一记妙招，尤其是其中类似“射得爽”等词语，更是契合得生动形象巧夺天工，让人一见之下就难以忘怀!

该案例让人不得不想起杰士邦日全食营销案例。借助500年一遇的日全食，杰士邦在天涯设问“日全食是如何发生的?”，采用了网络互动游戏的形式来让网民体验用杰士邦制造日全食的惊喜快感：用鼠标移动杰士邦去套太阳，而太阳像个顽皮的小孩，四处躲闪，终于太阳落网了。画面黑了下来，日全食发生了，让人忍俊不禁。期望未来多些如此过瘾的创意，相信我们的受众就会争先恐后地去充当传播志愿者，而不是对广告避之唯恐不及。

8. 白加黑：沁醒行动“带你过足整蛊瘾”

感冒，可以说是现代人们最常见的一种病了。而市场上的感冒药种类更是繁多，包括帕尔克、三九感冒灵、康泰克、感冒通等知名品牌占据了绝大部分的市场份额。同时感冒药的特性决定了消费者购买时通常只会购买自己熟悉的品牌，忠诚度较高。因此新进入品牌要想获得消费者青睐是一件很不容易的事情。

然而智者总是能够让自己在众强林立之中脱颖而出。拜耳旗下的“白加黑”经过一番市场调查、研究、谋划，最终创立了“白加黑”的新概念：在国内第一次采用日夜分开的给药方法。白天服用白色片剂，能迅速消除感冒症状，且无嗜睡作用，服药后可以正常坚持工作和学习；夜晚服用黑色片剂，在日制剂的基础上加上另一种成分，抗过敏作用更强，能使患者更好地休息。这种新概念瞬间在市场中刮起了旋风，获得了用户的普遍认可和赞许。而本次网络营销活动围绕白加黑“白天精神好，夜晚恢复快”的USP，模拟病毒侵略传染，开启一场整蛊大行动，让用户之间体验被感冒病毒“感染”的威胁和白加黑的功效，在互动中提高对白加黑品牌的认知。

角色扮演：我是“病菌”我怕谁！

我们都知道，任何营销活动，只要找准与目标受众的正确沟通切入点，那么一切就会变得很简单，效果自然事半功倍。那么，感冒药与用户之间的切入点在哪里呢？

感冒有多可怕？一旦被感染到是否能时刻保持清醒，迅速恢复健康？白加黑通过对“白天精神好，夜晚恢复快”USP的深入理解，以及受众群体的上网行为分析，策划出一项简单、幽默、有趣、互动性极高的Campaign体验。即通过Frame嵌套技术让用户扮演“病菌”，在白天或黑夜进行相互虚拟传染，切身去体会感冒的危害性，以提醒朋友多多注意身体，保持健康。本次网络营销活动不仅清晰地找到了白加黑与用户沟通的切入点，更将白加黑的产品功效和品牌个性完美诠释其中。

“病菌”在行动：爱他，就传染他！

成功的网络营销案例，趣味性和互动性往往是不可缺少的元素。白加黑的此次营销活动，其亮点也正在于此。

在营销活动期间，白加黑郑重告诫：不要随意点开朋友发给你的链接，这不一定是某个好玩的视频、有趣的网页，而可能是朋友生成的病毒，如果点开链接，页面冒出滚滚病毒烟雾，笼罩了整个屏幕，那么恭喜你，已经列入朋友的整蛊名单，被成功传播“感冒病毒”了。

不过不要着急，电脑不会因此而瘫痪，耐心等待屏幕变成全黑，白加黑拯救行动开始！点击白片或者黑片，就能清除感冒“病毒”。如果你发现，平日清晰熟悉的界面变得混乱模糊，如同感冒时望出去的世界，这时页面出现白色药片，点击白片，扫清视野中的模糊阻碍，就能回归干净、清爽的界面；而当夜晚降临，页面再度变得模糊，还飘浮着小小的病毒碎片，那么点击黑片，消灭病毒，夜晚休息时分，快速恢复健康状态，还页面干净的同时，步步击退感冒病毒。

OK，是不是很有趣？清除“病毒”之后，就该轮到你的整蛊时间了，在白加黑沁醒行动网站输入链接，自动生成一个病毒，转发给好友，也让他尝尝“感冒”的滋味吧。而且转发数量前10的网友还能获得时尚健身运动奖品。所有参与游戏，收集黑白勋章并注册的用户，将有机会参与iPad的抽奖。如此好玩有趣又有实惠的活动，又岂容错过？

事实上也正是如此，本次营销活动最终结果总浏览量为 1 420 068 次，总访问量为 1 187 145 次，远远超出了普通广告的效果。

巧妙结合：游戏＋白加黑共唱天仙配

从以上介绍中我们不难发现，白加黑的此次营销活动之所以获得成功，其创意新颖以及趣味互动性强固然是一大原因，让大家乐此不疲地自发去传播。然而我们也不可忽视，游戏与“白加黑”概念的巧妙结合同样尤为重要。毕竟这才是宣传的核心，这点从活动中包含的 4 个亮点就能够体现出来。

亮点一：白加黑创造了根据真实世界日夜黑白自动转换的活动网站。以白天和黑夜为分界，体现白加黑的特点。网站根据真实时间转化不同的效果。

亮点二：参与者可以把感冒“传染”给好友。输入任意网址生成整蛊网页，发送给好友“整”他一下，病菌战斗结束，“传染”和“被传染”的人都可以获得“白勋章”（白天）或“黑勋章”(夜晚)。同时注册更有机会赢取精彩好礼。

亮点三：以 EDM 形式或复制网站链接方式发给好友。运用网络双向甚至多向互动的原理，调动网友相互传播的积极性，让更多网友参与进来。

亮点四：生成的网页运用 Frame 嵌套技术，将网页收为囊中物。感染病毒的网页逐渐模糊变黑。白天，白片出现，清除病菌，一键恢复网页功能，虚拟解决“感冒”引起的症状。夜晚，黑片出现，战胜病菌，迅速恢复，感受黑片的快速恢复功效。

4 个亮点，有 3 个紧紧围绕“白加黑”概念打造，使得产品的品牌特点在游戏里一目了然而又毫不突兀。可以这样说，白加黑此次“沁醒行动”并不是一个简单的广告宣传，更多的是一个品牌影响力的扩散。

周密整合：多样营销穿针引线两相依

一个成功的营销活动仅仅靠一种方式去传播显然还不够。在此之外，白加黑结合其目标受众特点，在白领、学生等受众目标集中的人气社区，撰写养生、休闲、情感、八卦等多种话题，引起消费者关注和共鸣，加大白加黑的口碑宣传力度，并增加白加黑与用户的互动及传播，扩大受众影响力。同时，通过分析消费者行为和所处区域情况，白加黑精心选择精准媒体。除一线城市外，将目标人群扩大至二、三线城市。将资源整合投放，使活动参与度及白加黑品牌曝光度大大提升。此次营销活动进行期间，用户关注度大幅提升，在网上掀起一股黑白浪潮，共计有 46 541 人注册参与活动，转发好友次数为 215 628 次。

专家点评：

孔子曰：“知之者不如好之者，好之者不如乐之者。”如今的广告营销同样如此，以往强加给用户的硬广告已经不再有效。特别是在网络之中，用户掌控鼠标也就等于拥有了主动选择权。我们所要做的，就是要针对用户感兴趣的地方下手，让用户自己找过来。

白加黑的此次营销案例就充分利用了这一点，从大家都爱玩的游戏中切入，再加上画龙点睛的“整蛊”概念，牢牢抓住了白领以及学生阶层等目标受众不堪重负、急于解压的心理，用一句“就让我们扮一次坏人，一起来使坏吧！不过，真的感冒了，记得用白加黑哦”成功调动起网友们的热情，继而自发行动起来。一个觉得好玩传给两个，两个觉得有趣传给三个……就像在水中扔进一块石头，涟漪不断向外扩散，品牌传播自然事半功倍！

第十章 其他

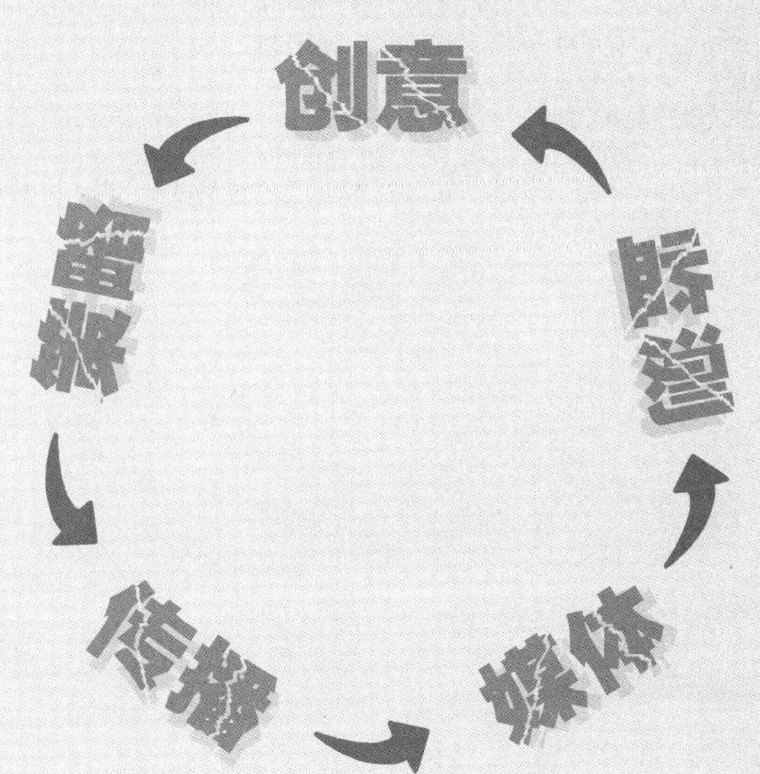

我们都在网络营销的路上

套用一句耳熟能详的广告词："我们不是在开展网络营销，就是在网络营销的路上。"我想这是对现今大部分企业现状的一个很好表述。在本书文章搜集和梳理过程中，我们深感中国网络营销界的迅速成长和蜕变，同时也为分类着实伤了一把脑筋。俗话说"敲锣卖糖，各干一行"，行业发展到现在已经远远超过了三百六十行了，我们简单地归为九类显然太少。抓耳挠腮之际，有人提出"其他类"一语惊醒梦中人，在分类学中"其他"应该是个万能词了吧，不得不感慨人类的智慧和语言的伟大。

本章收录的部分文章正是来自于不同于前边九大行业的其他行业，这些行业（有的或许无法用"行业"来表述，比如《奇迹在延续——乔布斯的死亡营销》），或者因为新鲜，比如《"龙袍帝"穿越时空传播快拍二维码》，或者因为本行业代表案例较少，比如《中呼为快递插上声音的翅膀》等，而组合成一个新家庭。

随着新技术、新产品的涌现，网络营销也在迅速地调整与蜕变。不管网络营销如何千变万化，我们始终要记住"大道至简，万法归一"，这个"一"就是"用户"，提供用户真正想要的，离不开的。菲利普·科特勒在《营销革命 3.0：从产品到顾客，再到人文精神》中指出："我们正在目睹的是营销 3.0，即价值驱动营销时代的兴起。在新媒体时代，纯粹的广告是不会传播的，能够传播的是互联网流行文化和创新精神。营销 3.0 就是合作、文化性和精神性的营销。在这一点上，万通的潘石屹可以说做得出神入化了，从首创"网上卖房"到"潘一元"出品，这个聪明的房地产商人总是能够迅速嗅出新鲜动向，捕捉用户心理，并且迅速落实到行动上。

最后想啰唆的是，本书所收录案例的当时条件下有可圈可点之处的优秀代表，用现在的眼光去看，有的营销案例是大有提升空间的，所谓斗转星移嘛。所幸的是，我们处在这个变革的时代，我们能够亲见、亲闻、亲历其中的点点滴滴，因为我们都在网络营销的路上……也希望同人多提宝贵意见，不管是内容、版面、体式、设计等，在 2012 年的年鉴中吸纳提升，共同为中国网络营销的发展尽一份力量。

1. “龙袍帝”穿越时空传播快拍二维码

随着人们的生活方式、媒介的传播形式以及企业的运营模式的改变，人们对信息的控制和过滤能力日益增强，唯有独特创意才是营销传播的王道。回家过年成为市民关注的焦点，一票难求让很多人倍感无奈。2012 年春运期间无疑成为“龙袍帝”穿越最佳时间点，利用“快拍二维码送福、送船票”的营销手段吸引用户主动体验灵动快拍公司旗下的快拍二维码产品，通过口碑传播实现最大化口碑传播效应。

龙袍帝玩穿越创意营销

我们生活在一个“营销”的时代，继“地铁穿越雅典娜”、“穿越女求盘缠回家”事件之后，《湖南卫视》正在热播的穿越剧《宫锁珠帘》穿越式结局，穿越已成为备受人们关注的热门话题。穿越是一种迎合需求，符合市场规律、创新体验的营销方式，头戴皇冠、身披龙袍，复古的“皇帝”装扮吸引了现场众多围观市民的拍照、合影，成为此次“龙袍帝”创意营销事件的引爆点。

自编、自导、自演的“龙袍帝”派送的 2012 诺亚方舟·快拍号船票和拉萨至卓明码头火车票均印有二维码进行身份识别和火车票防伪，利用社会化媒体人际传播的方式在微博平台上进行微博直播互动，通过整合线上线下资源，实现主动病毒式传播。

传播快拍二维码，释放穿越的营销价值

二维码知识的应用普及，提升用户对快拍二维码的产品体验，传播快拍二维码用户突破 1 000 万，促进用户之间的口碑传播。灵动快拍创始人王鹏飞透露，快拍二维码 WP7 版本已正式上线。截至 2011 年 1 月底，快拍二维码的用户规模已突破 1 000 万，最高日激活达 10 万，每月扫码量超过 5 000 万，灵动快拍实现了里程碑式的跨越。

随着 2011 年《宫》、《步步惊心》的热播，以电视剧《步步惊心》为例，微博相关话题数超过 1 000 万，微博投票数近 2 万。“喂，您穿越了。”此情此景，引起了不少地铁乘客围观拍照，有围观乘客一眼指出皇冠后面所“秀”的黑白方块就是二维码。一些拿到福字的乘客，掏出手机扫描福字和诺亚方舟快拍号船票上的二维码，想解密里面的信息。一些已经熟悉了“穿越奇观”的市民心里自然明白，这肯定又是一次市场营销活动。

“亲，马上就是 2012 了，买不到票回家的童鞋可以找‘龙袍帝’索要 2012 诺亚方舟·快拍号船票。”微博有网友转发评论这样说。借助“龙袍帝”、“穿越”、“二维码船票”的话题性引导，利用微博平台进行口碑传播，整个传播活动实现线下活动、线上互动的形式，扩大了快拍二维码产品的传播影响力。

在日常生活中，无论看电影、演唱会，参观展览，乘飞机，抑或是去游乐场，都得买票，很多人都有排队买票或买到假票的经历，有了二维码后，就可以有效避免这种现象的出现。用户登船时，工作人员只需用安装有“快拍二维码”软件的智能手机，一扫即可识别票的所有信息，可以有效防止假票。

“龙袍帝”穿越不仅仅是一次营销事件，已成为品牌形象整合传播行为。

南有旗袍女，北有龙袍帝

“龙袍帝”组图

受电影《金陵十三钗》的影响，2012 年 1 月 11 日，一群穿着旗袍的美女在南京地铁里走秀，让市民们大饱眼福。美女模特胸前、手臂、胳膊上都贴着当下最流行的二维码，拍下来就有机会吃到免费的年夜饭。五位身高一米七以上的美女，齐齐梳着复古的民国发型，五款花色不一的旗袍，五种优雅迷人的微笑，摆出风情万种的 POSE，地铁上的男士纷纷掏出自己的手机、相机，如狂蜂浪蝶一般疯狂地围着美女们一阵近身抢拍。

2012 年 1 月 19 日，“皇帝”衣着简单，不惧寒冬穿梭于北京地铁 1 号线、地铁 2 号线、北京火车站和北京王府井大街，寻觅有缘人送福、送船票，号称“微服私访”，人送外号“龙袍帝”。“皇帝”在随从保护下亮相北京王府井大街，派发 2012 诺亚方舟·快拍号船票，称“择良辰吉日赠京城有缘人”引得众人围观。

据悉，这是北京灵动快拍信息技术有限公司精心策划的一次穿越体验营销活动，旨在通过 2012 诺亚方舟·快拍号船票采用二维码进行身份验证方式来引导用户主动参与传播。

“龙袍帝”通过“穿越”创意的精彩演绎，借助微博平台上的话题营销进行口碑宣传的市场营销手段，头戴皇冠，身披龙袍，复古的“龙袍帝”装扮吸引众多微博好友主动参与互动，使快拍二维码用户突破 1 000 万的传播效应呈几何级的量变。

有“现代管理之父”之称的彼得·德鲁克认为企业只有两项职能：营销和创新。现在的广告形式越来越多，只有那些善于运用智慧传播自己的品牌，才能抓住消费者的眼球，在激烈的市场竞争中脱颖而出。

二维码改变生活

随着 3G 和智能手机的发展，二维码应用越来越丰富，运营商纷纷推出自己的二维码应用。在 3G 时代，基于手机上网速度的大幅提升，用户只需要使用自己的智能手机下载“快拍二维码”，即可通过扫描二维码简单方便地获取任何的相关信息。

“龙袍帝”在北京火车站 1

报纸和杂志这类在互联网人看来落后不已的媒体，融合移动互联网、云计算焕发生机。在全球 TOP100 杂志的研究显示，二维码应用在杂志的广告和内容中，弥补着传统杂志互动性、信息丰富性的不足，为用户提供了新的沉浸和互动体验，为杂志争取广告费用提供了有力的武器。

穿越时空演绎二维码真人秀

2011 年是穿越年，各种穿越题材的小

"龙袍帝"在北京火车站 2

"龙袍帝"在地铁

"龙袍帝"在肯德基

"龙袍帝"在北京王府井大街

说、电影、电视剧、游戏全面开花，大有你方唱罢我登场，全民一起玩“穿越”的意思。灵动快拍市场总监张何针对此次穿越营销事件认为，作为一名营销策划人，为了快拍二维码用户突破1 000万，以“穿越”为中心的“快拍二维码送福、送船票”，自编、自导、自演“穿越式营销”，让快拍二维码在创意营销上经历了一次“穿越”之旅。

案例回顾：上海地铁惊现穿越女求包养

上海地铁某出入口通道惊现“穿越女”，一袭乌黑长发，一身粉红色露脐古装的女子斜倚在地上，并在地上铺开一张“大字报”：“奴家本是清源村人士，无故穿越于此，身无长物，求盘缠回乡，来日报恩。”

网上传播的视频中，一名男子问及这位自称来自500年前的“穿越女”如何报恩时，女子竟说：“本应以身相许，奈何近日思乡心切，待他日归来之时，小女子必报公子之恩。”转身却又掏出一张“包养证”，甚至拿出苹果iPhone4手机向对方索要电话号码。

有人留意到巨人网络CEO史玉柱第一时间转发了“穿越女”现身上海地铁的那条微博，并留下这样的评论：“雷倒，新手村的女孩，长相漂亮，身材不详，行为荒谬。”一位网友直言：“一看就知道是巨人网络策划的荒谬营销。‘穿越女’所自称来自的‘清源村’正是巨人网络旗下网游《征途》里的一个初始场景，该游戏刚刚于2011年7月20日推出一款全新的资料片。‘穿越女’掏出的‘信物’上印有网游《征途》的标志。”且不论这是网游公司的宣传噱头还是玩家的自我炒作，都逃不脱“营销”的嫌疑。

专家点评：

从“龙袍帝”穿越式营销事件来看，事件营销要抓住“大众关注度”，充分将创意营销的优势发挥到极致。事件营销往往背后有着商业目的，有的推销商品，有的营销品牌，有的炒作自己。基本“套路”接近，都是利用公共场所极高的关注度，通过突破常规的举动或者装扮，甚至用“行为艺术”来吸引眼球，再利用网络传播的力量，进一步进行放大炒作，达到被关注的目的。

事件营销是指企业在真实与不损害公众利益的前提下，运用“借势”和“造势”的手法，通过策划、组织和利用具有名人效应、新闻价值以及社会影响的人物或事件，制造有“热点新闻”效应的事件，吸引媒体和社会公众的关注与兴趣，以达到提高企业或产品的知名度、美誉度，树立良好品牌形象，并最终促成产品或服务的销售目的手段和方式。简单地说，事件营销就是通过制造具有价值的新闻事件，并通过各种媒介得以传播，最终达到广告的效果。事件营销是近年来较为流行的一种公关传播与市场推广手段，集新闻效应、客户关系、公共关系、形象传播、广告效应于一体，给新产品推介和品牌展示创造机会。

2. 奇迹在延续——乔布斯的死亡营销

史蒂夫·乔布斯 1

2009年的某日，乔布斯的妻子劳伦打电话给沃尔特·艾萨克森："如果你要写他（乔布斯）的传记，那最好现在就要开始了。"最终，这本被宣称苹果联合创始人、前CEO史蒂夫·乔布斯唯一授权的传记《史蒂夫·乔布斯传》于2011年10月24日全球同步发布。"我猜想选择此时出版自传是乔布斯的决定，因为他不想在生前出这本书，也不想在他离开后太久。"资深媒体人何力揣测。这本书的出版日程从2012年2月提前至2011年11月21日。直到乔布斯病逝，最终提到2011年10月24日，即在他离去不到20天内。截至10月26日，该书在中国地区发布三天内，据中信出版社不完全统计，实际销量已接近40万册。这背后，除了中方出版社中信出版社与网络媒体、自媒体全方位互动营销外，更有如凡客诚品、苏宁易购、中信银行等电子商务与团购领域的多渠道销售延伸支持。乔帮主一直是一位有着长远考虑的智者，他给他的人生在落幕的时候也作了一次伟大的营销。

人虽未死，身必先行

"从竞标开始，我们就意识到这个过程深深地打着乔布斯的痕迹。比如要求签约出版社必须全程对外、对内保密，这像苹果一向发布产品的风格。"阎向东回忆。像是宿命一般，同样在一年前的2010年10月24日，中信出版社以邮件形式尝试询问作者的国外经纪人这部作品的版权情况。同日，作者的经纪人用黑莓回复确有其事，但细节无可奉告。2011年3月初，作者经纪人在全球各地区开始寻找出版社。中信出版社成为国内候选出版社之一。按照要求，候选出版社必须签署保密协议，对内、对外必须绝对保持沉默。"我们对这本书一无所知，经纪人唯一给我们的只有一句话：这是史蒂夫·乔布斯唯一一部授权创作的传记。随着时间的推移，各方的消息都是，这本书会在乔布斯离世之后出版。"中信出版社并没有向记者透露取得版权的价格。但据业内消息，这并不是个小数目。此前国内另一家出版机构曾计划出资100万美元来竞购版权，但未能签约。2011年4月，中信出版社接到邮件回复："恭喜你，作者同意接受贵社的方案，决定将这本书的简体中文版的独家权利授予贵社。"依旧是寥寥数语。

如果你现在已经拿到《史蒂夫·乔布斯传》，当你打开封底时，你会发现它有些不同。其中写道：本书官方网站"steve-jobs.qq.com"，本书提及视频"steve-jobs.youku.com"，本书提及音乐"steve-jobs.top100.cn"。是的，全部都是知名网站的二级域名。"这本书里大量提及了苹果的广告、音乐、乔布斯演讲等多媒体形态的事物。比如很多章节的名字其实就是某首歌曲的名字。"阎向东提起，"我们的译者和编辑在操作过程中都要从网上再去搜索这些视频。所以我们想，我们的读者一定也是这样。"考虑至此，中信出版社决定与视频网站和音乐网站合作，寻求专业网站的支持。"在乔布斯离职后，优酷等网站也做过乔布斯专题，但是并不系统和持久。有我们专业的内容提供，会带动网站流量。"谈判一拍即合。在操作过程中，不论是优酷网还是巨鲸网，双方都不涉及更多前期的商业元素。“大家都是以读者阅读体验为核心，提供增值服务，然后实现后期的商业价值。”“这对于合作网站的访问量支持很大。”一位合作网站相关人士告诉记者，这种二级域名以往在图书的合作中从未有过。“我们开始也在想是把域名放在斜线后面还是怎么放。到后来决定还是直接做成二级域名。这样能让读者无论是五年、十年后，都可以直接看到。”除了视频、音乐网站的合作，这本书还在腾讯开设官方网站，并与东西网和译言网合作，招募译者。在国内用户量最大的微博新浪微博上，特别申请了企业版“乔布斯官方传记”账号，拥有了 steve-jobs.weibo.com 的域名。

书店内《史蒂夫·乔布斯传》简体中文版上市的醒目广告

另一方面，媒体意见领袖如陈彤、王冉（博客）、古永锵等作为国内第一批阅读到此书的读者，在书籍发布之前即开始通过网络媒体、微博等方式与读者分享阅读感受。几大互联网站也开始陆续摘取图书的片段和幕后故事。2011 年 10 月 24 日发布当天，李开复在新浪微博贴出书中乔布斯写给太太情书中英文对照版开始，又引起了新浪微博网友关于此段翻译是否太过直白的讨论。于是如阳狮集团中国首席策略开发官李亦非等名人和众多网友自发重新翻译此段。在一个名为“网友自行翻译乔布斯情书”的专题中，相关微博数量已高达 1 783 万余条，分别被称为最穿越版、最浪漫版、最质朴版、最隐晦版等。

带给世界最后的礼物

除多媒体合作与网络全方位立体互动外，带给中信出版社的第二个收获就是一个图书项目可以有多个行业和企业参与进来。电子商务网站、团购网站纷纷借势营销。2011 年 10 月 12 日，快书包联手淘宝聚划算开始预购《史蒂夫·乔布斯传》，随之从国内知名网上书店卓越亚马逊、当当网，再到电子商务网站京东商城、凡客诚品都开始介入，开始预订此书。这里面，非出版行业大量介入成为《史蒂夫·乔布斯传》渠道拓展的亮点。本书出版之际，正是苏宁易购图书上线之时，苏宁电器利用其旗下 1 440 家门店在宣传上大力配合。中信银行信用卡部在北京、深圳等城市机场高速的广告投放，第一时间将此书作为回馈的增值业务。京东商城在北京地铁投放广告，甚至传统零售书店也自费广告投放，制作赠品。此次最大手笔投入营销的当属非图书销售商凡客诚品。在北京的多个公交站点，人们都可以看到凡客诚品以“乔布斯”为主题的户外广告。该网站首页关键位置设置乔布斯传记专区，并表示购买官方传记的会员将会免费获得珍藏版乔布斯纪念品：纪念 T 恤和徽章。在记者采访中，对于是否有意介入图书销售领域，及广告投放费用，以及是否为上市作准备，凡客诚品并未给予回复。资深媒体人罗振宇评价，利用热门书可以将乔布斯影响力嫁接凡客品牌美誉度。

史蒂夫·乔布斯 2

“这些非出版行业的大量介入，拓宽了我们对一本书的销售视野。”阎向东感慨，整个过程中企业自费高额投放广告参与到项目中来，不仅完成了企业的诉求和规划，也让读者瞬间知道了这本书，带动了书籍的整体销售。”“我们并不想说什么借势营销，伟大的是乔布斯。我们只是想把这本书送好卖好。”徐智明说。有人说，这本书是乔布斯带给世界最后的礼物。但谁又说得准呢。据美国媒体报道，索尼电影公司目前已以100万美元的高价购入了《史蒂夫·乔布斯传》的电影改编权。而社交网络的执行团队有意操刀这部电影。乔布斯留给世人的遗产还有很多。通过出版社、网站与自媒体的全方位互动传播，加上如凡客诚品、苏宁易购、中信银行等多渠道销售，截至2011年10月26日，三天内，《史蒂夫·乔布斯传》在中国实际销量就已接近40万。

史蒂夫·乔布斯 3

因为2012年的缘故，在乔帮主走的时候，很多微博上都戏言说帮主并没有离世，他登船去了。其实从某个角度我们也可以这样告诉自己，他并没有走，只是去了一个更需要他的地方。他依旧在关注着这个世界的一举一动，他，从未离开。

专家点评：

乔布斯从不是英雄也不是天才，他是造物者，创造了一切能让世界为之惊奇的东西。现在打开百度百科对他的介绍是这样的：“史蒂夫·乔布斯（1955—2011），发明家，企业家，美国苹果公司联合创办人、前行政总裁。1976年乔布斯和朋友成立苹果电脑公司，他陪伴了苹果公司数十年的起落与复兴，先后领导和推出了麦金塔计算机、iMac、iPod、iPhone等风靡全球的电子产品，深刻地改变了现代通信、娱乐乃至生活的方式。2011年10月5日他因病逝世，享年56岁。乔布斯是改变世界的天才，他凭敏锐的触觉和过人的智慧，勇于变革，不断创新，引领全球资讯科技和电子产品的潮流，把电脑和电子产品变得简约化、平民化，让曾经是昂贵稀罕的电子产品变为现代人生活的一部分。”

一个人能在活着的时候吸引许多人的追随，这虽然不是一件易事，但也不算太难。可如果去世后依旧有很多的人对他无休止地怀念和支持，那就非常之难得了。我想可能就是因为他的坚持，直到离世，他依然在创造着奇迹，无论从与传统媒体和网络媒体的合作都让人看到了这个男人身上独到的眼光和魅力。

3. 桃园：房子好不好，口碑很重要

从明天起，做一个幸福的人
喂马、劈柴，周游世界
从明天起，关心粮食和蔬菜
我有一所房子，面朝大海，春暖花开
从明天起，和每一个亲人通信
告诉他们我的幸福
那幸福的闪电告诉我的
我将告诉每一个人
给每一条河每一座山取一个温暖的名字
陌生人，我也为你祝福
愿你有一个灿烂的前程
愿你有情人终成眷属
愿你在尘世获得幸福
我只愿面朝大海，春暖花开

——海子《面朝大海，春暖花开》

很少有人记得海子是谁，但我们都知道“我有一所房子，面朝大海，春暖花开”的美丽诗句。每个人都有一个关于家的梦，或温馨，或奔放，或古典，或时尚，不管风格如何，“家”无一例外是人们心灵的港湾，梦的方向。

桃园，一个空间远离城市内核的楼盘，一个时间远离城市喧嚣的楼盘。这个名字容易让人们产生美好的联想，比如陶渊明的“采菊东篱下，悠然见南山”，比如刘关张的桃园三结义。

房子好不好，口碑很重要

对于郊外楼盘，凸显其自然风光和怡然生活状态的地产广告是最主流的推广方式，当然也不乏一些意识形态的描述，以期吸引目标人群来安家落户。广告讲究创意，有时候，换一个表现角度，不仅能让越来越挑剔的消费者感到眼前一亮，也往往能取得让人意想不到的效果。当今楼市“房子好不好,口碑很重要”，香港 HB-Studio 另辟蹊径，抓住互联网上流转最快的热点新闻、八卦内容，以当时最火和刚刚发生的热点事件为创意点，围绕敏感“口碑”话题展开，为广东的“桃园”楼盘创作了一套广告。

2011 年 6 月 20 日，署名“郭美美 Baby”并认证为“红十字会商业总经理”的微博公然炫耀其奢华生活，称自己是“中国红十字会商业总经理”，“住大别墅，开玛莎拉蒂”。“中国红十字

广告文案之一

会商业总经理”，豪宅，名车，名包……这些名词的组合，产生了一种奇异的蒙太奇效果。从此，郭美美不再寂寞，也不需要炫富，人们挖掘着关于这个女孩的一切，以期探寻美貌、性、权力、利益是如何勾连的，从而探究千千万万的善良是如何被拐卖的。桃园显然捕捉到了这一年度焦点，打出“郭美人果断辟谣了”，直接抓住了人们的眼球。《纽约时报》曾评论，这个“美丽的年轻女子像一枚手雷落在中国的慈善事业”，桃园抓住的就是这枚红粉手雷的隐形杀伤力。

这是2011年的另一焦点话题。年近而立之年的陈冠希老师曾经不鸣则已，一鸣惊人！之后又不甘寂寞，持续更新摄影作品，再度登录各大媒体和小报头条。洞察到目标群体对陈老师的青睐，桃园公然把成为众矢之的陈老师做到了自己的楼盘广告上，在同情理解陈老师的同时，也为陈老师指明了出路——远离是非之地的清静桃园。

/人/心/复/杂/谨/慎/表/达/

陈老师沉不住气了：

“shit，凭什么说我是花心大萝卜？
我愿意多交女友，我喜欢博爱，吹没？
我一直都爱好拍自己的生活照。
难道这也有错？
说我道歉不够正式？
什么叫没诚意？
坦白说，整件事都是我个人的事，
完全没必要向公众交代。
我可不像某些偶像靠花边新闻博上位，
我靠自己够胆作为的实力。
而且，娱乐圈吃的都是青春饭。
许多年后，还记得我吗？”
再说一遍：我才是真正的受害者

内心不淡定★嘴上就强硬

广告文案之二

近年来电视求职节目受到职场人士和父母的喜爱，像以前的《赢在中国》、现在的《职来职往》等，《非你莫属》就是天津卫视打造的另类招聘大型真人秀。2011年松滋女孩刘俐俐在天津卫视求职节目《非你莫属》中，被主持人张绍刚及嘉宾“围攻”，引起轩然大波。除了普通网友，一向出言谨慎的明星、名流都在微博上鲜明表态支持刘俐俐：马伊琍微博转发时评论：“无知的过来人企图倚老卖老打压中国未来的希望，愤怒。”洪晃甚至一连转了三遍，“对一帮中年脑残在一个白痴主持带领下，在电视上公开侮辱、贬低一个无辜的24岁求职姑娘，这是我们的文明吗？”李开复的分析相对理智，“没有管理经验的主持人凭什么做主面试官。”姚晨则干脆伸出橄榄枝来表明自己的欣赏：“在哪儿能联系到这个姑娘，我们团队欢迎她。”

/人/心/复/杂/谨/慎/表/达/

张主持把持不住了：

“稍等，为什么我浑身一阵一阵的鬼冷呢？
我尊重每一次通熟易懂的沟通，
我最怕的是那种找不着抓不住的人。
你可以什么都不好，但请做人简单点，
越朴实越抓得住，
哪怕是打我一顿我都觉得好爽。
那些出国才三年就敢在自己国家里大写祖国的，
不在乎别人听不听得懂莎士比亚英雄双行体的，
还态度傲慢具有攻击性的人，
都会让我彻底失去兴趣。
我们待在自己的家里，我们的母语是中文。
ok？”
再说一遍：知道我不怕什么样的吗？

内心不淡定★嘴上就强硬

广告文案之三

张主持遭遇网络围攻，引起微博上下的一片激愤。桃园选择的不是张主持，也不是刘俐俐，而是关注张主持、刘俐俐事件的庞大群体，他们正是桃园的目标受众！

80后是当今购房的主力群体，韩寒是80后的作家代表。

/人/心/复/杂/谨/慎/表/达/

韩作家不再含蓄了：

“对。我不止喜欢赛车，还组乐队，
搞杂志，更喜欢到处玩。
玩到高兴时，完全没有时间处理网络上的回应，
我就打电话给朋友修改草稿箱里的几个字发了。
至于修改了哪，是我唯一没有预料的地方。
我想说的是：
我的每一个字都是我亲手敲出来的。
至于质疑我有一个写作团队，
我想如果我能藏一个如此厉害的团队10年
不被外界发现也不错。
当然，我发现人真的不能和小人动气，
那会直接降低你的产品质量和智商。
就像我这次最烂的发挥失常的回应。”
再说一遍：范爷也愿意加磅2000万悬赏。

下面是广告时间

内心不淡定★嘴上就强硬

广告文案之四

2007 年韩寒老作家大战风波仍然记忆犹新，2011 年韩寒、方舟子打假又被推到了风口浪尖上。这一次韩寒主动发起悬赏，还拉到了范爷的 2 000 万赞助，两人网上掐架妙趣横生。知道自己的客户如此关注韩寒、方舟子，桃园自然不会错过。

作为远离广东城市核心的楼盘，“桃园”的诉求并不独特：远离是非之地，还自己一个清静安宁。创意上采取方向诉求，紧紧抓住时下互联网上最火爆的是非事件，来反衬清静之地的可贵。同时也表达出“房子究竟好不好，口碑很重要”的信息，使话题事件顺利过渡到产品上。新闻的确给了“桃园”和 HB-Studio 一次还不赖的机会，这套投放在互联网的微博稿，揣摩起来很有趣，形式设计上类似于凡客体的“桃园体”，简单明了，既吸引了受众的眼球，又能够引起情感、心理共鸣。

循口碑营销 5T 原则，桃园迎春风

面对 2011 年严厉的楼市调控，人们纷纷捂住钱袋子准备围观。各大楼盘的广告铺天盖地，促销手段花样百出。吸引目标受众的关注并打动客户的心就更加变得难上加难。桃园楼盘没有用打折、回购、送车位、退差价等脑白金式的促销手段，而是转向目标受众的心理诉求——寻找一片清静之地。

安迪·塞诺威兹在《做口碑》一书中通过五个 T 开头的英文字母，给出了一个非常清晰的口碑营销分析框架和步骤——口碑营销 5T 模型，即谈论者（Talkers）、话题（Topics）、工具（Tools）、参与（Taking Part）和跟踪（Tracking）。

谈论者——口碑营销的起点，也就是谁会谈论你？对于桃园楼盘来说，谈论者可能包括产品的粉丝、购房者、媒体、员工、房产投资商、供应商、代理商等。显然，桃园要吸引的是购房者，桃园楼盘明确地把自己的目标受众锁定在 20 岁到 40 岁成家立业的主力军团（这一群体正是互联网用户的主力，也是微博的主力）。

话题——谈论的理由，桃园抓得也不错，精选了互联网关注度高且正处在风口浪尖的“争议型”精英，易于引起关注，讨论起来也有料。

工具、参与和跟踪——微博。桃园利用当下的互联网热点话题推广产品，通过微博自媒体释放，旨在通过微博自媒体扩大口碑和影响力，没有组织参与引导和跟踪的工作。

在广大受众沉浸在钩心斗角的繁杂职场和枯燥无聊的都市生活中时，桃园楼盘广告的一系列反嘲，让安静显得弥足珍贵。或许我们应该来一次自我放逐，来桃园安家，体验那种“心在桃园外，兀自笑春风”的闲适与超然。

专家点评：

这个案例借势的点抓得不错，郭美美、陈冠希、张绍刚、韩寒都是当时备受争议的热点人物，很容易引起大众关注和讨论。桃园借势营销的巧妙之处在于避开争议人物和争议事件本身，把关注焦点引向争议的解脱——离开是非之地，寻求清静之处，这就是——桃园楼盘。从借点到关注点的分流与转化都做得不错。稍显遗憾的是，传播过于单薄，在热议阶段没有意见领袖的引爆，传播力量主要放在微博渠道，主要依靠广告本身的传播力。如果能够借助争议话题在社区、SVS 等大众渠道触发讨论，引起进一步讨论和传播，效果会更好。

4. 潘币引发的一场网络货币战争

2011年10月6日，史蒂夫·乔布斯去世，“苹果”迷们正在以各种方式悼念这位伟大人物。潘石屹适时借这个社会热点话题，在他的微博上调侃说：“‘苹果’董事会应该马上作一决定：大量生产1 000元人民币以下的一部iPhone和iPad，让更多人用上‘苹果’，这是对乔布斯最好的纪念。”

潘石屹的此微博一出，随即引起无数网友的转发和评论，其中，有网友评论说：“潘总哪天要是也去世了，也请贵公司推出1 000元人民币一平方米的房子吧，十几亿人民都会纪念您。”更有网友制作了“壹潘”币，并强烈要求物价局备案“1潘=1 000元/平方米”。“潘币门”事件由此开始。

潘石屹，不着声色的危机公关高手

在地产界有一人，与众不同：他不找记者，记者却找他。他几乎不用打广告，但他的广告随处可见！他的思想、他的足迹被人津津乐道！不是别人，他正是营销高手潘石屹。有人开玩笑说潘石屹是房地产开发商里拍照片最多的，是摄影师里最会参禅打坐的，也是参禅人群里盖房子最多的。这正是地产大王的独特之处，无时无刻不在推广自己的公司。

中国的文字是伟大的，“危机”一词包含两层含义：一危一机。只是大部分人只知“危”，却缺乏转为危机的本领，而潘石屹就是能够扭转乾坤的极少数人之一。在面对为谁造房时，任志强一句公开表白“我只为富人造房子”，成为“人民公敌”！潘石屹相应提出了“密码对应”概念。对富人穷人完全避而不谈，只强调说我为“密码输入正确”的顾客造房子，引来关注；SOHO现代城的推出招来一片批评，潘石屹一边听着批评，一边悄悄修改，最后潘石屹一不做二不休，索性把大家的批判和怀疑都搜集起来，主动集结成书《SOHO现代城批判》，让SOHO的影响力如日中天。最终，房子卖完了，争论也平息了！将北京SOHO新房的“氨事件”先是转化为“行业共性问题”，然后率先提出“绿色地产”认证，先行一步给每套房子颁发“绿色证书”，又让自己从危乱中重生……这一次，老潘同样是不动声色地为北京望京SOHO狠狠推广了一把。

1 000元手机引发的潘币发行

潘石屹在新浪发出的乔布斯悼念微博受到众多网友批评，大家纷纷呼吁其1 000元一平方米的房子，创造出“1潘=1000元/平方米”的新货币单位，并引用另一位地产红人任志强的姓氏，创出“一任”=“十潘”。潘石屹最开始还是微博公关，旨在把网友的关注焦点转向乔布斯，发微博：“刚上微博,看到了许多对我建议苹果应生产1 000元以下手机不满的@。我理解朋友们对乔布斯的爱戴和怀念的心情，和对高价房不满。我是从一个人的价值体现在对社会贡献和多少人接受了他的服务，写下这条微博。我是一名果粉，是乔布斯的粉丝。他的逝世我和大家一样很难过。我们失去了一位伟大的创新领袖！”

之后大家依旧对潘币热情不减，一向善于概念炒作的潘石屹意识到新的机会来了，于是“故技重演”——化被动为主动，在10月25日晚10点多发微博称：“奔波劳累一天，晚上与客户们餐叙。有人提到‘一潘’、‘潘币’，大家都开怀大笑，无论老幼，无论男女。在大家如此大压力下，人人都能欢笑，我做一次笑料又有何妨。所以我决定：正式发行潘币。敬请期待。”接下来，与潘石屹唱双簧的任志强，称要印“任币”与“潘币”一比高下，潘石屹回应要“比一比看‘一潘’和‘一任’谁面世的快”。潘、任二人的互相调侃激发了大家的造币热情，引来众多网友的围观，实现近4万条转发，2万条回复，一潘概念升级。

引进Wbe2.0，将潘币推向高潮

有人说这是一场预谋好的战争，老潘早就做好了精心部署。预谋也好，顺势也罢，让人佩服的是老潘的老练与沉着，从潘币推出到互动到推广到全民关注，环环相扣。在吊足公众胃口的同时，潘币高调上市了。不过别着急，这只是征求意见版，大家不是喜欢评论吗？来畅所欲言吧。于是乎，公众、媒体又开始了新一轮的讨论，诸如潘币的合法性、样式的美观度等，五花八门。大家不知道的是，这次我们又进了老潘的"圈套"。

"潘币门"事件令潘总大红发紫，不过既然是"潘币"，当然得潘总推出来的才是正品，于是，2011年10月28日潘石屹在其微博上正式高调推出了"潘币"。"潘币"上面的字眼暴露了潘石屹的良苦用心，"潘币"以红色为基色，在正方右侧，是身着中山装的潘总上半身微笑头像，中间赫然写着"壹潘"，并标注着"SOHO中国银行"字样和水印，"潘币"背面则为SOHO中国目前在北京最大的在售项目望京SOHO的设计图以及字样。谜底到此揭晓：潘石屹不就是为了推广自己在北京的望京SOHO项目吗？

壹潘样币

"潘币"一发布，迅速引来围观，当天"潘币"的微博已经被评论2.1万多次，转发4.5万多次。喝彩声与拍砖声都有，多数网民认为，"潘石屹是营销天才，竟然能借着自己的自嘲宣传公司项目，真是化腐朽为神奇。"然而，也有不少网民认为潘石屹"瞎折腾"，还有认为潘石屹以人民币百元大钞的颜色和样式为蓝本创作"潘币"太不严肃了，是"违法违规的"。

潘币门风波，化腐朽为神奇

有人羡慕老潘，说这哥们太牛了，从被戏谑到自嘲；从被讥讽到自我爆料，一个"向我开炮，我是火星我怕谁"的态势。没花一点媒体费用，就赚回了大把的版面和优质时间段活体广告。也有人为潘总捏了把冷汗，潘币涉嫌违规营销，并引来银行业人士判定。所幸的是潘哥会控制火候，虽然潘币长得酷似人民币，但是并不具备人民币的关键元素。用行话讲，这不就是望京SOHO的图片广告吗？所以只能算是自娱自乐，连带着娱乐了楼市和大众一把。

从2012年10月6日被网友评为"潘一千"，潘石屹利用微博平台，采取自嘲和主动公开信息的方式，前后不到一个月的时间，不动一刀一枪，一步步转危为安。颇富娱乐精神的潘石屹借助乔布斯大哥仙逝、网友恶搞与嘲讽的"东风"，不费吹灰之力，让成千上万的人心甘情愿为他做起了望京SOHO的免费广告。将原本一个小小的个人娱乐变成了一场大众的狂欢。当时正值国家楼市调控，楼市不景气，许多楼盘纷纷降价之际，潘一元无疑为望京SOHO作了最好的宣传。

追寻整个事件的发展路径，仍然跳不出"社会热点话题＋借势营销＋概念炒作＋强大的个人媒体平台"的套路，即：名人引出话题，公众来围观，抛出炒作点，继话题继续发挥热量。与众不同的是热点的抓取和话题点的创新、老潘的营销天赋以及他稳如泰山的媒体影响力。

有人说，他无时无刻不在为自己的公司作推广。无论是宋丹丹与潘石屹关于房子的骂战，还是潘石屹与任志强在微博上的互相调侃，或者是SOHO现代城的物业纠纷事件，或者只是潘石屹在北海道滑雪时的几句无聊说话，你以为他在玩微博，聊生活，而事实上他每一分每一秒都在作营销。正如业内人士说甭想从潘石屹手上赚广告费！确实，潘石屹是个营销天才，他本身就有化腐朽为神奇的能量！

专家点评：

难怪广告界人士说谁要是能从SOHO那里捞到广告费，势比登天还难！潘石屹确实是个营销天才！他的每一次“化腐朽为神奇”都颇见功底。在这次潘币营销事件中，老潘不仅借了乔布斯的东风，还借了任志强的西风，微博的北风，网络的南风，占尽了天时地利人和！同时，潘石屹也很好地把握住了火候，适可而止，适度营销。有媒体评价说如果此事换作他人，调侃乔布斯遭遇讥讽、攻击，可能会息事宁人，甚至导致危机公关。可潘石屹却主动出击，借网友的创意顺应民意，及时推出潘币图片广告，体现出按需定制，迎合了广告网民、媒体的猎奇需求，结果吸引了民众、吸引了媒体，大家疯狂传播潘币广告的同时，老潘却在电脑前面笑！

5. 健康饮水使者清正全健康净水器玩转漫画营销

改革开放30多年来，中国国民经济成爆炸式增长，在市场经济时代，竞争日益激烈，消费者的消费观念日益成熟。按照马斯洛需求层次理论，随着人们生活水平的提高，当生理需求得到最大的满足之后，人们的消费需求已不再仅仅停留于获得产品的本身。相反，产品和服务所带来的心理满足占据越来越重要的位置。随着知识经济的到来，将产品赋予超出其本身的价值，是企业营销战略的核心。面对竞争激烈的市场潮流，清正全健康净水器以个性、趣味的漫画传播健康饮水的生活理念，在培育市场的同时赢得了目标受众的关注。

千亿市场，“健康饮水”成下个掘金点

近几年，被喻为家电行业下一个黄金产业的“水家电”受到越来越多企业的关注。经过多年的市场培育，“水家电”已经初步得到国内消费者的认可，净水器、纯水机等水处理设备也逐渐向家用市场演进。未来随着国内净水器生产企业在技术和品质上逐渐突破，净水器国际市场需求将会释放出来，中国净水器市场容量将远不止1 000亿元。

巨大的市场蛋糕诱使水家电企业纷纷涌入，打响市场争夺战。面对竞争日益激烈的市场，清正全健康净水器（以下简称“清正净水器”）采用了差异化战略率先推出首款“健康”净水器，从原先的净水器市场延伸到健康行业，在21世纪，健康行业将会带来另一个经济浪潮，这个行业会有突破兆亿的市场空间。

清正净水器是清正源科技发展有限公司的系列产品，主要是以尖端高科技“清正超级芯”为核心的家用、商用净水器，从强调方便、安全提升到用户的健康需求，精准的市场定位使得清正有了更大的发展空间，并将目标消费群体锁定在城市中关注小孩以及中老年人健康的80后、90后家庭，他们是健康产品的核心消费群体，同时也是互联网的主流用户，受众群体的特性为其实施以“健康饮水知识”为主题的漫画营销奠定了基础。

别出心裁，清正净水器玩转漫画营销

面对巨大的市场，除了产品技术的创新，越来越多的企业将营销战作为市场争夺战的关键。在市场的驱动下，大多数企业的营销都以包括广告、直邮、展会、搜索引擎优化、问答等在内的B2B营销策略为主，信息的脱节让企业无法掌控真实的市场需求。并且在尚未成熟的市场下，砸广告更多只是一种烧钱行为，高投入低产出成为企业营销推广的痛心之处。当烧钱砸广告成为水家电行业的营销惯例时，清正净水器则反其道而行之，别出心裁试水漫画营销，通过健康饮水知识的传播，用知识推动营销。

在中国尚未成熟的健康净水器市场上，“清正全”认为要想占有市场，必须先要培育市场。为了避免自己未来的营销成本被浩瀚的广告市场淹没，清正净水器奇思妙想通过漫画的形式向中国用户直观立体地传递健康饮水的生活理念，传播清正净水器的先进技术，树立健康的品牌形象。与同行业企业的硬广相比，清正净水器的漫画营销更具有说服力和穿透力，并且借用社会化媒体，使其健康饮水漫画蔓延到互联网每一个角落。

漫画营销，是近年来伴随着互联网发展出现的新概念。实际上，漫画营销在西方国家已经流行很多年，迪斯尼是漫画营销的先行者，早在迪斯尼动漫书和动漫影视中就加入了商业背景像《大力

水手》，让阅读者潜移默化地接受品牌信息，这种对潜意识的影响力随着时间的累积日趋明显，对于构筑商业品牌观念有长远的影响力，是一种极富远见的营销策略。

读图时代，PP 猪成健康饮水传播使者

随着互联网快时代的到来，读图长大的 80 后、90 后逐渐成为消费主体，生活节奏越来越快，时间被切碎，大多数用户没有太多的时间阅读长篇大论，于是读图成为风尚。

读图时代，顾名思义，当人们厌倦文字时，需要图片不断刺激我们的眼球，激发我们的求知欲和触动我们麻木的神经。为了能在激起用户的神经时将健康净水器的价值传递给消费者，清正净水器联手动漫红星 PP 猪漫画首推健康饮水漫画，普及健康饮水知识，让阅读者在享受视觉盛宴的同时，潜移默化地认识清正净水器的产品价值、品牌理念以及企业文化。

问：什么是软水、硬水？
答：水中钙和镁离子的总量少于50毫克/升为软水，大于450毫克/升为硬水。
清正全健康专家：长期饮用软水易患心脑血管等疾病，水硬度过高会带来短期的肠胃不适，水的硬度在80～200毫克/升最为理想。

健康饮水 58 问 1

市场调查表明，大部分用户对于我们最为熟悉的生命源泉——水，缺乏最基本的常识。为了更加形象地传播健康饮水知识，清正净水器选择了以问答的形式进行漫画营销，以动漫红星 PP 猪的三口之家为主角，采取一问一答的方式演绎日常生活，一幅动漫画面搭配一个健康饮水问答题，一共是 58 问。与其他漫画不同的是，清正净水器的 58 个漫画问题层次分明，逻辑性强，并按照阅读者的心理来做铺垫，由浅入深，层层相连。经过分析，这 58 个健康饮水的问题，可以分为三个层次，第一个层次是水基础知识层，第二个层次是健康饮水基础知识层，第三个层次是清正净水器产品知识普及层。清正全健康饮水 58 问漫画营销，传递给用户的不仅仅是产品，更是健康饮水的常识和生活理念，诙谐幽默的知识营销。

问：水除了解渴，还有什么作用？
答：水能调节新陈代谢、溶解营养素、使体液保持平衡、调节体温并提高免疫力。

健康饮水 58 问 2

运用漫画手段进行产品营销，会让产品多一些轻松、愉快的文化内涵，更加容易被消费者接受。PP 猪的卡通形象让读者与产品亲密接触，毫无防备地被清正净水器的糖衣炮弹打中，开心快乐地接住清正净水器健康饮水知识传播的接力棒，成为健康饮水知识的传播使者的一员。

创新模式，以知识推动营销

清正净水器漫画营销和其产品技术一样在同行业中是创新的先行者，在“自来水广告经济”的今天，创新营销已经成为企业营销的重要战略之一。随着互联网技术和产品的日益成熟，网络新媒体、网络营销手段正在不断被创新，相比被人厌倦的硬广，以漫画营销为代表的新营销正在崛起。

营销的创新需要打破旧有思维、经验、偏见的束缚，将“死知识”转化为“活智慧”，发挥想象力，将营销传播工作推向新的高度。个性化的内容是营销创新的重要组成部分，以不同寻常的形式猎取目标用户的心理诉求，让用户在内心深处与企业产生共鸣，将品牌和产品信息由被动接受变为

主动关注。

创新营销除了思维模式的转变外，内容形式的创新也尤为重要，相比产品的单面传播，以“教育”为核心的科普知识更深入人心。向大众传播新的科学技术以及它们对人们生活的影响，通过科普宣传，让消费者不仅知其然，而且知其所以然。“清正全”以健康饮水对人们生活的影响为切入口，通过知识问答建立新的产品概念，进而使消费者萌发对新产品的需要，达到拓宽市场的目的。

清正净水器这次试水漫画营销的创意之举在于形式和内容，以漫画的形式展现，以健康知识为整个营销的传播基点，以包括博客、论坛、视频等在内的互联网媒体为传播渠道，以“关系”、“分享”为营销核心，联手动漫红星 PP 猪，利用健康饮水知识传播为契机，植入清正净水器的产品信息，培育市场、传递价值和满足需求。

专家点评：

市场经济时代，营销已经成为企业发展战略的重要组成部分，但由于我国经济发展转型较国外要晚几年，所以大多数传统企业都将投广告看成企业营销的全部。随着互联网应用的成熟，企业进入了数字营销时代，创新的思维和模式推动企业在激烈的市场竞争下出奇制胜。

净水器属于最为传统的行业，大多数企业都依托技术和渠道打开市场，在营销方式上局限于包括硬广、问答、搜索引擎等在内的 B2B 营销，在内容和形式上需要更多的创新，以便与终端消费者建立长期的友好关系。

新媒体时代下，营销传播形式变得多样化，清正净水器的漫画营销，挖掘了产品文化内涵，增加营销活动知识含量，并注重与消费者形成共鸣价值观，并且通过内容的创意让读者成为企业产品和品牌的传播载体，趣味的动漫形象，科学的饮水知识深入人心。无论是对科技企业还是传统企业，以漫画为代表的新营销都是一种锐利而有效的营销方式，而清正全的健康饮水 58 问漫画无疑走在了净水器行业的营销前沿。

6. 中呼为快递插上声音的翅膀

一个礼品包裹，送来后少了一样东西，价值2 000块。快递员与客户反复解释都协商无果，终于快递员发飙了，怒喊："老子月薪1万5，我会为了你这2 000块的礼品砸了自己饭碗吗?"

高效沟通成为电子商务时代的第一要务。在对电子商务发展愈来愈重要的现代物流行业，急需采用信息技术结合网络营销来拓展市场。当前大部分物流企业都已经在通过建立自己的网站的方式来为自己的服务和企业做宣传，还没有做到主动地向消费者宣传，只是被动地做好已经选择了该企业的顾客的满意度提升工作，比如提供网上查询快递目前所处地的服务。但是这偏向于保健因素，即做好后顾客不会有特别的反应，但是如果做得不好则会遭到顾客的反感，所以从网上查询快递公司的相关信息有一半以上都会是客户的抱怨信息。

有流量，但没有销量，不知道如何转化网络线索

中国的网络营销管理市场是一片浩瀚的蓝海，但是，当前的网络营销行业普遍存在一个"漏斗现象"：企业大把花钱筹建网站和市场推广营销，但引来的网站访客80%来一次就流走了，有15%的访客流量访问多次但不留任何信息，有4%的访客流量留信息但不主动联系，只有不到1%的访客最终与企业完成了交易。

很多中小企业建设了专门网站，做了很多广告，参加了很多展会，发放了很多资料，曝光度很高，却总是很少接到电话咨询，大量的推广资金白白浪费，这就是营销业界著名的"最后一公里"理论①。企业营销永远无法迈过"最后一公里"，无论是作直销，还是通过经销渠道销售，抑或是进卖场商超，要到达消费者手中，都要通过与消费者产生直接链接的沟通平台，或者说通道。

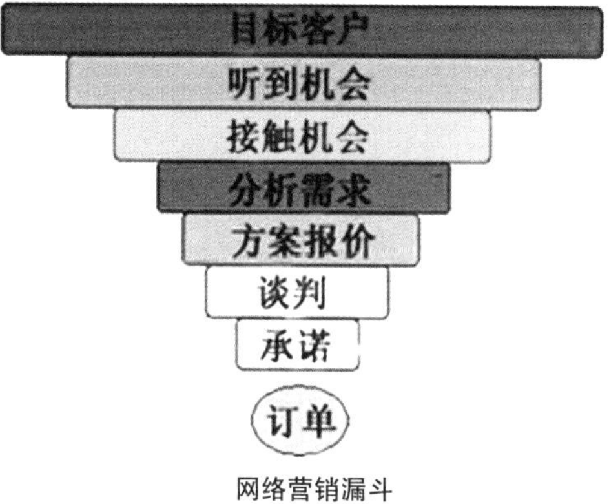

网络营销漏斗

有困难的地方就有市场，有机遇。瞄准"绝大多数经营者希望通过搜索营销带来访客流量，却不知如何把自己网站的访客流量转化为自己企业产品的销量"的问题，400电话适时推出，帮助企业提高品牌影响力、业务转化能力、基本精细管理等，成为众多中小企业突破"最后一公里"困境的营销利器。

日益蓬勃的中国快递市场催生机遇和挑战

随着电子商务业务的发展，中国的物流快递行业迅速膨胀。统计数据显示，在工商部门注册登记的快递企业已经达到2 000多家，而分支机构更多达5 000多家，此外，不少物流、运输企业也涉足快递业务。于是，基于物流快递行业的多种推广方式也开始流行起来。

以前，网络营销一般都是三部曲：建站＋推广＋电话；现在，中小企业学会了门户＋搜索＋论

①最后一公里（Last kilometer），在英美也常被称为Last Mile（最后一英里/最后一公里），原意指完成长途跋涉的最后一段里程，被引申为完成一件事情的时候最后的而且是关键性的步骤（通常还说明此步骤充满困难）。通信行业经常使用"最后一公里"来指代从通信服务提供商的机房交换机到用户计算机等终端设备之间的连接。

坛。网络营销提倡按效果付费，但对中小企业而言，如何使流量转化为销量，已成为企业网络营销的瓶颈。常见到企业投资在网络营销方面的钱越来越多，但效果却没有显著提升。

但凡是进行网络营销的企业，都同样面临营销落地的问题，快递行业也无法避免。那就是网站的访问量无法有效地转换为实际的客户接访量。单纯的网络推广方式中，信息单向传播，没有吸引力，对销售的助力不很明显。如何提升品牌，增长业务，如何维护现有众多的客户，提高客户忠诚度？如何规范话务员和业务员的服务，树立优质企业的形象？对于分公司和加盟网点的迅速扩张，如何有效地监督他们的服务水平，维护企业的品牌？这些都是企业亟待解决的问题。

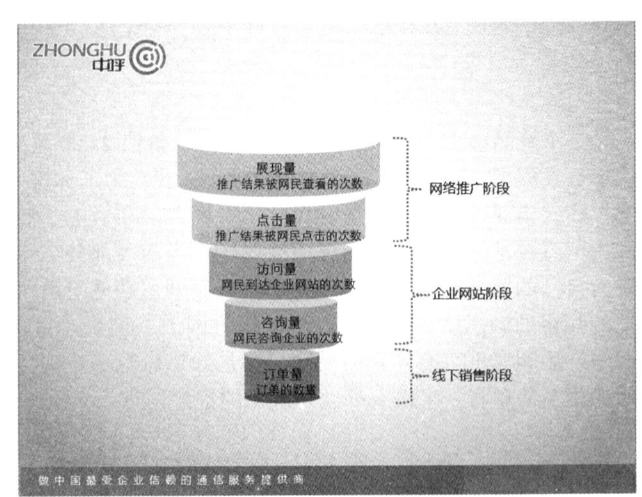

中呼商户服务三阶段

快递公司快递业务一般按地域拓展，在各地区设有多家网点，公司网站会公示每个网点的业务电话，即便如此，在快递如此火爆的今天，这些电话也完全无法应对客户的需求，很多客户在几次拨打业务电话却无法接通的情况下愤怒地流失掉了。

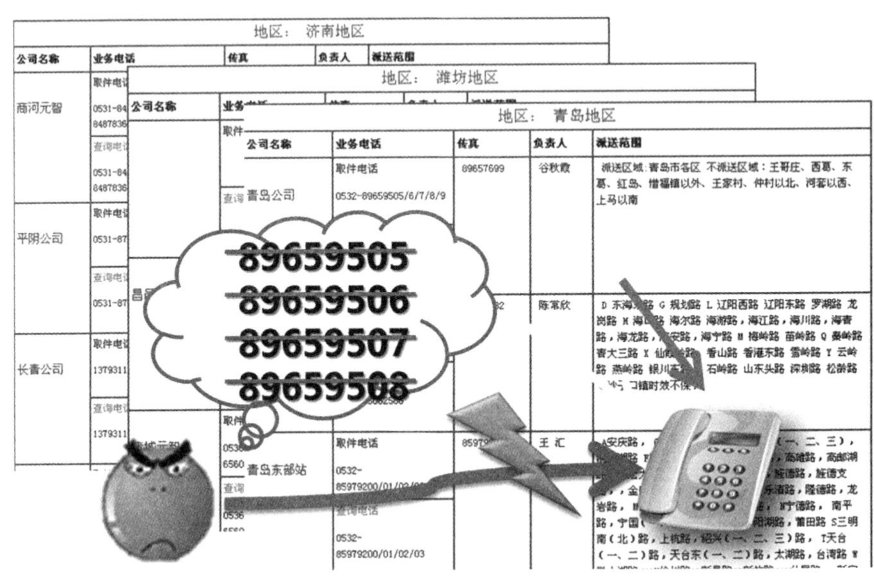

快递公司客户流失示意图

企业 400 电话示例

400 电话为快递业解决了一大难题。400 电话自动分配功能可以按主叫所拨电话的位置（如：区号、电话号码）不同将呼叫接续到不同的电话号码或呼叫中心；也可按主叫所拨电话的时间（如：周一至周日，00:00—23:59）不同将呼叫接续到不同的电话号码或呼叫中心；同时，将拨打的电话按百分比（最小精确到 1%）分配到不同的电话号码或呼叫中心。

中呼 400 电话完美解决网络营销落地

每个企业都会投入很多费用来进行营销，而这其中，大部分企业只是在被付费搜索引擎广告“绑架”，只有很小的一部分会转化为直接的业务咨询电话。

400 电话相对普通电话，可以提升至少 10%的直接咨询量，这对企业来说，就是实实在在的效益。除了业务咨询转化，400 电话从企业客户的不同需求出发丰富产品功能，以实现最少量的客户流失，最大量的客户转化。

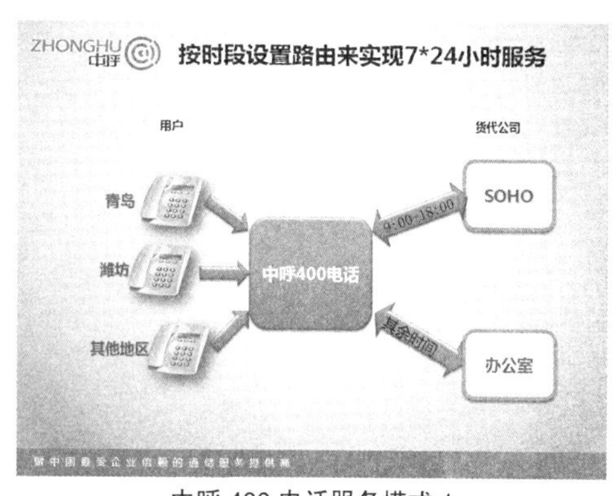

中呼 400 电话服务模式 1

① 企业统一服务热线号码，既方便客户记忆，又统一了服务形象，可提供 7 × 24 小时接受客户服务。

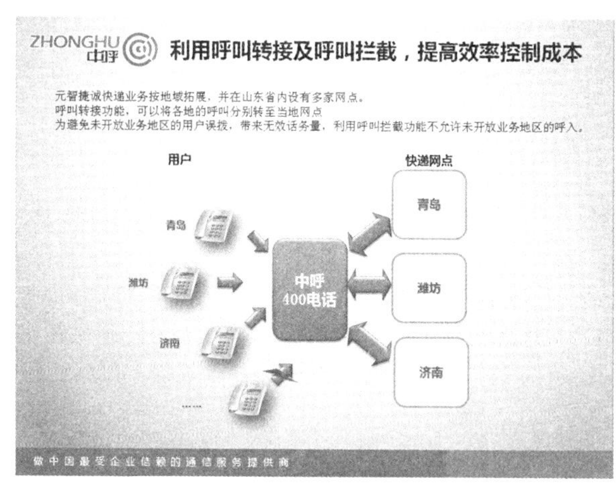

中呼 400 电话服务模式 2

② 对呼入系统的用户提供全程语音导航（IVR），通过设置上下班时间实现不同的时间转接到不同的部门，或者在休息时间播放欢迎引导词及提供自动服务。

③ 提供自动分配电话（ACD）以及呼入电话的排队管理功能；可根据语音引导及流程设置，将不同的服务转接到对应的部门或受理人员。

④ 对呼入 / 系统的用户提供来电自动弹出客户详细信息及历史服务记录，第一时间了解客户情况及服务历史，并提供新建、编辑、统计、查询等功能；实现来电咨询、投诉、查询、分析管理，并提供详细报表等。

⑤ 对呼入 / 呼出的电话进行全程录音，可随时登录中呼公司提供的管理后台查询录音记录，实行更有效的电话监管机制。

营销落地是广大企业面临的难题，尤其是中小企业的一大心病。网络营销产生的销售线索需要一个转化跟踪工具，这个工具能追溯到成交客户的搜索历史（或网络来源），比如：企业可以评估到效果，从百度搜索关键词 A 的成交客户远比从关键词 B 来的客户产生的销量大得多。更重要的

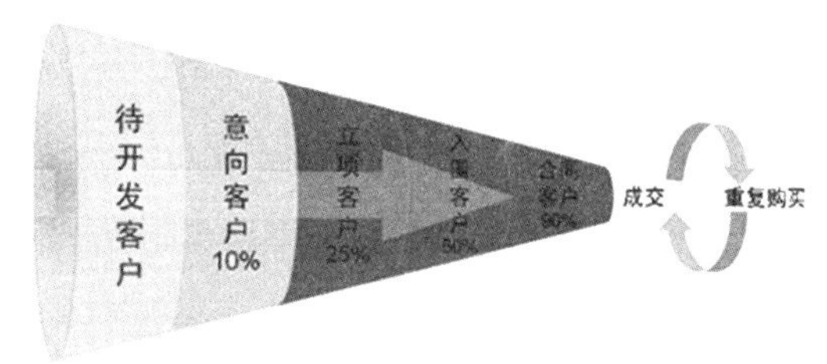

营销进程演进图

是，很多销售线索没有更好地管理和跟进，最终影响网络营销的投入产出比。

中呼400电话为企业解决了网络营销落地的问题，提升了运作效率，形成了更高效率的服务网络，不仅大大提升了客户服务质量，保证客户与公司之间随时随地高效的沟通，而且在大大提高用户满意度的同时，公司的经济效益和营销利润也大幅增加。

400电话打造企业品牌形象，提升核心竞争力

在今天的市场经济条件下，“三流公司靠价格，二流公司靠服务，一流公司靠品牌”，价格已经不再是市场竞争的王牌，严重的同质化促使用户越来越依赖于企业品牌的信任度。正如有句广告语“相信品牌的力量”，在市民面对琳琅满目的产品时，宁可付出更多品牌溢价，也不愿意选择不知名的品牌。

品牌的组成除了有形的字号、装修、设备等VI系统、服务设施，以及口号、服务流程动作与标准，还有无形的知名度、认知度、美誉度等。其中，企业口碑决定了品牌的生死存亡，水可载舟亦可覆舟，越来越多的企业把客户服务放到了最重要的位置，以此来打造企业的良好口碑，从而获取更多的用户和市场。但中小企业无论在企业实力、生产能力、广告营销等各方面都无法和大中型企业相比，如何快速提升中小企业的服务能力和品牌形象?

400电话具有统一、跨地域、效率高、持久等多方面的特点，在以往，只有大型企业才会采用400电话，中呼400电话在品牌、产品传播上的高端路线为400电话塑造了非常好的品牌形象。400电话应用于企业销售热线和服务中心，既能够提高企业运营效率，又能够快速提升中小企业的服务质量和品牌形象。

专家点评：

价格、服务、品牌是电子商务企业竞争三剑客，其中服务是电子商务企业竞争永恒的主旋律。400电话业务伴随着电子商务的繁荣发展起来，它通过形象提升、服务提升、效率提升、流量转化、永久号码、基础信息管理等功能的拓展，很好地顺应了电子商务企业的发展需求。中呼400电话业务在帮助中小企业提升广告效果、提升企业形象、增加客户信任度、避免流失客户资源、避免客户恶意呼叫等方面都有不凡的表现，可以协助企业解决网络营销转化率低的剧痛，有效提升网络营销的流量转化，实现销售顺利落地。

7. 《微博有鬼》，打造 VIMC 视频整合营销新概念

2011 年，中国在线视频市场的视频用户已逾 4 亿，网民平均到达率 85%，核心地区先锋网民在线视频使用率平均高达 95%，网络视频人均访问时长明显高于其他类型网站，且月度到达率仅次于门户及搜索引擎，网络视频已渐渐成为继电视之后又一新兴强势媒体，甚至超过了电视。

2011 年 10 月 18 日，全球首部微博电影《微博有鬼》三部曲（《目击者》、《私信》、《@ 谁谁》）之首部影片《目击者》在酷 6 网独家首播，播放当日点击量高达 200 万次，3 个月内点击量完美破亿，而 CPC（每次点击付费广告）点击成本仅 0.03 元。假设这是一部正式上线的传统电影，按一半的人购票观看计算（25 元 / 张），票房早已破 9 亿人民币，可以说这是一个奇迹。

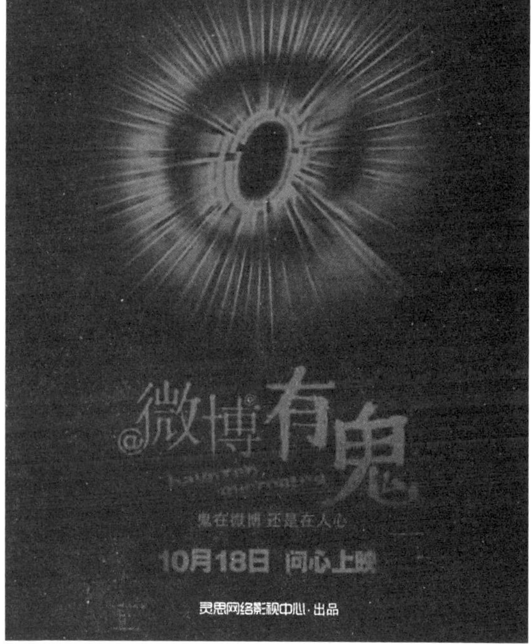

电影海报 1

2011 年最成功的微电影

最近这两年什么最火？不管答案有多少，微博无疑都牢牢占据着一席之地。而《微博有鬼》系列微电影历时一年进行开发和创作，准确地捕捉到"微博"这一新兴媒体在当下社会所扮演的重要角色。

为什么会出现《微博有鬼》？这得先说其出品方灵思网络影视中心。灵思网络影视中心成立于 2010 年，坚持"最深刻洞悉社会热点的独特视角、最严肃的创作态度、最具品质制作水准"的创作理念，全方位整合网络影视剧本开发、影视制作、影视包装、市场研究、资源聚合等服务模块。而《微博有鬼》正是其在当代影视作品内容题材均匮乏的情况下诞生的一部诚意之作，内容更是深刻且极具社会洞察力。该片通过三个风格迥异的故事多角度揭示了全新社交媒体环境下的网络生态和复杂人性，并借此片唤起网民对微博应用的理性思考。

电影海报 2

深刻的社会洞察、独特的热点视角、严肃的创作态度、高品质的制作水准、VIMC 视频整合营销体系的全面推广传播……如此种种的综合成就，使得《微博有鬼》被业界定义为"2011 年最成功的微电影"之一。

全面聚焦核心媒体，微博风头一时无二

《微博有鬼》以新浪微博作为核心传播阵营，全面协调各种舆论、领袖力量进行推广传播。首先，官方微博38万粉丝强大后盾，30余万话题转发量，即时变身微博实事舆论的引领者；统一调度微博大号进行450余次的高频轰炸和十数个大号头像、背景的统一更换，最大化地扩大影片曝光力度。其次，在影片热映期间集中40余次冲上微博排行榜，并创造了新浪微博史无前例的包榜（微博热门排行榜首页同时有4条《微博有鬼》热门话题）现象；同时多维度地集结谭飞、司马平邦等90位知名影评人进行自媒体传播，以专业角度对影片进行赏析及点评。不仅如此，在与微博红人染香的深度合作之外还联动80余个主流媒体人及媒体官方账号进行全面互动，并成功地协调快乐家族何炅、李维嘉等成员对影片进行扩散。而《微民心声》和《蛋疼的希特勒》病毒视频的制作、APP在线互动游戏的开发也为《微博有鬼》的传播增加了许多热议话题，上线后点击量即超10万次。

除此之外，万圣节当天全国五大城市“钟馗捉鬼”的线下活动也将《微博有鬼》的热度推向了最高峰，一时间微博上万圣节钟馗捉鬼的图文话题热爆至极。而由于上述活动的推广及扩散，又引发薛蛮子、黄健翔、庄淑芬等百余位社会名人争相转发，一时间微博上大家讨论最多的话题即“微博有鬼”。

深度整合发行传播化，由不得你不看

《微博有鬼》通过联合发行平台资源，以发行带推广的全新模式对影片进行传播。首先，将酷6网作为首发平台集中爆破，同时联动全网28家视频平台匹配强势推广资源统一进行影片的推广与传播；其次，除在首发平台建立影片互动专区之外，还在新浪网、56网、播视网等网站建立了影片的专题页面，全面占领视频平台重点区域；之后，youTube\Facebook\Twitter等国外知名网站大范围的影片发布，则使《微博有鬼》的传播范围覆盖至全球；最后，各类新型媒体的应用（如：公交、地铁媒体、播放器媒体（暴风影音、风行、迅雷看看等）、手机媒体（手机电视）等）也成功地打通了微电影发行的全新通路，为今后微电影行业的发行模式开辟了新的疆域。

影片发行的成功使得全国首家微博电影院东都影城主动邀请《微博有鬼》进驻播映，成功实现了多维度一体化的全网发行资源覆盖。

立体联动VIMC体系，开创整合营销新纪元

灵思网络影视中心通过VIMC视频整合营销体系以全维度多元立体化综合应用为原则，深化传统媒体，渗透强势渠道资源，联动社会化媒体聚焦，从而引爆大众关注，制造社会话题热点。

首先，包括CCTV新闻频道《新闻直播间》、《共同关注》，北京卫视《北京您早》，台湾东森电视台《HELLO北京》，中央人民广播电台在内的26家电台、电视台的专题报道，崔永元《新电影传奇》剧组的全程包装与报道，令灵思微影视的黑马姿态得到重量级媒体和专业影视栏目的首肯。《中国新闻周刊》、《南都娱乐周刊》、《21世纪财经》、《新华日报》、《重庆晚报》等28家专业类、生活类权威媒体的大篇幅深度报道，也对《微博有鬼》进行了专业解读并加以肯定和赞扬。其中，《中国新闻周刊》：“《微博有鬼》摆脱了广告的嫌疑，试图变成真正的反映社会热点的电影短片”；《大河报》：“《微博有鬼》以不迎合、不追捧的姿态和创新的精神、娱乐的方式、独特的视角、深刻的立意去挑战快餐式的娱乐消费品”；《北京晚报》：“《微博有鬼》致力于呼吁网民建立独立思考精神，合理使用微博，让流言止于智者，创造一个绿色和谐的微博环境”。

此外，国内最好的社交媒体加最热的网络娱乐平台以及最具影响力主流社区的立体化应用，也

令《微博有鬼》成功地实现了与影片观众的第一时间、最近距离的交流互动，实现了全程全景式的立体传播。最后，由于《微博有鬼》强大的社会反响，还令搜狗输入法主动将“微博有鬼”关键词收入词库。

事实证明，《微博有鬼》的成功不是南柯一梦。

专家点评：

一直没有看明白《微博有鬼》推广的是什么品牌，看到最后恍然大悟，产品就是企业最好的宣传。正如《中国新闻周刊》的评论：“《微博有鬼》摆脱了广告的嫌疑，试图变成真正的反映社会热点的电影短片。”《微博有鬼》没有广告，却是灵思网络影视的一部得意之作，它本身就是灵思网络影视的一个很好的宣传作品。